高等院校经济管理类主干课程教材
中国商业会计学会"十五五"规划教材

财务分析

主　编◎张先治　王　睿
副主编◎任　明　牛　帅

立信会计出版社
LIXIN ACCOUNTING PUBLISHING HOUSE

图书在版编目(CIP)数据

财务分析 / 张先治，王睿主编. --上海：立信会计出版社，2025.6. --(高等院校经济管理类主干课程教材). -- ISBN 978-7-5429-7937-7

Ⅰ. F231.2

中国国家版本馆 CIP 数据核字第 2025G3A791 号

策划编辑　　孙　勇　战小雨
责任编辑　　张巧玲
助理编辑　　战小雨
美术编辑　　北京任燕飞工作室

财务分析
CAIWU FENXI

出版发行	立信会计出版社
地　　址	上海市中山西路 2230 号　邮政编码　200235
电　　话	(021)64411389　　传　真　(021)64411325
网　　址	www.lixinaph.com　电子邮箱　lixinaph2019@126.com
网上书店	http://lixin.jd.com　http://lxkjcbs.tmall.com
经　　销	各地新华书店
印　　刷	浙江临安曙光印务有限公司
开　　本	787 毫米×1092 毫米　　1/16
印　　张	22.25
字　　数	542 千字
版　　次	2025 年 6 月第 1 版
印　　次	2025 年 6 月第 1 次
书　　号	ISBN 978-7-5429-7937-7/F
定　　价	55.00 元

如有印订差错，请与本社联系调换

前　言

财务分析是指以财务报告资料及其他相关资料（如内部报告）为依据，采用一系列专门的分析技术和方法，对企业等经济组织过去和现在有关筹资活动、投资活动、经营活动、分配活动的盈利能力、营运能力、偿债能力状况等进行分析与评价，为企业的投资者、债权人、经营者及其他关心企业的组织或个人评价企业过去、反映企业现状、估价企业未来，作出正确决策提供准确的信息或依据的经济应用学科。

财务分析实质上是在财务会计报表提供者与使用者之间架起的一座桥梁。在现代企业制度下，企业的所有者、债权者、经营者和政府经济管理者都站在各自的立场上，从各自的目的和利益出发，关心企业的经营状况、财务状况和经济效益，财务分析的需求与应用领域也随之不断扩展。随着我国社会主义市场经济体制的建立、发展与不断完善，宏观经济环境和微观经济体制都发生了变化。当前，中国特色社会主义进入"新时代"意味着中国社会主义事业发展进入了一个新的历史阶段。新时代带来了新的环境、新的经济和新的技术，对社会和经济发展产生了深远影响。随着全球经济一体化的深入发展以及信息技术的飞速进步，尤其是大数据、云计算、人工智能等前沿技术的广泛应用，财务分析正经历着前所未有的变革与挑战。在新时代快速变化的商业环境中，财务分析作为企业经营决策与管理控制的核心工具，其重要性日益凸显。它不仅是对企业过去经营活动的总结与反思，更是预测未来、制定战略的重要依据。

为了适应我国新时代高等教育改革与发展的要求，满足普通高等院校会计学专业、财务管理专业及工商管理相关专业教学的需要，我们结合高等院校会计学专业和财务管理专业教学特点与要求，编写了本教材。本教材系高等院校经济管理类主干课程教材和中国商业会计学会"十五五"规划系列教材。教材由四篇十二章组成。第一篇为财务分析概论，包括财务分析理论、财务分析方法两章内容。第二篇为财务活动会计分析，包括投资活动会计分析、筹资活动会计分析和经营活动会计分析三章内容。第三篇为财务效能分析，包括综合效能分析、盈利效能分析、营运效能分析和偿债效能分析四章内容。第四篇为财务分析应用，包括财务分析在业绩评价中的应用、财务分析在风险控制中的应用和财务分析在企业价值评估中的应用三章内容。

教材整体结构设置突显特色：一是突出以财务活动为基础，将财务活动的会计分析、财务效能分析有机结合；二是突出财务分析在事后评价、事中控制和事前估值中的应用；三是突出实践应用导向，全书案例分析以某上市公司的年度报告为基础，体现案例分析的真实性、应用性、系统性。

各章结构设置符合教学目标和教学逻辑：一是体现数智经济时代智能财务分析的特点及应用，各章都增加数智经济在财务分析中应用的相关内容，如数智经济对财务分析的挑战、智能财务分析方法、可视化财务分析的应用、大数据在财务分析应用中的作用等；二是体现课程思政在财务分析中的融合，各章财务分析目标、财务分析内容和财务分析二维码都增设课程思政的内容；三是体现章前引导、章中逻辑递进和章后练习的有机结合，各章引导案例与各章内容结合，各章内容逻辑体系与学习目标结合，各章课后练习与学习目标及知识点结合。

  本教材专业定位设置和课程定位设置目标明确，一是本教材可以作为财务管理专业、会计学专业，以及工商管理和金融学等相关专业学习财务分析理论与方法的专业课教材及专业基础课教材；二是"财务分析"课程应作为"会计学"课程和"财务金融学"课程的后续课程进行设置。

  本教材的整体构思与定位由张先治教授提出。张先治和王睿担任主编，任明和牛帅担任副主编，周安婷、殷艳波参与本书的编写工作。第一章由张先治编写，第二章由张先治、牛帅、任明编写，第三章、第四章由周安婷编写，第五章由牛帅编写，第六章由王睿、牛帅编写；第七章、第八章、第九章由王睿编写，第十章由任明编写，第十一章由殷艳波、任明编写，第十二章由任明、殷艳波编写。本教材的顺利完成是全体作者共同努力、团结协作的结果。各章中涉及的大数据、可视化等分析方法主要由任明协助完成；各章二维码中涉及思政案例或思政知识的内容主要由周安婷协助完成；任明和牛帅对部分章节初稿进行了审校，最后由王睿、张先治对全书进行总纂、修改并定稿。

  本教材的编写得到了海口经济学院德行智华会计学院领导及老师的大力支持，特别是得到会计学院谢志华名誉院长的学术指导；本教材的顺利出版还得到了立信会计出版社的支持、帮助和指导；部分章节的操作演示使用的是金蝶云星空财务云平台，同时，作者还使用了通义千问、星火大模型和文心一言等AI大模型，作者在此表示一并衷心的感谢！

  参加本教材编写的全体作者都是长期从事财务分析及相关学科教学一线教师，有着丰富的教学经验。但由于作者的写作经验和水平有限，书中难免存有疏漏之处，敬请专家、使用教材的老师和学生及读者批评指正，以便进一步修改完善。

作者

2025年5月20日

目 录

第一篇 财务分析概论

第一章 财务分析理论 3
学习目标 3
引导案例 3
第一节 财务分析的内涵与定位 4
第二节 财务分析的目的、作用与形式 8
第三节 财务分析体系与内容 12
本章小结 19
关键概念 20
思考题 20
课后练习 20

第二章 财务分析方法 22
学习目标 22
引导案例 22
第一节 财务分析基本程序 23
第二节 财务分析信息基础 25
第三节 战略分析与会计分析方法 32
第四节 指标分析与因素分析方法 39
第五节 综合分析与评估方法 47
第六节 智能财务分析法 50
本章小结 54
关键概念 55
思考题 55
课后练习 55

第二篇 财务活动会计分析

第三章 投资活动会计分析 61
学习目标 61

引导案例 ………………………………………………………………… 61
　　第一节　投资活动会计分析的内涵 …………………………………… 62
　　第二节　投资活动分析与企业战略 …………………………………… 65
　　第三节　流动资产会计分析 …………………………………………… 71
　　第四节　非流动资产会计分析 ………………………………………… 81
　　第五节　投资活动现金流量分析 ……………………………………… 91
　　本章小结 ………………………………………………………………… 94
　　关键概念 ………………………………………………………………… 94
　　思考题 …………………………………………………………………… 94
　　练习题 …………………………………………………………………… 95

第四章　筹资活动会计分析 ………………………………………………… 99
　　学习目标 ………………………………………………………………… 99
　　引导案例 ………………………………………………………………… 99
　　第一节　筹资活动会计分析的内涵 …………………………………… 100
　　第二节　筹资活动分析与企业战略 …………………………………… 103
　　第三节　负债筹资会计分析 …………………………………………… 113
　　第四节　所有者权益筹资会计分析 …………………………………… 116
　　第五节　筹资活动现金流量分析 ……………………………………… 123
　　本章小结 ………………………………………………………………… 126
　　关键概念 ………………………………………………………………… 126
　　思考题 …………………………………………………………………… 126
　　课后练习 ………………………………………………………………… 127

第五章　经营活动会计分析 ………………………………………………… 131
　　学习目标 ………………………………………………………………… 131
　　引导案例 ………………………………………………………………… 131
　　第一节　经营活动会计分析的内涵 …………………………………… 132
　　第二节　经营活动分析与企业战略 …………………………………… 135
　　第三节　收入业务会计分析 …………………………………………… 141
　　第四节　成本费用会计分析 …………………………………………… 147
　　第五节　利润会计分析 ………………………………………………… 154
　　本章小结 ………………………………………………………………… 165
　　关键概念 ………………………………………………………………… 166
　　课后练习 ………………………………………………………………… 166

第三篇　财务效能分析

第六章　综合效能分析 ……………………………………………………………… 173
- 学习目标 ……………………………………………………………………… 173
- 引导案例 ……………………………………………………………………… 173
- 第一节　综合效能分析的内涵 ……………………………………………… 174
- 第二节　杜邦财务综合分析体系 …………………………………………… 175
- 第三节　帕利普财务分析体系 ……………………………………………… 179
- 第四节　财务综合效能可视化分析应用 …………………………………… 182
- 本章小结 ……………………………………………………………………… 189
- 关键概念 ……………………………………………………………………… 190
- 思考题 ………………………………………………………………………… 190
- 课后练习 ……………………………………………………………………… 190

第七章　盈利效能分析 ……………………………………………………………… 193
- 学习目标 ……………………………………………………………………… 193
- 引导案例 ……………………………………………………………………… 193
- 第一节　盈利效能分析的内涵 ……………………………………………… 194
- 第二节　资本经营盈利效能分析 …………………………………………… 195
- 第三节　资产经营盈利效能分析 …………………………………………… 198
- 第四节　商品经营盈利效能分析 …………………………………………… 200
- 第五节　上市公司盈利效能分析 …………………………………………… 203
- 第六节　盈利效能指标可视化分析应用 …………………………………… 207
- 本章小结 ……………………………………………………………………… 210
- 关键概念 ……………………………………………………………………… 211
- 思考题 ………………………………………………………………………… 211
- 课后练习 ……………………………………………………………………… 211

第八章　营运效能分析 ……………………………………………………………… 215
- 学习目标 ……………………………………………………………………… 215
- 引导案例 ……………………………………………………………………… 215
- 第一节　营运效能分析的内涵 ……………………………………………… 216
- 第二节　总资产营运效能分析 ……………………………………………… 218
- 第三节　流动资产营运效能分析 …………………………………………… 221
- 第四节　固定资产营运效能分析 …………………………………………… 226
- 第五节　营运效能指标可视化分析应用 …………………………………… 229
- 本章小结 ……………………………………………………………………… 233
- 关键概念 ……………………………………………………………………… 233

思考题 ·· 234
　　课后练习 ·· 234

第九章　偿债效能分析 ·· 237
　　学习目标 ·· 237
　　引导案例 ·· 237
　　第一节　偿债效能分析的内涵 ··· 238
　　第二节　短期偿债效能分析 ·· 240
　　第三节　长期偿债效能分析 ·· 245
　　第四节　偿债效能指标可视化分析应用 ···································· 249
　　本章小结 ·· 254
　　关键概念 ·· 255
　　思考题 ·· 255
　　课后练习 ·· 255

第四篇　财务分析应用

第十章　财务分析在业绩评价中应用 ·· 261
　　学习目标 ·· 261
　　引导案例 ·· 261
　　第一节　财务分析与业绩评价 ··· 262
　　第二节　业绩评价综合指数法 ··· 264
　　第三节　业绩评价功效系数法 ··· 269
　　第四节　大数据技术在业绩评价中的应用 ································· 280
　　本章小结 ·· 284
　　关键概念 ·· 285
　　思考题 ·· 285
　　课后练习 ·· 285

第十一章　财务分析在风险控制中的应用 ···································· 292
　　学习目标 ·· 292
　　引导案例 ·· 292
　　第一节　财务分析与风险控制 ··· 293
　　第二节　企业财务预警分析 ·· 300
　　第三节　大数据技术在风险控制与财务预警中的应用 ············· 304
　　本章小结 ·· 306
　　关键概念 ·· 307
　　思考题 ·· 307
　　课后练习 ·· 307

第十二章　财务分析在企业价值评估中的应用 ·············· 310
　学习目标 ·············· 310
　引导案例 ·············· 310
　第一节　财务分析与企业价值评估 ·············· 311
　第二节　财务分析在企业价值评估中的应用 ·············· 314
　第三节　大数据技术在企业价值评估中的应用 ·············· 325
　本章小结 ·············· 328
　关键概念 ·············· 329
　思考题 ·············· 329
　课后练习 ·············· 329

附录 ·············· 332

第一篇

财务分析概论

第一章　财务分析理论

 学习目标

1. 掌握财务分析的内涵、财务分析的目的及作用。
2. 掌握财务分析体系框架。
3. 理解财务分析学科与相关学科的关系。
4. 理解财务分析体系构建的理论基础和财务分析的形式。
5. 了解新环境、新经济、新技术对财务分析理论与方法的影响。
6. 提升学生基于财务分析目的及作用认识企业、服务企业及社会的能力。

 引导案例

上海复星医药(集团)股份有限公司(以下简称复星医药)成立于1994年,是一家植根中国的全球化医药健康产业集团,公司直接运营的业务包括制药、医疗器械与医学诊断、医疗健康服务,并通过参股国药控股覆盖医药商业领域。在"4In"战略(创新Innovation、国际化Internationalization、智能化Intelligentization、整合Integration)的指导下,复星医药秉承"创新转型、整合运营、稳健增长"的发展模式,以及为股东创造价值的信念,不断加强自主研发与外部合作,丰富产品管线,强化全球化布局,提升运营效率。同时,复星医药积极推进医疗健康产业线上线下布局,致力于成为全球医疗健康市场的一流企业。

根据复星医药2018年至2022年披露的财务报告,各项主要财务分析指标如表1-1所示。

表1-1　　　　　　　　　复星医药主要财务分析指标表

指标	2022年	2021年	2020年	2019年	2018年
基本每股收益(元)	1.430 0	1.850 0	1.430 0	1.300 0	1.070 0
每股净资产(元)	16.684 1	15.293 4	14.435 0	12.442 2	10.915 8
每股股价(元)	35.24	48.94	53.99	32.62	23.27
营业总收入(亿元)	439.5	390.1	303.1	285.9	249.2
归属净利润(亿元)	37.31	47.29	36.63	33.22	27.08

(续表)

指标	2022年	2021年	2020年	2019年	2018年
营业总收入滚动环比增长	0.88%	10.64%	2.87%	2.08%	5.07%
归属净利润滚动环比增长	2.92%	−0.28%	−1.98%	24.06%	−3.27%
净资产收益率(加权)	9.04%	12.37%	10.83%	11.55%	10.26%
总资产收益率(加权)	3.94%	5.62%	4.93%	5.10%	4.56%
流动比率	1.059	1.038	1.009	1.170	1.004
资产负债率	49.51%	48.15%	45.05%	48.50%	52.39%
总资产周转率(次)	0.438	0.441	0.379	0.390	0.376
存货周转率(次)	3.751	3.804	3.017	3.194	3.433
应收账款周转率(次)	6.436	7.189	6.438	6.392	6.106

注:时点指标为当年12月31日的指标,时期指标为当年年度指标。

表1-1的财务分析指标可揭示复星医药公司的经营状况、财务状况、经营成果及价值创造、价值实现情况。要判断该公司的营运情况和未来发展,预测该公司未来盈余和股票内在价值,财务分析便是不可或缺的工具。谁能运用财务分析得出有价值的信息,谁就占有了财务分析的信息优势。这些财务分析信息对投资者、债权者、经营者、职工及政府监管者都有着十分重要的价值。

(资料来源:根据东方财富网相关资料整理)

第一节　财务分析的内涵与定位

一、财务分析的内涵

什么是财务分析?什么是财务报表分析?什么是财务报告分析?它们的内涵是否相同?它们之间有什么联系与区别?这是实务界经常提到的问题。实际上,从一般意义上来说,人们并不在意财务分析、财务报表分析及财务报告分析的区别。例如,目前出版的相关著作的书名就存在多种表述方式,这说明这些分析方法的本质是相同或相近的。

但若仔细斟酌,它们又有所区别:财务报表分析的对象是财务报表;财务报告分析的对象是财务报告;财务分析的对象是财务活动。显然,财务报表、财务报告和财务活动之间是有区别的,它们的区别决定了财务报表分析、财务报告分析和财务分析的区别。当然,财务活动、财务报告和财务报表之间的联系也是明显的,财务活动及其结果往往通过财务报表、财务报告及其他载体来反映和体现。由于会计准则与制度的限制以及会计信息披露的局限,财务报表并不能完全反映财务活动的状况;财务报告虽然比财务报表提供更多信息,但仍不能反映财务活动的全貌。因此,本教材是将财务活动,而不仅仅是将财务报表或财务报告作为分析的对象,试图使财务分析既包含对财务报表或财务报告的分析,也包含对反映财务活动的内部报表或内部报告的分析。

财务分析是指以财务报告资料及其他相关资料(如内部报告)为依据,采用一系列专门的分析技术和方法,对企业等经济组织过去和现在有关筹资活动、投资活动、经营活动、分配活动的盈利能力、营运能力、偿债能力状况等进行分析与评价,为企业的投资者、债权人、经营者及其他关心企业的组织或个人评价企业过去、反映企业现状、估价企业未来,作出正确决策提供准确的信息或依据的经济应用学科。要正确理解财务分析的基本内涵,必须搞清楚以下几个问题。

1. 财务分析是一门综合性、边缘性学科

财务分析是在企业经济分析、财务管理和会计学基础上形成的一门综合性、边缘性学科。所谓综合性、边缘性是指财务分析不是对原有学科中关于财务分析问题的简单重复或拼凑,而是依据经济理论和实践的要求,综合了相关学科的长处而产生的一门具有独立理论体系和方法论体系的经济应用学科。

2. 财务分析有完整的理论体系

随着财务分析的产生与发展,财务分析的理论体系不断完善。从财务分析的内涵、财务分析的目的、财务分析的作用、财务分析的内容,到财务分析的形式及财务分析的组织等,都日趋成熟。

3. 财务分析有健全的方法论体系

财务分析的实践使财务分析的方法不断发展和完善,它既有适应财务分析一般需求的分析程序或一般分析方法,又有适应具体分析目的的财务分析专门技术方法。例如,水平分析法、垂直分析法、趋势分析法、比率分析法等都是财务分析中专门和有效的方法。

4. 财务分析有系统、客观的资料依据

财务分析的最基本资料是财务会计报表。财务会计报表的体系、结构及内容的科学性、系统性、客观性,为财务分析的系统性与客观性奠定了坚实的基础。另外,财务分析不仅以财务会计报表资料为依据,而且还应用管理会计报表、市场信息及其他有关资料,使财务分析资料更加真实、完整。

5. 财务分析有明确的目的和作用

财务分析的目的受财务分析主体和财务分析服务对象的制约,不同的财务分析主体进行财务分析的目的是不同的,不同的财务分析服务对象所关心的问题也是不同的。各种财务分析主体的分析目的和财务分析服务对象所关心的问题,也就构成了财务分析的目的或财务分析的研究目标。财务分析的作用从不同角度看是不同的。从财务分析的服务对象看,财务分析不仅对企业内部生产经营管理有着重要作用,而且对企业外部投资决策、贷款决策、赊销决策等有着重要作用。从财务分析的职能作用看,它对于正确预测、决策、计划、控制、考核、评价都有着重要作用。

二、财务分析的定位

(一) 财务分析与相关学科的关系

财务分析与相关学科的关系主要体现在财务分析与会计学的关系和财务分析与财务学

的关系上。财务分析与会计学的关系体现为会计学中的财务分析与基于会计学的财务分析。财务分析与财务学的关系体现为财务学中的财务分析和基于财务学的财务分析。

1. 会计学中的财务分析与基于会计学的财务分析

从会计学角度对财务分析的考察可以分为两个方面:一方面是观察现有会计学教材中的财务分析;另一方面是研究基于会计学的财务分析。这一角度的财务分析通常被称为财务报表分析和财务报告分析。

1) 会计学中的财务分析

目前,我国的会计学教材也常设置"财务报表分析"一章,在西方的一些会计学教材中,包括《会计学基础》和《财务会计》(或《中级会计》),往往都设有"财务报表分析"这一章。会计学中的财务报表分析往往具有以下特点:

第一,主要介绍财务报表分析的基本方法,如水平分析法、垂直分析法和趋势分析法,但对更进一步的会计分析(包括会计政策变更等对财务报表影响的分析)介绍较少。

第二,主要介绍几个重要的财务比率,但未对财务比率体系进行论证与分析,也不进行财务比率的因素分析。

第三,会计学中的财务报表分析不研究财务比率分析的应用。

2) 基于会计学的财务分析

基于会计学的财务分析,以会计学中的会计报表信息为基本出发点,运用会计分析方法对影响会计报表的因素进行分析与调整,为财务比率分析奠定基础,从而准确分析企业单位的盈利能力、营运能力、偿债能力和增长能力等状况,进而形成一门独立的、边缘的学科。基于会计学的财务分析通常具有以下特点:

第一,基于会计学的财务分析是一门独立的课程,拥有完整的理论体系、方法体系和内容体系。

第二,基于会计学的财务分析以会计报告信息分析为出发点,以影响会计报告信息的因素(特别是会计假设、会计政策、会计估计等因素)变动为分析重点。

第三,基于会计学的财务分析往往将盈利能力分析、营运能力分析、偿债能力分析等作为会计信息在财务分析中的应用。

第四,基于会计学的财务分析在处理财务分析与财务管理的关系上,往往强调财务效率。

2. 财务学中的财务分析与基于财务学的财务分析

从财务学角度对财务分析的考察也可分为两个方面:一方面是观察现有财务学或财务管理类教材中的财务分析;另一方面是研究基于财务学或财务管理角度的财务分析,这一角度的财务分析通常被称为财务分析。

1) 财务学中的财务分析

目前,无论在我国还是在西方,很多财务管理类教材中都有"财务分析"一章。财务管理中的财务分析往往具有以下特点:

第一,将财务分析作为财务管理的职能,与财务预测、财务预算、财务控制、财务评价与激励等并列。

第二,将财务分析(或财务报告与分析)作为财务管理的基础,提供财务管理中筹资活动、投资活动与分配活动决策的有用信息。

第三,将财务分析定义为财务比率分析,往往以盈利能力分析、营运能力分析和偿债能力分析为分析的体系和主要内容。

2) 基于财务学的财务分析

基于财务学的财务分析，以财务学或财务管理目标为基本出发点，以反映财务活动与经营成果的财务报告与内部报告为基本分析依据，以专门的财务分析程序与方法为分析技术工具，从而形成了一门独立、边缘的学科。基于财务学的财务分析内容广泛，通常具有以下特点：

第一，基于财务学的财务分析是一门独立的课程，拥有完整的理论体系、方法体系和内容体系。

第二，基于财务学的财务分析以财务学的领域为导向，以价值分析与量化分析技术为基础，以公司财务比率或能力分析、证券市场分析等为主要内容。

第三，基于财务学的财务分析应用领域较为广泛，包括证券估价、业绩评价、风险管理、企业重组等。

第四，基于财务学的财务分析在处理财务分析与会计学的关系上，往往将财务报告作为分析的基础信息。

应当指出，无论是会计学中的财务报表分析还是财务学中的财务比率分析，都无法反映财务分析的本质与全部内涵；无论是基于会计学的财务分析还是基于财务学的财务分析，都体现了财务分析学的独立性、综合性与边缘性。然而，在当今经济变革的时代，随着经济环境(包括实践与理论)的变化，财务分析的需求与供给都发生了变化，财务分析必然面临理论和实践的挑战。

(二) 财务分析学科定位

关于财务分析的学科定位问题一直存在较大争议，有人将其划归为会计学，有人将其划归为财务管理，还有人将其划归为金融学、统计学等。财务分析之所以难以定位，是因为它是一门与上述学科都相关的边缘性学科，这从另一个方面也说明财务分析应该独立于上述学科而存在。

财务分析实际上是在会计信息供给(会计学)与会计信息需求(财务学、经济学、管理学等)之间架起的一座桥梁。因为在会计学与经济学、管理学和财务学等学科的关系中，都涉及会计学的发展如何满足相关学科发展的信息需求、其他学科的发展如何有效利用会计信息的问题。一方面，会计学毕竟不是单纯满足某一信息使用者需求的，因此，会计提供的信息往往需要分析与转换为对信息需求者有用的信息；另一方面，经济学、管理学、财务学等相关学科的复杂性也不能要求会计学者完全或直接掌握会计信息的需求，因此，将对相关学科决策需求的分析转换为会计信息需求，也是会计学发展所需要的。在会计学与相关学科关系的信息转换中，财务分析起着至关重要的作用。财务分析就是根据相关学科或人们对会计信息的需求，将标准的会计信息分析转换为决策与管理所需要的信息；同时，财务分析又将相关学科理论与实务所需求的信息，分析转换为会计应该提供的信息。财务分析的这种地位与作用，在会计学与财务学的关系发展中体现得最为明显与清楚，如图1-1所示。

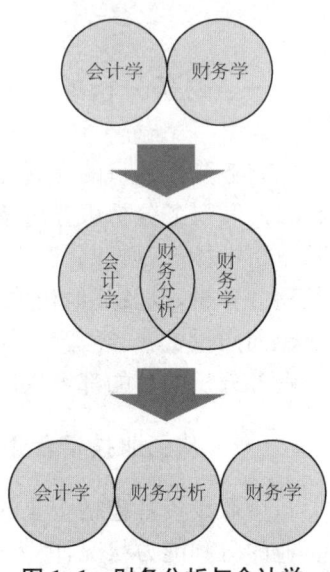

图1-1 财务分析与会计学、财务学的关系及演变

随着相关学科理论与实务对会计信息需求的加大,财务分析在连接会计学与相关学科关系中的地位与功能将进一步增强与扩展,如图1-2所示。

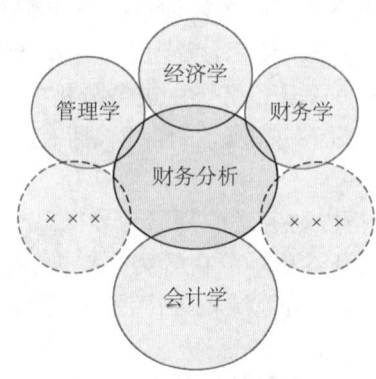

图1-2 财务分析、会计学与相关学科的关系

从财务分析在与会计学和相关学科关系中的地位与作用来看,随着会计学科地位的提升,以及相关学科对会计学信息需求范围、数量与质量要求的提高,财务分析将在分析主体、分析对象、分析内容和学科地位上有进一步的扩展与提升。财务分析不仅要满足投资者、债权人等外部信息需求者的需要,而且要满足管理者、员工等内部信息使用者的需要;不仅要满足管理学理论与实务发展的需要,而且要满足经济学理论与实务发展的需要。财务分析作为一门独立的边缘性学科,将成为一个独立于会计学和财务学等学科体系的专业学科。

1-1 拓展知识-试论财务经济分析学科的构建

第二节 财务分析的目的、作用与形式

一、财务分析的目的

财务分析的目的受财务分析主体和财务分析服务对象的制约。各种财务分析主体的分析目的和财务分析服务对象所关心的问题,构成了财务分析的目的或财务分析的研究目标。从分析主体看,财务分析包括投资者进行的财务分析,经营者进行的财务分析,债权人进行的财务分析,以及其他相关经济组织或个人所进行的财务分析;从分析服务对象看,财务分析也面向投资者、经营者、债权人等。因此,无论从分析主体看,还是从分析服务对象看,研究财务分析的目的都可从以下几个方面进行。

(一)从企业投资者角度看财务分析的目的

企业投资者包括企业的所有者和潜在投资者,他们进行财务分析的最根本目的是了解企业的盈利能力状况,因为盈利能力是投资者实现资本保值和增值的关键。但是,投资者仅关心盈利能力是不够的,为了确保资本保值增值,他们还应研究企业的权益结构、支付能力及营运状况。只有投资者认为企业有着良好的发展前景,企业的所有者才会选择继续持有或增加投资,潜在投资者才能把资金投入该企业。否则,企业所有者将会尽可能抛售股权,潜在投资者则会转向其他企业投资。另外,对企业所有者而言,财务分析也可评价企业经营者的经营业绩,发现经营过程中存在的问题,从而通过行使股东权利,为企业未来发展指明方向。

(二) 从企业债权人角度看财务分析的目的

企业债权人包括企业借款的银行及一些金融机构,以及购买企业债券的单位与个人等。债权人进行财务分析的目的与经营者和投资者有所不同。银行等债权人一方面从各自经营或收益目的出发愿意将资金贷给某企业,另一方面又要非常小心地观察和分析该企业有无违约或清算破产的可能性。一般而言,银行、金融机构及其他债权人不仅要求本金的及时收回,而且要得到相应的报酬或收益,而这个收益的大小又与其承担的风险程度相适应,通常偿还期越长,风险越大。因此,从债权人角度进行财务分析的主要目的,一是看其对企业的贷款或其他债权是否能及时、足额收回,即研究企业偿债能力的大小;二是看债权人的收益状况与风险程度是否相适应,为此,还应将企业偿债能力分析与盈利能力分析相结合。

(三) 从企业经营者角度看财务分析的目的

企业经营者主要是指企业的经理以及各分厂、部门、车间等的管理人员。他们进行财务分析的目的是综合的和多方面的。从对企业所有者负责的角度,他们首先也关心盈利能力,这是他们的总体目标。但是,在财务分析中,他们关心的不仅仅是盈利的结果,而是盈利的原因及过程,如资产结构分析、营运状况与效率分析、经营风险与财务风险分析、支付能力与偿债能力分析等。通过这种分析,其目的是及时发现生产经营中存在的问题与不足,并采取有效措施解决这些问题,这样做不仅使企业用现有资源盈利更多,而且使企业盈利能力保持持续增长。

(四) 其他财务分析的目的

其他财务分析的主体或服务对象主要是指与企业经营有关的企业和国家行政管理与监督部门。与企业经营有关的企业单位主要是指材料供应者、产品购买者等。这些企业单位出于保护自身利益的需要,也非常关心往来企业的财务状况。他们进行财务分析的主要目的在于了解企业的信用状况,包括商业上的信用和财务上的信用。商业信用是指按时、按质完成各种交易行为;财务信用则指及时清算各种款项。而企业信用状况分析,可通过对企业支付能力和偿债能力的评价进行;还可根据对企业利润表中反映的企业交易完成情况进行分析判断来说明。

国家行政管理与监督部门主要是指工商、物价、财政、税务,以及审计等部门。它们进行财务分析的目的,一是监督、检查党和国家的各项经济政策、法规、制度在企业单位的执行情况;二是保证企业财务会计信息和财务分析报告的真实性、准确性,为宏观决策提供可靠信息。

二、财务分析的作用

从财务分析的内涵到财务分析的目的,都表明财务分析是十分重要的。尤其在我国建立社会主义市场经济体制和现代企业制度的今天,财务分析的意义愈加深远,作用就更加重大。财务分析的作用从不同角度看是不同的。从财务分析的服务对象看,财务分析不仅对企业内部生产经营管理有着重要作用,而且对企业外部投资决策、贷款决策、赊销决策等也有着重要作用。从财务分析的职能作用看,它对于正确预测、决策、计划、控制、考核、评价都有着重要作用。这里主要从财务分析对正确评价企业过去、反映和控制现状,以及估价企业未来的作用加以说明。

(一)财务分析可正确评价企业过去

正确评价过去是说明现在和揭示未来的基础。财务分析通过对实际会计报表等资料的分析能够准确地说明企业过去的业绩状况,指出企业的成绩和问题及其产生的原因是主观原因还是客观原因等。这不仅对于正确评价企业过去的经营业绩是十分有益的,而且可对企业投资者和债权人的行为产生积极的影响。

(二)财务分析可反映和控制企业现状

财务会计报表及管理会计报表等资料是企业各项生产经营活动的综合反映,但会计报表的格式及提供的数据往往是根据会计的特点和管理的一般需要而设计的,因此它不可能全面提供不同目的报表使用者所需要的各方面数据资料。财务分析根据不同分析主体的分析目的,采用不同的分析手段和方法,可得出反映企业在该方面现状的指标,如反映企业资产结构的指标、企业权益结构的指标、企业支付能力和偿债能力的指标、企业营运状况的指标、企业盈利能力指标等。这种分析对全面反映和控制企业现状有重要作用。

(三)财务分析可用于估价企业未来

财务分析不仅可用于评价过去和反映现状,更重要的是它可通过对过去与现状的分析与评价,估价企业的未来发展状况与趋势。财务分析对企业未来的估价,第一,可为企业未来财务预测、财务决策和财务预算指明方向;第二,可为企业进行财务危机预测提供必要信息;第三,可准确评估企业的价值及价值创造,这对企业进行经营者绩效评价、资本经营和产权交易都是十分有益的。

三、财务分析的形式

由于进行财务分析的角度不同,如分析的主体不同、客体不同、目的不同等,财务分析形式也有所不同。明确不同的财务分析形式的特点及用途,对于准确分析企业财务状况,实现分析目标都有着重要的意义和作用。通常,根据不同角度划分,财务分析的形式主要包括以下几组。

(一)内部分析与外部分析

财务分析根据分析主体,可分为内部分析与外部分析。
1. 内部分析
内部分析亦称内部财务分析,主要是指企业内部经营者对企业财务状况的分析。内部分析的目的是判断和评价企业生产经营是否正常、顺利。例如,通过流动性分析,可检验企业的资金运营速度、货款及债务的支付或偿还能力;通过收益性分析,可评价企业的盈利能力和资本保值、增值能力;通过对企业经营目标完成情况的分析,可考核与评价企业经营业绩,及时、准确地发现企业的成绩与不足,为企业未来生产经营的顺利进行,提高经济效益指明方向。

2. 外部分析

外部分析亦称外部财务分析,主要是指企业外部的投资者、债权人及政府部门等,根据各自需要或分析目的,对企业的有关情况进行的分析。投资者的分析,关心的主要是企业的盈利能力及发展后劲,以及资本的保值与增值状况;债权人的分析,主要看企业的偿债能力和信用情况,判断其本金和利息是否能及时、足额收回;政府有关部门对企业的财务分析,主要是看企业的经营行为是否规范、合法,以及对社会的贡献状况。在现代企业制度条件下,外部财务分析是财务分析的重要或基本形式。

应当指出,内部分析和外部分析并不是完全孤立或隔离的,要保证财务分析的准确性,内部分析有时也应站在外部分析的角度进行,而外部分析也应考虑或参考内部分析的结论,以避免出现片面性。

(二) 静态分析与动态分析

财务分析根据分析方法与目的,可分为静态分析和动态分析。

1. 静态分析

静态分析是根据某一时点或某一时期的会计报表或分析信息,分析报表中各项目或报表之间各项目关系的财务分析形式。例如,可通过某一财务比率或某几个财务比率,揭示财务关系,也可通过垂直分析或结构分析,揭示总体中各项目的水平。静态分析的目的在于找出财务活动的内在联系,揭示其相互影响与作用,反映经济效率和财务现状。

2. 动态分析

动态分析是根据几个时期的会计报表或相关信息,分析财务变动状况。例如,水平分析、趋势分析等都属于动态分析。动态分析通过对不同时期财务活动的对比分析,揭示财务活动的变动及其规律。

静态分析与动态分析各有优点与不足,要全面综合分析财务报表,这两类分析都是必需的。

(三) 全面分析与专题分析

财务分析根据分析内容与范围,可分为全面分析和专题分析。

1. 全面分析

全面分析是指对企业在一定时期的生产经营各方面的情况进行系统、综合、全面的分析与评价。全面分析的目的是找出企业生产经营中带有普遍性的问题,全面总结企业在这一时期的成绩与问题,为协调各部门关系、搞好下期生产经营安排奠定基础或提供依据。全面分析通常在年终进行,形成综合、全面的财务分析报告,向职工代表大会或股东代表大会汇报。

2. 专题分析

专题分析是指根据分析主体或分析目的的不同,对企业生产经营过程中某一方面的问题所进行的较深入的分析。例如,经营者对生产经营过程某一环节或某一方面存在的突出问题进行分析,投资者或债权人对自己关心的某个方面的问题进行分析等,都属于专题分析。专题分析能及时、深入地揭示企业在某方面的财务状况,为分析者提供详细的资料信息,对解决企业的关键性问题有重要作用。例如,当企业在某时期资金紧张时,通过财务专题分析,可从筹资结构、资产结构、现金流量及支付能力等方面,研究资金紧张的原因及解决的对策。

在财务分析中,应将全面分析与专题分析相结合,这样才能全面、深入地揭示企业的问题、正确地评价企业的各方面状况。

(四)财务报告分析与内部报告分析

财务分析根据分析资料角度,可分为财务报告分析和内部报告分析。

1. 财务报告分析

财务报告是企业对外提供的反映企业某一特定日期的财务状况和某一会计期间的经营成果、现金流量等会计信息的文件。财务报告包括财务报表和其他应当在财务报告中披露的相关信息和资料。财务报告具有合法性、客观性、公开性等特点,因此,对财务报告分析,不仅有利于财务分析的规范化、制度化,而且便于企业及有关各方面对企业经营与财务状况进行系统分析。从这个角度看,财务报告分析是财务分析的最基本形式,甚至有人将财务报表分析或财务报告分析就理解为财务分析。

2. 内部报告分析

内部报告主要是指除财务报表外的其他与企业财务和会计活动有关的报表资料,其中最基本的是管理会计报表。内部报告分析作为财务分析的一种形式或组成部分是必要的。因为:第一,内部报告分析是对财务报告分析的必要补充。例如,利润表分析可说明企业的收益情况和盈利能力,进一步分析也可说明企业盈利增长的一般原因,或是销量增加的影响,或是成本降低的影响,但是为什么企业成本会降低呢?财务报告分析并不能回答这个问题,而内部报告分析则可根据成本报表资料,分析说明成本升降的原因。第二,内部报告是根据企业的生产经营特点和管理需要编制的,因此对内部报告的分析更有利于揭示企业经营管理中存在的问题或不足,这对企业的经营者是尤为重要的。

应当指出,随着会计信息披露范围的扩大,许多内部会计报表作为财务报表的附表而被公开披露。因此,在这种情况下,财务报告分析形式与内部报告分析形式也将趋于统一。

第三节 财务分析体系与内容

一、新时代财务分析的影响因素和应对措施

当前,中国特色社会主义进入"新时代"意味着中国社会主义事业发展进入了一个新的历史阶段。"新时代"还意味着中国将面临新的挑战和机遇。新时代带来了新环境、新经济和新技术,对社会和经济发展产生了深远影响。

(一)影响财务分析的因素

1. 新环境

新时代对生态环境保护提出更高要求,强调绿色发展和可持续发展。新时代要求,推动建设美丽中国,加强生态文明建设,促进节约资源和保护环境。新时代对应对气候变化和能源转型提出挑战,推动低碳经济发展,加快清洁能源的应用和转型,推动可再生能源发展。新时代数字化社会快速发展,智能手机、云计算、大数据、人工智能等技术的普及和应用,推动了数字经济的兴起。

2. 新经济

新时代强调创新驱动经济发展,强调加强科技创新、提升产业技术水平,推动数字经济、智能制造、生物技术等新兴产业的发展。新时代注重发展服务业,特别是现代服务业,推动服务业升级,培育互联网经济、文化创意产业、旅游业等新的服务业领域。新时代共享经济快速崛起,以分享和共享为核心的经济模式得到推动,如共享出行、共享住宿、共享办公等。

3. 新技术

人工智能技术在新时代得到广泛应用,包括机器学习、自然语言处理、计算机视觉等领域,推动了智能化、自动化和智能交互的发展。区块链技术在新时代得到重视,应用于金融、物流、供应链管理等领域,提供了分布式、安全可信的数据交换和存储方式。5G通信技术的发展和应用,提供了更高速度、更低延迟和更广连接性的通信能力,推动了物联网、智能交通等领域的发展。新时代注重发展生物技术,包括基因编辑、生物医药、农业基因改良等领域的技术创新,推动了生物产业的发展。

新时代的新环境、新经济和新技术为社会和经济发展带来了新的机遇和挑战,对产业结构、经济模式、社会生活方式等方面产生了深远影响。同时,也需要政府有关部门制定相应的政策和措施,以促进新经济和新技术的良性发展,解决相关的问题和风险。

(二)财务分析中应对挑战的措施

财务分析在新经济和新技术环境下需要应对更复杂的数据、更快速的变化和更多的风险。同时,这也为企业提供了更多的机会,企业可以通过更好的财务分析来实现创新、增长和竞争优势。因此,财务分析人员需要不断适应这些挑战,并寻求创新的方法来处理和分析财务数据。这些挑战会对财务分析理论体系产生影响,因为传统的财务分析方法和理论体系通常不足以解决新经济和新技术环境中出现的问题。要应对这些挑战,我们需要在财务分析中重视与完善以下几个方面。

1. 整合非财务数据

在财务分析理论体系方面,需要考虑如何整合非财务数据,包括社交媒体数据、市场数据、客户数据等。这可能需要发展新的分析模型和方法,以更全面地了解企业绩效。

2. 强调实时性

新经济环境要求财务分析能够提供实时数据和见解。因此,在财务分析理论方面,需要考虑如何有效地处理和分析实时数据,并提供及时的决策支持。

3. 制定数据质量和一致性标准

在财务分析理论方面,需要制定更严格的数据质量和一致性标准,以确保数据的准确性和可比性。这可能包括建立数据清洗和标准化的最佳实践。

4. 注重风险管理和合规性

新经济环境中的复杂性要求财务分析更加注重风险管理和合规性。这可能包括开发新的风险评估模型和合规性框架,以应对新兴风险。

5. 集成新技术工具

新经济治理环境要求财务分析考虑如何集成新的技术工具,如大数据分析、人工智能和区块链,以提高分析的效率和深度。

6. 考虑可持续发展和社会责任

新经济治理环境要求财务分析综合考虑企业的可持续发展和社会责任,以更全面地评估企业价值。

7. 调整教育和培训

教育机构和行业需要调整财务分析的培训和教育,以确保专业人员能够适应新的环境和工具。

总的来说,财务分析理论体系需要不断演进,以适应新经济和新技术环境的挑战和机会。这意味着我们要寻求更全面的理论框架,整合多样的数据来源,强调实时性和风险管理,以更好地支持企业在新经济中的决策和战略规划。财务分析专业人员和研究者需要积极参与并推动这一领域的发展。

二、财务分析体系构建的理论基础

(一) 企业目标与财务目标

1-2 拓展知识- ChatGPT对财务分析的影响及对策研究

任何一个学科体系与内容的建立都不能离开其应用领域的目标或目的。财务分析作为对企业财务活动及其效率与结果的分析,其目标必然与企业的财务目标相一致。目前,关于企业财务目标的提法或观点较多,如股东权益目标、企业价值目标、利润目标、经济效益目标等。

要研究企业财务目标,首先应明确企业目标。实际上,企业的目标从根本上必然与企业的所有者目标相一致。作为一个企业,其生存与发展的基础是拥有一定资源,包括资本资源和劳动力资源。企业的所有者是资本资源的所有者还是劳动力资源的所有者呢?这里存在两种不同的观点。一种观点认为,资本所有者是企业的所有者,即资本所有者以其资本投入为基础,雇佣劳动力,资本所有者是企业的所有者,劳动者是企业的雇工,这就是所谓的资本雇佣劳动制。另一种观点认为,劳动所有者即劳动者是企业所有者,劳动者以劳动为基础,通过雇佣资本进行生产经营。此时,劳动者是企业所有者,资本是企业购买的生产要素,这就是所谓的劳动雇佣资本制。在商品经济条件下,劳动雇佣资本制度是不能成立的,因为在劳动雇佣资本制度下,企业只能负盈,不能负亏,或者说劳动者只能分享收益,不能承担风险。现代企业制度属于资本雇佣劳动制。因此,企业所有者是资本所有者,企业目标应与企业资本所有者目标相一致,即资本的保值与增值。

企业资本保值增值目标与企业财务目标是否一致呢?回答是肯定的。无论是股东权益目标、企业价值目标、利润目标,还是经济效益目标,都是如此。追求股东权益或股东价值增加是企业财务的根本目标,它与追求企业价值或其他利益方利益并不矛盾。股东价值增加,从长远看,必然使企业各利益方同时受益,并不可能以损害其他利益方为基础。股东是公司中为增进自己权益而同时增进每一人权益的唯一利益方。[1] 同时,股东价值目标与利润目标和经济效益目标也不矛盾,利润是直接目标,经济效益是核心目标。

(二) 财务目标与财务活动

企业追求财务目标的过程正是企业进行财务活动的过程,这个过程包括筹资活动、投资活动、经营活动和分配活动。图 1-3 反映了企业财务活动与财务目标的关系。

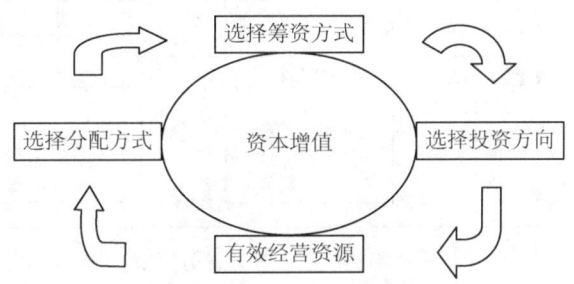

图 1-3 财务活动与财务目标的关系

企业筹资活动过程是资本的来源过程或资本取得的过程,包括自有资本(所有者权益)和借入资本(负债)。企业在筹资活动中或在取得资本时,要考虑资本成本、筹资风险、支付能力、资本结构等因素。筹资活动的目的在于以较低的资本成本和较小的风险取得企业所需要的资本。

企业投资活动过程是资本的使用过程或资产的取得过程,包括流动资产、固定资产、长期投资、无形资产等。企业在投资活动过程中,要考虑投资收益、投资风险、投资结构及资产利用程度等因素。投资活动的目的在于充分使用资产,以一定的资产、较小的风险取得尽可能大的产出。

企业经营活动过程是资本的耗费过程和资本的收回过程,包括发生各种成本费用和取得的各项收入。企业在经营活动中,要考虑生产要素和商品或劳务的数量、结构、质量、消耗、价格等因素。经营活动的目的在于以较低的成本费用,取得较多的收入,实现更多的利润。

企业分配活动过程是资本退出经营的过程或利润分配的过程,包括提取资本公积和盈余公积,向股东支付股利和留用利润等。企业在分配过程中,要考虑资本需要量、股东的利益、国家政策、企业形象等因素。分配活动的目的在于兼顾各方面利益,使企业步入良性循环的轨道。

(三) 财务活动与财务报表

企业的基本财务报表由资产负债表、利润表和现金流量表组成。企业的各项财务活动都直接或间接地通过财务报表来体现,如图 1-4 所示。

---

[1] 汤姆·科普兰,等.价值评估(中文版)[M].北京:中国大百科全书出版社,1998:23.

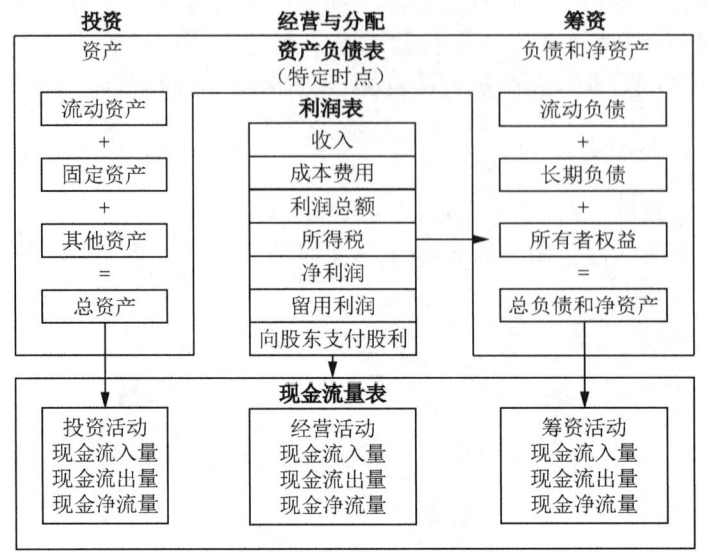

图 1-4 财务活动与财务报表

(1) 资产负债表与企业筹资活动和投资活动。资产负债表是反映企业在某一特定日期财务状况的报表。它是企业筹资活动和投资活动的具体体现。

(2) 利润表与企业经营活动和分配活动。利润表是反映企业在一定会计期间经营成果的报表。它是企业经营活动和分配活动的具体体现。

(3) 现金流量表与企业经营活动、投资活动和筹资活动。现金流量表是反映企业在一定会计期间现金和现金等价物(以下简称现金)流入和流出的报表。它以现金流量为基础,是企业财务活动总体状况的具体体现。

由此可见,财务报表从静态到动态,从权责发生制到收付实现制,对企业财务活动中的筹资活动、投资活动、经营活动和分配活动进行了全面、系统、综合的反映。

(四) 财务报表与财务效率

财务报表包括动态报表和静态报表,它不仅能直接反映筹资活动、投资活动、经营活动和分配活动的状态或状况,而且可间接揭示或通过财务分析揭示财务活动的效率或能力,包括盈利能力、营运能力、偿债能力和增长能力。

盈利能力是指企业投入一定资源所取得利润的能力。根据不同的资源投入,盈利能力可分为资本经营盈利能力,即利润与所有者权益之比;资产经营盈利能力,即利润与总资产之比;商品经营盈利能力,即利润与成本费用之比。

营运能力是指企业营运资产的效率。根据不同的资产范围,营运能力可分为全部资产营运能力,如总资产周转率等;流动资产营运能力,如流动资产周转率和存货周转率等;固定资产营运能力,如固定资产收入率等。

偿债能力是指企业偿还本身所欠债务的能力。根据偿债期长短,偿债能力可分为短期偿债能力,如流动比率、速动比率等;长期偿债能力,如资产负债率、利息保证倍数等。

增长能力是指企业保持持续发展或增长的能力。根据影响增长能力的因素,增长能力可分为销售增长能力,如销售增长率;资本增长能力,如资本积累率及资本增长率;可持续增长能力,如可持续增长比率等。

上述各种能力是企业财务运行效率的体现,而财务效率的计算与分析离不开财务报表。

(五)财务效率与财务结果

企业各项财务效率的高低,最终都将体现在企业的财务结果上,即体现在企业的价值上。企业价值是企业财务效率的综合反映或体现。同时,企业价值的高低正是评价企业财务目标实现程度的根本。图1-5可直观反映企业从财务目标到财务结果整个循环过程的情况。

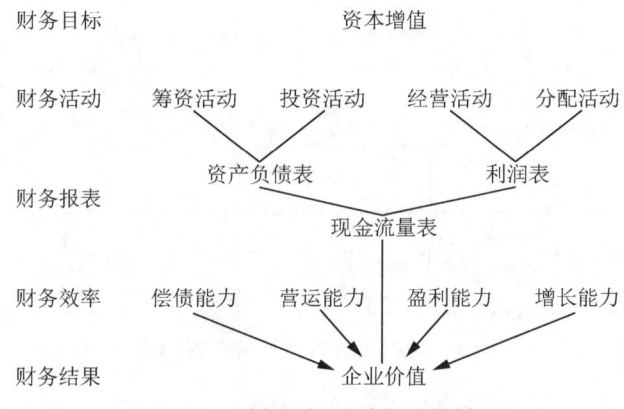

图1-5 财务目标到财务结果循环

三、财务分析体系与内容构建

1-3 拓展知识-构建中国财务分析体系的思考

在研究财务分析产生与发展,界定财务分析内涵,明确财务分析目的与作用的基础上,结合对国外财务分析体系与内容的剖析和构建财务分析体系与内容的理论基础,我们将财务分析体系与内容构建如下。

根据图1-6,本书的体系可归纳为以下的四篇十二章内容。

第一篇为财务分析概论,包括财务分析理论、财务分析方法两章内容。

第一章财务分析理论,首先界定了财务分析的定义及与相关学科的关系;然后明确了财务分析的目的、作用及形式;接着论述了财务分析体系构建的理论基础,最后构建了我国财务分析体系与内容。

第二章财务分析方法,首先论述了财务分析的基本步骤;然后按分析步骤分别对企业战略分析、会计分析、指标分析、因素分析、综合分析、综合评价等的基本程序、内容与做法进行了全面论述。

第二篇为财务活动会计分析,包括投资活动会计分析、筹资活动会计分析和经营活动会计分析三章内容。

第三章投资活动会计分析,首先明确投资活动会计分析的目的与内容;接着对投资活动

■ 财务分析

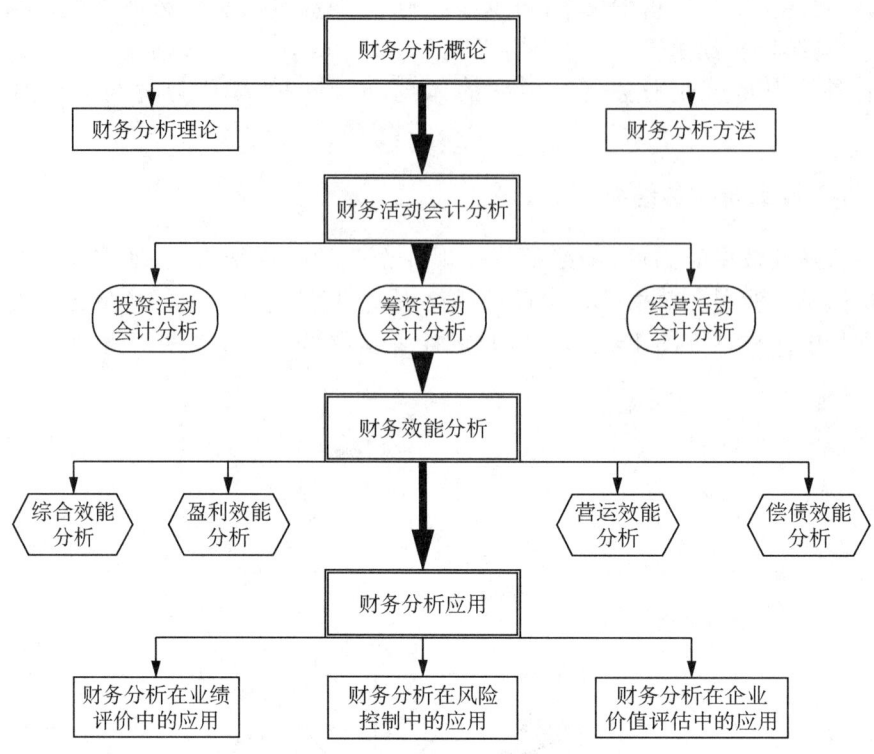

图 1-6 财务分析体系与内容构建

与企业战略的关系进行分析；然后对流动资产的状况进行分析；最后对非流动资产的状况进行会计分析。

第四章筹资活动会计分析，首先明确筹资活动会计分析的目的与内容；接着对企业筹资结构与企业战略的关系进行分析；然后对企业负债筹资和所有者权益筹资状况进行会计分析；最后对筹资活动现金流量进行分析。

第五章经营活动会计分析，首先明确经营活动会计的目的与内容；接着对企业的经营活动与企业战略的关系进行分析；然后分别对收入和成本费用进行会计分析；最后对利润的质量进行分析。

第三篇为财务效能分析，包括综合效能分析、盈利效能分析、营运效能分析和偿债效能分析四章内容。

第六章为综合效能分析，首先明确综合能力分析的目的、内容与方法；接着介绍杜邦财务综合分析体系的原理与应用；然后介绍帕利普财务分析体系的原理及应用；最后进行财务综合效能的可视化分析。

第七章盈利效能分析，首先明确盈利效能分析的目的与内容；接着对盈利效能指标进行分析；然后对上市公司盈利能力指标进行分析；最后对盈利效能指标进行可视化分析。

第八章营运效能分析，首先明确营运效能分析的目的与内容；接着对营运效能指标进行因素分析；最后对营运效能指标进行可视化分析。

第九章偿债效能分析，首先明确偿债效能分析的目的和内容；接着分别进行短期偿债效能分析和长期偿债效能分析；最后对偿债效能指标进行可视化分析。

第四篇为财务分析应用,包括财务分析在业绩评价中的应用、财务分析在风险控制中的应用和财务分析在企业价值评估中的应用三章内容。

第十章财务分析在业绩评价中的应用,首先明确业绩评价的内涵及财务分析与业绩评价的关系;接着介绍业绩评价的综合指数法及其应用;然后运用业绩评价功效系数法对企业经营绩效进行综合分析评价;最后探讨大数据技术在业绩评价中的应用。

第十一章财务分析在风险控制中的应用,首先论述风险控制的内涵与方法,以及财务分析与风险控制的关系;接着介绍财务分析在财务预警中的应用的基本原理和方法;最后探讨大数据技术在风险控制与财务预警中的应用。

第十二章财务分析在企业价值评估中的应用,首先论述企业估值的内涵、程序及财务分析与企业估值的关系;接着介绍财务分析在企业价值评估的应用;最后探讨大数据技术在企业价值评估中的应用。

 本章小结

1-4 课程思政-西安爱菊粮油工业集团有限公司诚信经营案例分析

财务分析是指以财务报告资料及其他相关资料(如内部报告)为依据,采用一系列专门的分析技术和方法,对企业等经济组织过去和现在有关筹资活动、投资活动、经营活动和分配活动的盈利效能、营运效能、偿债效能状况等进行分析与评价,为企业的投资者、债权人、经营者及其他关心企业的组织或个人评价企业过去、控制企业现在、估价企业未来,作出正确决策提供准确的信息或依据的经济应用学科。财务分析与财务报表分析、财务报告分析是既有区别又有联系的。

财务分析与相关学科的关系主要体现在财务分析与会计学的关系和财务分析与财务学的关系。财务分析实际上是在会计信息供给(会计学)与会计信息需求(财务学、经济学、管理学等)之间架起的一座桥梁。

财务分析的目的受财务分析主体和财务分析服务对象的制约,不同的财务分析主体进行财务分析的目的是不同的,不同的财务分析服务对象所关心的问题也是不同的。各种财务分析主体的分析目的和财务分析服务对象所关心的问题,也就构成了财务分析的目的或财务分析的研究目标。

财务分析的作用从不同角度看是不同的。从财务分析的服务对象看,财务分析不仅对企业内部生产经营管理有着重要作用,而且对企业外部投资决策、贷款决策、赊销决策等也有着重要作用。从财务分析的职能作用看,财务分析对评价企业过去、反映及控制现状和估价企业未来都有着重要的作用。

财务分析的形式有:外部分析与内部分析,静态分析与动态分析,全面分析与专题分析,财务报告分析与内部报告分析等。

财务分析体系与内容的构建,要考虑各种关系与关联:企业目标与财务目标的关系、财务目标与财务活动的关系、财务活动与财务报表的关系、财务报表与财务效率的关系、财务效率与财务结果的关系以及它们之间的关联。这些关系和关联构成了财务分析的理论基础。

关键概念

财务分析　财务报表分析　财务报告分析　内部报告分析　外部分析　内部分析

 **思考题**

1. 简述财务分析与财务报表分析、财务报告分析的关系。
2. 简述财务分析为什么会形成独立的学科。
3. 简述如何理解财务分析的作用。
4. 简述财务分析体系与内容构建的理论基础。
5. 财务分析框架体系之间是什么逻辑?

课后练习

一、单项选择题

1. 企业投资者进行财务分析的根本目的是关心企业的(　　)。
   A. 盈利能力　　　　B. 偿债能力　　　　C. 营运能力　　　　D. 增长能力
2. 财务分析体系的基本构架是(　　)。
   A. 盈利能力分析、偿债能力分析、营运能力分析
   B. 分析概论、会计分析、财务效能分析、财务分析应用
   C. 资产负债表分析、利润表分析、现金流量表分析
   D. 水平分析、垂直分析、比率分析
3. 业绩评价属于(　　)范畴。
   A. 会计分析　　　　　　　　　　　　B. 财务效能分析
   C. 财务分析应用　　　　　　　　　　D. 综合分析
4. 财务分析的对象是(　　)。
   A. 财务报表　　　　B. 财务报告　　　　C. 财务活动　　　　D. 财务效率
5. 不同的财务报表分析主体的(　　)存在明显差异,这就决定了他们在对企业财务报表进行分析时必然有不同的分析目的和侧重点。
   A. 评价标准　　　　B. 利益倾向　　　　C. 分析依据　　　　D. 分析要求
6. 企业资产经营的效率主要反映企业的(　　)。
   A. 盈利能力　　　　B. 偿债能力　　　　C. 营运能力　　　　D. 增长能力

二、多项选择题

1. 财务分析与财务报告分析的区别在于(　　)。
   A. 分析对象不同　　　　　　　　　　B. 分析资料依据不同
   C. 分析方法不同　　　　　　　　　　D. 分析主体不同
   E. 分析形式不同
2. 财务分析的作用在于(　　)。

A. 评价企业过去 B. 反映企业现状
C. 评估企业未来 D. 进行全面分析
E. 进行专题分析

3. 财务分析从分析的时期和目的角度看,可分为( )。
   A. 现状分析 B. 专题分析
   C. 全面分析 D. 趋势分析
   E. 潜力分析

4. 财务分析的主要内容包括( )。
   A. 偿债效能分析 B. 营运效能分析
   C. 销售效能分析 D. 综合效能分析
   E. 盈利效能分析

5. 财务报表分析的主体包括( )。
   A. 政府职能机构 B. 企业所有者
   C. 社会中介机构 D. 经营管理者
   E. 企业员工

6. 财务分析根据分析的内容和范围,可以分为( )。
   A. 内部分析 B. 外部分析
   C. 综合分析 D. 全面分析
   E. 专题分析

三、判断题

1. 财务分析的对象与财务报表分析或财务报告分析的对象是不同的。 ( )
2. 财务分析的作用是评价企业财务状况及成果。 ( )
3. 投资者财务分析的目的是取得高的投资回报。 ( )
4. 财务效能综合分析是财务分析的应用领域之一。 ( )
5. 在进行财务分析时,只需关注企业的财务报表,无需考虑宏观经济环境和行业趋势。 ( )
6. 财务比率分析是财务分析中的一种重要方法,可以帮助投资者和债权人了解企业的财务状况和经营成果。 ( )

四、简答题

1. 经营者进行财务分析应代表哪些利益集团?
2. 财务分析为什么具有评估企业未来的作用?
3. 简述会计分析与财务效能分析的关系。
4. 简述财务活动与财务报表的关系。

第二章 财务分析方法

 学习目标

1. 掌握财务分析的基本程序与基本方法。
2. 掌握财务分析程序、战略分析方法会计分析方法、指标分析方法。
3. 掌握因素分析方法与财务分析报告。
4. 理解可视化财务分析流程与工具。
5. 了解财务分析信息在财务分析程序中的重要性。
6. 提升学生基于财务分析方法识别财务报表中的虚假、违法行为的能力,树立正确的价值观。

 引导案例

2023年11月17~19日,由工业和信息化部、北京市人民政府、国家卫生健康委员会、国务院国有资产监督管理委员会、国家中医药管理局、国家药品监督管理局联合主办的"2023中国医药工业发展大会"在北京召开。其间,作为大会核心专题论坛之一的第40届全国医药工业信息年会揭晓了备受行业关注的数项权威榜单。复星医药凭借持续创新力和综合竞争力荣登"2022年度中国医药工业百强榜"第2位,较上年度跃升2个名次,创新高!

2023年11月21日,《财富》杂志发布"2023年最受赞赏的中国公司榜单"。复星医药凭借在持续创新及提升药物可及性领域的出色表现,首次登榜"2023《财富》最受赞赏的中国公司全明星榜单",并位列"医药、医疗器械及医疗服务行业明星榜"第1位。

作为一家植根中国的全球化医药健康产业集团,复星医药历经近30年的发展,直接运营的业务包括制药、医疗器械与医学诊断、医疗健康服务,并通过参股国药控股覆盖到医药商业领域。制药是复星医药的核心业务。自2009年起布局创新研发,经过十余年的持续投入,复星医药打造了开放式、全球化的创新研发体系,推进多个"全球首款""中国首个"创新技术和产品的研发和转化落地。

与此同时,复星医药不断完善ESG(环境、社会和公司治理)体系、提升ESG整体水准,助力企业长期可持续发展。

从财务角度看,复星医药快速发展的原因之一是多年来持续加大的研发投入。2023年前三季度,复星医药研发投入共计人民币42.91亿元,同比增长13.67%;其中,研发费用为31.55亿元,同比增长10.22%。截至2023年上半年,复星医药在研创新药及自研生物类似

药项目超 70 项。

那么,如何通过财务信息分析判断复星医药的发展状况和发展前景。本章的财务分析方法将为我们进一步揭示复星医药的发展战略、财务状况、经营状况和经营成果提供有用的方法论。

(资料来源:根据复星医药公司官网相关新闻资料整理)

第一节 财务分析基本程序

一、财务分析信息搜集整理

(一) 明确财务分析目的

进行财务分析,必须先明确为什么要进行财务分析,是为了评价企业经营业绩、进行投资决策,还是为了制定未来经营策略。只有明确了财务分析的目的,才能正确地搜集整理信息,选择正确的分析方法,从而得出正确的结论。

(二) 制订财务分析计划

在明确财务分析目的的基础上,应制订财务分析计划,其内容包括财务分析的人员组成及分工、时间进度安排,财务分析内容及拟采用分析方法等。财务分析计划是财务分析顺利进行的保证。当然,这个计划并不一定形成文件,可能只是一个草案,也可能是口头的,但没有计划是不行的。

(三) 搜集整理财务分析信息

财务分析信息是财务分析的基础,信息搜集整理的及时性、完整性、准确性,对分析的正确性有着直接的影响。信息的搜集整理应根据分析的目的和计划进行。但这并不意味着不需要经常性、一般性的信息搜集与整理。只有平时不断地积累各种信息,才能根据不同的分析目的及时提供所需信息。

二、战略分析与会计分析

(一) 企业战略分析

企业战略分析通过对企业所在行业或企业拟进入行业的分析,明确企业自身地位及应采取的竞争战略。企业战略分析通常包括行业分析和企业竞争策略分析。行业分析的目的在于分析行业的盈利水平与盈利潜力,因为不同行业的盈利能力和潜力大小是可能不同的。行业盈利能力的影响因素有许多,主要可分为两类:一是行业的竞争程度,二是市场谈判或议价能力。企业战略分析的关键在于企业如何根据行业分析的结果,正确选择企业的竞争策略,使企业保持持久竞争优势和高盈利能力。在不同的企业竞争策略中,最重要的有两种,即低成本竞争策略和产品差异策略。

企业战略分析是会计分析和财务分析的基础和导向,通过企业战略分析,分析人员能深入了解企业的经济状况和经济环境,从而能进行客观、正确的会计分析与财务分析。

(二) 会计分析

会计分析的目的在于评价企业会计所反映的财务状况与经营成果的真实程度。会计分析的作用有:第一,通过对会计政策、会计方法、会计披露的评价,揭示会计信息的质量;第二,通过对会计灵活性、会计估计的调整,修正会计数据,为财务分析奠定基础,并保证财务分析结论的可靠性。进行会计分析,一般可按以下步骤进行:第一,阅读会计报告;第二,比较会计报表;第三,解释会计报表;第四,修正会计报表信息。

会计分析是财务分析的基础,通过会计分析,对发现的会计原则、会计政策等原因引起的会计信息差异,应通过一定的方式加以说明或调整,消除会计信息的失真问题。

三、财务分析实施

(一) 财务指标分析

对财务指标进行分析,特别是进行财务比率指标分析,是财务分析的一种重要方法或形式。财务指标能准确反映某方面的财务状况。进行财务分析,应根据分析的目的和要求选择正确的分析指标。债权人进行企业偿债能力分析时,必须选择反映偿债能力的指标或反映流动性情况的指标,如流动比率指标、速动比率指标、资产负债率指标等;而一个潜在投资者进行对企业投资的决策分析时,应选择反映企业盈利能力的指标,如总资产报酬率、资本收益率,以及股利报偿率和股利发放率等。正确选择与计算财务指标是正确判断与评价企业财务状况的关键所在。

(二) 基本因素分析

财务分析不仅要解释现象,而且应分析原因。因素分析法是在报表整体分析和财务指标分析的基础上,对一些主要指标的完成情况,从其影响因素角度,深入进行定量分析,确定各因素对其影响方向和程度,为企业正确进行财务评价提供最基本的依据。

四、财务综合分析与评价

(一) 财务综合分析与评价的概念

财务综合分析与评价是在应用各种财务分析方法进行分析的基础上,将定量分析结果、定性分析判断及实际调查情况结合起来,以得出财务分析结论的过程。财务分析结论是财务分析的关键步骤,结论的正确与否是判断财务分析质量的唯一标准。一个正确分析结论的得出,往往需要经过几次反复。

(二) 财务预测与价值评估

财务分析既是一个财务管理循环的结束,又是另一个财务管理循环的开始。应用历史或现实财务分析结果预测未来财务状况与企业价值,是现代财务分析的重要任务之一。因此,财务分析不能仅满足于事后分析原因,得出结论,而且要对企业未来发展及价值状况进行分析与评价。现代财务分析的应用已扩展到财务预测、价值评估、证券定价、信用评价、风险防范等领域。

(三) 财务分析报告

财务分析报告是财务分析的最后步骤。它将财务分析的基本问题、财务分析结论,以及针对问题提出的措施建议以书面的形式表示出来,为财务分析主体及财务分析报告的其他受益者提供决策依据。财务分析报告除了作为对财务分析工作的总结,还可作为历史信息,以供后来的财务分析参考,保证财务分析的连续性。

第二节 财务分析信息基础

一、财务分析信息的种类与要求

(一) 财务分析信息的种类

财务分析信息是多种多样的,不同的分析目的和分析内容所使用的财务信息可能不同。因此,从不同角度看,财务分析信息的种类是不同的。

1. 内部信息与外部信息

财务分析信息按信息来源可分为内部信息和外部信息两类。内部信息是指从企业内部取得的财务信息。外部信息则是指从企业外部取得的信息。

企业的内部信息主要包括以下几类。

(1) 会计信息。会计信息又可分为财务会计信息和管理会计信息。财务会计信息主要是指财务会计报告,包括资产负债表、利润表、现金流量表等国家财务会计制度规定企业编制的各种报表、财务情况说明书和有关附表等。管理会计信息主要包括责任会计核算信息、决策会计信息和企业成本报表等。

(2) 统计与业务信息。统计信息主要是指各种统计报表和企业内部统计信息。业务信息则是指与各部门经营业务及技术状况有关的核算与报表信息。总之,统计与业务信息包括企业除会计信息外其他反映企业实际财务状况或经营状况的信息。

(3) 计划及预算信息。计划及预算信息是企业管理的目标或标准,包括企业的生产计划、经营计划、财务计划、财务预算,以及各种消耗定额、储备定额、资金定额等。

企业外部信息包括以下几类。

(1) 国家宏观经济与法规信息。国家的宏观经济信息主要是指与企业财务活动密切相关的信息,如物价上涨率或通货膨胀率、银行利息率、各种税率等;法规信息包括会计法、税法、会计准则、审计准则、会计制度等。

(2) 综合部门发布的信息。综合部门发布的信息包括国家统计局定期公布的统计报告和统计分析;国家发展和改革委员会的经济形势分析、国民经济计划及有关部门的经济形势预测;各证券市场和资金市场的有关股价、债券利息等方面的信息等。

(3) 中介机构信息。中介机构信息包括会计师事务所、资产评估事务所等提供的企业资产评估报告和审计报告等。

(4) 报纸杂志的信息。报纸杂志的信息是指各种经济著作、报纸及杂志的科研成果、调查报告、经济分析等与企业财务分析有关的信息。

(5) 企业间交换的信息。企业间交换的信息是指企业与同行业其他企业或有业务往来的企业间相互交换的报表及业务信息等。

(6) 国外有关信息。国外有关信息是指从国外取得的各种经济信息。取得的渠道有出国考察访问、购买国外经济信息报刊、国际会议交流等。

2. 定期信息与不定期信息

财务分析信息根据取得时间的确定性程度可分为定期信息和不定期信息。定期信息是指企业经常性需要,可定期取得的信息。不定期信息则是指企业根据临时需要而搜集的信息。

定期信息主要包括以下几类。

(1) 会计信息。会计信息,尤其是以会计制度规定的时间,按月度、季度和年度进行核算和编报的财务会计信息,是企业财务分析中可定期取得的信息。

(2) 统计信息。企业的统计月报、季报和年报信息也是财务分析的定期信息之一。

(3) 综合经济信息。综合经济信息有的按月公布,有的按季公布,有的按年公布,也有一些市场信息是按日或按旬公布的。

(4) 中介机构信息。

定期信息为企业定期财务分析提供了依据,奠定了基础。

不定期信息主要包括以下几类。

(1) 宏观经济政策信息。

(2) 企业间不定期交换信息。

(3) 国外经济信息。

(4) 主要报纸杂志信息。

不定期信息,有的是因为信息不能定期提供,有的是因为企业不定期分析的需要。企业在财务分析中,应注重定期信息的搜集与整理,同时也应及时搜集不定期信息。

3. 实际信息与标准信息

财务分析信息根据实际发生与否可分为实际信息和标准信息。实际信息是指反映各项经济指标实际完成情况的信息。标准信息是指作为评价标准而搜集与整理的信息,如预算信息、行业信息等。

财务分析通常是以实际信息为基础进行的,但标准信息对于评价企业财务状况也是不可缺少的。

确立财务分析评价标准是财务分析的一项重要内容。分析人员采用不同的财务分析评价标准,会对同一分析对象得出不同的分析结论。正确确定或选择财务分析评价标准,对于发现问题、找出差距、正确评价有着十分重要的意义与作用。通常,财务分析评价标准有经验标准、历史标准、行业标准、预算标准等。

(1) 经验标准。经验标准是在财务比率分析中经常采用的一种标准。经验标准是指这个标准的形成依据大量实践经验的检验。例如,流动比率的经验标准为 2∶1;速动比率的经验标准是 1∶1 等。此外,当流动负债对有形净资产的比率超过 80% 时,企业通常会出现经营困难,存货对净营运资本的比率不应超过 80% 等,也都属于经验标准。也有人将这种经验标准称为绝对标准,认为它们是人们公认的标准,不论什么公司、什么行业、什么时间、什么环境,它都是适用的。但是,实际上,经验标准只是对一般情况而言,并不是适用一切领域或一切情况的绝对标准。例如,假设一个公司的流动比率大于 2∶1,但其信用政策较差,存在大量应收账款和许多积压物资和产品。另一公司的流动比率可能低于 2∶1,但在应收账款、存货及现金管理方面非常成功。这时并不能根据经验标准认为前一公司的流动性或偿债能力好于后一公司。因此,人们在应用经验标准时,必须非常仔细,不能生搬硬套。

(2) 历史标准。历史标准是指以企业过去某一时间的实际业绩为标准。这种标准对于评价企业自身经营状况和财务状况是否改善是非常有益的。历史标准可选择企业历史最高水平,也可选择企业正常经营条件下的业绩水平。另外,在财务分析中,经常将本年的财务状况与上年进行对比,此时企业上年的业绩水平实际上也可看作历史标准。应用历史标准的优点有:一是比较可靠,历史标准是企业曾达到的水平;二是具有较高的可比性。但历史标准也有其不足:一是历史标准比较保守,因为现实要求与历史要求可能不同;二是历史标准适用范围较窄,只能说明企业自身的发展变化,不能全面评价企业在同行业中的地位与水平。尤其是对于外部分析,仅用历史标准是远远不够的。

(3) 行业标准。行业标准是财务分析中广泛采用的标准,它是按行业制定的,或反映行业财务状况和经营状况的基本水平。行业标准也可指同行业某一比较先进企业的业绩水平。企业在财务分析中运用行业标准,可说明企业在行业中所处的地位与水平。假设行业的投资收益率标准为 10%,而某企业的投资收益率为 8%,则是投资者所不能接受的。行业标准还可用于判断企业的变动趋势。假如在一个经济萧条时期,某企业的利润率从 12% 下降至 9%,而同行业其他企业的利润率则从 12% 下降至 6%,则可认为该企业的盈利状况是相当好的。

应当指出,运用行业标准有三个限制条件:第一,同行业内的两个公司并不一定是可比的。例如,同是石油行业的两个企业,一个可能从市场购买原油生产石油产品;另一个从开采、生产、提炼到销售石油产品为一体,则这两个公司的经营是不可比的。第二,一些规模较大的公司现在往往跨行业经营,公司的不同经营业务可能有着不同的盈利水平和风险程度,这时用行业统一标准进行评价显然是不合适的。解决这一问题的方法是将公司的不同经营业务的收入、收益、资产、费用等分项报告。第三,应用行业标准还受企业采用的会计方法的限制,同行业企业如果采用不同的会计方法,也会影响评价的准确性。例如,库存材料物资发出的计价方法不同,不仅可能影响存货的价值,而且可能影响成本的水平。因此,在采用行业标准时,也要注意这些限制条件。

(4) 预算标准。预算标准是指企业根据自身经营条件或经营状况所制定的目标标准。预算标准通常在一些新的行业、新建企业,以及垄断性企业应用较多。其实对于其他行业和企业,运用预算标准也是有益的,因为预算标准可将行业标准与企业历史标准相结合,比较全面地反映企业的状况。尤其对于企业内部财务分析,预算标准更具有优越性,可考核评价企业各级、各部门经营者的经营业绩,以及对企业总体目标实现的影响。但是,预算标准对于外部财务分析作用不明显;另外,预算标准的确定也受人为因素影响,缺乏客观依据。

可见,各种财务分析评价标准都有其优点与不足。在财务分析中不应孤立地选用某一种标准,而应综合应用各种标准,从不同角度对企业经营状况和财务状况进行评价,这样才有利于得出正确的结论。

(二)财务分析信息的要求

为了保证财务分析的质量与效果,财务分析信息必须满足以下要求。

1. 财务信息的完整性

财务信息的完整性是指财务分析的信息必须在数量上和种类上满足财务分析目的的需要。缺少分析所需要的某方面信息,势必影响分析结果的正确性。例如,要进行投资收益率分析,仅有损益表信息,而缺少资产负债表的信息是不行的;在通货膨胀情况下,缺少通货膨胀率的信息也会影响投资收益分析的准确性。

2. 财务信息的系统性

财务信息的系统性,一方面是指财务分析信息要具有连续性,尤其是对定期财务分析信息,不能在当期分析结束后就弃之不用,而应妥善保存,保持信息的连续性,为趋势分析奠定基础;另一方面是指财务分析信息的分类和保管要有科学性,以方便不同目的的财务分析需要。

3. 财务信息的准确性

财务信息的准确性是保证财务分析结果正确性的关键,歪曲的分析信息不可能得出正确的分析结论。财务分析信息的准确性既受信息本身正确性的影响,又受资料整理过程准确性或信息使用准确性的影响。尤其对企业外部信息的范围、计算方法等要有全面准确的了解,在分析时应结合企业具体情况进行数据处理,否则可能影响分析的质量。

4. 财务信息的及时性

财务信息的及时性是指根据不同的分析目的和要求,能及时提供所需的信息。定期财务分析信息的及时性决定着定期分析的及时性,例如,只有及时编报财务报表,才能保证财务报表分析的及时性。对于不定期的财务信息也要及时注意搜集和整理,以备在需要时能及时提供,保证临时财务分析的要求。特别对于一些有关决策性的分析,财务分析信息的及时性尤其重要,因为错过了时机,就失去了分析的意义。

5. 财务信息的相关性

财务信息的相关性包含两层含义:一是知道各种财务分析信息的用途,如资产负债表能提供哪些信息,可用于何种分析,损益表的信息可用于何种分析等;二是知道一定的分析目的需要什么信息,如进行企业偿债能力分析的主要信息是资产负债表,进行盈利能力分析的主要信息是损益表等。只有明确了这两点,才能保证分析信息的搜集与整理的准确性、及时性。

二、会计报告信息

(一)会计报告的内涵及体系

会计报告包括对外报告和对内报告。对外报告亦称财务会计报告或财务报告,主要包括对外报出的财务报表和会计报表附注。对内报告亦称管理会计报告,主要包括用于企业内部经营决策和管理控制的各种会计报表及相关附表等。

(二) 财务报告体系

企业对内报告实际上包含对外报告。财务报告是企业对外提供的反映企业某一特定日期的财务状况和某一会计期间的经营成果、现金流量等会计信息的文件。财务报告包括财务报表和其他应当在财务报告中披露的相关信息和资料。其中,财务报表由会计报表及其附注两部分构成,附注是财务报表的有机组成部分,而会计报表至少应当包括资产负债表、利润表、现金流量表和所有者权益变动表等。财务报告的体系如图2-1所示。

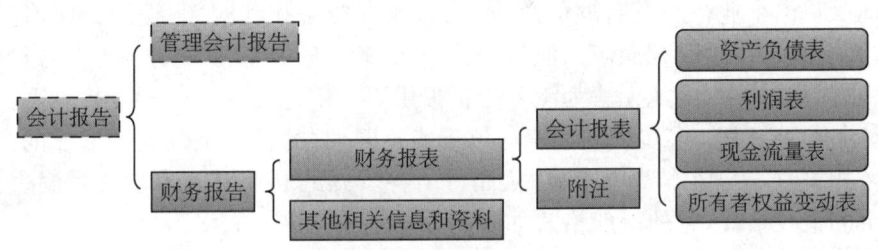

图 2-1 财务报告的体系

财务报告至少包括以下几层含义:①财务报告应当是对外报告,其服务对象主要是投资者、债权人等外部使用者,专门用于内部管理的报告不属于财务报告的范畴;②财务报告应当综合反映企业的生产经营状况,包括某一时点的财务状况和某一时期的经营成果与现金流量等信息,以勾画出企业整体和全貌;③财务报告必须形成一个系统的文件,不应是零散的或不完整的信息。

财务报告是公司年度报告的重要组成部分。根据我国《证券法》和《公司法》的规定,所有公开上市交易的公司必须按时编制并披露年度报告。年度报告与财务报告并不相同,财务报告是年度报告的重要组成部分,但年度报告的内容并不限于财务报告。

本教材选用FXYY公司公开披露的年度报告作为全书各章财务分析的会计信息来源。完整年度报告可通过附录二维码或上市公司年报公开披露网站获取,财务报表详见本教材附录一和附录二。需要说明的是:第一,本教材利用该公司信息进行财务分析的目的是便于师生理解和掌握财务分析理论与方法,对该公司的分析评价并不构成对该公司投资者及利益相关者的实际操作指导;第二,为了便于师生学习与掌握某些知识点,作者根据需要对该公司的业务和数据进行适当调整,这些调整不构成对公司披露信息的更正。

1. 资产负债表

资产负债表是反映企业在某一时点财务状况的会计报表。它是根据"资产=负债+所有者权益"的会计等式,依照一定的分类标准和一定的次序,把企业在特定日期的资产、负债和所有者权益项目进行适当分类与排列,按一定的要求编制而成的。我国会计制度规定的企业资产负债表的基本格式如附表1-1所示。

从附表1-1可看出,资产负债表的结构是左右平衡式的,左方反映企业的各类资产,右方反映企业的负债和所有者权益,左右两方总额相等。

资产负债表所反映的信息主要体现在以下几个方面:第一,反映企业资产的规模和结构。第二,反映企业债务水平和结构。第三,反映企业所有者权益结构和资本增值潜力。第四,综合反映企业偿债能力和财务状况趋势。

2. 利润表

利润表是反映企业在一定期间(如年度、月度或季度)内生产经营成果的会计报表。利润表是一种动态报表,它一方面通过企业一定时期的收入、成本费用及税金数据来确定企业的利润;另一方面则按照有关规定,将实现利润在相关当事者间进行分配。

利润表有两种格式,一是单步式利润表,二是多步式利润表。

(1) 单步式利润表。单步式利润表的基本特点,是将本期发生的所有收入汇集在一起,将所有的成本费用汇集在一起,然后将总收入减去总成本费用得出本期利润。单步式利润表能清晰地反映出企业在一定时期的总收入、总成本费用和利润额,编制方便,勾稽关系清楚,即总收入－成本费用＝利润额。但是,它没有准确反映利润形成的过程及各种收入与相应成本费用之间的关系,因此无法为深入分析提供更多信息。

(2) 多步式利润表。多步式利润表与单步式不同,它的特点是按利润形成的几个环节,分步骤地将相关收入与成本费用相减,从而得出各步骤的利润额。多步式利润表是我国会计制度规定的报表格式,它的一般格式如附表1-2所示。

利润表的格式内容及基本勾稽关系为财务分析提供了有用的信息。从财务分析的不同角度看,利润表可提供的信息及其作用主要有以下几点:第一,提供反映企业财务成果的信息;第二,提供反映企业盈利能力的信息;第三,提供反映企业主营业务收入、成本费用状况的信息;第四,提供反映企业利润分配情况的信息。

3. 现金流量表

现金流量表实际上是资金变动表的一种形式。资金表或资金来源与运用表,是根据企业在一定时期内各种资产和权益项目的增减变化,来分析反映资金的取得来源和资金的流出用途,说明财务动态的会计报表,或者是反映企业资金流转状况的报表。资金来源与运用表根据其编制基础不同,有五种编制方式。以现金为基础编制的资金表实际上就是现金流量表,用现金的来源、运用、增加、减少来说明企业财务状况的变动。表中的现金不仅是指会计上的现金,而且包括银行存款和其他现金等价物。我国目前会计准则中规定企业编报的现金流量表的一般格式如附表1-3所示。

现金流量表提供了反映企业财务状况变动情况的详细信息,为分析研究企业的资金来源与资金运用情况提供了依据。它提供的信息与作用主要表现在以下几个方面:第一,提供企业资金(特别是现金,下同)来源与运用的信息;第二,提供企业现金增减变动原因的信息;第三,提供资产负债表和利润表分析所需要的信息。

4. 所有者权益变动表

所有者权益变动表也称股东权益变动表,是反映企业在一定期间(如年度、季度或月度)内,所有者权益的各组成部分当期增减变动情况的报表。在所有者权益变动表中,净利润、其他综合收益,以及由所有者的资本交易导致的所有者权益的变动分别列示。我国目前会计准则中规定企业编报的所有者权益变动表的一般格式如附表1-4所示。

所有者权益变动表的信息作用具体体现在以下几个方面:第一,在一定程度上体现全面收益观;第二,全面反映所有者权益的变化原因;第三,为利润表和资产负债表提供辅助信息;第四,突出会计政策变更和前期差错更正对所有者权益的影响。

(三) 管理会计报告

管理会计报告是指用于企业内部经营决策和管理控制的各种会计报表及相关附表等。管理会计报告通常由主表、附表和附注构成，主表提供总括信息，附表是对主表中主要项目的细化，附注主要说明主附表的编制基础、主要项目数字增减变化原因等。管理会计报告体系及内容可根据企业自身经营管理需求确定，没有统一的准则或制度要求。从企业经营管理角度，可根据企业资本经营、资产经营、商品经营和生产经营这四类责任中心分别编制和报送资本经营会计报告、资产经营会计报告、商品经营会计报告和生产经营会计报告，如表 2-1 所示。

表 2-1　　　　　　　　　　　管理会计报告体系表

责任中心	主表	附表	附注
资本经营中心	资本经营会计报告	◆ 资产经营报告 ◆ 资金成本报告 ◆ 资本结构报告 ◆ 所得税报告 ◆ EVA 报告	◆ 资本经营中心的组织结构 ◆ 主要关联方和关联交易 ◆ 重要融资事项说明 ◆ 利润分配方案说明 ◆ 重要投资事项说明 ◆ 对外投资减值准备的计提方法和冲销原则 ◆ 重要资本重组事项说明
资产经营中心	资产经营会计报告	◆ 商品经营报告 ◆ 资产结构报告 ◆ 资产利用程度报告 ◆ 对外投资报告 ◆ 资产损失及不良资产报告 ◆ 资产利用效果报告 ◆ 资产重组报告	◆ 资产经营中心的组织结构 ◆ 总体资产状况 ◆ 购建和处置重要固定资产的情况 ◆ 计提各项资产减值准备的方法及冲销原则
商品经营中心	商品经营会计报告	◆ 生产经营报告 ◆ 营业收入报告 ◆ 商品销售价格报告 ◆ 市场占有率报告 ◆ 采购价格报告 ◆ 期间费用报告 ◆ 营业外收支报告	◆ 商品经营中心的组织结构 ◆ 生产和供销概况 ◆ 销售费用的主要类别及其在各类产品间分摊的方法 ◆ 影响商品经营利润率的主要因素
生产经营中心	生产经营会计报告	◆ 商品产品成本报告 ◆ 单位产品成本报告 ◆ 材料成本报告 ◆ 人工成本报告 ◆ 制造费用报告 ◆ 各种产品产值成本率报告 ◆ 技术经济指标对成本影响报告 ◆ 废品情况报告	◆ 成本计算制度 ◆ 主要的成本计算方法 ◆ 制造费用的分摊方法 ◆ 对产品成本产生重大影响的主要因素

一部分管理会计报告信息可能通过财务报告自愿披露形式对外披露，可用于外部分析；另一部分不对外披露的管理会计报告，主要用于企业经营管理者内部财务分析的需要。

第三节 战略分析与会计分析方法

一、战略分析方法

(一) 战略分析的内涵与作用

在明确财务分析目的、搜集整理财务分析信息的基础上,企业战略分析成为财务分析的新起点。企业战略通常由公司战略、经营战略和职能战略三个层次构成。公司战略处于最广泛的层面,又称企业总体战略,一般由公司董事会制定。公司战略通常可分为成长型战略、稳定型战略和收缩型战略。经营战略是指在公司战略指导下,各战略业务单位所制定的部门战略,包括对特定产品、市场、客户或地理区域作出战略决策。经营战略通常包括成本领先战略、差异化战略和集中化战略等。职能战略是指为实施和支持公司战略及经营战略,企业根据特定管理职能制定的战略。职能战略通常包括市场营销战略、研究与开发战略、生产战略、人力资源战略、财务战略等。从财务分析视角分析企业战略,应特别重视企业财务战略中的筹资战略、投资战略、经营战略和分配战略。

企业战略管理体系可用图 2-2 表示。

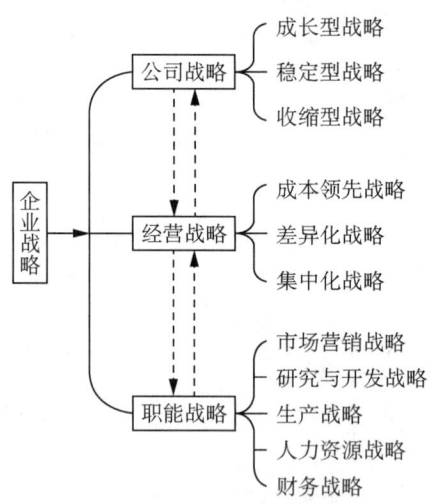

图 2-2 企业战略管理体系

企业战略分析是指在明确企业战略构成及目标的基础上,通过对企业所在行业或企业拟进入行业的分析,明确企业自身地位及应采取的竞争战略和职能战略,以权衡收益与风险,了解与掌握企业的发展潜力,特别是在企业价值创造或盈利方面的潜力。因此,企业战略分析通常包括行业分析和企业竞争策略分析。企业战略分析是会计分析和财务效率分析的导向。通过企业战略分析,分析人员能深入了解企业的经济状况和经济环境,从而能进行客观、正确的会计分析与财务分析。

(二)战略分析的基础

进行企业战略分析,一要明确企业战略制定的程序;二要明确企业战略制定与分析的宏观经济环境。这些是企业战略分析的基础。

1. 企业战略制定的程序

企业战略制定的程序如图 2-3 所示。

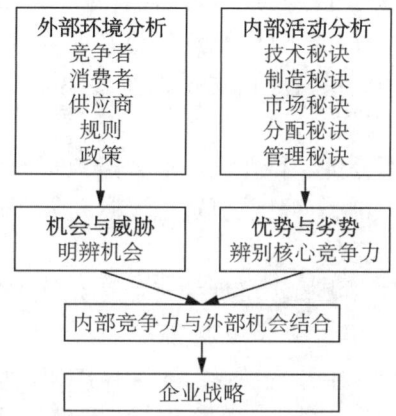

图 2-3 企业战略制定的程序

从图 2-3 可以看出,企业的战略制定既要通过对外部环境的分析明辨机会与威胁,又要通过企业内部活动分析明确优势与劣势,辨别核心竞争力。只有将外部机会与内部优势结合起来,才能制定正确的企业战略。

应当指出,企业战略的制定还应考虑企业类型。对于企业集团,其战略制定通常包括两个或更多的层次,如企业集团整体战略、各事业部或子公司的单位战略。集团整体战略与各单位战略在制定与分析时要考虑的因素是有所不同的。集团整体战略制定中更重视对行业的分析和经营多样性的分析。单位战略的制定则更重视对竞争策略等方面的分析。

企业战略制定过程既是企业战略目标的确定过程,也是明确企业战略目标影响因素的过程。企业战略的制定,既为财务分析指明了方向,同时也是财务分析在战略制定过程的应用。

2. 宏观经济环境分析

宏观经济环境是指宏观经济运行的周期性波动等规律性因素和政府实施的经济政策等政策性因素,如经济周期、货币政策、财政政策等。进行企业战略分析,应先明确企业所处的宏观经济环境。宏观经济环境分析对企业财务分析十分重要,企业财务活动的各个环节都受宏观环境的影响,只有将宏观环境因素与企业经营活动有机结合起来,才能准确分析企业的财务状况和财务成果的水平。

(三)战略分析的内容

1. 行业分析

行业分析的目的在于分析行业的盈利水平与盈利潜力,因为不同行业的盈利能力和潜力大小是可能不同的。影响行业盈利能力的因素有许多,归纳起来主要可分为两类:一是行业的竞争程度;二是市场谈判或议价能力。

1) 行业竞争程度分析

一个行业中的竞争程度和盈利能力水平主要受三个因素影响:第一是现有企业间的竞争程度;第二是新加入企业的竞争威胁;第三是替代产品或服务的威胁。

(1) 现有企业间竞争程度分析。现有企业间的竞争程度影响着行业的盈利水平,通常竞争程度越高,价格越接近于边际成本,盈利水平也越低。行业现有企业间的竞争程度分析主要应从影响企业间竞争的因素入手,通常包括以下内容:

第一,行业增长速度分析。行业增长速度快,现有企业无须为相互争夺市场份额而开展价格战;反之,如果行业增长慢或停滞不前,则竞争势必加剧。

第二,行业集中程度分析。如果行业市场份额主要集中在少数企业,即集中程度高,则竞争度较低;反之,则竞争度将提高。

第三,差异程度与替代成本分析。行业间企业要避免正面价格竞争,关键在于其产品或服务的差异程度,差异程度越大,竞争程度越低。当然,差异程度与替代成本相关,当替代成本较低时,企业间仍可进行价格竞争。

第四,规模经济性分析。具有规模经济性的行业往往其固定成本与变动成本之比较高,此时企业为争夺市场份额进行的价格竞争就激烈。

第五,退出成本分析。当企业生产能力大于市场需求时,而行业退出成本又较高,势必引起激烈价格竞争,以充分使用生产能力;如果退出成本较低,则竞争将减弱。

(2) 新加入企业竞争威胁分析。当行业平均利润率超过社会平均利润率,即行业取得超额利润时,行业必然面临新企业加入的威胁。影响新企业加入的因素有许多,其主要因素有:

第一,规模经济性因素。规模经济性程度越高,新企业进入难度越大。因为,要进入该行业,要么大规模投资,要么投资达不到规模经济性,这些都增加了新企业进入的困难。

第二,先入优势的因素。新进入企业与行业现有企业在竞争上,总是处于相对不利地位。因为先入企业为防止新企业进入,在制定行业标准或规则方面总是偏向于现有企业;同时现有企业通常具有成本优势,这也增加了新进入的难度。

第三,销售网与关系网因素。新进入企业要生存与发展,必然要打入现有企业的销售网与关系网。因此,现有企业的销售网与关系网的规模与程度将影响着新企业的进入难易程度。

第四,法律障碍因素。许多行业对新进入企业在法律上有所规定与限制,如许可证、专利权等。因此,法律限制程度直接影响新企业进入的难易程度。

(3) 替代产品或服务威胁分析。替代产品与替代服务对行业竞争程度有重要影响。当行业存在许多替代产品或替代服务时,其竞争程度加剧。否则,替代产品或服务少,则竞争性较小。消费者在选择替代产品或服务时,通常考虑产品或服务的效用和价格两个因素。如果替代效用相同或相似,价格竞争就会激烈。

2) 市场谈判或议价能力分析

虽然行业竞争能力是决定行业盈利能力的决定因素,但行业实际盈利水平的高低,还取决于本行业企业与供应商和客户(消费者)的议价能力。

(1) 企业与供应商的议价能力分析。影响企业与供应商议价能力的因素主要包括以下几种:

第一,供应商的数量对议价能力的影响。当企业的供应商越少,可供选择产品或服务越少时,供应商一方的议价能力就越强;反之,则企业的议价能力增强。

第二,供应商的重要程度对议价能力的影响。供应商对企业的重要程度受其供应商品对企业产品的影响程度的影响。如果供应商的产品是企业产品的核心部件,而替代商品较少,则供应商的议价能力增强;反之,则企业具有更强的议价能力。

第三,单个供应商的供应量。单个供应商对企业的供应量越大,往往对企业的影响与制约程度越大,其议价能力也越强。

(2) 企业与客户的议价能力分析。影响企业与客户议价能力的因素有许多,如替代成本、产品差异、成本与质量的重要性、客户数量等,这些因素归纳起来主要体现在以下两个方面的影响:

第一,价格敏感程度的影响。价格敏感程度取决于产品差别程度及替代成本水平。产品差别越小,替代成本越低,客户的价格敏感强度越强,其议价能力也越强。另外,客户对价格的敏感度还取决于企业产品对客户成本构成的影响程度。如果企业产品在客户成本中占较大比重,客户将对其价格十分敏感。反之,则客户的价格敏感程度下降。

第二,相对议价能力的影响。价格敏感程度虽然对价格产生影响,但实际价格还取决于客户相对议价能力。影响客户议价能力的因素有:企业(供应商)与客户的供需平衡状况;单个客户的购买量;可供选择的替代产品数量;客户选择替代产品的成本水平;客户的逆向合并威胁等。

2. 企业竞争策略分析

行业分析为我们指明了在行业中保持竞争优势和进入行业要考虑和注意的问题。而企业战略分析的关键在于企业如何根据行业分析的结果,正确选择企业的竞争策略,使企业保持持久竞争优势和高盈利能力。企业进行竞争的策略有许许多多,最重要的竞争策略主要有两种,即低成本竞争策略和产品差异策略。

1) 低成本竞争策略分析

低成本竞争策略是指企业能以较低的成本提供与竞争对手相同的产品或服务。这时企业可以较低的价格与对手竞争市场份额。低成本策略通常是取得竞争优势最明显的方式。企业要使其成本低于同行业其他企业的成本,即取得低成本优势,需要在以下方面下功夫。

第一,优化企业规模,降低产品成本。

第二,提高资源利用率,降低产品成本。

第三,运用价值工程,降低产品成本。

第四,提高与供应商的议价能力,降低采购成本。

第五,强化管理控制,降低各项费用。

当企业所处行业替代产品的威胁较小,新企业进入的威胁较大时,企业往往愿意选择低成本竞争策略。

2) 产品差异策略分析

产品差异策略是指企业通过其产品或服务的独特性与其他企业竞争,以争取在相同价格或较高价格的基础上占领更大市场份额,进而取得竞争优势与超额利润。产品或服务差异包括:较高的产品或服务质量;较多的产品或服务类别;良好的销售或售后服务;独特的品牌形象。

企业选择产品差异策略时,必须做好以下工作:

第一,明确企业的产品或服务差异将满足哪一部分消费者的需求。

第二,使企业的产品或服务差异(特色)与消费者的要求完全一致。

第三,企业提供的差异产品或服务,其成本应低于消费者愿意接受的价格。

而要做好这些工作,企业要在研究与开发,工程技术和市场容量等方面进行投资,同时鼓励创造与革新。

应当指出,传统的竞争策略分析认为,低成本竞争策略和产品差异策略是相互排斥的。处于两种策略中间的企业是危险的。实际上,成功的企业在选择某一竞争策略时,不应完全忽视另一种竞争策略,即追求产品差异,不能忽视成本;追求低成本策略,不能完全忽视产品或服务差异。

企业采取不同的竞争策略,其财务状况和财务成果的反映是不同的,对财务状况和财务成果的评价标准也是不同的。因此,企业竞争策略分析与财务报表会计分析、财务效率分析是紧密相联的。

二、会计分析方法

(一) 会计分析的内涵与步骤

会计分析是财务报表分析的重要步骤之一。会计分析的目的在于评价企业会计所反映的财务状况与经营成果的真实程度。会计分析的作用,一方面体现在通过对会计政策、会计方法、会计披露的评价,揭示会计信息的质量;另一方面体现在通过对会计灵活性、会计估计的调整,修正会计数据,为财务分析奠定基础,并保证财务分析结论的可靠性。

进行会计分析,一般可按以下步骤进行。

1. 阅读会计报告

阅读会计报告是会计分析的第一步。关于会计报告的内容在本章第二节中已有较详细的论述,此处不再重述。应当指出的是,在全面阅读会计报告的基础上应注意以下几点。

(1) 注册会计师审计意见与结论。

(2) 企业采用的会计原则、会计政策及其变更情况。

(3) 会计信息披露的完整性、真实性。

2. 比较会计报表

在阅读会计报告的基础上,重点对会计报表进行比较。比较的方法包括水平分析法、垂直分析法和趋势分析法(具体技术分析方法将在下面详细介绍)。通过各种比较,揭示财务会计信息的差异及变化,找出需要进一步分析与说明的问题。

3. 解释会计报表

解释会计报表是指在比较会计报表的基础上,考虑企业采取的会计原则、会计政策、会计核算方法等,说明会计报表差异产生的原因,包括会计原则变化影响、会计政策变更影响、会计核算失误影响等,特别重要的是要发现企业经营管理中存在的潜在"危险"信号。

4. 修正会计报表信息

会计分析是财务分析的基础,通过会计分析,对发现的由于会计原则、会计政策等原因引起的会计信息差异,应通过一定的方式加以说明或调整,消除会计信息的失真问题。

(二) 分析比较的方法

1. 水平分析法

水平分析法是指将反映企业报告期财务状况的信息(特别指会计报表信息资料)与反映企业前期或历史某一时期财务状况的信息进行对比,研究企业各项经营业绩或财务状况的发展变动情况的一种财务分析方法。水平分析法所进行的对比,一般而言,不是单指标对比,而是对反映某方面情况的报表的全面、综合对比分析,尤其在对会计报表分析中应用较多。因此,通常水平分析法也被称为会计报表分析方法。水平分析法的基本要点是,将报表资料中不同时期的同项数据进行对比,对比的方式有以下几种。

一是绝对值增减变动,其计算公式是:

$$绝对值变动数量 = 分析期某项指标实际数 - 基期同项指标实际数$$

二是增减变动率,其计算公式是:

$$变动率 = \frac{变动绝对值}{基期实际数量} \times 100\%$$

三是变动比率值,其计算公式是:

$$变动比率值 = \frac{分析期实际数值}{基期实际数值}$$

上式中所说的基期,可指上年度,也可指以前某年度。水平分析中应同时进行绝对值和变动率或比率两种形式的对比,因为仅以某种形式对比,可能得出错误的结论。关于水平分析法的实例,参见第三章、第四章、第五章。

应当指出,水平分析法通过将企业报告期的财务会计资料与前期对比,揭示各方面存在的问题,对于全面深入分析企业财务状况奠定了基础。因此水平分析法是会计分析的基本方法。另外水平分析法可用于一些可比性较高的同类企业之间的对比分析,以找出企业间存在的差距。但是,水平分析法在不同企业应用中,一定要注意其可比性问题,即使在同一企业应用,对于差异的评价也应考虑其对比基础;另外,水平分析中,应将两种对比方式结合运用,仅用变动量,或仅用变动率都可能得出片面的,甚至是错误的结论。

2. 垂直分析法

垂直分析与水平分析不同,它的基本点不是将企业报告期的分析数据直接与基期进行对比求出增减变动量和增减变动率,而是通过计算报表中各项目占总体的比重或结构,反映报表中的项目与总体关系情况及其变动情况。会计报表经过垂直分析法处理后,通常称为同度量报表,或称总体结构报表、共同比报表等。如同度量资产负债表、同度量损益表、同度量成本表等,都是应用垂直分析法得到的。垂直分析法的一般步骤如下。

第一,确定报表中各项目占总额的比重或百分比,其计算公式是:

$$某项目的比重 = \frac{该项目金额}{各项目总金额} \times 100\%$$

第二,通过各项目的比重,分析各项目在企业经营中的重要性。一般项目比重越大,说明其重要程度越高,对总体的影响越大。

第三,将分析期各项目的比重与前期同项目比重对比,研究各项目的比重变动情况,也可将本企业报告期项目比重与同类企业的可比项目比重进行对比,研究本企业与同类企业的不同,以及成绩和存在的问题。

关于垂直分析法的应用实例,参见第三章、第四章、第五章。

3. 趋势分析法

趋势分析法是根据企业连续几年或几个时期的分析资料,运用指数或完成率的计算,确定分析期各有关项目的变动情况和趋势的一种财务分析方法。趋势分析法既可用于对会计报表的整体分析,即研究一定时期报表各项目的变动趋势,也可对某些主要指标的发展趋势进行分析。趋势分析法的一般步骤如下。

第一,计算趋势比率或指数。通常指数的计算有两种方法,一是定基指数,二是环比指数。定基指数就是各个时期的指数都是以某一固定时期为基期来计算的。环比指数则是各个时期的指数以前一期为基期来计算的。趋势分析法通常采用定基指数。

第二,根据指数计算结果,评价与判断企业各项指标的变动趋势及其合理性。

第三,预测未来的发展趋势。根据企业以前各期的变动情况,研究其变动趋势或规律,从而可预测出企业未来发展变动情况。

下面举例说明趋势分析方法的应用。某企业2018—2022年有关营业收入、净利润、每股收益及每股股息资料如表2-2所示。

表2-2　　　　　　　　　　2018—2022年销售及利润等资料

项目	2022年	2021年	2020年	2019年	2018年
营业收入(万元)	17 034	13 305	11 550	10 631	10 600
净利润(万元)	1 397	1 178	374	332	923
每股收益(元)	4.31	3.52	1.10	0.97	2.54
每股股息(元)	1.90	1.71	1.63	1.62	1.60

根据表2-2的资料,运用趋势分析法可得出趋势分析表,如表2-3所示。

表2-3　　　　　　　　　　趋势分析表

项目定基指数	2022年	2021年	2020年	2019年	2018年
营业收入	160.7	125.5	109.0	100.3	100.0
净利润	151.4	127.6	40.5	36.0	100.0
每股收益	169.7	138.6	43.3	38.2	100.0
每股股息	118.8	106.9	101.9	101.3	100.0

从上面趋势分析表可看出,该企业几年来的营业收入和每股股息在逐年增长,特别是2021年和2022年增长较快;净利润和每股收益在2019年和2020年有所下降,2021年和2022年有较大幅度增长;从总体状况看,企业自2018年以来,2019年和2020年的盈利状况

有所下降,2021年和2022年各项指标完成得都比较好;从各指标之间的关系看,每股收益的平均增长速度最快,高于销售、利润和每股股息的平均增长速度。企业几年来的发展趋势说明,企业的经营状况和财务状况不断改善,如果这个趋势能保持下去,2023年的状况也会较好。

第四节 指标分析与因素分析方法

一、指标分析法

(一)指标分析法的定义

指标分析法是指通过经济指标的计算及对比来分析该指标所反映的经济活动及成果状况的方法。指标分析可分为绝对值指标分析和比率指标分析。比率指标分析法是财务分析中最基本、最重要的方法之一。正因为如此,有人甚至将财务分析与比率分析等同起来,认为财务分析就是比率分析。比率指标分析法实质上是将影响财务状况的两个相关因素联系起来,通过计算比率,反映它们之间的关系,借以评价企业财务状况和经营状况的一种财务分析方法。比率分析的形式有:百分率,如流动比率为200%;比率,如速动比率为1∶1;分数,如负债为总资产的1/2。

比率分析以其简单、明了、可比性强等优点在财务分析实践中被广泛采用。

(二)比率分析指标

由于财务分析的目的不同,分析的角度不同,比率分析法中的比率有许多分类形式。其划分方法有从财务报表的种类来划分、从分析主体来划分、从反映财务状况角度来划分等。下面对几种主要的比率划分方法加以说明。

1. 按分析主体或目的划分的比率

按财务分析的主体或目的不同,财务分析的比率可分别从投资者、债权人、经营者及政府管理者的角度进行划分。

(1)从投资者观点看的财务比率。

(2)从债权人观点看的财务比率。

(3)从经营者观点看的财务比率。

(4)从政府管理者观点看的财务比率。

2. 按分析内容划分的比率

按分析内容划分比率,是站在企业整体立场上,或是站在企业经营者的立场上,根据不同的管理目的和要求产生的。以下是几种主要的划分方法。

(1)将比率分为营业评价比率、流动性评价比率、外债风险评价比率和股本收益评价比率。

(2)将比率分为流动性比率、盈利性比率、长期偿付能力比率和市场检验比率。

(3) 将比率分为收益性比率、流动性比率、安全性比率、成长性比率和生产性比率。

(4) 将比率分为盈利性比率、投资收益率、活动性比率、流动性比率、偿债能力比率。

3. 按财务报表划分的比率

按财务报表划分的比率主要包括以下几种。

(1) 资产负债表比率。

(2) 利润表比率。

(3) 现金流量表比率。

(4) 资产负债表与利润表结合比率。

(5) 资产负债表与现金流量表结合比率。

(6) 利润表与现金流量表结合比率。

(三) 标准比率

在比率分析中,分析师往往将比率进行各种各样的比较,如时间序列比较、横向比较和绝对标准比较。不同的比较有着不同的评价目的和作用。标准比率是进行比率分析法比较中最常用的比较标准。

标准比率的计算方法有三种。

1. 算术平均法

应用算术平均法计算标准比率,就是将若干相关企业同一比率指标相加,再除以企业数所得出的算术平均数。这里所说的相关企业根据分析评价范围而定,如进行行业分析比较,则相关企业为同行业内企业;如进行全国性分析比较,则相关企业为国内企业;如进行国际分析比较,则相关企业为国际范围内的企业。

【案例 2-1】 某行业 12 家企业的流动比率资料如表 2-4 所示。

表 2-4 某行业 12 家企业的流动比率

企业名称	流动比率	企业名称	流动比率
NO1	2.13	NO8	1.39
NO2	1.54	NO9	2.90
NO3	1.33	NO10	2.15
NO4	1.04	NO11	1.11
NO5	2.12	NO12	2.18
NO6	4.48	—	—
NO7	2.17	合计	24.54

行业平均流动比率 = 24.54 ÷ 12 = 2.05

这种方法在计算平均数时,无法消除过高或过低比率对平均数的影响,影响比率标准的代表性。因此,有人在计算平均数时选择中间区域计算。计算时首先将企业按比率高低排列如表 2-5 所示。

表 2-5　　　　　　　　某行业 12 家企业的流动比率(按比率高低排列)

企业名称	流动比率	企业名称	流动比率
NO4	1.04	NO1	2.13
NO11	1.11	NO10	2.15
NO3	1.33	NO7	2.17
NO8	1.39	NO12	2.18
NO2	1.54	NO9	2.90
NO5	2.12	NO6	4.48

如果排除比率最低的两个企业和比率最高的两个企业,则行业平均流动比率为:

行业平均流动比率=15.01÷8=1.88

这样计算的标准比率,显然更具有代表性。

2. 综合报表法

综合报表法是指将各企业报表中构成某一比率的两个绝对数相加,然后根据两个绝对数总和计算比率的方法。

【案例 2-2】　仍以[案例 2-1]12 家企业为例,有关资料如表 2-6 所示。

表 2-6　　　　　　　　　　　　12 家企业资料表

企业名称	流动资产(万元)	流动负债(万元)	流动比率
NO1	16 980	7 960	2.13
NO2	1 880 000	1 219 375	1.54
NO3	10 535	7 926	1.33
NO4	2 077 400	1 994 316	1.04
NO5	253 300	119 697	2.12
NO6	991 500	221 138	4.48
NO7	4 434 000	2 039 664	2.17
NO8	100 700	72 504	1.39
NO9	1 385 000	476 939	2.90
NO10	1 652 160	768 445	2.15
NO11	10 100	9 063	1.11
NO12	126 750	58 252	2.18
合计	12 938 425	6 995 279	

行业平均流动比率 = $\dfrac{12\ 938\ 425}{6\ 995\ 279}$ = 1.85

这种方法考虑了企业规模等因素对比率指标的影响,但其代表性可能更差。

3. 中位数法

中位数法先将相关企业的比率按高低顺序排列；然后再划出最低和最高的各 25%，中间的 50% 就为中位数比率，亦可将中位数再分为上中位数 25% 和下中位数 25%；最后依据企业比率的位置进行评价。

【案例 2-3】 某行业 12 家企业的净资产利润率，按此方法进行划分，可得出结果。

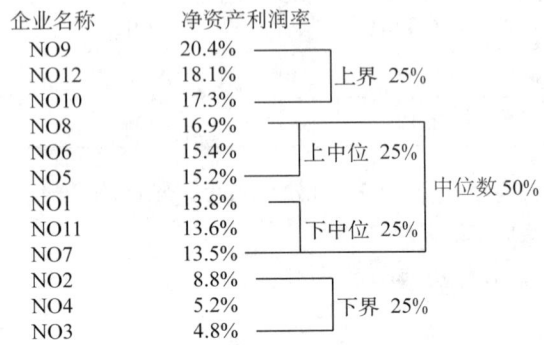

由此可见，比率在上界的 25% 表示企业有很强的盈利能力；比率在下界的 25% 表示企业盈利能力较差；比率在中位数的 50%，说明企业有良好的盈利能力，其中在上中位数表示盈利水平较高，在下中位数表示盈利能力一般。

（四）比率指标分析法的局限性

虽然比率分析被认为是财务分析最基本或最重要的方法，但应用比率指标分析法时必须了解它的不足：第一，比率的变动可能仅被解释为两个相关因素之间的变动；第二，很难综合反映比率与计算它的会计报表的联系；第三，比率给人们不保险的最终印象；第四，比率不能提供会计报表关系的综合观点。

二、因素分析法

因素分析法是依据分析指标与其影响因素之间的关系，按照一定的程序和方法，确定各因素对分析指标差异影响程度的一种技术方法。因素分析法不仅是经济活动分析中最重要的方法之一，也是财务分析的重要方法之一。因素分析法根据其分析特点可分为连环替代法和差额计算法。

（一）连环替代法

连环替代法是因素分析法的基本形式，有人甚至将连环替代法与因素分析法看成是同一概念，即连环替代法就是因素分析法，或因素分析法就是连环替代法。连环替代法的名称由其分析程序的特点决定。为正确理解连环替代法，应明确连环替代法的一般程序或步骤。

1. 连环替代法的程序

连环替代法的程序由以下几个步骤组成。

（1）确定分析指标与其影响因素之间的关系。确定分析指标与其影响因素之间关系的方法,通常是用指标分解法,将经济指标在计算公式的基础上进行分解或扩展,从而得出各影响因素与分析指标之间的关系式。如对于总资产报酬率指标,要确定它与影响因素之间的关系,可按下式进行分解:

$$总资产报酬率 = \frac{息税前利润}{平均资产总额} \times 100\%$$

$$= \frac{销售净额}{平均资产总额} \times \frac{息税前利润}{销售净额} \times 100\%$$

$$= \frac{总产值}{平均资产总额} \times \frac{销售净额}{总产值} \times \frac{息税前利润}{销售净额} \times 100\%$$

$$= 总资产产值率 \times 产品销售率 \times 销售(息税前)利润率$$

接着,分析指标与其影响因素之间的关系式,既说明哪些因素影响分析指标,又说明这些因素与分析指标之间的关系及顺序。例如,上式中影响总资产报酬率的有总资产产值率、产品销售率和销售利润率三个因素;它们都与总资产报酬率成正比例关系;它们的排列顺序首先是总资产产值率在先,其次是产品销售率,最后是销售利润率。

(2)根据分析指标的报告期数值与基期数值列出两个关系式或指标体系,确定分析对象。如对于总资产报酬率而言,两个指标体系是:

基期总资产报酬率=基期资产产值率×基期产品销售率×基期销售利润率
实际总资产报酬率=实际资产产值率×实际产品销售率×实际销售利润率
分析对象=实际总资产报酬率-基期总资产报酬率

(3)连环顺序替代,计算替代结果。连环顺序替代就是以基期指标体系为计算基础,用实际指标体系中的每一因素的实际数顺序地替代其相应的基期数,每次替代一个因素,替代后的因素被保留下来。计算替代结果就是在每次替代后,按关系式计算其结果。有几个因素就替代几次,并相应确定计算结果。

(4)比较各因素的替代结果,确定各因素对分析指标的影响程度。比较替代结果是连环进行的,即将每次替代所计算的结果与这一因素被替代前的结果进行对比,两者的差额就是替代因素对分析对象的影响程度。

(5)检验分析结果。将各因素对分析指标的影响额相加,其代数和应等于分析对象。如果两者相等,则说明分析结果可能是正确的;如果两者不相等,则说明分析结果一定是错误的。

连环替代法的程序或步骤是紧密相连、缺一不可的,尤其是前四个步骤,任何一个步骤出现错误,都会出现错误结果。下面举例说明连环替代法的步骤和应用。

【案例2-4】 某企业2021年和2022年有关总资产产值率、产品销售率、销售利润率和总资产报酬率的资料如表2-7所示。

表2-7　　　　　　　　　　　　财务指标表

指标	2021年	2022年
总资产产值率	80%	82%
产品销售率	98%	94%

(续表)

指标	2021年	2022年
销售利润率	30%	22%
总资产报酬率	23.52%	16.96%

要求：分析各因素变动对总资产报酬率的影响程度。

根据连环替代法的程序和上述对总资产报酬率的因素分解式，可得到以下结果。

实际指标体系：80%×98%×30%＝23.52%
基期指标体系：82%×94%×22%＝16.96%
分析对象：23.52%－16.96%＝＋6.56%

在此基础上，按照第三个步骤进行连环顺序替代，并计算每次替代后的结果。

基期指标体系：82%×94%×22%＝16.96%
替代第一因素：80%×94%×22%＝16.54%
替代第二因素：80%×98%×22%＝17.25%
替代第三因素：80%×98%×30%＝23.52%
（或实际指标体系）

根据第四个步骤，确定各因素对总资产报酬率的影响程度。

总资产产值率的影响：16.54%－16.96%＝－0.42%
产品销售率的影响：17.25%－16.54%＝＋0.71%
销售利润率的影响：23.52%－17.25%＝＋6.27%
检验分析结果：－0.42%＋0.71%＋6.27%＝＋6.56%

2. 连环替代法应注意的问题

连环替代法作为因素分析方法的主要形式，在实践中应用比较广泛。但是，应用连环替代法的过程中必须注意以下几个问题。

（1）因素分解的相关性问题。因素分解的相关性是指分析指标与其影响因素之间必须真正相关，即有实际经济意义。各影响因素的变动确实能说明分析指标差异产生的原因。这就是说，经济意义上的因素分解与数学上的因素分解不同，不等同于数学算式的相等，而应具有经济意义。例如，将影响材料费用的因素分解为下面两个等式，在数学上都是成立的：

材料费用＝产品产量×单位产品材料费用
材料费用＝工人人数×每人消耗材料费用

但是从经济意义上说，只有前一个因素分解式是正确的，后一个因素分解式在经济上没有任何意义。因为工人人数和每人消耗材料费用究竟是增加有利，还是减少有利，无法从这个因素分解式说明。当然，有经济意义的因素分解式并不是唯一的，一个经济指标从不同角度看，可分解为不同的有经济意义的因素分解式。这就需要我们在分解因素时，根据分析的目的和要求，确定合适的因素分解式，以找出分析指标变动的真正原因。

（2）分析前提的假定性。分析前提的假定性是指分析某一因素对经济指标差异的影响时，必须假定其他因素不变，否则就不能分清各单一因素对分析对象的影响程度。但是，实际上,有些因素对经济指标的影响是共同作用的结果,如果共同影响的因素越多,那么这种假定的准确性就越差,分析结果的准确性也就会越低。因此,在分解因素时,分解的因素并非越多越好,而应根据实际情况,具体问题具体分析,尽量减少对相互影响较大因素的再分解,使之与分析前提的假设基本相符。否则,因素分解过细,从表面看有利于分清原因和责任,但是在共同影响因素较多时,反而影响了分析结果的准确性。

(3) 因素替代的顺序性。前面谈到,因素分解不仅要因素确定准确,而且因素排列顺序也不能交换,这里特别要强调的是不存在乘法交换律问题。因为分析前提假定性的原因,按不同顺序计算的结果是不同的。那么,如何确定正确的替代顺序呢?这是一个在理论上和实践中都没有得到很好解决的问题。传统的方法是依据数量指标在前,质量指标在后的原则进行排列;现在也有人提出依据重要性原则排列,即主要的影响因素排在前面,次要因素排在后面。但是无论何种排列方法,都缺少坚实的理论基础。正因为如此,许多人对连环替代法提出异议,并试图加以改善,但至今仍无人们公认的好的解决方法。一般地说,替代顺序在前的因素对经济指标影响的程度不受其他因素影响或影响较小,因素排列在后的因素中含有其他因素共同作用的成分,从这个角度看问题,为分清责任,将对分析指标影响较大的并能明确责任的因素放在前面可能要好一些。

(4) 顺序替代的连环性。连环性是指在确定各因素变动对分析对象影响时,将某因素替代后的结果与该因素替代前的结果对比,一环套一环。这样才既能保证各因素对分析对象影响结果的可分性,又便于检验分析结果的准确性。因为只有连环替代并确定各因素影响额,才能保证各因素对经济指标的影响之和与分析对象相等。

(二) 差额计算法

差额计算法是连环替代法的一种简化形式,故也是因素分析法的一种形式。差额计算法作为连环替代法的简化形式,其因素分析的原理与连环替代法是相同的。区别只在于分析程序上,差额计算法比连环替代法简化,即它可直接利用各影响因素的实际数与基期数的差额,在其他因素不变假定条件下,计算各该因素对分析指标的影响程度。或者说,差额计算法是将连环替代法的第三个步骤和第四个步骤合并为一个步骤进行。

这个步骤的基本点就是:确定各因素实际数与基期数之间的差额,并在此基础上乘以排列在该因素前面各因素的实际数和排列在该因素后面各因素的基期数,所得出的结果就是该因素变动对分析指标的影响数。

【案例 2-5】 下面根据表 2-7 提供的数据,运用差额计算法分析各因素变动对总资产报酬率的影响程度。

分析对象:$23.52\% - 16.96\% = +6.56\%$

确定各因素对总资产报酬率的影响程度。

总资产产值率的影响:$(80\% - 82\%) \times 94\% \times 22\% = -0.42\%$

产品销售率的影响:$80\% \times (98\% - 94\%) \times 22\% = +0.71\%$

销售利润率的影响:$80\% \times 98\% \times (30\% - 22\%) = +6.27\%$

检验分析结果:$-0.24\% + 0.71\% + 6.27\% = +6.56\%$

应当指出,应用连环替代法的过程中应注意的问题,在应用差额计算法时同样要注意。除此之外,还应注意的是,并非所有连环替代法都可按上述差额计算法的方式进行简化。特别是在各影响因素之间不是连乘的情况下,运用差额计算法必须慎重。下面举例加以说明。

【案例2-6】 某企业有关成本的资料如表2-8所示。

表2-8　　　　　　　　　　　　　成本资料表

金额单位:元

项目	2021年	2022年
产品产量	1 200	1 000
单位变动成本	11	12
固定总成本	10 000	9 000
产品总成本	23 200	21 000

要求:确定各因素变动对产品总成本的影响程度。

产品总成本与其影响因素之间的关系式是:

产品总成本＝产品产量×单位变动成本＋固定总成本

运用连环替代法进行分析如下。

分析对象:23 200－21 000＝＋2 200(元)

因素分析:

2021年:1 000×12＋9 000＝21 000(元)

替代1:1 200×12＋9 000＝23 400(元)

替代2:1 200×11＋9 000＝22 200(元)

2022年:1 200×11＋10 000＝23 200(元)

产品产量变动影响:23 400－21 000＝＋2 400(元)

单位变动成本影响:22 200－23 400＝－1 200(元)

固定总成本影响:23 200－22 200＝＋1 000(元)

各因素影响之和为＋2 200(＋2 400－1 200＋1 000),与分析对象相同。

如果直接运用差额计算法,则得到以下结果。

产品产量的影响:(1 200－1 000)×12＋9 000＝＋11 400

单位变动成本的影响:1 200×(11－12)＋9 000＝＋7 800

固定总成本的影响:1 200×11＋(10 000－9 000)＝＋14 200

各因素影响之和为＋33 400(＋11 400＋7 800＋14 200)。

由此可见,运用差额计算法的各因素分析结果之和不等于＋2 200的分析对象,这显然是错误的。错误的原因在于产品总成本的因素分解式中各因素之间不是纯粹相乘的关系,而存在相加的关系。这时运用差额计算法对连环替代法进行简化。

产品产量的影响:(1 200－1 000)×12＝＋2 400

单位变动成本的影响:1 200×(11－12)＝－1 200

固定总成本的影响:10 000－9 000＝＋1 000

在因素分解式中存在加法、减法、除法的情况下,一定要注意这个问题,否则将得出错误的结果。

第五节 综合分析与评估方法

一、财务综合分析与评价

(一)财务综合分析方法

财务综合分析方法有许多,概括起来可分为两类:一是财务报表综合分析,如资产与权益综合分析、利润与现金流量综合分析等;二是财务指标体系综合分析,如杜邦财务分析体系、杜邦财务指标体系改进分析(详见第六章)等。

(二)财务综合评价方法

财务综合评价方法有综合指数法、综合评分法等。第十章将结合我国经济效益评价和企业绩效评价详细介绍这两种方法的应用。

二、财务预测与价值评估方法

现代财务分析理论与方法不断完善与发展,财务分析已从事后分析评价向财务预测、价值评估、风险防范等领域的应用发展,关于财务预测、价值评估、风险防范、信用评价等财务分析方法详见第十一章和第十二章。

三、财务分析报告

(一)财务分析报告的含义与作用

财务分析报告是指财务分析主体对企业在一定时期筹资活动、投资活动、经营活动中的盈利状况、营运状况、偿债状况等进行分析与评价所形成的书面文字报告。

财务分析的主体可能是经营者,也可能是财务分析师或其他与企业利益相关者。企业的投资者、债权人和其他部门在进行投资、借贷和其他决策时,并不能完全依据经营者财务分析报告的结论。这些部门的财务分析人员或聘请的财务分析专家会提供自己的财务分析报告,为决策者进行决策提供更客观的资料。例如,政府部门的财务分析报告可为国家进行国民经济宏观调控和管理提供客观依据。应当指出,企业外部分析主体的财务分析报告并不一定针对一个企业进行全面分析,它可能针对某一专题对许多企业进行分析。例如,银行可根据对众多企业偿债能力的分析,形成关于企业偿债能力状况的财务分析报告,为领导者进行借贷决策提供依据。

总之,财务分析报告是对企业财务分析结果的概括与总结,它对企业的经营者、投资者、债权人及其他有关单位或个人了解企业生产经营与财务状况,进行投资、经营、交易决策等都有着重要意义。

第一,财务分析报告为企业外部潜在投资者、债权人、政府有关部门评价企业经营状况与财务状况提供参考。企业外部潜在投资者、债权人和政府部门等从各自分析目的出发,经常对企业进行财务分析。他们分析的最直接依据是企业财务报表,但企业财务分析报告能提供许多财务会计报表所不具备的资料,因此企业财务分析报告便成为企业外部分析者的重要参考资料。

第二,财务分析报告为企业改善与加强生产经营管理提供重要依据。企业财务分析全面揭示了企业在盈利能力、运营效率、支付及偿债能力等方面取得的成绩和存在的问题,为企业改善经营管理指明了方向,提供了信息依据。企业可针对财务分析报告中提出的问题,积极采取相应措施加以解决,这对于改善企业经营管理,提高财务运行质量和经济效益有着重要作用。

第三,财务分析报告是企业经营者向董事会和股东会或职工代表大会汇报的书面材料。财务分析报告全面总结了经营者在一定时期的生产经营业绩,说明了企业经营目标的实现程度或完成情况,揭示了企业生产经营过程中存在的问题,提出了解决问题的措施和未来的打算。董事会和股东会根据财务分析报告对经营者进行评价和奖惩。

(二)财务分析报告的格式与内容

财务分析报告的格式与内容,根据分析报告的目的和用途的不同可能有所不同。如专题分析报告的格式与内容和全面分析报告的格式与内容不同;月度财务分析报告与年度分析报告的格式与内容也可能有区别。这里仅就全面财务分析报告的一般格式与内容加以说明。

全面财务分析报告的格式比较正规,内容比较完整。一般地说,财务分析报告的格式与内容如下。

(1) 基本财务情况反映。该部分主要说明企业各项财务分析指标的完成情况,包括:企业盈利能力情况,如利润额及增长率、各种利润率等;企业营运状况,如存货周转率、应收账款周转率、各种资产额的变动和资产结构变动、资金来源与运用状况等;企业权益状况,如企业负债结构、所有者权益结构的变动情况,以及企业债务负担情况等;企业偿债能力状况,如资产负债率、流动比率、速动比率的情况等;企业产品成本的升降情况等。一些对外报送的财务分析报告还应说明企业的性质、规模、主要产品、职工人数等情况,以便财务分析报告使用者对企业有比较全面的了解。

(2) 主要成绩和重大事项说明。这一部分在全面反映企业总体财务状况的基础上,主要对企业经营管理中取得的成绩及原因进行说明。例如,利润取得较大幅度增长的主要原因是通过技术引进和技术改造提高了产品质量、降低了产品消耗、打开了市场销路等;企业支付能力增强、资金紧张得以缓解的主要原因是产品适销对路、减少了产品库存积压、加快了资金周转速度等。

(3) 存在问题的分析。这是企业财务分析的关键所在。一个财务分析报告如果不能将企业存在的问题分析清楚,分析的意义和作用就不能很好发挥,至少这个分析报告不被认为是完善的。问题分析,一要抓住关键问题,二要分清原因。例如,假设某企业几年来资金一直十分紧张,经过分析发现,问题的关键在于企业固定资产投资增长过快,流动资产需求加大,即资产结构失衡。又如,企业产品成本居高不下,其主要原因在于工资增长水平高于劳动生产率的增长水平等。另外,对存在的问题应分清是主观因素引起的,还是客观原因造成的。

(4) 提出改进措施意见。财务分析的目的是发现问题并解决问题。财务分析报告对企业存在的问题必须提出切实可行的改进意见。如对于企业资产结构失衡问题,解决的措施是减少固定资产或增加流动资产。在企业资金紧张、筹资困难情况下,可能减少闲置固定资产是可行之策。因为在资金十分紧张情况下,再要增加流动资产,势必加剧资金紧张,不利于问题的解决。

应当指出,财务分析报告的结构和内容不是固定不变的,根据不同的分析目的或针对不同的财务分析报告服务对象,分析报告的内容侧重点可不同。有的财务分析报告可能主要侧重于第一部分的企业财务情况反映,有的则可能侧重于分析存在问题及提出措施意见。

(三) 财务分析报告的编写要求

明确了财务分析报告的格式与内容,并不意味着能编写出合格的财务分析报告。财务分析报告编写人员不仅需要具备财务分析的知识,而且要具有一定的文字写作水平。在此基础上,编写财务分析报告还要满足以下基本要求。

(1) 突出重点、兼顾一般。编写财务分析报告,必须根据分析的目的和要求,突出分析的重点,不能面面俱到。即使是编写全面分析报告,也应有主有次。但是突出重点并不意味着可忽视一般。企业经营活动和财务活动都是相互联系、互相影响的,在对重点问题的分析时,兼顾一般问题,有利于作出全面正确的评价。

(2) 观点明确、抓住关键。财务分析报告内容中每一部分的编写都应观点明确,指出企业经营活动和财务活动中取得的成绩和存在的问题,并抓住关键问题进行深入分析,搞清主观原因和客观原因。

(3) 注重时效、及时编报。财务分析报告具有很强的时效性,尤其对一些决策者而言,及时的财务分析报告意味着决策成功的一半,过时的财务分析报告将失去意义,甚至产生危害。在当今信息社会中,财务分析报告作为一种信息媒体,必须十分注重时效性。

(4) 客观公正、真实可靠。财务分析报告编写得客观公正、真实可靠,是充分发挥财务分析报告作用的关键。如果财务分析报告不能做到客观公正,人为地夸大某些方面,缩小某些方面,甚至弄虚作假,则会使财务分析报告使用者得出错误结论,造成决策失误。财务分析报告的客观公正、真实可靠,既取决于财务分析基础资料的真实可靠,又取决于财务分析人员能否运用正确的分析方法,客观公正地进行分析评价,两者缺一不可。

(5) 报告清楚、文字简练。报告清楚一是指财务分析报告必须结构合理、条理清晰;二是指财务分析报告的论点和论据清楚;三是财务分析报告的结论要清楚。文字简练是指在财务分析报告编写中,要做到言简意赅,简明扼要。当然,报告清楚与文字简练应相互兼顾,做到简练而又清楚,清楚而又简练。编写人员既不能为了清楚搞长篇大论,又不能为了简练而使报告不清楚。

2-3 拓展知识-企业财务分析评价初探

第六节 智能财务分析法

一、智能财务分析法的含义与技术

(一) 智能财务分析法的含义

智能财务分析法是一种综合应用多项先进信息技术与方法的财务分析策略,旨在通过智能化手段深化对财务数据的理解,提升财务分析的效率与准确性,并增强决策的科学性和前瞻性。此方法不仅包括大数据技术、数据可视化技术、人工智能和机器学习技术的应用,还融合云计算、区块链、自动化工具和机器人流程自动化、预测分析和自然语言处理等技术,构建了一个全面、多维度的财务分析与决策支持系统。

(二) 智能财务分析技术

(1) 大数据技术。在智能财务分析中运用大数据技术,使企业能够从传统财务报告以外的多种数据源收集数据,其包括但不限于社交媒体、在线交易记录和市场动态等非结构化数据,同时帮助企业高效处理和分析海量、多样化的数据,为财务分析提供了更广阔的视角。

(2) 人工智能和机器学习技术。智能财务分析通过人工智能和机器学习技术,自动识别数据中的模式和趋势,预测企业未来的财务表现,使财务分析结果更加深入和准确。

(3) 数据可视化技术。利用数据可视化技术,智能财务分析将复杂的财务指标和分析结果转换为直观的视觉呈现,显著提高了信息的可读性和易理解性。

(4) 云计算技术。云计算技术为智能财务分析提供了强大的数据处理能力和灵活的资源配置,使财务分析工作能够在任何地点、任何时间进行。

(5) 区块链技术。区块链技术增强了财务数据的安全性和透明度,尤其在处理交易记录和审计追踪性方面展现出独特的优势。

(6) 自动化工具和机器人流程自动化。通过结合自动化工具以及财务机器人等技术,智能财务分析极大地提高了财务操作的效率,减少了人为错误,把财务人员从繁琐重复的任务中解放出来,使其专注于更高价值的分析和决策工作。

(7) 预测分析和自然语言处理技术。该技术进一步拓宽了财务分析的深度和广度,使企业能够基于更全面的数据和更精准的分析进行决策。

智能财务分析法通过融合和应用以上多种先进信息技术,使财务分析更加精准、高效。随着这些技术的不断发展和完善,智能财务分析法将为企业财务管理和战略决策提供更加强大的支持,帮助企业在复杂多变的市场环境中保持竞争优势。

鉴于本教材后续章节的案例分析主要使用智能财务分析法实践中的一个关键环节——可视化财务分析法,下面将重点聚焦于可视化财务分析法,介绍该方法的基本概念、所涉及的分析工具与技术手段,以及具体的分析流程。目的是帮助读者了解如何在财务分析中,使用数字可视化技术有效地解读和呈现财务数据,从而在智能财务分析领域中实现精准的决策支持。

二、可视化财务分析法的含义、技术手段与特点

(一) 可视化财务分析法的含义

可视化财务分析法是指通过图表、图形及其他视觉元素对财务数据进行加工、分析与展示的方法。这一方法的核心目标是利用可视化技术将复杂的财务数据转换为直观易懂的视觉形式，使用户能够迅速且准确地洞察财务信息的含义及其相互之间的联系。通过揭示数据的变化趋势和模式，可视化财务分析增强了用户对组织财务状况的理解和预测能力，从而为决策制定、绩效监控和财务规划等关键管理活动提供支持。

(二) 主流可视化分析工具和技术手段

1. Excel 图表

Excel 作为广泛使用的电子表格软件，提供了包括折线图、柱状图、饼图在内的多种图表类型，适用于基础财务数据的可视化展示。

2. 商业智能工具

商业智能工具(如 Tableau、Power BI、Qlik 等)提供高级、灵活的财务数据可视化选项。这些工具能连接多样化的数据源，创建交互式仪表板，自动化生成报告，支持数据分析、预测建模，以及交互式探索，满足复杂的财务分析需求。

3. 仪表板工具

专为仪表板设计的工具(如 Google Data Studio、Dashboards、Plotly Dash 等)，允许用户集成多个图表和指标至单一仪表板，实现财务数据的全面监控与分析。

4. 云端服务工具

云服务平台(如 Google Cloud Platform、Microsoft Azure 等)提供财务数据可视化解决方案，使用户能够上传数据至云端进行处理和展示。这些工具支持拖放式报告设计，便于团队共享与协作。

5. 数据可视化库

Python 和 R 语言都有丰富的数据可视化库，如 matplotlib、seaborn、ggplot2、plotly 等，适用于开发高度定制化的财务数据可视化图表，结合数据分析和统计建模功能，满足用户进行深入财务分析的需求。

以上可视化工具和技术手段各有特点，用户可以根据自己的需求和技术能力，选择适当的方法进行财务数据可视化分析[①]。

(三) 可视化财务分析法的特点

与传统财务分析图解法相比，可视化财务分析法具有以下特点。

---

① 本教材选用金蝶云星空轻分析平台作为可视化财务分析工具。该平台支持接入多种数据源，如财务系统、客户关系管理、企业资源规划等，为分析人员提供统一平台来整合和分析不同来源的数据，使数据从导入、处理到可视化展示变得简单高效，分析成果易于理解和分享。金蝶云星空轻分析平台的注册和操作使用演示请扫描二维码观看。

2-4 操作演示

1. 可视性

可视化财务分析报告通过图形和图表的使用更具可视性,使读者能够更轻松地理解数据趋势和关键见解。

2. 交互性

可视化财务分析报告通常具有交互性,读者可以根据需要自定义视图、放大或缩小数据,以及探索数据的不同方面。

3. 实时性

可视化财务分析报告通常可以实时更新,使决策者能够获得最新的数据和见解,而传统报告可能需要更多时间来准备和分发。

4. 深度分析

可视化分析可以深入挖掘数据,揭示隐藏的模式和关联,使决策者能够更全面地了解财务情况。

5. 可定制性

可视化报告通常具有更强的定制性,可以根据特定的需求和关注点来创建不同类型的可视化。

总的来说,可视化财务分析报告更具交互性、可视性和实时性等特点,使决策者更容易理解财务数据,作出更明智的决策。然而,传统财务分析报告仍然具有其用途,尤其在需要详细解释和深度分析的情况下。通常,最佳做法是结合两种方法,以满足不同情境和受众的需求。

三、可视化财务分析流程

(一) 数据收集阶段

1. 财务数据采集

确定分析的目标和需求,明确需要收集和分析的财务数据类型和范围,收集相关的财务数据,数据包括但不限于利润表、资产负债表、现金流量表、财务比率、股票价格等。这些数据可以来自企业内部的财务系统,也可以来自外部来源,如金融数据库、财务报告等。

2. 数据存储与管理系统建设

构建高效的数据存储与管理系统,确保数据的安全性与可访问性,为后续分析与可视化处理提供支持。

数据收集阶段是可视化财务分析的首要步骤,数据搜集的完整性和安全性直接影响后续分析工作的开展。因此,在数据收集阶段需要认真审查和保存财务数据,确保数据的准确可靠和安全完整。

(二) 数据处理阶段

1. 数据清洗和预处理

对收集的财务数据进行清洗和预处理,其中包括处理缺失值、异常值、重复值等。这可以通过数据清洗工具或编程语言进行,确保数据的质量和一致性。

2. 数据转换和整理

将清洗后的数据进行转换和整理,如数据格式转换、字段重命名、数据透视等操作,确保数据结构和格式符合要求。

3. 数据合并和关联

对涉及多数据源或多表格的分析,执行数据合并与表间关联操作,可以通过数据库查询、Excel 的 vlookup 函数等方式实现,便于综合分析不同数据的信息。

4. 数据归一化和标准化

为确保不同来源数据的可比性,进行数据归一化和标准化处理。例如,将货币单位转换为统一的货币,将数值转换为百分比等。

5. 数据抽样和筛选

针对大数据集进行抽样与筛选,以提升分析效率和减轻计算负担。选择合适的抽样方法和策略,确保抽样结果具有代表性和可靠性。

数据处理阶段是可视化财务分析的关键步骤之一,它的质量和适用性直接影响后续分析的准确性和可视化效果。因此,在数据准备阶段需要认真筛选和处理财务数据,确保数据的准确性、一致性和可靠性。

(三)可视化分析阶段

1. 明确分析目标

在分析前明确目标与问题,选择关注的财务指标及适宜的可视化工具。

2. 创建可视化图表

根据数据类型与分析目标,利用选定工具创建图表,如对折线图、柱状图、饼图等进行可视化呈现,并通过图表优化,如添加图表标题、轴标签、数据标签等方式,增强图表的可读性和表达力。

3. 数据分析与解释

通过观察图表和图形,识别数据中的模式、趋势和异常,分析企业财务状况和业务表现,并解释其对企业的影响和意义。

4. 制订行动计划与决策

基于分析结果,制订行动计划与决策,以期指导企业的决策执行、绩效评估和业务管理等工作。

5. 定期监控和反馈

定期监控财务数据的变化,并根据实际情况调整分析和行动计划。及时反馈分析结果和行动效果,持续优化企业的财务管理和业务运营工作。

可视化分析阶段作为将数据转化为洞察力的核心阶段,通过综合运用各种可视化技术与分析方法,揭示财务数据背后的深层次信息,为企业提供决策支持。

综上所述,可视化财务分析流程是一个综合性的框架,包括数据收集、数据处理和可视化分析三个关键阶段。首先,通过收集内外部财务数据并建立有效的数据管理系统,确保数据的完整性和安全性。其次,通过数据清洗、预处理、转换、合并、归一化和抽样等步骤,提升数据的质量和分析适用性。最后,在可视化分析阶段,通过明确分析目标、选择合适的可视化工具和技术、创建图表来揭示数据背后的趋势和模式,为企业决策提供有力支持。整个流程强调了从数据收集到决策支持的连贯性,确保财务分析的准确性和实用性。

2-5 拓展知识-基于自然语言处理技术的财务分析——以比亚迪公司为例

本章小结

财务分析一般方法是指进行财务分析所应遵循的一般规程。财务分析一般方法可以归纳为四个阶段,共十个步骤。

财务分析信息搜集整理阶段主要由三个步骤组成:①明确财务分析目的;②制订财务分析计划;③搜集整理财务分析信息。

战略分析与会计分析阶段主要由两个步骤组成:①企业战略分析。企业战略分析是指通过对企业所在行业或企业拟进入行业的分析,明确企业自身地位及应采取的竞争战略。企业战略分析通常包括行业分析和企业竞争策略分析。②财务报表会计分析。会计分析的目的在于评价企业会计所反映的财务状况与经营成果的真实程度。会计分析通常具有两个方面的作用,一方面通过对会计政策、会计方法、会计披露的评价,揭示会计信息的质量;另一方面通过对会计灵活性、会计估计的调整,修正会计数据,为财务分析奠定基础,并保证财务分析结论的可靠性。会计分析的步骤依次为阅读会计报告、比较会计报表、解释会计报表、修正会计报表信息。

财务分析实施阶段主要包括两个步骤:①财务指标分析。对财务指标进行分析,特别是进行财务比率指标分析,是财务分析的一种重要方法或形式。财务指标能准确反映某方面的财务状况。进行财务分析时,应根据分析的目的和要求选择正确的分析指标。②基本因素分析。财务分析不仅要解释现象,而且应分析原因。因素分析法在会计分析和财务指标分析的基础上,对一些主要指标的完成情况,从其影响因素角度,深入进行定量分析,确定各因素对其影响的方向和程度,为企业正确进行财务评价提供最基本的依据。

财务分析综合评价阶段具体可分为三个步骤:①财务综合分析与评价。财务综合分析与评价是在应用各种财务分析方法进行分析的基础上,将定量分析结果、定性分析判断及实际调查情况结合,以得出财务分析结论的过程。②财务预测与价值评估等。财务分析既是一个财务管理循环的结束,又是另一个财务管理循环的开始。财务分析不能仅满足于事后分析原因,得出结论,而且要对企业未来发展及价值状况等进行预测与评价。③财务分析报告。财务分析报告是财务分析的最后步骤。它将财务分析的基本问题、财务分析结论及针对问题提出的措施建议,以书面的形式表示出来,为财务分析主体及财务分析报告的其他受益者提供决策依据。

智能财务分析法是利用智能技术分析方法来处理和分析财务数据的过程,旨在提供更深入、全面和实时的洞察,以支持企业在财务决策方面作出更明智的选择。这种分析方法结合了财务数据和智能分析技术,以发现隐藏在数据中的趋势、关联和机会。在智能财务分析中,可视化分析是智能财务分析的重要方法。但是,传统的财务分析基本方法,如水平分析、垂直分析、趋势分析和比率分析等,从原理上没有本质改变。这些方法仍然是财务分析的基础,用于评估企业的财务状况和绩效。虽然财务分析基本方法的原理没有本质改变,但数字化和智能化技术已经改进了这些方法的实施方式和效率。

 **关键概念**

战略分析　会计分析　比率分析　因素分析　财务分析报告

 **思考题**

1. 为什么将财务分析分为四个阶段?
2. 简述会计分析在财务分析中的地位与作用。
3. 简述比率分析的作用与不足。
4. 运用因素分析法应注意哪些问题?

课后练习

一、单项选择题

1. 进行会计分析的第一步是( )。
   A. 分析会计政策变化　　　　　　B. 分析会计估计变化
   C. 阅读会计报告　　　　　　　　D. 比较会计报表
2. 应用水平分析法进行分析评价时,关键应注意分析资料的( )。
   A. 全面性　　　　　　　　　　　B. 系统性
   C. 可靠性　　　　　　　　　　　D. 可比性
3. 社会贡献率指标是( )最关心的指标。
   A. 所有者　　　　　　　　　　　B. 经营者
   C. 政府管理者　　　　　　　　　D. 债权人
4. 下列指标中,不属于利润表比率的是( )。
   A. 酸性试验比率　　　　　　　　B. 利息保障倍数
   C. 净资产利润率　　　　　　　　D. 资本收益率
5. 对于连环替代法中各因素的替代顺序,传统的排列方法是( )。
   A. 主要因素在前,次要因素在后
   B. 影响大的因素在前,影响小的因素在后
   C. 不能明确责任的在前,可以明确责任的在后
   D. 数量指标在前,质量指标在后
6. 反映资产负债表各项目间的相互关系及各项目所占比重的分析是( )。
   A. 资产负债表水平分析　　　　　B. 资产负债表垂直分析
   C. 资产负债表趋势分析　　　　　D. 资产负债表比率分析

二、多项选择题

1. 行业竞争程度和盈利能力的影响因素包括( )。
   A. 市场占有率　　　　　　　　　B. 现有企业间的竞争
   C. 替代产品或服务的威胁　　　　D. 新加入企业的竞争威胁

E. 市场议价能力
　2. 选择低成本策略应做的工作有（　　）。
　　A. 提供差异产品或服务　　　　　　　　B. 提高资源利用率
　　C. 优化企业规模　　　　　　　　　　　D. 明确消费需求
　　E. 提高与供应商议价能力
　3. 比率分析的基本形式有（　　）。
　　A. 百分率　　　　　B. 比率　　　　　C. 周转天数　　　　　D. 增长率
　　E. 分数
　4. 投资者主要关心的比率有（　　）。
　　A. 总资产报酬率　　　　　　　　　　　B. 总资产周转率
　　C. 净资产利润率　　　　　　　　　　　D. 资产负债率
　　E. 股利支付率
　5. 下列比率指标中，属于资产负债表比率的有（　　）。
　　A. 流动比率　　　　　　　　　　　　　B. 存货周转率
　　C. 营运资产周转率　　　　　　　　　　D. 资产负债率
　　E. 存货对营运资本比率
　6. 资产负债表分析的目的有（　　）。
　　A. 了解企业财务状况的变动情况
　　B. 评价企业会计对企业经营状况的反映程度
　　C. 修正资产负债表的数据
　　D. 评价企业的会计政策
　　E. 说明资产负债表的编制方法

三、判断题
　1. 行业间企业要避免正面价格竞争，其关键在于产品或服务的差异程度，差异程度越大，竞争程度越低。（　　）
　2. 财务分析的第一个步骤是搜集与整理分析信息。（　　）
　3. 会计分析是战略分析和财务分析的基础和导向。（　　）
　4. 财务指标分析是指财务比率分析。（　　）
　5. 财务分析报告是指对财务报告所进行的分析。（　　）
　6. 比率分析法能综合反映比率与计算它的会计报表之间的联系。（　　）

四、简答题
　1. 水平分析法与垂直分析法的区别是什么？
　2. 会计分析有哪几个步骤？
　3. 财务分析信息搜集整理阶段包括哪几个步骤？
　4. 财务分析报告的编制要求有哪些？

五、案例分析题
　1. 垂直分析与比率分析
　某企业2022年6月30日资产负债表（简表）如表2-9所示。

表 2-9　　　　　　　　　　　资产负债表(简表)

单位:元

资产		负债与所有者权益	
项目	金额	项目	金额
流动资产	201 970	流动负债	97 925
其中:速动资产	68 700	长期负债	80 000
固定资产净值	237 000	负债合计	177 925
无形资产	138 955	所有者权益	400 000
总　　计	577 925	总　　计	577 925

要求:(1) 对资产负债表进行垂直分析与评价。
　　　(2) 计算资产负债表比率。

2. 因素分析

某企业生产丙产品,其产品单位成本简表如表 2-10 所示。

表 2-10　　　　　　　　　2022 年度丙产品单位成本表

金额单位:万元

成本项目	上年度实际		本年度实际	
直接材料	86		89	
直接人工	20		27	
制造费用	24		17	
产品单位成本	130		133	
补充明细项目	单位用量(千克)	金额	单位用量(千克)	金额
直接材料　A	12	36	11	44
B	10	50	10	45
直接人工工时	20		18	
产品产销量	200		250	

要求:(1) 用连环替代法分析单耗和单价变动对单位材料成本影响。
　　　(2) 用差额计算法分析单位工时和小时工资率变动对单位直接人工的影响。

3. 水平分析与垂直分析

HHJJ 公司 2022 年度资产负债表资料如表 2-11 所示。

表 2-11　　　　　　　　　　资产负债表

编制单位:HHJJ 公司　　　　　　2022 年 12 月 31 日　　　　　　　　　　单位:万元

资产	年末数	年初数	负债及所有者权益	年末数	年初数
流动资产	8 684	6 791	流动负债	5 850	4 140
其中:			其中:应付账款	5 277	3 614

■ 财务分析

(续表)

资产	年末数	年初数	负债及所有者权益	年末数	年初数
应收账款	4 071	3 144	长期负债	10 334	4 545
存货	3 025	2 178	其中:长期借款	7 779	2 382
固定资产原值	15 667	13 789	负债合计	16 184	8 685
固定资产净值	8 013	6 663	所有者权益	6 780	6 013
无形及递延资产	6 267	1 244	其中:实收资本	6 000	5 000
资产总计	22 964	14 698	负债及所有者权益总计	22 964	14 698

要求:(1) 对资产负债表进行水平分析。

(2) 对资产负债表进行垂直分析。

(3) 评价 HHJJ 公司的财务状况。

第 二 篇

财务活动会计分析

第三章　投资活动会计分析

学习目标

1. 理解投资活动会计分析的含义和目的。
2. 了解投资活动和企业战略之间的关系。
3. 掌握投资活动规模分析和结构分析。
4. 掌握流动资产的会计分析。
5. 掌握非流动资产的会计分析。
6. 掌握投资活动的现金流量分析。
7. 培养学生在评价资产质量中树立诚实守信的理念，提升会计职业道德。

引导案例

　　2022年10月30日晚，复星医药披露了2022年的第三季度报告。报告期内，公司实现营业收入102.70亿元，同比增长1.72%；实现归母净利润9.07亿元，同比下滑16.2%。另外，其前三季度的归母净利润同比下滑了31.15%，降至24.54亿元。至此，复星医药的归母净利润已连续多个季度同比下滑。

　　对于归母净利润的同比下滑，复星医药解释为公允价值变动损失造成的非经常性损益同比减少所致。此次"栽跟头"是因为公司所持有的BNTX（BioNTech）公司股票在上半年末的股价较2021年年末有所下滑，股价变动导致其公允价值损失等净影响约11亿元。

　　有着"投资狂魔"之称的复星医药从未停止"买买买"的脚步，其早在登陆A股主板市场之际，就开启了投资并购之路。但一直以来，复星医药因投资占比整体盈利过大，受到市场对其盈利持续性的质疑。2022年前三季度，复星医药的投资收益共有30.53亿元，占同期归属于上市公司股东的扣除非经常性损益的净利润的比重为106.79%。接连不断的投资也伴随着巨额商誉。复星医药的2022年半年报数据显示，截至报告期末，复星医药的商誉高达99.34亿元，约占净资产的26.01%，商誉减值准备为5.06亿元。

　　在投资失利亏损超11亿元牵连业绩之际，复星医药也在寻求下一步的增长曲线上花了不少心思，对创新药的研发投入增加或将成为复星医药的发展重点。2022年前三季度，复星医药的研发投入共计37.61亿元，同比增长19.36%。

　　企业的投资活动会形成哪些资产？这些资产如何影响企业的收益？如何对企业的资产进行分析？如何对企业投资活动现金流量进行分析？这些是在本章需要学习的内容。

（资料来源：根据腾讯财经"复星医药投资翻车，三季度净利下滑16.2%"整理）

第一节 投资活动会计分析的内涵

一、投资活动会计分析的含义及目的

(一) 投资活动会计分析的含义

投资活动是企业进行的以盈利为目的的资本性支出活动。企业通过各个渠道筹措、取得所需资金后,必须将资金投入使用,以获得资本收益,否则企业的筹资活动就失去了目的和依据。投资活动既包括企业内部使用资金的过程,如购置流动资产、固定资产、无形资产等;也包括对外投放资金的过程,如投资购买其他企业的股票、债券或与其他企业联营投资等。企业进行投资活动的最终结果是为企业形成了各种资产,如交易性金融资产、存货、其他债权投资、长期股权投资、固定资产、无形资产等。这些资产构成了企业从事生产经营的物质基础,并以各种形态分布在生产经营过程的各个环节中。

投资活动会计分析是指应用会计分析方法,对反映企业投资活动的会计信息进行分析,揭示会计政策、会计估计及会计方法等对企业投资活动会计信息质量的影响,从而修正投资活动会计信息,准确反映投资活动的状况及结果,保证投资活动分析结论的可靠性。

(二) 投资活动会计分析的目的

企业资产状况直接反映了企业的财务状况。企业投资活动会计分析不仅可分析企业资产规模和结构变动趋势是否合理,而且可以正确评价企业的财务状况。具体地说,投资活动会计分析的目的主要体现在以下三个方面。

(1) 通过对企业不同时期资产规模变动情况的分析与比较,一方面可以了解企业资产增减变动的原因,发现投资活动中存在的问题;另一方面也可以发现企业资产项目的异常变动,找出导致会计信息失真的可疑点。

(2) 通过对企业不同时期资产结构和变动情况的分析与比较,可以了解企业经济资源的配置情况,判断企业资产结构是否合理,从而有利于进一步优化企业的资产结构。

(3) 通过对企业投资活动所采用的会计政策的分析与评价,可以确定企业财务报表各资产项目信息披露与实际财务状况的偏差,以进行调整,尽量消除会计信息失真,从而为进一步利用会计信息进行财务分析奠定基础,并保证财务分析结论的可靠性。

二、投资活动与会计报表

(一) 投资活动与资产负债表

企业投资活动的本质是对筹集资金的使用,资金的使用形成企业的各类资产。资产根据不同的标准可分为不同的种类。从资产的流动性或变现能力来看,资产可分为流动资产和长期资产两类。流动资产是指企业能在一年或超过一个营业周期内变现或耗用的资产,

其包括的内容按照流动性大小排列依次为货币资金、交易性金融资产、应收票据、应收账款、其他应收款和存货等项目。长期资产是指企业在一年内或超过一年的一个营业周期不能变现或耗用的资产。长期资产内部也按照各项目的流动性大小来排列,依次为长期股权投资、固定资产、无形资产、递延资产等项目。目前我国的资产负债表对资产的分类和排列就是按照上述方法来的。从资产的存在形式来看,企业资产可分为有形资产和无形资产。有形资产包括厂房、设备、存货等,无形资产包括专利权、商标、非专利技术等。从资产能否给企业带来经济利益来看,资产负债表的资产项目可以分为实资产与虚资产。虚资产主要包括待摊费用、递延资产、递延税款借项和固定资产清理等项目,这些资产并不是企业拥有的真正经济资源,更不能为企业带来经济利益,严格地说不能称为"资产";实资产包括货币资金、应收款项、存货、固定资产等项目。

(二) 投资活动与现金流量表

企业投资活动产生的现金流量在现金流量表中具体可分为投资活动流入的现金和投资活动流出的现金两个部分。

1. 投资活动流入的现金

投资活动流入的现金项目主要包括:

(1) 收回投资收到的现金:反映企业出售、转让或到期收回除现金等价物以外的对其他企业的权益工具、债务工具和合营中的权益(本金)而收到的现金。

(2) 取得投资收益收到的现金:反映企业除现金等价物以外的对其他企业的权益工具、债务工具和合营中的权益投资分回的现金股利和利息等(不包括股票股利)。

(3) 处置固定资产、无形资产和其他长期资产收回的现金净额:反映企业处置固定资产、无形资产和其他长期资产所取得的现金,减去为处置这些资产而支付的有关费用后的净额,由自然灾害所造成的固定资产等长期资产损失而收到的保险赔偿收入也在本项目反映。

(4) 收到其他与投资活动有关的现金:反映企业除了上述各项目外,收到的其他与投资活动有关的现金流入。

2. 投资活动流出的现金

投资活动流出的现金项目主要包括:

(1) 购建固定资产、无形资产和其他长期资产支付的现金:反映企业购买、建造固定资产,取得无形资产和其他长期资产所支付的现金(含增值税款)以及用现金支付的应由在建工程和无形资产负担的职工薪酬(不包括为购建固定资产而发生的借款利息资本化的部分,借款利息和融资租入固定资产支付的租赁费在筹资活动产生的现金流量中反映)。

(2) 投资支付的现金:反映企业取得除现金等价物以外的对其他企业的权益工具、债务工具和合营中的权益所支付的现金以及支付的佣金、手续费等附加费用。

(3) 支付其他与投资活动有关的现金:反映企业除了上述各项目外,支付的其他与投资活动有关的现金流出。

(三) 投资活动与会计报表附注

会计报表附注是为了便于会计报表使用者理解会计报表的内容而对会计报表的编制基础、编制依据、编制原则和方法及主要项目等所做的解释和进一步说明。编制和提供会计报表附注,有利于会计报表使用者全面、正确地理解会计报表。在进行投资活动会计分析时,除了要对资产负债表中各类资产和现金流量表中投资活动产生的现金流量进行分析,还要关注会计报表附注中披露的与投资活动相关的会计政策、会计估计及会计方法,并揭示会计政策、会计估计及会计方法等对企业投资活动会计信息质量的影响。

在会计报表附注中,与企业投资活动有关的会计政策及估计主要包括以下几个方面:

(1) 交易性金融资产的确认、计量和相关信息的披露。按照《企业会计准则》的规定,企业初始确认交易性金融资产,应当按照公允价值计量;期末交易性金融资产公允价值变动形成的利得或损失,应当计入当期损益。

(2) 应收账款的确认、计价和核算,包括应收账款的确认条件、计价方法、核算方法和坏账损失的确认和核算等的披露。例如,《企业会计准则》规定,企业应收账款的入账价值应按总价法确定;企业只能采用备抵法核算坏账损失;估计坏账损失的方法有应收款项余额百分比法、账龄分析法、销货百分比法和个别认定法等。

(3) 存货的确认、计量和相关信息的披露,包括存货的确认条件、初始计量和披露等。例如,《企业会计准则》规定,企业应当采用先进先出法、加权平均法或个别计价法确定发出存货的实际成本;资产负债表日,存货应当按照成本与可变现净值孰低计量等。

(4) 长期股权投资的确认、计量和相关信息的披露,包括长期股权投资的初始计量、后续计量和披露等。例如,《企业会计准则》规定,长期股权投资的后续计量应采用成本法或者权益法。

(5) 固定资产的确认、计量和相关信息的披露,包括固定资产的确认条件、初始计量、后续计量、处置和披露等。例如,《企业会计准则》规定,企业应当根据固定资产的性质和使用情况,合理确定固定资产的使用寿命和预计净残值;固定资产可选用的折旧方法包括直线法、工作量法、双倍余额递减法和年数总和法等。

三、投资活动会计分析的内容

(一) 投资活动分析与企业战略

投资活动分析的内容分为投资活动规模分析和投资活动结构分析两个部分。投资活动规模分析是指对企业资产规模变动的分析,即利用水平分析法从数量上了解企业资产的变动情况,分析变动的合理性。企业的投资结构通过资产结构反映,投资活动结构分析是指对资产的结构进行分析,通过资产结构的变动分析判断企业的资源配置是否合理。企业的战略是通过投资活动执行的,因此通过对企业投资活动的分析可以了解企业的投资战略。

(二) 流动资产会计分析

流动资产会计分析包括对货币资金、交易性金融资产、应收款项、存货等重要项目的分析。在对应收款项、存货等项目进行分析时,尤其要注意对相关会计政策进行分析,揭示会计政策、会计估计及会计方法等对流动资产项目的影响。

(三) 非流动资产会计分析

非流动资产会计分析包括对其他债权投资、长期股权投资、固定资产、无形资产及其他非流动资产项目的分析,一般从两个方面进行分析:一方面要对每个项目的规模与变动情况、结构与变动情况进行一般分析;另一方面要对每个项目涉及的会计政策进行深入分析,调整会计信息失真。

(四)投资活动现金流量分析

企业投资活动产生的现金流在现金流量表中分为投资活动流入的现金和投资活动流出的现金两个部分。投资活动现金流量分析具体包括三个方面的分析:投资活动现金流量的一般分析、投资活动现金流量的水平分析、投资活动现金流量的结构分析。

第二节 投资活动分析与企业战略

一、投资活动整体分析

(一)投资活动规模分析

企业通过投资活动形成了企业的各类资产,对企业投资活动规模的分析即是对企业资产规模的分析。企业资产规模是指企业所拥有资产的实际数量。它既是保证企业生产经营管理活动正常进行的物质基础,又是关系企业能否持续经营的重要前提和条件。一个企业的资产必须保持合理的规模,因为资产规模过大,将形成资产资源的闲置,造成资金周转缓慢,影响资产的利用效率;资产规模过小,将难以满足企业生产经营的需要,导致企业生产经营活动难以正常运行。对资产规模与变动的分析是指利用水平分析法从数量上了解企业资产的变动情况,分析变动的合理性。

水平分析法的基本要点是将企业资产负债表中不同时期的资产进行对比,对比的方式有两种:一是通过计算变动额确定其增减变动数量;二是通过计算变动率确定其增减变动幅度。分析者应用水平分析法,可以观察资产总规模变动状况及各项资产对资产规模的影响程度,发现变动数量和变动幅度较大的重点项目,并在此基础上分析各项资产规模变动合理性,特别是注意分析会计政策和会计估计变更对资产规模产生的影响,从而锁定存在会计信息失真的可疑点。

由于资产对比标准或基数不同,投资活动会计分析的具体目的有所不同。当以预计资产为对比基数时,分析的目的在于评价资产预算完成情况,揭示影响资产预算完成情况的原因;当以历史年度资产为对比基数时,分析的目的在于评价资产增减变动情况,揭示本年财务状况与历史年度相比产生差异的原因。

【案例3-1】 资产规模与变动分析

资产规模与变动分析的资料取自FXYY公司的资产负债表。2022年FXYY公司的资产规模分析表如表3-1所示。资产的年初数实际反映的是2021年年末的资产状况。运用水平分析法分析这两年公司资产规模的变动情况。

财务分析

表 3-1　　　　　　　　　　　　　FXYY 公司资产规模分析表

单位：万元

项目	年份		变动情况	
	2022 年	2021 年	变动额	变动率
流动资产				
货币资金	1 624 131.34	1 031 722.40	592 408.94	57.42%
交易性金融资产	92 853.21	424 106.91	−331 253.70	−78.11%
应收票据	2 484.25	1 622.73	861.52	53.09%
应收账款	758 809.93	602 972.02	155 837.91	25.84%
应收款项融资	55 892.75	42 788.40	13 104.35	30.63%
预付款项	160 746.60	174 011.93	−13 265.33	−7.62%
其他应收款	59 883.75	84 292.72	−24 408.97	−28.96%
存货	688 243.24	547 254.72	140 988.52	25.76%
持有待售资产	41 957.78	46 370.48	−4 412.70	−9.52%
一年内到期的非流动资产		18 883.98	−18 883.98	−100.00%
其他流动资产	42 914.97	69 664.42	−26 749.45	−38.40%
流动资产合计	3 527 917.81	3 043 690.71	484 227.10	15.91%
非流动资产				
长期应收款	9 166.31	7 739.53	1 426.78	18.43%
长期股权投资	2 314 477.15	2 268 371.34	46 105.81	2.03%
其他权益工具投资	1 545.08	2 991.56	−1 446.48	−48.35%
其他非流动金融资产	238 882.87	120 648.89	118 233.98	98.00%
固定资产	1 026 785.85	891 905.83	134 880.02	15.12%
在建工程	489 669.71	361 770.45	127 899.26	35.35%
使用权资产	86 353.75	74 734.72	11 619.03	15.55%
无形资产	1 247 105.68	1 027 625.44	219 480.24	21.36%
开发支出	345 425.98	315 690.63	29 735.35	9.42%
商誉	1 033 705.31	939 998.70	93 706.61	9.97%
长期待摊费用	55 423.32	47 531.26	7 892.06	16.60%
递延所得税资产	44 257.01	26 558.95	17 698.06	66.64%
其他非流动资产	295 674.89	201 374.17	94 300.72	46.83%
非流动资产合计	7 188 472.91	6 286 941.47	901 531.44	14.34%
资产总计	10 716 390.72	9 330 632.18	1 385 758.54	14.85%

从资产规模变动情况分析表中可以看出，FXYY公司2022年资产总额较2021年增加了1 385 758.54万元，增长率为14.85%。从增长数额和增长幅度来看，2022年的资产规模有所增长。仔细分析可以发现，2022年流动资产较2021年增加了484 227.10万元，其增加额占总资产增加额的34.94%。如果仅就这一变化来说，企业资产的流动性得到提高。2022年非流动资产较2021年增加了901 531.44万元，增长率为14.34%，其增加额占总资产增加额的65.06%。由此可见，公司资产规模的增加主要是非流动资产的增加引起的。非流动资产的增加，为资产规模的增加增添了足够的动力。再进一步分析可知，流动资产的增加主要是货币资金、应收账款和存货的增加引起的。非流动资产的增加主要是其他非流动金融资产、固定资产、在建工程和无形资产的增加引起的。固定资产的增加将有利于企业生产能力的提高。

另外，判断一个企业资产规模变化的合理性要结合企业生产经营活动的发展变化，即将资产规模增减比率同企业产值、营业收入等生产成果指标的增减比率进行比较，判断增资与增产、增收之间是否协调，资产营运效率是否提高。

（二）投资结构分析

企业的投资结构由资产结构反映，资产结构主要是指各类资产占总资产的比重，进一步可分为流动资产与非流动资产结构、有形资产与无形资产结构、流动资产与固定资产结构等。资产代表企业所能控制的资源，资源要充分发挥其功能，就必须以合理的配置为前提，而资源配置的合理与否，主要是由资产结构与变动分析反映的。分析资产结构与变动情况通常采用垂直分析法。垂直分析与水平分析不同，它的基本点是通过计算报表中的各项目占总体的比重以反映报表中的各项目与总体的关系情况及其变动情况。

对资产数额的垂直分析，既可从静态角度分析评价实际（报告期）构成状况，也可从动态角度将实际构成与标准或基期构成进行对比分析评价。标准与基期构成既可用预算数，也可用历史数，还可用同行业可比企业数。采用不同的比较标准将实现不同的分析目的。

【案例3-2】 资产结构分析

根据表3-1的资料，运用垂直分析法分析公司的资产结构情况，如表3-2所示。

表3-2　　　　　　　　FXYY公司资产结构变动分析表

金额单位：万元

项目	年份		结构		
	2022年	2021年	2022年	2021年	变动
流动资产					
货币资金	1 624 131.34	1 031 722.40	15.16%	11.06%	4.10%
交易性金融资产	92 853.21	424 106.91	0.87%	4.55%	−3.68%
应收票据	2 484.25	1 622.73	0.02%	0.02%	0.01%
应收账款	758 809.93	602 972.02	7.08%	6.46%	0.62%
应收款项融资	55 892.75	42 788.40	0.52%	0.46%	0.06%

(续表)

项目	年份		结构		
	2022年	2021年	2022年	2021年	变动
预付款项	160 746.60	174 011.93	1.50%	1.86%	−0.36%
其他应收款	59 883.75	84 292.72	0.56%	0.90%	−0.34%
存货	688 243.24	547 254.72	6.42%	5.87%	0.56%
持有待售资产	41 957.78	46 370.48	0.39%	0.50%	−0.11%
一年内到期的非流动资产	—	18 883.98	—	0.20%	−0.20%
其他流动资产	42 914.97	69 664.42	0.40%	0.75%	−0.35%
流动资产合计	3 527 917.81	3 043 690.71	32.92%	32.62%	0.30%
非流动资产					
长期应收款	9 166.31	7 739.53	0.09%	0.08%	0.00%
长期股权投资	2 314 477.15	2 268 371.34	21.60%	24.31%	−2.71%
其他权益工具投资	1 545.08	2 991.56	0.01%	0.03%	−0.02%
其他非流动金融资产	238 882.87	120 648.89	2.23%	1.29%	0.94%
固定资产	1 026 785.85	891 905.83	9.58%	9.56%	0.02%
在建工程	489 669.71	361 770.45	4.57%	3.88%	0.69%
使用权资产	86 353.75	74 734.72	0.81%	0.80%	0.00%
无形资产	1 247 105.68	1 027 625.44	11.64%	11.01%	0.62%
开发支出	345 425.98	315 690.63	3.22%	3.38%	−0.16%
商誉	1 033 705.31	939 998.70	9.65%	10.07%	−0.43%
长期待摊费用	55 423.32	47 531.26	0.52%	0.51%	0.01%
递延所得税资产	44 257.01	26 558.95	0.41%	0.28%	0.13%
其他非流动资产	295 674.89	201 374.17	2.76%	2.16%	0.60%
非流动资产合计	7 188 472.91	6 286 941.47	67.08%	67.38%	−0.30%
资产总计	10 716 390.72	9 330 632.18	100.00%	100.00%	0.00%

根据表3-2，财务分析人员可以从以下角度对资产结构进行分析：

（1）从流动资产与非流动资产比例角度分析。2022年FXYY公司的流动资产占资产总额的32.92%，2021年流动资产占资产总额的32.62%。由此可见，该公司的流动资产占全部资产的比重在32%左右，这反映了该公司的资产流动性一般。

（2）从有形资产和无形资产比例角度分析。FXYY公司2021年、2022年无形资产占资产总额的比重维持在11%左右。随着科技进步和社会经济的发展，尤其是知识经济时代的到来，企业无形资产的比重应该越来越高。2021年、2022年的开发支出分别为315 690.63万元和345 425.98万元，呈增长态势，但是其占总资产的比重呈下降态势。FXYY公司要想提高公司在行业中的竞争力,必须重视研究开发,增加研发资金的投入。

(3) 从固定资产和流动资产比例角度分析。一般来说,企业固定资产存量与流动资产存量之间应该保持合理的比例结构。2022年固定资产占资产总额的比重为9.58%,而流动资产所占比重为32.92%,两者之间的比例为1∶3.44。对于这种结构是否合理,分析人员还应结合该公司的行业特点等相关信息才能作出正确的判断。

基于以上对资产结构变动的分析,分析人员还应对流动资产和非流动资产分项目进行具体比较与分析,以便进一步查明原因,判断企业资产结构变动的合理性。在判断企业资产各项目结构变动合理性时,分析人员应结合企业生产经营特点和实际情况。

二、投资活动与企业战略

(一) 公司投资战略

公司投资战略是指反映公司资金投放的战略,主要旨在解决长期内与公司战略有关的公司资金投放的目标、原则、方向、规模、方式和时机等重大问题。公司投资战略是公司财务战略管理的核心内容,决定着公司能否对有限的资金和资源加以合理配置和有效利用。公司投资战略目标是企业战略目标的直接体现。企业战略目标中的收益性目标、发展性目标和公益性目标都是公司投资战略所追求的目标。从财务战略目标出发,收益性目标是公司投资战略最直接与重要的目标,即投资效率和资本增值。

(二) 公司投资战略分析

公司投资战略选择应考虑企业对投资规模和投资方式等作出恰当安排,确保投资规模与企业发展需要相适应,投资方式与企业风险管理能力相协调。投资战略根据投资方式、投资方向、投资目标等具有不同的分类。

1. 直接投资战略与间接投资战略

根据投资方式,企业投资战略可分为直接投资战略和间接投资战略。直接投资是指企业为直接进行生产或其他经营活动而在土地、固定资产等方面进行的投资,它通常与实物投资相联系。间接投资是指企业通过购买证券、融出资金或发放贷款等方式将资本投入其他企业,其他企业再将资本投入生产经营的投资。间接投资通常为证券投资,其主要目的是获取股利或利息,实现资本增值和股东价值最大化。

2. 对内投资战略与对外投资战略

根据投资方向,企业投资战略可分为对内投资战略和对外投资战略。对内投资是指把资金投向企业内部,购置各种生产经营用资产的投资。对外投资是指企业以现金、实物、无形资产等方式或以购买股票、债券等有价证券的方式向其他单位的投资。对内投资都是直接投资,对外投资主要是间接投资,也可以是直接投资。

【案例 3-3】 公司投资战略分析

由表 3-2 可知,在 FXYY 公司所有资产中,在总资产中占比较高的资产分别为长期股权投资、无形资产商誉和固定资产。下面利用 FXYY 公司这四类资产近 5 年的数据对其投资战略进行分析,如表 3-3 所示。

表 3-3　　　　　　　　　　FXYY 公司 2018—2022 年部分资产数据

单位：万元

资产项目	2018 年	2019 年	2020 年	2021 年	2022 年
固定资产	708 325.15	741 036.57	813 562.35	891 905.83	1 026 785.85
无形资产	715 134.31	791 597.41	866 958.79	1 027 625.44	1 247 105.68
长期股权投资	2 142 752.78	2 092 977.61	2 230 946.94	2 268 371.34	2 314 477.15
商誉	885 391.34	901 399.03	867 724.90	939 998.70	1 033 705.31

从投资规模的角度看，2018 年，FXYY 公司固定资产和无形资产两项资产的账面价值之和约为 14 亿元，长期股权投资的账面价值约为 21 亿元，这说明该公司在 2018 年以对外投资战略为主。FXYY 公司在对外投资的过程中产生了高额的商誉，由表 3-3 可知，该公司的商誉由 2018 年的 885 391.34 万元增至 2022 年的 1 033 705.31 万元，2021—2022 年其占总资产的比重在 10% 左右，属于占比较高的资产。从本质上说，商誉是一种典型的虚拟资产，通常是因企业过去的并购行为中有溢价并购而产生的，拥有商誉项目本身并不会直接给并购企业带来未来收益，因此商誉仅反映了理论上协同效应的价值，其保值性高低主要取决于被并购企业未来的盈利效能，而这种未来的盈利效能是否确实能够转变为现金流流入尚具有不确定性。商誉对并购企业而言是一把双刃剑，如果合理评估并购后的协同效应，适度的商誉能够给企业带来预期收益；但如果高估了并购协同效应，过高的商誉则可能成为企业未来经营的负担。

2018—2022 年，FXYY 公司固定资产和无形资产的规模逐年扩大，2022 年这两项资产的账面价值之和与长期股权投资的账面价值相当，说明该公司在投资战略选择上逐步由原先的对外投资战略向对内投资和对外投资相结合的整合投资战略转变。另外，通过查阅 FXYY 公司的报表附注可知，该公司的对外投资主要集中在医药行业，说明该公司意图通过对外投资实现横向联合，扩大公司的市场份额和提升其在行业内的竞争实力。而该公司固定资产、无形资产和长期股权投资的逐年增加，说明该公司依然处于成长阶段。

（三）公司投资战略的实施效果

【案例 3-4】　公司投资战略的实施效果

由［案例 3-3］的分析可知，2018—2022 年，FXYY 公司在投资战略选择上逐步由对外投资战略向对内投资和对外投资相结合的整合投资战略转变，而公司投资战略的实施效果可通过公司的利润表反映。因此下面选取利润表部分数据，对 FXYY 公司的投资战略实施效果进行分析，如表 3-4 所示。

表 3-4　　　　　　　　　　FXYY 公司 2018—2022 年利润表部分数据

单位：万元

项目	2022 年	2021 年	2020 年	2019 年	2018 年
投资收益	437 784.26	462 382.60	228 398.09	356 549.53	181 545.41
公允价值变动收益	−249 836.85	35 229.86	57 865.70	−35 315.90	20 436.17
营业利润	465 665.65	630 256.82	472 114.53	449 355.51	353 553.38

由表 3-4 可知,2018—2022 年,FXYY 公司利润表中的投资收益数额呈增长态势,其对营业利润的贡献逐年增大。2022 年,FXYY 公司的投资收益占营业利润的比重高达 94%,说明该公司 2022 年内部投资资产的整体获利能力较弱,对内投资战略的收益性较差。

由于投资收益对 FXYY 公司业绩的贡献较大,下面通过进一步查询 FXYY 公司的报表附注披露的信息,了解该公司投资收益的构成。表 3-5 为 FXYY 公司 2018—2022 年投资收益构成情况表。

表 3-5　　　　　　　FXYY 公司 2018—2022 年投资收益构成情况表

单位:万元

项目	2018 年	2019 年	2020 年	2021 年	2022 年
权益法核算的长期股权投资产生的收益	13.49	14.31	15.8	17.89	18.35
处置其他非流动金融资产取得的投资收益	0.32	3.64	4.35	0.11	0.4
处置长期股权投资产生的投资收益	3.51	17.41	2.21	6.87	−0.02
其他非流动金融资产在持有期间取得的投资收益	0.03	0.22	0.23	0.41	0.26
处置交易性金融资产取得的投资收益	0.35	0.11	0.13	0.76	20.9
处置子公司投资收益	0.45	0.08	20.13	3.52	−0.06
交易性金融资产在持有期间取得的投资收益	—	0.01	0.02	0.07	0.37
持有的其他权益工具投资的股利收入	—	0.01	0.02	—	—
合计	18.15	35.65	22.84	46.24	43.78

由表 3-5 可知,FXYY 公司 2018 年和 2020 年的投资收益主要来自权益法核算的长期股权投资,但在 2019 年、2021 年和 2022 年,投资收益主要来自各种资产的处置收益。2019 年的投资收益主要来自长期股权投资的处置收益,2021 年的投资收益主要由处置子公司产生,而 2022 年 43.78 亿元的投资收益中的 20.43 亿元来自交易性金融资产的处置收益。处置收益不具有持续性,这说明 FXYY 公司的对外投资获利能力是不稳定的。另外,虽然 FXYY 公司权益法核算的长期股权投资所产生的收益呈逐年增长态势,但是相对于该公司在长期股权投资上的投资数额而言,其投资收益率是偏低的,这说明该公司对外投资战略的实施效果一般。

综合上述分析可知,FXYY 公司既需要优化内部投资结构,提高内部资产使用效率,从而提高内部资产的获利能力,同时也需要对外部投资的结构进行调整,从而提高公司对外投资的收益。

第三节　流动资产会计分析

一、货币资金与现金流量分析

(一) 货币资金分析

财务分析人员在对货币资金进行分析时,应注意以下几点。

（1）分析货币资金规模及其发生变动的原因。企业货币资金发生增减变动，可能出于以下原因：①销售规模的变动。企业销售规模发生变动，货币资金规模也会随之发生变动，两者具有一定的相关性。②信用政策的变动。如果企业采用严格的信用政策，提高现销比例，则可能会导致货币资金增加。③为大笔现金支出做准备。企业准备派发现金股利、偿还将要到期的巨额银行借款、集中购货等，都会增加企业货币资金。但是这种需要是暂时的，货币资金会随着企业现金支出的减少而减少。

（2）分析货币资金结构及其变化是否合理。比重过高，则说明企业资金使用效率低，这会降低企业的盈利能力；比重过低，则意味着企业缺乏必要的资金，这可能会影响企业的正常经营。分析企业货币资金结构的合理性，要结合企业下列因素进行：①资产规模与业务量。一般来说，企业资产规模越大，业务量越大，处于货币形态的资产就越多。②资金筹措能力。如果企业有良好信誉、筹资渠道通畅，就没必要持有大量的货币资金，因为货币资金的盈利性通常较低。③运用货币资金能力。如果企业经营者利用货币资金能力较强则货币资金比重可维持较低水平。④行业特点。处于不同行业的企业，货币资金合理规模存在差异，有的甚至差别很大。

（3）分析企业是否存在歪曲现金余额的现象。一些企业在实际中为修饰其资产负债表，常在会计期末时，将会计期间终了后收到的收入，列入本期的现金，借以修饰现金余额，提高流动比率和速动比率。财务分析人员在分析时若发现这种情形，应予以调整更正。

【案例3-5】 货币资金项目分析

下面以FXYY公司财务报表附注提供的资料为基础，编制货币资金变动分析表，如表3-6所示。

表3-6　　　　　　　　　　货币资金变动分析表

金额单位：万元

项目	2022年	2021年	变动额	变动率
库存现金	267.22	173.70	93.52	53.84%
银行存款	1 599 501.15	933 983.20	665 517.95	71.26%
其他货币资金	24 362.96	97 565.50	−73 202.54	−75.03%
合计	1 624 131.34	1 031 548.70	592 582.63	57.45%

根据表3-2和表3-6，对货币资金规模、结构及其变动情况分析如下：①从规模来看，2022年FXYY公司的货币资金较2021年增加了592 582.63万元，增长了57.45%，无论是从变动量还是从变动率来看，规模变化都较大。通过阅读该公司会计报表附注发现，货币资金项目的增加主要为银行存款增加所致。2022年，FXYY公司的银行存款较2021年增加了665 517.95万元，分析人员可以结合现金流量表对银行存款的增加原因做进一步分析。②从结构来看，2022年FXYY公司货币资金占资产总额的比重达到了15.16%，较2021年提高了将近4个百分点。考虑到FXYY公司的资产规模，这种情况说明企业货币资金结构还是较为合理的。企业置存足够的资金但又不过量，资金得到有效利用而又不给企业带来损失，从而不影响企业资金的利用效果。这说明公司管理人员具有有效运用货币资金的能力。

3-1 拓展知识-货币资金舞弊的识别与应对——基于豫金刚石的案例分析

（二）现金流量分析

现金流量表中，企业一定时期创造的现金及现金等价物净增加额是经营活动、投资活动

和筹资活动各自产生的现金流量净额之和,其还可以表示如下:

$$\text{现金及现金等价物净增加额} = \text{现金的期末余额} - \text{现金的期初余额} + \text{现金等价物的期末余额} - \text{现金等价物的期初余额}$$

现金流量表中的"现金的期末余额"等于资产负债表中"货币资金"项目的期末余额,"现金的期初余额"等于资产负债表中"货币资金"项目上年年末余额,当年"现金及现金等价物净增加(减少)额"等于资产负债表中"货币资金"项目当年的增加(减少)额。但是如果"货币资金"项目中包含了流动性被限制的部分,则应予以扣除。

FXYY 公司 2022 年年末资产负债表"货币资金"项目余额为 1 624 131.34 万元,但是现金流量表"年末现金及现金等价物余额"项目余额为 1 117 006.70 万元,结合报表附注信息可知,差额部分为受限制的货币资金,主要是期限为 3 个月至 6 个月的银行承兑汇票保证金、履约保函保证金及信用证保证金以及存款期为 3 个月至 1 年的定期存款。

二、应收及预付款项分析

(一) 应收款项分析

应收款项包括应收账款、其他应收款和坏账准备,因此下面就这 3 种款项的分析分别讨论。

1. 应收账款

进行应收账款项目分析时,应从以下几个方面入手:

(1) 关注企业应收账款的增减变动情况,分析应收账款的增加是否合理。如果一个企业的应收账款增长率超过营业收入、流动资产、速动资产等项目的增长率,则可以初步判断其应收账款可能存在不合理的增长。此时,财务分析人员应深入分析应收账款增加的具体原因。企业应收账款增加可能出于以下几种原因:第一,企业信用政策发生了变化,企业希望通过放松信用政策来增加营业收入。第二,企业营业收入规模增长导致应收账款增加。第三,收账政策不当或收账工作执行不力。第四,应收账款质量不高,存在长期挂账但难以收回的账款,或者客户发生财务困难,暂时无法偿还所欠货款。第五,企业会计政策变更。如果一个企业在有关应收账款方面的会计政策发生变更,应收账款也会发生相应变化。例如,在坏账准备的核算上,由期末余额百分比法改为销售百分比法,应收账款余额可能因此改变。

(2) 对企业利用应收账款调节利润的活动进行分析和调整。第一,注意企业会计期末突发产生的与应收账款相对应的营业收入。如果一个企业 1 月至 11 月的营业收入较为平均,而唯独 12 月的营业收入猛增,且大部分是通过应收账款产生的,则财务分析人员应该对此深入分析。如果企业确实有利润操纵行为,应将通过应收账款产生的营业收入剔除,同时调整应收账款账面余额。第二,特别关注关联企业之间的业务往来,观察是否存在通过关联交易操纵利润的现象。有些上市公司利用与关联企业的关系,大量进行"对倒"交易,形成大量应收账款,从而提升交易量,达到增加营业收入的目的,实际上交易并没有真正实现。如果有这种现象,则应予以调整。

【案例 3-6】 应收账款项目分析

下面以 FXYY 公司财务报表附注提供的资料为基础,编制应收账款账龄分析表,如

表 3-7 所示。

表 3-7 应收账款账龄分析表

金额单位:万元

项目	2022年12月31日	2021年12月31日	变动额	变动率
1年以内	751 906.84	605 125.99	146 780.84	24.26%
1年至2年	19 823.46	12 935.58	6 887.88	53.25%
2年至3年	2 915.40	5 534.85	−2 619.45	−47.33%
3年以上	4 883.40	12 013.63	−7 130.23	−59.35%
减:应收账款坏账准备	20 719.17	32 638.03	−11 918.86	−36.52%
应收账款余额	758 809.93	602 972.02	155 837.91	25.84%

根据表 3-7 可以发现,FXYY 公司 2022 年应收账款较 2021 年增加了约 155 837.91 万元,增长率为 25.84%,1 年以内及 1~2 年的应收账款增长率较高。结合 FXYY 公司的利润表可知,该公司 2022 年的营业收入为 4 395 154.69 万元,比 2021 年增加了 494 036.26 万元,增长了 12.66%。应收账款的增长率高于营业收入的增长率,这说明信用政策有所改变,应收账款回款速度放缓。

2. 其他应收款

财务分析人员对其他应收款项目应予以充分关注。在实际中,一些企业出于种种目的,常常把其他应收款作为企业调整成本费用和利润的手段,故分析时应对其他应收款予以充分关注。其他应收款分析应注意以下几个方面:

(1) 观察其他应收款的增减变动趋势。如果发现企业的其他应收款余额过大,甚至超过应收账款,则应注意分析是否存在操纵利润的情况。如果存在,财务分析人员应核实并进行相应的调整。

(2) 分析其他应收款包括的内容。一些企业常常把其他应收款项目当成"蓄水池",任意调整成本费用,进而达到调节利润的目的。一方面,应分析企业是否将当期成本费用的支出计入其他应收款;另一方面,要分析企业是否将本应计入其他项目的内容计入其他应收款。

(3) 观察关联方其他应收款。大股东占用上市公司资金,严重威胁到上市公司的经营。在分析其他应收款时,应当注意观察,是否存在大股东或关联方长期、大量占用上市公司资金,造成其他应收款长期居高不下的现象。

【案例 3-7】 其他应收款项目分析

下面以 FXYY 公司财务报表附注提供的资料为基础,编制其他应收款账龄分析表和其他应收款构成表,如表 3-8 和表 3-9 所示。

表 3-8 其他应收款账龄分析表

金额单位:万元

项目	2022年12月31日	2021年12月31日	变动额	变动率
1年以内	44 020.65	73 702.84	−29 682.19	−40.27%
1年至2年	8 285.56	5 129.24	3 156.32	61.54%

3-2 拓展知识-大型民营企业高比例应收账款的现实问题研究——以赛特斯为例

(续表)

项目	2022年12月31日	2021年12月31日	变动额	变动率
2年至3年	3 696.88	2 147.70	1 549.18	72.13%
3年以上	4 015.85	3 414.26	601.59	17.62%
减:其他应收款坏账准备	2 102.99	2 069.13	33.86	1.64%
其他应收款余额	57 915.95	82 324.92	−24 408.97	−29.65%

表 3-9　　　　　　　　　　　　其他应收款构成表

金额单位:万元

项目	2022年12月31日	2021年12月31日	变动额	变动率
对外暂付款及应收股权款	19 874.36	55 421.37	−35 547.01	−64.14%
押金及保证金	21 054.26	16 693.85	4 360.41	26.12%
备用金及员工借款	4 936.99	2 879.32	2 057.67	71.46%
其他	12 050.33	7 330.38	4 719.96	64.39%
合计	57 915.95	82 324.92	−24 408.97	−29.65%

从结构上看,由表3-2可知,FXYY公司2021年和2022年其他应收款维持较低的占比,且2022年其他应收款占总资产的比重有所下降。从变动规模来看,FXYY公司2022年其他应收款较2021年减少了24 408.97万元,下降了29.65%。从其他应收款账龄角度来看,通过表3-8可知,其他应收款的账龄主要集中在1年以内,并且其主要构成是押金及保证金。综上分析,FXYY公司对其他应收款的管控是合理的。

3. 坏账准备

财务分析人员在对坏账准备进行分析时,应该注意以下两点:

(1) 分析坏账准备的提取方法和提取比例的合理性。这是坏账准备项目分析的关键。由于企业可以自行确定计提坏账准备的方法,在实际中,一些企业往往出于某种动机,随意选择坏账准备的提取方法和提取比例,其结果是少提或是不提坏账准备,从而虚增应收账款净额和利润。此外,现在也有一些上市公司为了避免被特别处理,往往在出现亏损的年度多提坏账准备,以防止下一年度再出现亏损,避免出现连续两年亏损。

(2) 注意比较企业前后会计期间坏账准备的提取方法是否改变。企业坏账准备的提取方法一经确定,就不能随意变更。企业随意变更坏账准备提取方法的背后往往隐藏着一些不可告人的目的。因此,财务分析人员在遇到此种情形时,首先应查明企业在财务报表附注中是否对坏账准备提取方法变更予以说明;其次分析企业这种变更是否具有合理因素,是正常的会计估计变更还是企业为了调节利润进行的变更;最后对不合理因素引起的会计信息失真问题进行更正与调整。

【案例3-8】 坏账准备项目分析

下面以FXYY公司财务报表附注提供的资料为基础,编制FXYY公司应收账款坏账准备计提情况表和应收账款坏账准备变动表,如表3-10和表3-11所示。

表 3-10　　　　　　　　　FXYY 公司应收账款坏账准备计提情况表

金额单位：万元

项目	2022年			2021年		
	估计发生违约的账面余额	预期信用损失率	整个存续期预期信用损失	估计发生违约的账面余额	预期信用损失率	整个存续期预期信用损失
信用期内	609 533.42	1.15%	7 032.97	505 168.72	1.8%	9 094.50
1年以内	161 432.76	3.17%	5 123.28	111 240.68	3.9%	4 342.88
1~2年	3 565.80	100.00%	3 565.80	4 292.09	100.00%	4 292.09
2~3年	1 980.26	100.00%	1 980.26	3 348.69	100.00%	3 348.69
3年以上	3 016.86	100.00%	3 016.86	11 559.87	100.00%	11 559.87
合计	779 529.10		20 719.17	635 610.05		32 638.03

表 3-11　　　　　　　　　FXYY 公司应收账款坏账准备变动表

单位：万元

项目	2022年12月31日	2021年12月31日
年初余额	32 638.03	28 072.69
本年计提	7 195.16	8 179.05
本年收回或转回	1 402.70	933.59
本年核销	16 516.87	2 680.12
处置子公司转出	1 194.45	—
年末余额	20 719.17	32 638.03

　　FXYY 公司财务报表附注披露，公司 2021 年和 2022 年对于不含重大融资成分的应收款项，均运用简化计量方法，按照相当于整个存续期内的预期信用损失金额计量损失准备，并且考虑了不同客户的信用风险特征，以逾期账龄组合为基础，评估应收款项的预期信用损失。从预期信用损失率来看，由表 3-10 可知，2021 年 FXYY 公司信用期内应收账款预期信用损失率为 1.8%，1 年以内应收账款预期信用损失率为 3.9%，1 年以上的应收账款均按 100% 计提信用损失；相较于 2021 年，2022 年该公司计提比例有所下降，2022 年 FXYY 公司信用期内应收账款预期信用损失率为 1.15%，1 年以内应收账款预期信用损失率为 3.17%，1 年以上的应收账款仍然按 100% 计提信用损失。

　　由于计提比例的下降，2022 年计提坏账准备数额低于 2021 年。由表 3-11 可知，2021 年 FXYY 公司应收账款计提坏账准备数额为 8 179.05 万元，2022 年计提坏账准备数额为 7 195.16 万元，下降了 983.89 万元，降幅为 12.03%。另外，由于 2022 年该公司核销了 16 516.87 万元的坏账准备，以及处置子公司转出和收回或转回部分应收账款，2022 年年末 FXYY 公司应收账款坏账准备年末余额下降至 20 719.17 万元，较 2021 年的 32 638.03 万元下降了 36.52%。由于 2022 年应收账款账面余额较 2021 年有较大的提高，对于应收账款坏账准备计提比例是否合理还需要结合其他信息判断。

（二）预付款项分析

预付款项是指企业按照购货合同的规定,预先支付给供货单位的货款。在会计上,预付款项按实际支付的金额入账。企业在计算坏账准备时,债权中不包括预付款项。

一般情况下,企业的预付款项不会构成流动资产的主体部分,在供货商较为稳定的条件下,预付款项应该按照合同约定转化为存货,因此,正常的预付款项质量较高。如果企业的预付款项金额较高,则可能与企业所处行业的经营特点和付款方式,或与企业以往的商业信用不高有关;但如果企业向关联方(如子公司、兄弟公司或母公司等)打预付款,则往往潜藏着利益输送的不良动机。

【案例 3-9】 预付款项项目分析

下面以 FXYY 公司财务报表附注提供的资料为基础,编制 FXYY 公司预付款项账龄分析表,如表 3-12 所示。

表 3-12　　　　　　　　　　FXYY 公司预付款项账龄分析表

金额单位:万元

账龄	2022 年 12 月 31 日		2021 年 12 月 31 日		变动额	变动率
	账面余额	比例	账面余额	比例		
1 年以内	104 297.25	64.88%	70 533.98	40.53%	33 763.26	47.87%
1~2 年	5 219.36	3.25%	101 734.14	58.46%	−96 514.78	−94.87%
2~3 年	49 730.38	30.94%	970.74	0.57%	48 759.64	5 022.94%
3 年以上	1 499.61	0.93%	773.07	0.44%	726.54	93.98%
合计	160 746.60	100%	174 011.93	100%	−13 265.34	−7.62%

从结构上看,由表 3-2 可知,FXYY 公司 2021 年和 2022 年预付款项一直维持较低的占比,且 2022 年预付款项占总资产的比重有所下降。从变动规模来看,FXYY 公司 2022 年预付款项较 2021 年减少了 13 265.34 万元,下降了 7.62%。从账龄的角度看,由表 3-12 可知,预付款项的账龄主要集中在 1 年以内。但 2022 年,1 年以内的预付款项数额较 2021 年有所提高,这需要结合公司的信用情况和业务规模等因素的变化来判断预付款项数额增加的合理性。

三、存货分析

（一）存货规模与变动情况分析

存货主要由材料存货、在产品存货和产成品存货构成。存货分析既包括各类存货的规模与变动情况分析,又包括各类存货的结构与变动情况分析。

存货规模与变动情况分析,主要是观察各类存货的变动趋势,分析各类存货的增减变动原因。下面以财务报表附注存货项目明细表及其他相关资料为基础,分析该公司各类存货的规模和变动情况。

【案例 3-10】 存货规模和变动情况分析

以 FXYY 公司财务报表附注提供的资料为基础,编制 FXYY 公司存货规模变动分析表,如表 3-13 所示。

表 3-13　　　　　　　　　FXYY 公司存货规模变动分析表

金额单位:万元

项目	2022 年	2021 年	变动额	变动率
原材料	258 832.38	209 184.36	49 648.02	23.73%
在产品	114 264.87	94 633.34	19 631.53	20.74%
库存商品	127 170.96	84 562.73	42 608.23	50.39%
产成品	171 047.81	142 767.22	28 280.59	19.81%
其他	16 927.23	16 107.07	820.15	5.09%
合计	688 243.24	547 254.72	140 988.52	25.76%

根据表 3-13 可知,2022 年 FXYY 公司存货账面价值较 2021 年增长了 140 988.52 万元,增幅为 25.76%。从增长数额来看,2022 年原材料的增长数额最大,比 2021 年增长了 49 648.02 万元;其次是库存商品,2022 年增长了 42 608.23 万元。从增幅来看,排在前面的也是原材料和库存商品,其中库存商品的增幅为 50.39%,原材料的增幅为 23.73%。

企业各类存货规模及其变动是否合适,应结合企业具体情况进行分析评价。一般来说,随着企业生产规模的扩大,材料存货和在产品存货相应增加是正常的,但这种增加应该与生产规模和销售规模同步。本案例中,结合利润表分析,发现 FXYY 公司 2022 年收入的增幅仅为 12.66%,低于存货的增长率,这种情况是否合理还应当依据 2022 年 FXYY 公司所处行业的市场情况、销售情况及存货的计价基础和跌价准备因素综合分析。总体而言,应对存货资产的变动评价持谨慎态度。

(二)存货结构和变动情况分析

存货结构是指各类存货在存货总额中的比重。各类存货在企业再生产过程中的作用是不同的。其中,材料存货是维持再生产活动的必要物质基础,属于生产的潜在因素,所以应把它限制在能够保证再生产正常进行的最低水平上。产成品存货是存在于流通领域的存货,它不是保证再生产过程持续进行的必要条件,所以必须将其压缩到最低限度。而在产品存货是保证生产过程持续进行的存货,企业的生产规模和生产周期决定了在产品存货的存量,故在企业正常经营条件下,在产品存货应保持一个稳定的比例。

一个企业在正常情况下,其存货结构应保持相对稳定。分析时,应特别注意对变动较大的项目进行重点分析。任何存货比重的剧烈变动,都表明企业生产经营过程中有异常情况发生。因此,分析人员应深入分析其原因,以最终能够判断存货结构的合理性。

【案例 3-11】 存货结构和变动情况分析

下面以表 3-13 的数据为基础,编制 FXYY 公司存货结构变动分析表,如表 3-14 所示。

表 3-14　　　　　　　　　　FXYY 公司存货结构变动分析表

金额单位:万元

项目	规模		结构(占比及差异)		
	2022 年	2021 年	2022 年	2021 年	差异
原材料	258 832.38	209 184.36	37.61%	38.22%	−0.62%
在产品	114 264.87	94 633.34	16.60%	17.29%	−0.69%
库存商品	127 170.96	84 562.73	18.48%	15.45%	3.03%
产成品	171 047.81	142 767.22	24.85%	26.09%	−1.24%
其他	16 927.23	16 107.07	2.46%	2.95%	−0.49%
合计	688 243.24	547 254.72	100.00%	100.00%	

从表 3-14 可以看出,FXYY 公司的存货中原材料所占比重最大,2022 年占比高达 37.61%,相较于 2021 年有小幅下滑。其次是产成品,2022 年产成品占存货总额的比重为 24.85%,相较 2021 年也有小幅下滑。2022 年变化最明显的是库存商品,占总存货的比重为 18.48%,较 2021 年上升了 3 个百分点。库存商品所占比重的提升,一方面可能反映该公司产品生产规模的扩大,另一方面也可能是产品出现滞销导致存货积压的表现。具体原因要结合公司的销售情况做分析。

(三) 存货的计价

存货的价值受到存货的计价方法、存货的数量、存货跌价准备的计提等因素的影响,因此,对存货的计价,应从以下三个方面进行分析:

(1) 分析企业对存货计价方法的选择或变更是否合理。我国《企业会计准则》规定,企业应当采用先进先出法、加权平均法或个别计价法确定发出存货的实际成本。不同的存货计价方法得出的计价结果各不相同,因此,存货计价方法的选择将对企业的财务状况和经营成果产生一定的影响。个别计价法的特点是成本流转与实物流转完全一致,因而能准确地反映本期发出存货和期末结存存货的成本。先进先出法的特点是在物价变动的时期会对财务报表造成不实的反映,即在物价上涨期间会高估当期利润;反之,会低估当期利润。加权平均法的特点是对当期利润和存货价值的反映比较公允。表 3-15 列示了不同存货计价方法在通货膨胀期间对资产负债表和利润表的不同影响。

表 3-15　　　　　　存货计价方法在通货膨胀期间对财务报表的影响

计价方法	对资产负债表的影响	对利润表的影响
先进先出法	存货价值比较符合实际	利润高估
加权平均法	存货价值比较符合实际	利润水平比较符合实际
个别计价法	存货价值符合实际	利润水平符合实际

由于选择不同的存货计价方法会产生较大的差异,一些企业在实际中往往利用不同的存货计价方法,以实现其操纵利润的目的。财务分析人员应对此深入分析。

（2）分析存货的盘存制度对确认存货的数量和价值的影响。存货可以采用永续盘存制和定期盘存制。由于两种制度的适用条件不同，企业应针对自身的特点予以选择。当企业采用定期盘存法进行存货数量核算时，资产负债表上存货项目反映的是存货的实有数量。如果采用永续盘存法，除非在编制资产负债表时对存货进行盘存，否则，资产负债表上存货项目反映的只是存货的账面数量。两种不同的存货数量确认方法会造成资产负债表上存货项目的差异，这种差异不是存货数量本身变动引起的，而是存货数量的会计确认方法不同造成的。

（3）注意企业会计期末是否按照成本与可变现净值孰低法提取存货跌价准备，并分析其存货跌价准备的计提是否正确。在实际中，一些上市公司不按规定提取存货跌价准备或提取不正确，致使存货的账面价值被高估，虚增当期利润。

【案例 3-12】 存货计价分析

下面以 FXYY 公司财务报表附注提供的资料为基础，编制 FXYY 公司 2022 年存货跌价准备变动表和 FXYY 公司 2021 年存货跌价准备变动表，分别如表 3-16 和表 3-17 所示。

表 3-16　　　　　　　　　FXYY 公司 2022 年存货跌价准备变动表

单位：万元

项目	年初余额	本年计提	本年减少（转回或转销）	年末余额
原材料	3 385.52	4 624.34	2 892.81	5 117.05
在产品	931.96	1 049.38	319.08	1 662.26
库存商品	4 887.96	2 541.54	3 005.49	4 424.01
产成品	6 727.44	2 620.21	1 443.58	7 904.07
其他	469.80	715.17	190.45	994.52
合计	16 402.68	11 550.64	7 851.41	20 101.91

表 3-17　　　　　　　　　FXYY 公司 2021 年存货跌价准备变动表

单位：万元

项目	年初余额	本年计提	本年减少（转回或转销）	年末余额
原材料	2 869.39	1 730.54	1 214.41	3 385.52
在产品	653.63	364.32	86.00	931.96
库存商品	3 777.54	2 136.86	1 026.45	4 887.96
产成品	5 197.88	3 934.26	2 404.70	6 727.44
其他	128.18	555.75	214.12	469.80
合计	12 626.62	8 721.73	4 945.68	16 402.68

根据 FXYY 公司财务报表附注可知，对成本高于可变现净值的，计提存货跌价准备，并计入当期损益。如果以前计提存货跌价准备的影响因素已经消失，使存货的可变现净值高于其账面价值，则在原已计提的存货跌价准备金额内，将以前减记的金额予以恢复，转回的金额计入当期损益。

一般来说，如果企业少提取或不提取存货跌价准备，就会掩盖存货质量不高的事实，导致存货价值虚增，同时也会使本期利润总额、营业利润虚增。由财务报表附注披露的信息得知，该公司发出存货采用加权平均法确定其实际成本，周转材料包括低值易耗品和包装物等，低值易耗品和包装物采用一次转销法进行摊销。根据表 3-16 和表 3-17 可知，FXYY 公司 2021 年和 2022 年期末存货都按成本与可变现净值孰低计价，2022 年计提的存货跌价准备为 11 550.64 万元，高于 2021 年计提的存货跌价准备，存货跌价准备的计提以原材料、库存商品和产成品为主，2022 年也存在转回的存货跌价准备，根据报表附注披露的信息，转回的原因是存货价值上升。存货的盘存制度采用永续盘存制，2022 年期末存货的计价方法、计提存货跌价准备的方法及存货的盘存制度同 2021 年一致，因此这两年存货的价值具有可比性。该公司存货发出的成本采用加权平均法，采用这种方法所反映的销货成本比较符合实际。

第四节　非流动资产会计分析

3-3　课程思政-獐子岛利用存货跌价准备调节利润案例分析

一、固定资产及在建工程分析

（一）固定资产分析

1. 固定资产一般分析

固定资产一般分析包括企业固定资产规模与变动分析和固定资产结构与变动分析。

1）固定资产规模与变动分析

固定资产规模与变动分析是通过分析固定资产原值和净值的变动情况来进行的。

（1）固定资产原值的增减变动分析。固定资产原值增减变动主要是受当期固定资产增加额和当期固定资产减少额的影响。当期固定资产增加主要是由自行购入、自行建造、融资租赁、投资转入、接受捐赠、盘盈和其他原因引起的。当期固定资产减少主要是由出售转让、投资转出、报废清理、盘亏及毁损、发生非常损失和其他原因引起的。固定资产原值的增减变动分析是对固定资产原值增减变动情况及变动原因的分析。

（2）固定资产净值的增减变动分析。固定资产净值增减变动主要受 3 个因素影响：第一，固定资产原值的变动；第二，固定资产累计折旧的变动；第三，固定资产减值准备的变动。固定资产净值的增减变动分析是对固定资产净值进行分析就是分析固定资产原值、累计折旧和减值准备变动对固定资产净值变动的影响。

【案例 3-13】　固定资产规模与变动分析

根据 FXYY 公司财务报表附注提供的资料，编制该公司 2022 年固定资产规模变动分析表，如表 3-18 所示。

表 3-18　　　　　FXYY 公司 2022 年固定资产规模变动分析表

金额单位：万元

项目	房屋及建筑物	机器设备	医疗设备	电子设备	其他	合计
1. 期初原值	660 820.81	696 309.38	80 625.14	56 824.18	106 535.84	1 601 115.35

(续表)

项目	房屋及建筑物	机器设备	医疗设备	电子设备	其他	合计
2. 本期增加	127 749.53	120 200.35	27 209.30	15 815.70	18 789.73	309 764.61
其中:购置	3 663.86	24 308.23	11 453.90	9 370.86	13 712.17	62 509.02
在建工程转入	96 611.29	70 079.46	9 937.13	2 457.52	3 599.22	182 684.62
非同一控制下企业合并	27 474.38	25 812.66	5 818.27	3 987.32	1 478.34	64 570.97
3. 本期减少	14 900.68	17 766.77	3 325.58	4 119.51	6 396.70	46 509.24
其中:处置或报废	3 691.27	9 921.00	3 383.14	2 155.83	5 544.92	24 696.16
处置子公司	10 719.31	6 365.34	—	2 172.64	676.76	19 934.05
汇率变动	490.10	1 480.43	−57.56	−208.96	175.02	1 879.03
4. 期末原值	773 669.66	798 742.96	104 508.86	68 520.37	118 928.87	1 864 370.72
5. 增减额	112 848.85	102 433.58	23 883.72	11 696.19	12 393.03	263 255.37
6. 增减率	17.08%	14.71%	29.62%	20.58%	11.63%	16.44%

根据表 3-1 可知,FXYY 公司 2022 年固定资产账面价值增加了 134 880.02 万元,增长率为 15.12%,固定资产的增加说明公司的生产经营能力得到了提升。然而,任何企业取得资产都不是为了单纯占有资产,而是为了运用资产进行经营活动以实现企业的目标。对资产变动情况进行分析,不仅要考察其变动额和变动率,还要对其变动的合理性与效率性进行分析。

从表 3-18 可以看出,FXYY 公司 2022 年固定资产原值增加了 263 255.37 万元,增长率为 16.44%,对此可以从两个不同角度进行分析:①增加原因。固定资产增加的主要原因是该公司以前年度的在建工程项目在 2022 年完工转入,这种做法从长远看有利于企业生产条件的改善。②增加结果。2022 年固定资产的新增主要是房屋及建筑物,增加了 112 848.85 万元,其次是机器设备,增加了 102 433.58 万元,这些属于生产用固定资产增长,对于提高企业的生产能力是有帮助的。同时,医疗设备和电子设备也在 2022 年分别增加了 23 883.72 万元和 11 696.19 万元。分析 FXYY 公司的营业收入可发现,该公司 2022 年营业收入增长率为 12.66%,这说明固定资产的增加可能实际上并未带动该公司效益的同步提升,资产利用效率不高,资产增加可能不合理。需要注意的是,这一结论与从母公司数据得出的分析结果不一致。

根据 FXYY 公司财务报表附注披露的信息,该公司 2022 年固定资产原值增加了 263 255.37 万元,固定资产折旧增加了 128 007.60 万元,固定资产减值准备增加了 367.76 万元,综合考虑以上三个因素的影响,年末固定资产净值较年初增加了 134 880.02 万元。折旧造成了固定资产价值的减少,但这种变化对企业的生产能力不会有太大影响。此外,折旧方式也会对企业固定资产净值带来一定的影响,财务分析人员必须分析折旧方法是否发生变化,以评价固定资产账面价值的真实性。

2)固定资产结构与变动分析

合理配置固定资产,既可以在不增加固定资金占用量的同时提高企业生产能力,又可以使固定资产得到充分利用。固定资产按经济用途可分为经营用固定资产和非经营用固定资产两类;按使用情况可分为使用中固定资产、未使用固定资产、出租固定资产和不需用固定资产四类。在各类固定资产中,经营用固定资产,特别是其中的房屋、建筑物机器设备和运输设备,同企业生产经营直接相关,在全部资产中占较大的比重。非经营用固定资产是指不直接服务于生产经营过程的各种固定资产,如用于职工住宿、公共福利设施、文化娱乐、卫生保健等方面的房屋、建筑物、设施和器具等。对于非经营用固定资产,企业应在发展生产的基础上,根据实际需要适当增加此类固定资产,但其增长速度一般不应超过生产用固定资产增长速度,其比重降低应当被视作正常现象。未使用固定资产和不需用固定资产,对固定资金的有效使用是不利的。对此,分析人员应该查明原因,采取措施,积极处理,将其压缩到最低的限度。例如,购入未来得及安装的固定资产,或某项资产正进行检修等,这虽属正常原因,但也应加强管理,尽可能缩短安装或检修时间,使固定资产尽早投入生产运营。

在会计实务中,企业为了更好地满足固定资产管理和核算的需要,将几种分类标准结合起来,采用综合的标准对固定资产进行分类。例如,通过综合考虑固定资产的经济用途和使用情况等,固定资产可分为经营用固定资产、非经营用固定资产、未使用固定资产、不需用固定资产等。

《企业会计准则》规定,公司无需对外披露固定资产使用情况,因此企业外部财务分析人员通常无法获得这方面的相关信息。但是企业内部财务分析人员仍有必要分析固定资产结构及变动趋势。因为考察固定资产分布和利用的合理性,可以为企业合理配置固定资产、挖掘固定资产利用潜力提供依据。固定资产结构分析应从以下三个方面进行:一是分析经营用固定资产与非经营用固定资产之间比例的变化情况;二是考察未使用固定资产和不需用固定资产比例的变化情况,查明企业在处置闲置固定资产方面的工作是否具有效率;三是分析生产用固定资产内部结构是否合理。需要注意的是,要对固定资产的配置作出切合实际的评价,必须结合企业的生产技术特点。

【案例 3-14】 固定资产结构与变动分析

根据财务报表附注提供的资料,编制 FXYY 公司固定资产结构变动分析表,如表 3-19 所示。

表 3-19　　　　　　　FXYY 公司固定资产结构变动分析表

金额单位:万元

固定资产类别	固定资产原值		固定资产结构		差异
	2022 年	2021 年	2022 年	2021 年	
1. 固定资产合计	1 864 370.72	1 601 115.35	100.00%	100.00%	0.00%
其中:房屋、建筑物	773 669.66	660 820.81	41.50%	41.27%	0.23%
机器设备	798 742.96	696 309.38	42.84%	43.49%	−0.65%
医疗设备	104 508.86	80 625.14	5.61%	5.04%	0.57%
电子设备	68 520.37	56 824.18	3.68%	3.55%	0.13%
其他	118 928.87	106 535.84	6.38%	6.65%	−0.27%

(续表)

固定资产类别	固定资产原值		固定资产结构		差异
	2022年	2021年	2022年	2021年	
2. 经营用固定资产合计	1 863 793.34	1 600 772.04	99.97%	99.98%	−0.01%
3. 暂时闲置的固定资产	577.38	343.31	0.03%	0.02%	0.01%

从表3-19可以看出，FXYY公司的固定资产主要为经营用固定资产，2021年和2022年经营用固定资产所占比重高达99%以上，固定资产的结构变化不大。从固定资产构成来看，房屋、建筑物和机器设备这两类固定资产是FXYY公司主要的固定资产，其中房屋建筑物占固定资产总额的比重连续两年都在41%以上，机器设备占固定资产总额的比重连续两年在42%以上，这种配置比较符合FXYY公司的经营特点。

2. 固定资产会计政策分析

固定资产会计政策主要是指固定资产折旧和固定资产减值准备计提两个方面。固定资产折旧和固定资产减值准备计提都具有一定的灵活性，所以如何计提固定资产折旧和如何计提固定资产减值准备，会给固定资产账面价值带来很大的影响。因此在实际中，往往存在一些企业利用固定资产会计政策选择的灵活性，虚增固定资产和利润，造成会计信息失真、潜亏严重。因此，财务分析人员必须分析固定资产会计政策，评价固定资产账面价值的真实性。

在进行固定资产折旧分析时，财务分析人员应该注意：

(1) 分析企业固定资产预计使用年限和预计净残值确定的合理性。固定资产折旧的影响因素主要有三个，即原始价值、预计使用年限和预计净残值。《企业会计准则》规定，企业应当根据固定资产的性质和使用情况，合理确定固定资产的预计使用年限和预计净残值。分析时，应注意固定资产预计使用年限和预计净残值的估计是否符合企业会计准则相关规定，是否符合企业的实际情况。在实际中，一些采用直线法折旧的企业在固定资产没有减少的情况下，通过延长其折旧年限，使折旧费用大量减少，使自身在转眼之间"扭亏为盈"。对于这样的会计信息失真现象，财务分析人员在分析时应持谨慎态度，并利用相关信息予以调整。

(2) 分析企业固定资产折旧方法的合理性。《企业会计准则》规定，企业应当根据与固定资产有关的经济利益的预期实现方式，合理选择固定资产折旧方法。可选用的折旧方法包括平均年限法、工作量法、双倍余额递减法和年数总和法等。但是在实际中，企业往往利用折旧方法的选择，来达到调整固定资产净值和利润的目的。

(3) 观察企业的固定资产折旧政策是否前后一致。因为固定资产预计使用年限、预计净残值、折旧方法等一经确定，除非企业的经营环境发生变化，一般不得随意变更，所以企业变更固定资产折旧政策的背后往往隐藏着一些不可告人的动机。在进行固定资产减值准备分析时，应注意企业是否依据《企业会计准则》规定计提固定资产减值准备，且计提是否准确。在实际中，往往存在这种现象，企业的固定资产实质上已经发生减值，如固定资产由于技术进步已不可使用，但企业却不提或少提固定资产减值准备，这样不但虚增了固定资产，而且虚增了利润。

【案例3-15】 固定资产会计政策分析

根据FXYY公司财务报表附注提供的资料，编制该公司2022年和2021年固定资产累计折旧表,如表 3-20 和表 3-21 所示。

表 3-20　　　　　　　　FXYY 公司 2022 年固定资产累计折旧表

单位:万元

项目	房屋及建筑物	机器设备	医疗设备	电子设备	其他	合计
年初余额	227 170.00	346 996.88	53 492.58	33 006.93	47 985.50	708 651.89
计提	27 460.55	60 006.45	10 676.84	8 180.39	10 092.10	116 416.33
非同一控制下企业合并	17 302.44	19 598.30	2 077.91	1 362.13	971.26	41 312.04
处置或报废	−1 550.66	−7 418.41	−1 893.29	−2 097.85	−4 179.25	−17 139.46
处置子公司	−6 372.13	−3 764.34	—	−1 506.92	−474.57	−12 117.96
汇率变动	−267.27	−400.38	45.35	77.63	81.32	−463.35
年末余额	263 742.93	415 018.50	64 399.39	39 022.31	54 476.36	836 659.49

表 3-21　　　　　　　　FXYY 公司 2021 年固定资产累计折旧表

单位:万元

项目	房屋及建筑物	机器设备	医疗设备	电子设备	其他	合计
年初余额	229 519.63	316 027.56	49 252.94	27 105.40	47 113.20	669 018.73
计提	25 835.40	54 500.48	8 992.16	7 706.31	9 918.06	106 952.41
非同一控制下企业合并	—	637.74	—	73.15	129.02	839.91
处置或报废	−7 429.03	−15 336.14	−4 718.96	−1 461.67	−4 477.57	−33 423.37
处置子公司	−475.17	−1 935.58	−3.83	−284.97	−4 425.86	−7 125.41
划分为持有待售	−19 775.88	−4 876.70	—	—	—	−24 652.58
汇率变动	−504.95	−2 020.48	−29.73	−131.29	−271.35	−2 957.80
年末余额	227 170.00	346 996.88	53 492.58	33 006.93	47 985.50	708 651.89

根据 FXYY 公司 2022 年财务报表附注的信息可知,该公司采用直线法对各类固定资产分别计提折旧,并且预计净残值、各类固定资产折旧年限都符合《企业会计准则》相关规定。对照该公司 2021 年财务报表附注可以发现,该公司的折旧方法、预计净残值的估计、折旧年限在前后两年没有发生变化,由此可以判断该公司资产负债表上列示的固定资产数字比较可靠。另外,分析人员可以通过分析固定资产折旧的增减变动来判断 FXYY 公司固定资产折旧数的可信程度。由表 3-20 和表 3-21 可知,FXYY 公司在 2022 年固定资产计提折旧的数额为 116 416.33 万元,2021 年固定资产计提折旧的数额为 106 952.41 万元,2022 年较 2021 年增加了 9 463.92 万元,增幅为 8.85%。结合采用平均年限法计提折旧的事实可知,该公司固定资产折旧增加与固定资产原值增加的趋势基本一致,没有发生大幅减少或大量增加的现象,因此该公司的固定资产折旧数基本可靠。

根据 FXYY 公司披露的财务报表附注对固定资产减值准备进行分析可知，该公司 2022 年固定资产计提的固定资产减值准备较 2021 年增加 409.27 万元，计提减值准备的固定资产主要为机械设备。

（二）在建工程分析

在建工程是指企业进行的与固定资产有关的各项工程，包括固定资产新建工程、改扩建工程、大修理工程等。在我国，企业资产负债表中的在建工程项目反映企业期末各项未完工程的实际支出和尚未使用的工程物资的实际成本，反映企业固定资产新建、改扩建、更新改造、大修理等情况和规模。资产负债表的"在建工程"金额包括交付安装的设备价值，未完成建筑安装工程已经耗用的材料、工资和费用支出，预付出包工程的价款，已经建筑安装完毕但尚未交付使用的建筑安装工程成本、尚未使用的工程物资的实际成本等。

在建工程本质上是正在形成中的固定资产，它是企业固定资产的一种特殊表现形式。在建工程占用的资金属于长期资金，但是其在投入前属于流动资金。如果工程管理出现问题，则会使大量的流动资金沉淀，甚至造成企业流动资金周转困难。因此，在分析该项目时，分析人员应深入了解工程的工期长短，有无长期挂账、项目搁浅现象，以及时发现潜在的不良资产区域。

对在建工程项目的分析应强调以下两点：

（1）在建工程项目基本上可以反映出企业未来的利润增长点。一般来说，上市公司要在其年报附注中披露在建工程所包括的项目名称、预计投资金额、已投入金额及完工进度等信息。分析人员对这些信息进行分析后，结合投资项目的行业特点和市场前景，不仅可以初步判断在建工程的未来盈利潜力，还可以洞察企业在资源配置战略方面所采取的举措和做出的调整。一般来说，在建工程如果能够顺利完工并投入运营，通常都会给企业带来增量收入和增量利润。然而，有些上市公司会在募集资金到位后变更其用途，如将其转变为委托理财进行短期投资炒作，因此在分析在建工程时尤其要关注资金是不是按照募集之初设定的用途来安排使用。

（2）一般情况下，已经达到预定的可使用状态但还没有办理竣工决算的在建工程应当估价入账，转为固定资产，并及时按照规定开始计提折旧。但在实务中，很多企业的在建工程早已投入使用，却迟迟不办理竣工决算而长期在在建工程项目中挂账。其目的包括：①将借款费用继续资本化计入工程的建造成本，而不影响当期利润；②推迟对工程项目计提折旧，从而粉饰当期业绩；③有机会将本该属于当期费用的一些项目"鱼目混珠"，计入在建工程的成本，从而虚增当期利润。

分析人员尤其要关注在建工程的建造时长，如果期限过长，则应要求企业给出合理可靠的解释，否则信息使用者就要考虑企业是否故意延迟工程竣工办理决算的时间，以达到某种不可告人的目的。

二、对外投资业务会计分析

（一）长期股权投资一般分析

长期股权投资是指投资方对被投资单位实施控制及具有重大影响的权益性投资，以及对其合营企业的权益性投资,不涉及不具有控制、共同控制和重大影响,且在活跃市场中没有报价、公允价值不能可靠计量的权益性投资。长期股权投资通常包括三种权益性投资:对子公司的投资(单独控制或实质性控制)、对合营企业的投资(共同控制)和对联营企业的投资(重大影响)。

长期股权投资一般分析包括以下内容:

(1)观察长期股权投资增减变动趋势,分析长期股权投资增减变动的原因。长期股权投资除企业进行投资和收回投资引起长期投资项目发生变动外,还取决于两个因素:①被投资单位的生产经营业绩和利润分配政策。在采用成本法核算的情况下,如果被投资单位当年经营业绩良好,而且向投资企业分配利润,则投资企业的长期投资账面价值可能会发生变动。而在权益法核算的情况下,被投资单位当年实现的净利润或发生的净亏损均会对投资企业的长期投资账面价值产生影响,因此需要做相应的调整。②企业进行长期股权投资的后续计量所采用的会计政策。这主要是指企业是按成本法还是按权益法进行长期股权投资核算。

(2)注意长期股权投资结构变动趋势,分析企业对外投资比重的合理性。一般来说如果企业生产经营没有达到最佳经济规模,或没有达到规模经济,就不应把自己的资金大量投向其他企业。实际中,多数企业都希望这个比重高些,其主要原因在于这些企业认为资本经营是现代企业经营发展的新趋势,而对外投资就是资本经营的重要形式。但是对于确定合适的对外投资比重,企业必须结合自身的经营状况、经济规模及发展目标进行分析。

【案例3-16】 长期股权投资规模与变动分析

根据FXYY公司财务报表附注提供的资料,编制该公司长期股权投资规模变动分析表,如表3-22所示。

表3-22　　　　　　　FXYY公司长期股权投资规模变动分析表

金额单位:万元

长期股权投资类别	2022年	2021年	变动额	变动率
合营企业:				
复星凯特生物科技有限公司	21 958.74	26 750.69	−4 791.95	−17.91%
其他	1 101.86	1 532.98	−431.12	−28.12%
联营企业:				
国药产业投资有限公司	1 699 990.33	1 548 291.66	151 698.67	9.80%
天津药业集团有限公司	41 957.78	83 915.56	−41 957.78	−50.00%
Natures Sunshine Products Inc.	23 335.05	24 498.94	−1 163.89	−4.75%
淮海医院管理(徐州)有限公司	55 068.18	55 092.31	−24.13	−0.04%
颈复康药业集团有限公司	0.00	19 138.85	−19 138.85	−100.00%
北京金象复星医药股份有限公司	11 821.28	11 327.47	493.81	4.36%
国药控股医疗投资管理有限公司	42 140.51	45 709.68	−3 569.17	−7.81%

(续表)

长期股权投资类别	2022年	2021年	变动额	变动率
上海复星高科技集团财务有限公司	40 546.84	40 247.86	298.98	0.74%
亚能生物技术(深圳)有限公司	62 605.10	59 667.32	2 937.78	4.92%
其他	380 530.77	418 777.31	−38 246.54	−9.13%
合计	2 381 056.44	2 334 950.63	46 105.81	1.97%
长期股权投资减值准备	66 579.29	66 579.29	0.00	0.00%
长期股权投资账面价值	2 314 477.15	2 268 371.34	46 105.81	2.03%

根据表 3-22 的资料分析 FXYY 公司长期股权投资的规模和增减变动情况可知，2022 年 FXYY 公司长期股权投资账面价值较 2021 年增加了 46 105.81 万元，增幅为 2.03%，变动较小。这说明该公司 2022 年对外投资规模基本上维持了 2021 年的水平，对外投资的步伐放缓。由表 3-22 的资料可知，FXYY 公司的对外投资对象主要为生物制药类企业，这说明该公司对外投资的目的是通过投资实现横向联合，提高该公司的市场占有率和提升行业竞争实力。

【案例 3-17】 长期股权投资结构与变动分析

根据 FXYY 公司财务报表附注提供的资料，编制 FXYY 公司长期股权投资结构变动分析表，如表 3-23 所示。

表 3-23　　　　　　　　FXYY 公司长期股权投资结构变动分析表

单位：万元

长期股权投资类别	长期股权投资原值		长期股权投资结构		
	2022年	2021年	2022年	2021年	差异
合营企业：					
复星凯特生物科技有限公司	21 958.74	26 750.69	0.92%	1.15%	−0.22%
其他	1 101.86	1 532.98	0.05%	0.07%	−0.02%
联营企业：					
国药产业投资有限公司	1 699 990.33	1 548 291.66	71.40%	66.31%	5.09%
天津药业集团有限公司	41 957.78	83 915.56	1.76%	3.59%	−1.83%
Natures Sunshine Products Inc.	23 335.05	24 498.94	0.98%	1.05%	−0.07%
淮海医院管理(徐州)有限公司	55 068.18	55 092.31	2.31%	2.36%	−0.05%
颈复康药业集团有限公司	0.00	19 138.85	0.00%	0.82%	−0.82%
北京金象复星医药股份有限公司	11 821.28	11 327.47	0.50%	0.49%	0.01%
国药控股医疗投资管理有限公司	42 140.51	45 709.68	1.77%	1.96%	−0.19%
上海复星高科技集团财务有限公司	40 546.84	40 247.86	1.70%	1.72%	−0.02%

(续表)

长期股权投资类别	长期股权投资原值		长期股权投资结构		
	2022年	2021年	2022年	2021年	差异
亚能生物技术(深圳)有限公司	62 605.10	59 667.32	2.63%	2.56%	0.07%
其他	380 530.77	418 777.31	15.98%	17.94%	−1.95%
合计	2 381 056.44	2 334 950.63	100.00%	100.00%	0.00%

根据表3-2和表3-23分析FXYY公司长期股权投资结构可知,2022年,FXYY公司长期股权投资占资产总额的比重较2021年下降了2.71%,2022年除了对国药产业投资有限公司的投资力度较2021年有所增加,对其他公司的投资都开始呈现缩减的态势。这说明长期股权投资在公司投资战略中的地位有所下降,公司对外投资的步伐开始放缓。

(二)长期股权投资会计政策分析

由于长期股权投资会计政策的选择会给长期股权投资账面价值带来很大的影响,在实际中,一些企业常常利用长期股权投资会计政策选择的灵活性,影响长期股权投资账面价值,达到操纵利润的目的。因此,财务分析人员必须认真评价长期股权投资账面价值的真实性。一般来说,财务分析人员在分析评价一个企业长期股权投资披露信息质量时,应围绕以下两个方面进行:

(1) 评价企业长期股权投资会计核算方法是否适当。选择会计核算方法的标准应该在于投资企业对被投资单位是否能够实施控制,是否具有共同控制或重大影响。《企业会计准则》对属于控制、共同控制、重大影响的情形作出了具体的规定,这些规定是财务分析人员确认长期股权投资会计处理方法选择适当性的基本依据。

(2) 审核长期股权投资减值准备是否计提以及计提是否正确。计提长期股权投资减值准备,不但会导致长期股权投资账面价值的减少,而且会影响当期的利润总额。因此,一些企业往往通过少提或不提长期股权投资减值准备,来达到虚增长期股权投资账面价值和虚增利润的目的。财务分析人员应对这种现象提高警惕。

三、无形资产分析

(一)无形资产一般分析

无形资产是指企业拥有或控制的没有实物形态的可辨认非货币性资产。无形资产尽管没有实物形态,但随着科技的进步,特别是知识经济时代的到来,其对企业生产经营活动的影响越来越大。在知识经济时代,企业控制的无形资产越多,其可持续发展能力和竞争能力越强,因此企业应当重视培育无形资产。在国外,一些高新技术企业无形资产占资产总额的比重已高达50%~60%,相对而言,我国企业在无形资产投入方面还明显不足。无形资产一般分析包括无形资产规模与变动分析,以及无形资产结构与变动分析两个方面。

【案例3-18】 无形资产一般分析

根据FXYY公司财务报表附注提供的资料,编制该公司无形资产规模与变动情况表,如表 3-24 所示。

表 3-24　　　　　　　　FXYY 公司无形资产规模与变动情况表

金额单位：万元

项目	2022 年	2021 年	变动额	变动率
年末原值	1 635 711.87	1 316 093.20	319 618.67	24.29%
累计摊销	380 097.26	279 958.83	100 138.43	35.77%
减值准备	8 508.93	8 508.93	0.00	0.00%
账面价值	1 247 105.68	1 027 625.44	219 480.24	21.36%

根据表 3-24 及财务报表附注分析 FXYY 公司的无形资产规模和变动情况，可知 FXYY 公司 2022 年无形资产原值比 2021 年增加了 319 618.67 万元，增幅为 24.29%。由财务报表附注可知，该变化的主要原因包括该公司 2022 年非同一控制下企业合并带来的商标权的增加，以及开发支出转入带来的药证的增加。对于以创新驱动发展的 FXYY 公司，无形资产的增加将提升公司的核心竞争力，无形资产的增加与公司的差异化经营战略吻合。

由表 3-2 分析 FXYY 公司无形资产结构和变动情况可知，该公司 2022 年无形资产占资产总额的比重较 2021 年增加了 0.62%，增幅不大，但无形资产占总资产的比重高于固定资产占总资产的比重，这说明该公司对研发投入是比较重视的。无形资产的增加可以提升 FXYY 公司未来在医药行业中的竞争力。

（二）无形资产质量分析

无形资产不具备实物形态，只是一种虚拟资产，其真正价值难以正确评价，因此财务分析人员必须深入分析无形资产披露信息质量，在对无形资产进行质量分析时，应该注意以下几个方面。

（1）各种无形资产的性质不同，而且缺乏一定的价值认定标准，因此财务分析人员应该以非常谨慎的态度评价企业无形资产的真正价值，这是分析无形资产的关键。《企业会计准则》规定，无形资产只有同时满足以下条件时才能予以确认：第一，与该无形资产有关的经济利益很可能流入企业；第二，该无形资产的成本能够可靠地计量。

（2）各种无形资产的摊销年限也是一个值得财务分析人员深入考虑的问题。无形资产能使企业在较长时间内受益，因而《企业会计准则》规定，企业应按无形资产的使用寿命对无形资产进行分期摊销。无形资产的摊销正确与否，会影响到资产负债表中的无形资产期末余额和利润表中的当期损益。财务分析人员在分析时应该仔细审核无形资产摊销是否符合《企业会计准则》的有关规定，并注意企业是否有利用无形资产摊销进行利润操纵的行为。

（3）注意企业是否计提无形资产减值准备以及计提的合理性。《企业会计准则》规定，如果企业的无形资产实质上已经发生减值，如某项无形资产已被其他新技术等替代，其为企业创造经济利益的能力受到重大不利影响，此时应该对该项无形资产计提减值准备。因此，如果企业应该计提无形资产减值准备而没有计提或少提，则不仅会虚增无形资产账面价值，而且会虚增企业当期的利润总额。因此，一些企业往往通过少提或不提无形资产减值准备，来达到虚增无形资产账面价值和企业利润的目的。财务分析人员应对这种现象予以关注。

(4) 财务报表中反映的无形资产往往是企业购入的或企业所有者投入的无形资产价值，而企业自行开发或自然生成的无形资产通常在账面上不反映，即使反映也是很小的一部分。事实上，自行开发或自然生成的无形资产对企业的获利能力和竞争能力也有贡献，在本质上与外购的无形资产并无区别。因此，资产负债表上反映的无形资产价值，显然有偏颇之处，无法真实反映企业所拥有的全部无形资产价值。值得注意的是，现行的《企业会计准则》在研究与开发费用的处理上较过去已经有了很大的改观，其表现在将企业内部研究开发项目的支出分为研究阶段支出和开发阶段支出。企业内部研究开发项目开发阶段的支出，在满足一定条件的前提下可以资本化。

第五节 投资活动现金流量分析

3-4 拓展知识-无形资产转让定价规则的发展及启示

一、投资活动现金流量一般分析

投资活动现金流量一般分析是指根据现金流量表中投资活动产生的现金流量部分的数据，对企业投资活动现金流量变动情况进行分析与评价。

【案例 3-19】 投资活动现金流量一般分析

表 3-25 是 FXYY 公司 2022 年现金流量表中投资活动产生的现金流量部分的数据。

表 3-25　　　　　　　FXYY 公司 2022 年投资活动现金流量表

单位：万元

项目	2022 年	2021 年
收回投资所收到的现金	383 104.32	150 600.31
取得投资收益收到的现金	81 848.66	66 225.08
处置固定资产、无形资产和其他长期资产收回的现金净额	10 712.96	9 709.80
处置子公司及其他营业单位收到的现金净额	70 921.39	168 823.30
收到的其他与投资活动有关的现金	100 901.70	68 026.74
投资活动现金流入小计	647 489.03	463 385.23
购建固定资产、无形资产和其他长期资产支付的现金	588 883.89	497 279.94
投资支付的现金	150 126.58	142 492.37
取得子公司及其他营业单位支付的现金净额	119 677.79	130 679.91
支付的其他与投资活动有关的现金	195 204.59	78 681.92
投资活动现金流出小计	1 053 892.84	849 134.15
投资活动产生的现金流量净额	−406 403.82	−385 748.92

由表 3-25 可知，FXYY 公司 2021 年和 2022 年投资活动使用的现金流量净额均为负值，分别为 -385 748.92 万元和 -406 403.82 万元，表现为净流出，且 2022 年的净流出大于 2021 年。2021 年和 2022 年，FXYY 公司购建固定资产、无形资产和其他长期资产所支付的现金均远远大于处置固定资产、无形资产和其他长期资产收回的现金净额。另外，从现金流的角度也可以看出，该公司的投资主要集中在对内投资，固定资产和无形资产规模在不断地扩大。2021 年，收回投资所收到的现金对比投资支付的现金，相差不大。但在 2022 年，收回投资所收到的现金远远高于投资支付的现金。综合上述分析可知，FXYY 公司 2022 年对外投资规模有所收缩，对内投资规模在扩大。

二、投资活动现金流量水平分析

投资活动现金流量一般分析只说明了企业当期现金流量变动的原因，没能揭示本期现金流量变动与前期或预计现金流量变动的差异。为解决这个问题，可采用水平分析法对现金流量进行分析。

【案例 3-20】 投资活动现金流量水平分析

以表 3-25 的资料为基础，编制 FXYY 公司投资活动现金流量水平分析表，如表 3-26 所示。

表 3-26　　　　　　　　　FXYY 公司投资活动现金流量水平分析表

金额单位：万元

项目	年份		变动情况	
	2022 年	2021 年	变动额	变动率
收回投资所收到的现金	383 104.32	150 600.31	232 504.01	154.38%
取得投资收益收到的现金	81 848.66	66 225.08	15 623.58	23.59%
处置固定资产、无形资产和其他长期资产收回的现金净额	10 712.96	9 709.80	1 003.16	10.33%
处置子公司及其他营业单位收到的现金净额	70 921.39	168 823.30	-97 901.91	-57.99%
收到的其他与投资活动有关的现金	100 901.70	68 026.74	32 874.96	48.33%
投资活动现金流入小计	647 489.03	463 385.23	184 103.80	39.73%
购建固定资产、无形资产和其他长期资产支付的现金	588 883.89	497 279.94	91 603.95	18.42%
投资支付的现金	150 126.58	142 492.37	7 634.21	5.36%
取得子公司及其他营业单位支付的现金净额	119 677.79	130 679.91	-11 002.12	-8.42%
支付的其他与投资活动有关的现金	195 204.59	78 681.92	116 522.67	148.09%
投资活动现金流出小计	1 053 892.84	849 134.15	204 758.69	24.11%
投资活动产生的现金流量净额	-406 403.82	-385 748.92	-20 654.90	5.35%

由表 3-26 可知,FXYY 公司 2022 年投资活动现金总流入较 2021 年增长了 39.73%。在流入项目中,变化额最大的项目是收回投资所收到的现金,2022 年较 2021 年增加了 232 504.01 万元,增幅为 154.38%。投资活动现金总流出较 2021 年增长了 24.11%,在流出项目中,变化额最大的项目是支付的其他与投资活动有关的现金,较 2021 年增长了 148.09%。从投资活动现金流的角度也可看出,该公司对外投资规模有所收缩,对内投资规模在扩大。

三、投资活动现金流量结构分析

投资活动现金流量结构分析的目的在于揭示投资活动现金流入量和现金流出量的结构情况,从而抓住投资活动现金流量管理的重点。为此,可采用垂直分析法对企业投资活动现金流量的结构进行分析。

【案例 3-21】 投资活动现金流量结构分析

以表 3-25 的资料为基础,编制 FXYY 公司 2022 年投资活动现金流量垂直分析表,如表 3-27 所示。

表 3-27　　FXYY 公司 2022 年投资活动现金流量垂直分析表

金额单位:万元

项目	现金流入量	现金流出量	流入结构	流出结构
收回投资所收到的现金	383 104.32		59.17%	
取得投资收益收到的现金	81 848.66		12.64%	
处置固定资产、无形资产和其他长期资产收回的现金净额	10 712.96		1.65%	
处置子公司及其他营业单位收到的现金净额	70 921.39		10.95%	
收到的其他与投资活动有关的现金	100 901.70		15.58%	
投资活动现金流入小计	647 489.03		100.00%	
购建固定资产、无形资产和其他长期资产支付的现金		588 883.89		55.88%
投资支付的现金		150 126.58		14.24%
取得子公司及其他营业单位支付的现金净额		119 677.79		11.36%
支付的其他与投资活动有关的现金		195 204.59		18.52%
投资活动现金流出小计		1 053 892.84		100.00%

由表 3-27 可知,FXYY 公司 2022 年投资活动现金流入的主要项目是收回投资所收到的现金,该项目为 FXYY 公司带来的现金流入为 383 104.32 万元,占投资活动现金总流入的比重为 59.17%。投资活动现金流出的主要项目是购建固定资产、无形资产和其他长期资产所支付的现金,该项目产生的现金流出为 588 883.89 万元,占投资活动现金总流出的比重

为55.88%。2022年,FXYY公司的投资活动主要集中于固定资产和无形资产的购建。

本章小结

投资活动会计分析是指应用会计分析方法,对反映企业投资活动的会计信息进行分析,揭示会计政策、会计估计及会计方法等对企业投资活动会计信息质量的影响,从而修正投资活动会计信息,准确反映投资活动的状况及结果,保证投资活动分析结论的可靠性。投资活动会计分析的内容可分为四个部分:投资活动分析与企业战略投资;流动资产会计分析;非流动资产会计分析;投资活动现金流量分析。

投资活动分析的内容具体可分为投资活动规模分析和投资活动结构分析两部分。投资活动规模分析即对企业资产规模变动的分析,就是利用水平分析法从数量上了解企业资产的变动情况,分析变动的合理性。企业的投资结构通过资产结构反映,投资活动结构分析即对资产的结构进行分析,通过资产结构的变动分析判断企业的资源配置是否合理。企业的投资战略是通过投资活动执行的,因此通过对企业的投资活动的分析可以了解企业的投资战略。

流动资产会计分析包括对货币资金、交易性金融资产、应收款项、存货等重要项目的分析。在对应收款项、存货等项目进行分析时,尤其要注意对相关会计政策进行分析,揭示会计政策、会计估计及会计方法等对流动资产项目的影响。

非流动资产会计分析包括对其他债权投资、长期股权投资、固定资产、无形资产及其他非流动资产项目的分析,一般从两方面进行分析:一方面要对每个项目的规模与变动情况、结构与变动情况进行一般分析;另一方面要对每个项目涉及的会计政策进行深入分析,调整会计信息失真。

企业的投资活动产生的现金流在现金流量表中分为投资活动流入的现金和投资活动流出的现金两个部分。投资活动现金流量分析具体包括三个方面的分析:投资活动现金流量的一般分析、投资活动现金流量的水平分析、投资活动现金流量的结构分析。

关键概念

投资活动　投资结构　流动资产　非流动资产

思考题

1. 企业哪些活动会引起货币资金规模发生变化?这些活动对货币资金规模的影响是否一样?为什么?
2. 如何判断企业应收账款的真实性和规模合理性?
3. 对企业固定资产进行分析时,要关注哪些会计政策?为什么?
4. 长期股权投资会计政策具体包括哪些?应该怎样分析?

练习题

一、单项选择题

1. 下列项目中,不属于非流动资产项目的是(　　)。
   A. 固定资产　　　　　　　　　　　B. 无形资产
   C. 应收账款　　　　　　　　　　　D. 长期股权投资
2. 进行资产规模与变动分析时,应采用(　　)。
   A. 水平分析法　　　　　　　　　　B. 垂直分析法
   C. 趋势分析法　　　　　　　　　　D. 比率分析法
3. 投资活动会计分析是指应用(　　),对反映企业投资活动的会计信息进行分析。
   A. 会计方法　　　　　　　　　　　B. 统计方法
   C. 投资方法　　　　　　　　　　　D. 计价方法
4. 下列存货计价方法中,在通货膨胀时会高估利润的是(　　)。
   A. 后进先出法　　　　　　　　　　B. 计划成本法
   C. 加权平均法　　　　　　　　　　D. 先进先出法
5. 下列选项中,不属于企业应收账款增加的原因是(　　)。
   A. 企业信用政策发生了变化　　　　B. 企业销售量增长
   C. 企业收账政策正确　　　　　　　D. 企业会计政策变更
6. 下列选项中,不是固定资产增减变动的原因是(　　)。
   A. 固定资产原值的变动
   B. 固定资产累计折旧的变动
   C. 固定资产减值准备的变动
   D. 固定资产存在形式的变动

二、多项选择题

1. 投资活动会计分析的内容包括(　　)。
   A. 流动资产会计分析
   B. 非流动资产会计分析
   C. 投资活动分析与企业战略投资
   D. 投资活动现金流量分析
   E. 资产质量分析
2. 下列选项中,可能引起货币资金变化的有(　　)。
   A. 销售规模的变动　　　　　　　　B. 信用政策的变动
   C. 为大笔现金支出准备　　　　　　D. 固定资产计提折旧
   E. 存货跌价准备
3. 分析企业货币资金规模的合理性时,应结合企业(　　)因素一起分析。
   A. 资产规模　　　　　　　　　　　B. 业务量
   C. 资金筹措能力　　　　　　　　　D. 货币资金运用能力
   E. 行业特点

4. 在对下列资产进行分析时,应关注其资产减值准备计提情况的有(　　)。
   A. 货币资金　　　　　　　　　　B. 长期股权投资
   C. 交易性金融资产　　　　　　　D. 固定资产
   E. 应收账款

5. 下列选项中,属于投资活动现金流量项目的有(　　)。
   A. 收回投资所收到的现金
   B. 投资所支付的现金
   C. 取得投资收益所收到的现金
   D. 取得子公司及其他营业单位所支付的现金净额
   E. 取得借款所收到的现金

6. 长期股权投资通常包括三种权益性投资,分别为(　　)。
   A. 对子公司的投资　　　　　　　B. 债券投资
   C. 对合营企业的投资　　　　　　D. 股票投资
   E. 对联营企业的投资

三、判断题

1. 根据投资方式,企业投资战略可分为直接投资战略和间接投资战略。(　　)
2. 现金流量表中的"现金的期末余额"一定等于资产负债表中的"货币资金"项目的期末余额。(　　)
3. 企业应收账款的账龄越长,回收款项的可能性就越小。(　　)
4. 在正常情况下,企业的存货结构应保持相对稳定。(　　)
5. 企业的应收账款增长率超过营业收入增长率,属于正常现象。(　　)
6. 计提长期股权投资减值准备,不会影响当期的利润总额。(　　)

四、简答题

1. 判断企业货币资金规模是否合理需要考虑哪些因素?
2. 企业应收账款增加可能出于哪些原因?
3. 如何对固定资产会计政策进行分析?
4. 如何进行无形资产质量分析?

五、计算分析题

1. 远大公司是一家汽车制造公司,该公司2021—2022年的资产构成如表3-28所示。

表3-28　　　　　　　远大公司2021—2022年资产构成表

单位:亿元

项目	2022年	2021年
流动资产		
货币资金	535.3	519.76
交易性金融资产	2.8	1.96
衍生金融资产	—	—
应收票据及应收账款	389.18	259.43

(续表)

项目	2022年	2021年
其中:应收票据	358.5	242.68
应收账款	30.68	16.75
应收款项融资	—	—
预付款项	7.5	32.41
其他应收款合计	12.61	6.32
其中:应收利息	—	—
存货	58.23	68.53
其他流动资产	15.14	22.99
流动资产合计	1 020.76	911.4
非流动资产		
长期股权投资	144.07	132.45
其他权益工具投资	4.9	7.01
投资性房地产	8.4	8.5
固定资产	193.47	213.26
在建工程	13.88	14.60
无形资产	44.46	43.86
长期待摊费用	0.26	0.15
递延所得税资产	30.29	22.81
其他非流动资产	—	—
非流动资产合计	439.73	442.64
资产总计	1 460.49	1 354.05

要求:

(1) 编制远大公司资产规模分析表并进行分析评价。

(2) 编制远大公司资产结构变动分析表并进行分析评价。

2. 根据绿源公司2022年财务报表附注提供的资料,可知其存货项目构成如表3-29所示。

表3-29　　　　　　　　绿源公司2022年存货项目构成表

单位:万元

项目	2021年		2022年	
	金额	跌价准备	金额	跌价准备
材料	122 217		123 518	2 354

(续表)

项目	2021年		2022年	
	金额	跌价准备	金额	跌价准备
在产品	26 850		17 939	
产成品	3 045		7 524	
合计	152 112		148 981	

要求:分析绿源公司2022年的存货结构与变动情况。

3. 远大公司2022年投资活动现金流量情况如表3-30所示。

表3-30　　　　　远大公司2022年投资活动现金流量情况表

单位:万元

项目	2022年	2021年
收回投资收到的现金	1.31	0.80
取得投资收益收到的现金	17.51	9.85
处置固定资产、无形资产和其他长期资产收回的现金净额	6.1	0.85
收到的其他与投资活动有关的现金	—	3.00
投资活动现金流入小计	24.92	14.50
购建固定资产、无形资产和其他长期资产所支付的现金	14.05	20.10
投资支付的现金	32.26	9.30
取得子公司及其他营业单位支付的现金净额	—	—
支付其他与投资活动有关的现金	8.15	—
投资活动现金流出小计	54.46	29.40
投资活动产生的现金流量净额	−29.54	−14.90

要求:
(1)编制远大公司投资活动现金流量水平分析表并进行分析评价。
(2)编制远大公司投资活动现金流量结构分析表并进行分析评价。

第四章 筹资活动会计分析

学习目标

1. 掌握筹资活动规模分析和结构分析。
2. 掌握负债筹资的会计分析。
3. 掌握所有者权益筹资的会计分析。
4. 掌握筹资活动的现金流量分析。
5. 了解筹资活动和企业战略之间的关系。
6. 培养学生的责任担当意识和创新意识。

引导案例

2022年7月29日,复星医药发布公告称,安永华明会计师事务所于2022年7月22日出具验资报告,确认截至2022年7月21日,公司已收到非公开发行A股募集资金总额约44.84亿元。本次发行新增A股股份的登记托管手续已于2022年7月27日于中国证券登记结算有限责任公司上海分公司登记完成。非公开发行A股完成后,公司A股总股本已由20.11亿股增加到约21.18亿股,公司总股本已由25.63亿股增加到约26.7亿股。

至此,复星医药历时近一年零八个月的定增终于落定。复星医药相关人士在接受《华夏时报》记者采访时表示,定增事宜一切以公告为准。

根据7月26日晚间复星医药披露的定增结果,本次发行价格为42元/股、发行股数为1.07亿股,最终发行对象确定为10名,分别为高毅资产、财通基金、UBS AG、大成基金、中信证券、华泰证券、J. P. Morgan Securities PLC.、国泰君安、华夏基金、招商基金,其中,高毅资产以20亿元的获配金额位居首位。

本次募投项目包括创新药物临床、许可引进及产品上市相关准备,原料药及制剂集约化综合性基地建设,以及流动资金补充。公司对其分别拟投入募集资金18.74亿元、13.49亿元和12.6亿元。在创新药领域,复星医药本次定增共涉及11个分项目,包括FCN-437、枸橼酸焦磷酸铁溶液(Triferic)、FS-1502、FCN-159、利拉鲁肽等。在原料药领域,本次募投项目定位为集约化、大产能产品制造及创新药和特殊制剂综合生产基地。

值得关注的是,本次非公开发行完成后,上海复星高科技(集团)有限公司(以下简称复星高科技)和HKSCC NOMINEES LIMITED仍为复星医药唯二持股比例在5%以上的大股东,不过,持股比例分别从36.60%和21.51%,下降为35.14%和20.65%。高毅资产跃升为复星医药第三大股东,持股比例为1.78%;UBS AG成为复星医药第六大股东,持股比例为0.75%;财通基金成为复星医药第九大股东,持股比例为0.51%。

复星医药指出,本次非公开发行完成后,发行人集团资产总额与资产净额将会相应增加,资产负债率将会下降,财务结构将得到优化,有利于提高发行人集团的资本实力和偿债能力,为发行人集团后续发展提供有力的保障。

企业可以选择的筹资方式有哪些?每种方式对企业的影响如何?对企业的负债筹资和股权筹资应如何进行分析?这些是在本章将要学习的内容。

(资料来源:根据腾讯网"复星医药44.84亿定增终落地,涉及11个创新药项目"整理)

第一节 筹资活动会计分析的内涵

一、筹资活动会计分析的含义及目的

(一) 筹资活动会计分析的含义

筹资活动是企业根据生产经营对资本的需求,通过各种筹资渠道,采取适当的筹资方式获取所需资本的行为。筹资活动是企业经营活动的重要组成部分,筹资活动结果形成的资本规模和构成,体现在资产负债表的右方——权益项目,从中可见债权者的权益和投资者的权益,即负债和股东权益。企业的筹资规模决定企业的经营规模,企业的筹资结构影响企业的投资结构,企业的筹资成本影响企业的经营效益。

筹资活动会计分析是指将会计分析方法应用于对反映企业筹资活动的会计信息进行分析,揭示会计政策、会计估计及会计方法等对企业筹资活动会计信息质量的影响,从而修正筹资活动会计信息,准确反映筹资活动的状况及结果,保证筹资活动分析结论的可靠性。

(二) 筹资活动会计分析的目的

筹资活动会计分析的目的是在总括了解企业筹资活动的基础上,判断资金来源的合理性,分析企业相关会计政策对筹资活动的影响及其对企业经营活动和财务状况造成的后果,披露筹资过程中的不利策略,真实地反映会计处理目的,进而对企业的筹资政策、筹资规模与筹资结构进行客观评价。具体分析目的可分为以下四个方面。

(1) 筹资活动会计分析有利于企业选择合理的筹资政策。企业在不断经营和发展的过程中,应该保持负债与股东权益之间的较佳配比,采取有效的股利政策,使内部积累不断壮大,满足再生产的需要,实现企业价值最大化的目标。筹资活动分析,可以促使企业决策层选择恰当的股利政策和筹资策略,以满足投资者、经营者与债权人的要求,逐步达到企业价值最大化的目标。

(2) 筹资活动会计分析有利于对企业会计政策作出评价,了解企业会计目的。对于企业的筹资行为,不同的会计技术处理体现在财务报表上的结果往往不同,而某种会计处理的背后是企业不同的会计政策和会计目的。筹资活动会计分析可以揭示筹资过程中的企业倾向,深入探讨某些筹资项目的不正常变动,了解会计政策的动机,评估企业会计信息披露程度,消除报表外部使用者对企业会计信息的疑惑。

(3) 通过筹资活动会计分析,有利于保证生产经营的顺利进行。筹资既是企业生产经营的前提,又是企业再生产顺利进行的保证。筹资与投资和收益分配关系密切,没有资本的筹集,就无法进行资本的投放,更无从谈起投资效益和收益分配。因此,筹资活动会计分析根据企业经营发展的总体需要,确定合理的筹资渠道和筹资方式,及时取得所需要的资金,从而在资金规模上保证生产经营的正常需要。

(4) 通过筹资活动会计分析,有利于降低筹资成本,寻求合理的资本结构。筹资活动会影响筹资风险。通过筹资活动分析,将使企业兼顾上述三项要求,寻求一种合理的资本结构。在这种资本结构下,企业的投资报酬率达到或超过行业平均水平,而其综合资本成本符合或低于行业平均水平,若企业在一段较长时期内筹资结构达到该效果,则可以认为其筹资结构接近最佳或已经最佳。

二、筹资活动与会计报表

(一) 筹资活动与资产负债表

筹资活动是企业重要财务活动之一。目前企业筹资渠道和筹资方式有许多。企业筹资渠道主要有:①国家财政资金;②银行信贷资金;③非银行金融机构资金;④其他企业资金;⑤居民个人资金;⑥企业自留资金。企业筹资方式主要有:①按所筹资金所有权性质,可分为主权性筹资和债权性筹资;②按是否通过中介机构分类,可分为直接筹资和间接筹资;③按所筹资金的使用期限,可分为短期筹资和长期筹资;④按所筹资金的范围,可分为内部筹资和外部筹资。

目前我国资产负债表反映的筹资活动是按债权性筹资和主权性筹资进行分类的。在债权性筹资中,资产负债表中的负债项目是按到期日的远近顺序排列,即流动负债在前,长期负债在后。在主权性筹资中,资产负债表中的所有者权益项目是按权益的永久程度高低排列,永久程度高的在前,低的在后。资产负债表对筹资活动项目的划分,为财务分析提供了有价值的信息。

(二) 筹资活动与所有者权益变动表

所有者权益是企业筹资活动中主权性筹资的结果,所有者权益在公司经营期内可供企业长期、持续地使用,是公司生存和发展的基础,按其来源或形成渠道划分,可分为投入资本(包括实收资本和资本公积)和留存收益(包括盈余公积和未分配利润)。投入资本又称原始投入的资本,留存收益又称经营形成的资本。前者主要来自股东投入,后者源于企业经营积累。

所有者权益变动表是反映构成所有者权益的各个组成部分当期增减变动情况的报表,它不仅包括当期损益、直接计入所有者权益的利得和损失,还包括与所有者进行资本交易导致的所有者权益的变动等。所有者权益变动表是资产负债表中的所有者权益部分变动情况的体现,能让报表使用者准确理解所有者权益增减变动的根源,进而对企业的资本保值增值情况作出正确判断,为决策提供有用的信息。

(三) 筹资活动与现金流量表

企业筹资活动产生的现金流量在现金流量表中具体可分为筹资活动流入的现金和筹资活动流出的现金。

1. 筹资活动流入的现金

筹资活动流入的现金项目主要包括：①吸收投资收到的现金。反映企业收到的投资者投入的现金，包括以发行股票债券等方式筹集资金实际收到的款项，减去直接支付给金融企业的佣金、手续费、宣传费、咨询费、印刷费等发行费用后的净额（以发行股票、债券等方式筹集资金而由企业直接支付的审计、咨询等费用，在"支付其他与筹资活动有关的现金"项目反映）。②取得借款收到的现金。该项目反映企业举借各种短期、长期借款所收到的现金。③收到其他与筹资活动有关的现金。该项目反映企业除了上述各项目外，收到的其他与筹资活动有关的现金流入。

2. 筹资活动流出的现金

筹资活动流出的现金项目主要包括：①偿还债务支付的现金。该项目反映企业以现金偿还债务的本金，包括偿还金融企业的借款本金、债券本金等。②分配股利、利润或偿付利息支付的现金。该项目反映企业实际支付的现金股利，付给其他投资单位的利润，以及支付的借款利息、债券利息等。③支付其他与筹资活动有关的现金。该项目反映企业除了上述各项目外，支付其他与筹资活动有关的现金流出，如捐赠现金支出、融资租入固定资产支付的租赁费等。

(四) 筹资活动与会计报表附注

在进行筹资活动会计分析时，分析人员应关注会计报表附注中披露的与筹资活动相关的会计政策、会计估计及会计方法，并揭示会计政策、会计估计及会计方法等对企业筹资活动会计信息质量的影响。通常在进行筹资活动会计分析时，需要关注会计报表附注中的以下信息。

(1) 长期借款的确认、计量和相关信息的披露。如长期借款的利率水平，长期借款的担保方式等。

(2) 预计负债的确认、计量和相关信息的披露。预计负债即便在最初入账时也是以履行相关现时义务所需支出的最佳估计数为基础，在每个资产负债表日要对预计负债的账面价值进行检查，如有客观证据表明该账面价值不能真实反映当前最佳估计数，就应做相应调整。

(3) 或有负债的披露。或有负债是指资产负债报表中并没有列示的"负债"，这类负债的金额大小、债权人以及付款日期的确定都取决于未来不确定事项的发生情况。或有负债可能会对企业造成不良影响。

三、筹资活动会计分析的内容

(一) 筹资活动分析与企业战略

筹资活动分析的内容分为筹资活动规模分析和筹资活动结构分析。筹资活动规模分析是指对企业权益规模变动的分析,即利用水平分析法从数量上了解企业负债和所有者权益的变动情况,分析变动的合理性。企业的筹资结构通过权益结构反映,筹资活动结构分析是指对权益结构进行分析,通过权益结构与变动的分析判断企业的资源配置是否合理。企业的筹资战略是通过筹资活动执行的,因此通过对企业的筹资活动的分析可以了解企业的筹资战略。

(二) 负债筹资会计分析

负债筹资会计分析由流动负债会计分析和非流动负债会计分析构成。流动负债会计分析包括对短期借款、应付票据、应付账款、应交税费等项目的分析。非流动负债会计分析包括对长期借款、长期应付款的分析。

(三) 所有者权益筹资会计分析

所有者权益筹资会计分析包括股权筹资分析、留存收益筹资分析和所有者权益变动影响分析。股权筹资分析是对实收资本和资本公积两个项目的分析。留存收益筹资分析包括对盈余公积和未分配利润两个项目的分析。所有者权益变动影响分析具体可分为股利政策对所有者权益的影响、股票分割对所有者权益的影响和库存股对所有者权益的影响。

(四) 筹资活动现金流量分析

企业筹资活动产生的现金流在现金流量表中分为筹资活动流入的现金和筹资活动流出的现金。筹资活动现金流量分析具体包括三个方面:筹资活动现金流量的一般分析、筹资活动现金流量的水平分析、筹资活动现金流量的结构分析。

第二节 筹资活动分析与企业战略

一、筹资活动整体分析

(一) 筹资活动规模分析

公司的经营资本从哪些渠道、以何种方式取得,其股东权益资本和负债资本应保持在何种水平上,不仅是经营者关注的问题,更是投资者和债权人普遍关注的问题。筹资规模适当,既可以满足公司经营所需资本,又可以降低筹资成本,避免资本过剩所造成的浪费,充分发挥投资效益。筹资规模及变动情况的分析,主要借助资产负债表右方的负债及股东权益主要数据,利用水平分析法,分析公司筹资规模的变动情况,观察其变动趋势,对筹资状况合理性进行评价。

【案例 4-1】 筹资规模及变动情况分析

根据 FXYY 公司 2022 年资产负债表,对该公司筹资规模及变动情况进行分析,如表 4-1 所示。

表 4-1　　　　　　　　　　　　　**FXYY 公司筹资规模变动分析表**

金额单位：万元

项目	年份		变动情况	
	2022 年	2021 年	变动额	变动率
流动负债				
短期借款	1 193 153.72	942 012.93	251 140.79	26.66%
应付票据	85 787.91	54 838.83	30 949.08	56.44%
应付账款	542 616.19	451 530.49	91 085.70	20.17%
合同负债	154 476.26	115 385.84	39 090.42	33.88%
应付职工薪酬	164 022.22	129 701.68	34 320.54	26.46%
应交税费	92 983.57	72 758.59	20 224.98	27.80%
其他应付款	535 326.56	500 010.06	35 316.50	7.06%
一年内到期的非流动负债	547 133.19	512 748.79	34 384.40	6.71%
其他流动负债	14 307.32	152 860.05	−138 552.73	−90.64%
流动负债合计	3 329 806.95	2 931 847.26	397 959.69	13.57%
非流动负债				
长期借款	1 160 043.71	669 418.34	490 625.37	73.29%
应付债券	49 943.12	235 488.63	−185 545.51	−78.79%
租赁负债	74 499.26	64 836.02	9 663.24	14.90%
长期应付款	33 781.95	24 579.33	9 202.62	37.44%
长期应付职工薪酬	4 206.82	5 442.50	−1 235.68	−22.70%
递延收益	63 243.29	51 280.64	11 962.65	23.33%
递延所得税负债	336 294.02	312 974.62	23 319.40	7.45%
其他非流动负债	253 680.64	196 808.04	56 872.60	28.90%
非流动负债合计	1 975 692.82	1 560 828.12	414 864.70	26.58%
负债合计	5 305 499.76	4 492 675.38	812 824.38	18.09%
股东权益				
股本	267 215.66	256 289.85	10 925.81	4.26%
资本公积	1 699 213.82	1 404 051.85	295 161.97	21.02%
减：库存股	5 325.48	—		
其他综合收益	−119 836.39	−126 583.17	6 746.78	−5.33%
盈余公积	295 292.94	282 630.68	12 662.26	4.48%
未分配利润	2 321 685.20	2 103 166.61	218 518.59	10.39%
归属于母公司股东权益合计	4 458 245.75	3 919 555.82	538 689.93	13.74%

(续表)

项目	年份		变动情况	
	2022年	2021年	变动额	变动率
少数股东权益	952 645.21	918 400.98	34 244.23	3.73%
股东权益合计	5 410 890.96	4 837 956.80	572 934.16	11.84%
负债和股东权益总计	10 716 390.72	9 330 632.18	1 385 758.54	14.85%

通过分析可见，FXYY公司2022年筹资规模比2021年有一定幅度的增长，其主要原因是负债资本和权益资本共同增加。负债资本较上一年增加了812 824.38万元，增幅为18.09%，增加额较大的项目主要有短期借款和长期借款，较上一年分别增加251 140.79万元和490 625.37万元。2022年权益资本较2021年增加了572 934.16万元，增幅为11.84%。其中，资本公积和未分配利润较上一年分别增加了295 161.97万元和218 518.59万元。由此可见，在该公司2022年度股东权益资本与负债资本同时增加的筹资政策下，负债资本的增幅高于权益资本，负债规模有所加大。其结果是，降低了筹资成本，而利用举债经营会使股本收益率进一步提高，同时加大了公司的偿债压力，增加了财务风险。为了更清楚地分析和评价公司的筹资规模及变动情况，分析时还可借助于趋势分析方法，将某公司连续5年的筹资规模进行定基或环比分析。下面根据FXYY公司2018—2022年的资产负债表，进行5年的趋势分析，如表4-2所示。

表4-2　　　　　　　　　　FXYY公司筹资规模趋势分析表

金额单位：万元

项目	2018年	2019年	2020年	2021年	2022年
负债及所有者权益	7 055 136.14	7 611 964.55	8 368 600.96	9 330 632.18	10 716 390.72
定基指数	100.00%	107.89%	118.62%	132.25%	151.89%
负债	3 695 864.81	3 691 543.22	3 770 172.79	4 492 675.38	5 305 499.76
定基指数	100.00%	99.88%	102.01%	121.56%	143.55%
所有者权益	3 359 271.33	3 920 421.33	4 598 428.17	4 837 956.80	5 410 890.96
定基指数	100.00%	116.70%	136.89%	144.02%	161.07%

由表4-2可见，FXYY公司筹资规模5年间平稳增长，特别是2021年和2022年，增长数额分别为2018年的1.32倍和1.52倍。其中，2018—2020年负债规模较为平稳，自2021年后负债规模开始增加，这说明公司的筹资策略在2021年后有所调整。

（二）筹资结构分析

筹资结构是公司各部分筹资占筹资总额的比重，或各部分筹资的比例关系。分析筹资结构及变动情况时，先将某期筹资结构计算出来，与上期、计划或者是与同行业平均水平、标准水平进行比较，从中评价公司的筹资政策，特别是资本构成或变动及对投资者、债权人的影响；然后将筹资结构进行变化趋势分析，透过相应的变化趋势，了解公司的筹资策略和筹资重心,预计未来筹资方向。

【案例 4-2】 筹资结构分析

根据FXYY公司2022年的资产负债表,对其筹资结构情况进行分析,如表4-3所示。

表 4-3　　　　　　　　　　FXYY公司筹资结构变动分析表

金额单位:万元

项目	年份		结构		
	2022年	2021年	2022年	2021年	变动
流动负债					
短期借款	1 193 153.72	942 012.93	11.13%	10.10%	1.04%
应付票据	85 787.91	54 838.83	0.80%	0.59%	0.21%
应付账款	542 616.19	451 530.49	5.06%	4.84%	0.22%
合同负债	154 476.26	115 385.84	1.44%	1.23%	0.21%
应付职工薪酬	164 022.22	129 701.68	1.53%	1.39%	0.14%
应交税费	92 983.57	72 758.59	0.87%	0.78%	0.09%
其他应付款	535 326.56	500 010.06	5.00%	5.36%	−0.36%
一年内到期的非流动负债	547 133.19	512 748.79	5.11%	5.50%	−0.39%
其他流动负债	14 307.32	152 860.05	0.13%	1.64%	−1.50%
流动负债合计	3 329 806.95	2 931 847.26	31.07%	31.42%	−0.34%
非流动负债					
长期借款	1 160 043.71	669 418.34	10.82%	7.18%	3.65%
应付债券	49 943.12	235 488.63	0.47%	2.52%	−2.06%
租赁负债	74 499.26	64 836.02	0.70%	0.69%	0.00%
长期应付款	33 781.95	24 579.33	0.32%	0.26%	0.05%
长期应付职工薪酬	4 206.82	5 442.50	0.04%	0.06%	−0.02%
递延收益	63 243.29	51 280.64	0.59%	0.55%	0.04%
递延所得税负债	336 294.02	312 974.62	3.14%	3.35%	−0.22%
其他非流动负债	253 680.64	196 808.04	2.37%	2.11%	0.26%
非流动负债合计	1 975 692.82	1 560 828.12	18.44%	16.73%	1.71%
负债合计	5 305 499.76	4 492 675.38	49.51%	48.15%	1.36%
股东权益					
股本	267 215.66	256 289.85	2.49%	2.75%	−0.25%
资本公积	1 699 213.82	1 404 051.85	15.86%	15.04%	0.82%
减:库存股	5 325.48	—	0.05%	0.00%	0.05%

(续表)

项目	年份 2022年	年份 2021年	结构 2022年	结构 2021年	变动
其他综合收益	−119 836.39	−126 583.17	−1.12%	−1.36%	0.24%
盈余公积	295 292.94	282 630.68	2.76%	3.03%	−0.27%
未分配利润	2 321 685.20	2 103 166.61	21.66%	22.55%	−0.89%
归属于母公司股东权益合计	4 458 245.75	3 919 555.82	41.60%	42.01%	−0.41%
少数股东权益	952 645.21	918 400.98	8.89%	9.84%	−0.95%
股东权益合计	5 410 890.96	4 837 956.80	50.49%	51.85%	−1.36%
负债和股东权益总计	10 716 390.72	9 330 632.18	100.00%	100.00%	0.00%

由表 4-3 可知,FXYY 公司的权益资本占比略高于负债资本。2022 年权益资本占总资本的比重为 50.49%,负债资本占总资本的比重为 49.51%,较 2021 年略有上升,上升幅度为 1.36%。负债资本中,短期借款和长期借款占比较高。权益资本的主要构成是未分配利润,占总资本的比重高达 21.66%,未分配利润来源于公司自身的经营积累,这说明该公司的盈利效能不断增强,盈利效能的增强给公司带来丰厚的留存收益,公司用这部分资本再投资,财务风险相对下降,从而形成投资与获益的良性循环。

为了进一步了解筹资结构的变动,还应将连续多个会计年度的筹资结构加以比较,透过这一变化趋势,可以对公司的筹资结构做合理评价。根据 FXYY 公司 2018 年以来的资产负债表,对其 2018—2022 年的筹资结构进行趋势分析,如表 4-4 所示。

表 4-4　　　　　　　　　FXYY 公司筹资结构趋势分析表

项目	2018年	2019年	2020年	2021年	2022年
流动负债	25.41%	22.90%	29.72%	31.42%	31.07%
非流动负债	26.98%	25.59%	15.33%	16.73%	18.44%
所有者权益	47.61%	51.51%	54.95%	51.85%	50.49%
合计	100%	100%	100%	100%	100%

由表 4-4 可知,FXYY 公司在 2019 年后,筹资结构是所有者权益和流动负债占主体。2019 年,所有者权益占比有所增加,比例超过 50%,但在 2020 年之后,占总资本的比重有所下降,负债占比提升。其中流动负债占比自 2020 年开始提升,2021 年至 2022 年占总资本的比重达到 30% 以上。这说明公司的筹资策略有所调整,逐步增加了负债筹资的比重,尤其是流动负债。

(三) 筹资结构与投资结构适应情况分析

筹资活动和投资活动是企业两大重要财务活动。筹资的目的在于投资,无论从经济活动实质还是从会计平衡公式分析,筹资(或资金来源)与投资(或资金占用)从总量上是相等的。但是,由于筹资方式与筹资渠道不同所产生的不同资金来源的特点与差异,以及不同资金使用或占用产生的资产的特点与差异,从筹资结构与投资结构之间的适应情况看,不同的企业、不同的时期可能产生较大差异。虽然企业筹资结构与投资结构的适应形式千差万别,但归纳起来可以分为保守型结构、稳健型结构、平衡型结构和风险型结构。

1. 保守型结构

保守型结构中,企业全部资产的资金来源都是长期资本,即所有者权益和非流动负债。其形式如图4-1所示。

流动资产	速动资产	长期资本
	存货	
非流动资产		

图4-1　保守型结构

保守型结构的主要标志是企业全部资产的资金来源依靠长期资本来满足。这种类型的最大优点是企业风险较低。但是,由于全部资本都是长期资本,其资本成本较高。同时,这种结构类型的筹资结构弹性较弱。这种结构类型实际上只是一种理论界定。实践中几乎没有企业不存在一定的流动负债,因此这种形式很少被企业采用。

2. 稳健型结构

稳健型结构的理论基础是,在持续经营的企业中,企业的资产可分为永久性占用资产和临时性占用资产两部分。永久性占用资产应有稳定和长期的资本来源;临时性占用资产与短期负债相对应,稳健型结构的形式如图4-2所示。

流动资产	临时性占用流动资产	流动负债
	永久性占用流动资产	
非流动资产		非流动负债
		所有者权益

图4-2　稳健型结构

从图4-2可以看出,部分永久性占用流动资产和非流动资产的资金来源是非流动负债和所有者权益。在稳健型结构下企业流动资产一部分由流动负债满足,另一部分由非流动负债满足。这种结构使企业保持较好的财务信誉,企业风险较小;与保守型结构相比,其负债成本相对要低,并具有一定的弹性。稳健型结构是一种大部分企业都能接受或采用的资产与权益对称结构。

3. 平衡型结构

平衡型结构认为,企业的非流动资产应以长期资本来满足,流动资产以流动负债来满足。平衡型结构的形式如图4-3所示。

流动资产	流动负债
非流动资产	长期资本

图4-3　平衡型结构

在平衡型结构下,企业对流动资产的资金需要全部依靠流动负债来满足,这就要求企业的流动资产内部结构与流动负债内部结构相互适应。当两者相互适应时,企业不仅不会产生很大风险,而且资本成本也较低;但是如果两者不相适应时,如流动资产变现时间和数量与偿债时间和数量不相一致时,就会使企业产生资金周转困难,并有可能陷入财务危机。因此,平衡型结构形式只适用于经营状况良好、流动资产与流动负债内部结构相互适应的企业。

4. 风险型结构

在风险型结构下,流动负债不仅用于满足流动资产的资金需要,而且还用于满足部分非流动资产的资金需要。风险型结构的形式如图4-4所示。

流动资产	流动负债
非流动资产	长期资本

图4-4　风险型结构

风险型结构流动负债的构成高于流动资产的构成,这必然使企业的支付能力较差,财务风险较大。虽然相对于其他结构形式,风险型结构的资本成本可能最低,但如果不能解决短期偿债能力问题,企业随时存在财务危机的可能。因此,这种结构形式只适用于企业资产流动性很好,且经营现金流量较充足的情况。从总体或长远看,企业不宜采用这种结构。

【案例4-3】　筹资结构与投资结构适应情况分析

根据FXYY公司2022年资产负债表,编制筹资结构与投资结构适应情况分析表,如表4-5所示。

表4-5　筹资结构与投资结构适应情况分析表

资产	期末余额	期初余额	负债和股东权益	期末余额	期初余额
流动资产:			流动负债:		
货币资金	15.16%	11.06%	短期借款	11.13%	10.10%
交易性金融资产	0.87%	4.55%	应付票据	0.80%	0.59%
应收票据	0.02%	0.02%	应付账款	5.06%	4.84%
应收账款	7.08%	6.46%	合同负债	1.44%	1.24%
应收款项融资	0.52%	0.46%	应付职工薪酬	1.53%	1.39%
预付款项	1.50%	1.86%	应交税费	0.87%	0.78%
其他应收款	0.56%	0.90%	其他应付款	5.00%	5.36%
存货	6.42%	5.87%	一年内到期的非流动负债	5.11%	5.50%
持有待售资产	0.39%	0.50%	其他流动负债	0.13%	1.64%
一年内到期的非流动资产	0.00%	0.20%	流动负债合计	31.07%	31.42%

(续表)

资产	期末余额	期初余额	负债和股东权益	期末余额	期初余额
其他流动资产	0.40%	0.75%	非流动负债:		
流动资产合计	32.92%	32.62%	长期借款	10.82%	7.17%
非流动资产:			应付债券	0.47%	2.52%
长期应收款	0.09%	0.08%	租赁负债	0.70%	0.69%
长期股权投资	21.60%	24.31%	长期应付款	0.32%	0.26%
其他权益工具投资	0.01%	0.03%	长期应付职工薪酬	0.04%	0.06%
其他非流动金融资产	2.23%	1.29%	递延收益	0.59%	0.55%
固定资产	9.58%	9.56%	递延所得税负债	3.14%	3.35%
在建工程	4.57%	3.88%	其他非流动负债	2.37%	2.11%
使用权资产	0.81%	0.80%	非流动负债合计	18.44%	16.73%
无形资产	11.64%	11.01%	负债合计	49.51%	48.15%
开发支出	3.22%	3.38%	股东权益:		
商誉	9.65%	10.07%	股本	2.49%	2.75%
长期待摊费用	0.52%	0.51%	资本公积	15.86%	15.05%
递延所得税资产	0.41%	0.28%	减:库存股	0.05%	0.00%
其他非流动资产	2.76%	2.16%	其他综合收益	−1.12%	−1.36%
			盈余公积	2.76%	3.03%
			未分配利润	21.66%	22.54%
非流动资产合计	67.08%	67.38%	股东权益合计	50.49%	51.85%
资产总计	100.00%	100.00%	负债和股东权益总计	100.00%	100.00%

(1) 非流动资产与长期资本的适应情况分析评价。

非流动资产是指流动资产以外的资产,包括长期股权投资、固定资产、在建工程、无形资产等,这些资产对持续经营企业而言都是需要长期占用或使用的资产。长期资本主要是指企业的所有者权益和非流动负债。FXYY 公司 2021 年年末非流动资产构成为 67.38%,长期资本构成为 68.58%,筹资结构与投资结构接近于平衡型结构;2022 年年末该公司非流动资产构成为 67.08%,长期资本构成为 68.93%,较 2021 年略有提升,但仍然非常接近于平衡型结构。从动态上看,FXYY 公司投资结构与筹资结构的变动均不大,筹资结构与投资结构的适应情况也基本稳定。

(2) 速动资产与短期负债适应情况分析评价。

企业筹资结构与投资结构适应情况不同的原因是多方面的,可能是企业的财务策略引起的,可能是企业经营特点决定的,也可能是管理水平与经营状况的自然结果。从 FXYY 公司速动资产与短期负债关系看,2021 年年末速动资产构成为 26.75%,流动负债构成为

31.42%;2022年年末速动资产构成为26.5%,流动负债构成为31.07%。FXYY公司2021年年末与2022年年末速动资产构成均低于流动负债构成,这反映该公司这两年有一定的短期偿债压力,如果流动资产变现时间和数量与偿债时间和数量不相一致时,就会使公司出现资金周转困难的问题,甚至可能陷入财务危机。

二、筹资活动与企业战略

(一) 公司筹资战略

筹资战略,即反映公司资金筹集的战略,主要解决长期内与公司战略有关的公司资金筹集的目标、原则、方向、规模、结构、渠道和方式等重大问题。筹资战略是根据公司内外理财环境的状况和趋势,对公司资金筹措的目标、结构、渠道和方式等进行长期和系统的谋划,旨在为公司经营的实施和提高公司的长期竞争力提供可靠的资金保证,并不断提高公司的筹资效益。它是为了适应未来环境和公司战略的要求,对公司资金筹措的一种长期的、系统的构想。筹资战略的直接目的是,既要使公司资本成本最小化,又要确保公司财务风险最小化。

(二) 公司筹资战略分析

企业采用各种筹资方式从各种筹资渠道筹集的资金,按照不同的标准可以划分为不同的类型。一般来说,企业的筹资方式有内部筹资、外部筹资、债权筹资、股权筹资等。因此,基于筹资方式的筹资战略常见的有四种,即内部筹资战略、外部筹资战略、股权筹资战略、债务筹资战略。

1. 内部筹资战略和外部筹资战略

按照所筹资金的来源范围可将企业的筹资战略分为内部筹资战略和外部筹资战略。

内部筹资是指企业通过其内部积累而获得的资金来源,具体包括企业的留存收益和提取的折旧。折旧转化为重置投资,留存收益则转化为新增投资。内部筹资数量的多少主要取决于企业的利润额和股利政策,因此,内部筹资与股利政策是利润分配这一问题的两个方面。又因为内部筹资源于企业内部,无须筹资费用和用资费用,所以,内部筹资因为其原始性、自主性强、成本低、风险小从而成为企业首选的资金来源。

外部筹资是指企业通过一定方式从企业外部融入的资金。一般来说,企业外部筹资往往借助于筹资工具和金融市场,因此,企业外部筹资的方式和规模主要取决于金融市场的发育程度和资金供给量的大小。

2. 股权筹资战略与债务筹资战略

按照所筹资金的来源性质,企业的筹资战略可分为股权筹资战略和债务筹资战略。

股权筹资战略是指企业筹集股东权益资金的筹资活动。股权资金是企业投资者的投资及其增值中留存企业的部分,是投资者在企业中享有权益和承担责任的依据,反映在账面上就是企业的实收资本(或股本)、资本公积、盈余公积和未分配利润。实收资本(或股本)是投资者以货币或非货币资产向不同组织形式的企业出资或增资形成的。资本公积金是企业非生产经营原因形成的,包括资本(股本)溢价和直接计入所有者权益的利得或损失企业生产经营获得的税后净利润形成留存收益(盈余公积金、未分配利润等)。权益资金可供企业长期自主调配使用,不需要归还。

债务筹资战略是指企业通过增加负债的方式来获取资金。负债包括各种借款;因商业信用形成的应付及预收款项、应付票据等;发行的应付债券;融资租赁中的租赁负债;应付的职工薪酬、利息、税费等。负债需要企业在一定期限内归还,有时还需要支付利息,但其资本成本一般比股权资本的资本成本低,而且不会分散投资者对企业的控制权。

【案例4-4】 公司筹资战略分析

由表4-3可知,FXYY公司资金主要来源于借款、资本公积和未分配利润,因此下面选取FXYY公司2018—2022年资产负债表中占比较高的负债和所有权益项目数据对该公司筹资战略进行分析,如表4-6、表4-7所示。

表4-6　　FXYY公司2018—2022年主要负债和所有者权益项目表

单位:万元

负债和所有者权益项目	2022年	2021年	2020年	2019年	2018年
短期借款	1 193 153.72	942 012.93	791 598.34	635 828.69	561 754.35
长期借款	1 160 043.71	669 418.34	714 588.52	729 304.38	863 066.15
股本	267 215.66	256 289.85	256 289.85	256 289.85	256 306.09
资本公积	1 699 213.82	1 404 051.85	1 513 262.49	1 214 365.22	1 054 464.84
未分配利润	2 321 685.20	2 103 166.61	1 750 498.33	1 512 570.89	1 277 151.87
负债和股东权益总计	10 716 390.72	9 330 632.18	8 368 600.96	7 611 964.55	7 055 136.14

表4-7　　FXYY公司2018—2022年主要负债和所有者权益项目结构表

负债和所有者权益项目	2022年	2021年	2020年	2019年	2018年
短期借款	11.13%	10.10%	9.46%	8.35%	7.96%
长期借款	10.82%	7.17%	8.54%	9.58%	12.23%
股本	2.49%	2.75%	3.06%	3.37%	3.63%
资本公积	15.86%	15.05%	18.08%	15.95%	14.95%
未分配利润	21.66%	22.54%	20.92%	19.87%	18.10%
负债和股东权益总计	100.00%	100.00%	100.00%	100.00%	100.00%

从筹资规模的角度看,由表4-6可知,2018—2022年,FXYY公司的短期借款呈现逐年增长态势,由2018年的561 754.35万元增长至2022年的1 193 153.72万元,增长幅度约为112%。长期借款由2018年的863 066.15万元增长至2022年的1 160 043.71万元,增长幅度约为34%。2018—2021年,公司的股本数额几乎未发生变化,2022年公司完成非公开发行A股股票,新增发行A股10 675.67股,实施了限制性A股股票激励计划首次授予,向激励对象授予250.14股限制性股票,股本合计增加10 925.81万元。资本公积的数额也由2018年的105 464.84万元增加到2022年的1 699 213.82万元。公司利润的积累也逐年在增加,从2018年的1 277 151.87万元增长至2022年的2 321 685.20万元。总体来说,股权

资本依然略高于债务资本。

从筹资结构的角度看,由表4-7可知,FXYY公司的短期借款占总资本的比重逐年在上升,由2018年的7.96%上升至2022年的11.13%;长期借款占总资本的比重2018—2021年表现为逐年下降的态势,但在2022年又有所上升。借款占总资本比例的上升说明该公司对外部筹资的依赖程度在增加。股本和资本公积占比变化不大,未分配利润占总资本的比重在2018—2021年表现为逐年上升的态势,在2022年略有下降,但近5年占总资本的比重始终保持最高的地位。

综合上述分析,从资金来源范围的角度来看,该公司以内部筹资战略为主,但外部筹集资金占比逐年在提高;从资金来源性质的角度来看,该公司实施的是股权筹资战略,但债务筹集资金的占比也在逐年上升。

(三)筹资结构优化

【案例4-5】 公司筹资结构优化

根据FXYY公司2018—2022年的资产负债表资料,对该公司近5年的筹资结构与投资结构适应情况进行分析,如表4-8所示。

表4-8 FXYY公司2018—2022年筹资结构与投资结构情况表

项目	2022年	2021年	2020年	2019年	2018年	项目	2022年	2021年	2020年	2019年	2018年
速动资产	26.50%	26.76%	23.81%	21.63%	20.86%	流动负债	31.07%	31.42%	29.72%	22.90%	25.40%
流动资产	32.92%	32.62%	29.97%	26.80%	25.52%	长期资本	68.93%	68.58%	70.28%	77.10%	74.60%
非流动资产	67.08%	67.38%	70.03%	73.20%	74.48%						

由第三章案例3-3分析可知,FXYY公司当前处于成长阶段,对内投资规模在扩大,大量的固定资产、无形资产的投入需要大量的资金,因此公司必须通过外部筹资或内部融资满足公司发展所需资金。而由表4-7可知,FXYY公司在2018—2022年,长期资本基本上能覆盖非流动资产的资金需求,筹资结构与投资结构接近于平衡型结构,基本上能做到长期资产由长期资金满足。但平衡型的结构有一定的财务风险,对公司的经营状况有要求,且流动资产与流动负债内部结构要能够相互适应。而由第三章案例3-4的分析可知,FXYY公司当前对内投资较差,而对外投资的收益不稳定。因此在后续筹资中,公司需要增加股权筹资的比例,强化股权筹资战略,适当降低公司的财务风险。

第三节 负债筹资会计分析

一、流动负债会计分析

(一)短期借款分析

短期借款数额往往取决于企业生产经营和业务活动对流动资金的需要量、现有流动资产的沉淀和短缺情况等。企业应结合短期借款的使用情况和使用效果分析该项目。为了满足流动资产的资金需求,一定数额的短期借款是必需的,但如果数额过大,超过企业的实际需要,不仅会影响资金利用效果,还会因超出企业的偿债能力而给企业的持续发展带来不利影响。短期借款适度与否,可以根据流动负债的总量、当前的现金流量状况和对未来会计期间现金流量的预期来确定。

短期借款发生变化,其原因不外乎两大方面:生产经营需要变化;企业负债筹资政策变化。其具体变动的原因可归纳为以下几点。

(1) 流动资产资金需要,特别是临时性占用流动资产需要发生变化。当季节性或临时性需要产生时,企业就可能通过举借短期借款来满足其资金需要,当这种季节性或临时性需要消除时,企业就会偿还这部分短期借款,从而造成短期借款的变化。

(2) 节约利息支出。一般来讲,短期借款的利率低于长期借款和长期债券的利率,举借短期借款相对于长期借款来说,可以减少利息支出。

(3) 调整负债结构和财务风险。企业增加短期借款,就可以相对减少对长期负债的需求,使企业负债结构发生变化。相对于长期负债而言,短期借款具有风险大、利率低的特点,负债结构变化将会引起负债成本和财务风险发生相应的变化。

(4) 增加企业资金弹性。短期借款可以随借随还,有利于企业对资金存量进行调整。

表 4-1 显示,FXYY 公司 2022 年短期借款增加 251 140.79 万元,增幅 26.66%,主要是为加强资金流动性,增加了部分银行贷款所致。短期借款水平的上升,提升了公司资金弹性,但是也增加了财务风险。

4-1 课程思政-供应链融资背景下海尔的担当

(二) 应付票据及应付账款分析

应付票据及应付账款因商品交易而产生,其变动原因有:

(1) 企业销售规模的变动。当企业销售规模扩大时,会增加存货需求,使应付票据及应付账款等债务规模扩大;反之,会使其缩减。

(2) 为充分利用无成本资金。应付票据及应付账款是因商业信用产生的一种无资金成本或资金成本极低的资金来源,企业在遵守财务制度、维护企业信誉的条件下对其加以充分利用,可以减少其他筹资方式的筹资数额,节约利息支出。虽然从资本成本来看,应付票据及应付账款并不发生直接的资金支出,但是会产生机会成本。更为重要的是,应付账款会影响企业的商业信誉,对企业的长期生产经营产生深远影响。

(3) 提供商业信用企业的信用政策发生变化。如果其他企业放宽信用政策和收账政策,企业应付票据及应付账款的规模就会大些;反之,就会小些。

(4) 企业资金的充裕程度。企业资金相对充裕,应付票据及应付账款规模会相对缩减一些,当企业资金比较紧张时,就会影响应付票据及应付账款的清偿。

在市场经济条件下,企业之间相互提供商业信用是正常的。利用应付票据及应付账款进行资金融通,基本上可以说是无代价的融资方式,但企业应注意合理使用,以避免造成企业信誉损失。表 4-1 显示,FXYY 公司 2022 年应付票据增加了 30 949.08 万元,增幅达 56.44%;而同期应付账款增加了 91 085.70 万元,增幅为 20.17%,两项均出现了大幅度的上涨,说明企业充分利用商业信用筹资方式。应进一步结合企业经营活动进行分析,观察企业销售规模变动情况、公司资金紧张程度等,以判断该项目变动的合理性。

(三) 应交税费和应付股利分析

应交税费反映企业应交未交的各种税金和附加费,包括流转税、所得税和各种附加费。缴纳税费是每个企业应尽的法定义务,企业应按有关规定及时、足额缴纳。应交税费的变动与企业营业收入、利润的变动相关。分析时应注意查明企业是否有拖欠国家税款的现象。

应付股利反映企业应向投资者支付而未付的现金股利,是因企业宣告分派现金股利而形成的一项负债。支付股利需要大量现金,企业应在股利支付日之前做好支付准备。

表 4-1 显示,FXYY 公司 2022 年应交税费增加了 20 224.98 万元,增幅达 27.8%,应结合公司营业收入、利润变动情况,分析其合理性。

(四) 其他应付款分析

与其他应收款类似,其他应付款也属于往来类别的科目。但是,其他应付款并不直接与生产经营行为相关,因而规模通常较小,变动幅度有限。其他应付款分析的重点是:①其他应付款规模与变动是否正常;②是否存在企业长期占用关联方企业资金的现象。分析时应结合财务报表附注提供的资料进行。表 4-1 显示,FXYY 公司 2022 年其他应付款余额较上年增加了 35 316.50 万元,增幅为 7.06%。其他应付款的增加主要是关联方款项的增加造成的,需要进一步获取相关信息才能对其合理性进行分析。

二、非流动负债会计分析

(一) 长期借款分析

长期借款是企业利用负债方式获得长期资金来源的方式。长期借款属于企业重要的融资决策,对企业生产经营产生深远影响。影响长期借款变动的原因有:

(1) 银行信贷政策及资金市场的资金供求状况。
(2) 为了满足企业对资金的长期需要。
(3) 保持企业权益结构的稳定性。
(4) 调整企业负债结构和财务风险。

根据表 4-1 提供的资料,FXYY 公司 2022 年长期借款增加 490 625.37 万元,增幅高达 73.29%。报表附注表明,长期借款包含质押借款、抵押借款和信用借款三种形式,其中信用借款金额最大。这意味着,公司目前对于长期借款的依赖程度在进一步增加,但依然能保持较高的信用等级。FXYY 公司 2022 年由于长期债券部分到期,应付债券减少了 185 545.51 万元,降幅为 78.79%,这降低了公司的利息负担。

(二) 长期应付款分析

长期应付款是指对其他单位发生的付款期限在 1 年以上的长期负债,而会计业务中的长期应付款是指除了长期借款和应付债券的其他多种长期应付款,主要有应付补偿贸易引进设备款、采用分期付款方式购入固定资产和无形资产发生的应付账款、应付融资租入固定资产租赁费等。

企业除了通过借款和发行中长期债券取得货币资金购建长期资产,还可以采用补偿贸易方式引进国外设备或融资租入固定资产,一般情况下,是固定资产使用在前,款项支付在后。如补偿贸易方式引进设备时,企业可先取得设备,设备投产后,用其生产的产品归还设备价款。而融资租赁实质上是一种分期付款购入固定资产的形式。

第四节　所有者权益筹资会计分析

一、股权筹资分析

(一) 实收资本分析

实收资本是指投资者按照企业章程或合同、协议的约定,投入企业形成法定资本的价值。实收资本一般情况下无须返还给投资者,它是企业持续经营最稳定的物质基础。实收资本包括国家、其他单位以及个人对企业的各种投资。

与其他企业比较,股份有限公司最显著的特点是将企业的全部资本划分为等额股份,通过发行股票的方式来筹集资本。股东以其所认购股份对公司承担有限责任。股票的面值与股份总数的乘积为股本,股本应等于公司的注册资本,所以,股本对于股份有限公司来说是一项很重要的指标。公司的股本应在核定的股本总额范围内通过发行股票取得。在采用溢价发行方式的情况下,公司应将相当于股票面值的部分计入"股本"项目,其余部分在扣除发行手续费、佣金等发行费用后计入"资本公积"项目。

对于公司制企业来说,股东一般按其出资比例(即股东的投资占公司注册资本的比例)来行使表决权。按照股东对公司的影响程度,一般可以将股东分为控股股东、重大影响股东和非重大影响股东(即小股东)三种类型。控股股东有权决定一个企业的财务和经营政策;重大影响性股东对一个企业的财务和经营政策有参与决策的权利。因此,控股股东、重大影响性股东将决定企业未来的发展方向。在对企业实收资本进行分析时,必须关注企业的控股股东、重大影响性股东的背景状况,判断其是否具有战略眼光、是否有能力将企业引向光明的未来。

根据表 4-1 提供的资料,FXYY 公司 2022 年股本增加了 10 925.81 万元,增幅为 4.26%,说明企业自有资金进一步增加,提高了公司的抗风险能力。报表附注表明,新增股本主要来自非公开发行增发股票,其余来自股票激励新增股票,应进一步查看股东变动情况,判断该变化对企业未来发展影响。

(二) 资本公积分析

资本公积是指企业收到的投资者超出其在企业注册资本(或股本)中所占份额的投资,以及直接计入所有者权益的利得和损失等。资本公积包括资本溢价(股本溢价)和其他资本公积。其中,资本溢价是指企业收到的投资者超出其在企业注册资本(或股本)中所占份额的投资,形成资本溢价(或股本溢价)的原因有溢价发行股票、投资者超额缴入资本等。我国《公司法》等法律规定,资本公积的用途主要是转增资本,即增加实收资本(或股本),但所留的该项公积金不得少于转增前公司注册资本的25%。虽然资本公积转增资本并不能导致所有者权益总额的增加,但可以改变企业投入资本结构,体现企业稳健、持续发展的潜力。对股份有限公司而言,资本公积转增资本会增加投资者持有的股份,增加公司股票的流通量,进而激活股价,提高股票的交易量和资本的流动性。对于债权人来说,实收资本是所有者权益最本质的体现,是投资风险的重要影响因素。所以,资本公积转增资本不仅可以更好地反映投资者的权益,而且会影响债权人的信贷决策。我国有不少上市公司通过资本公积转增资本、增发股票来优化资本结构。

在分析资本公积项目时,要关注其合理性,注意企业是否存在通过资本公积项目来改善财务状况的情况。因为有的企业在不具备法定资产评估条件的情况下,通过虚假资产评估来虚增企业的资本公积,虚增固定资产、在建工程、存货、无形资产等资产项目,借此降低企业的资产负债率,蒙骗债权人。

根据表4-1提供的资料,FXYY公司2022年资本公积增加295 161.97万元,增幅达21.02%。报表附注表明,资本公积的增加主要来自增发股票所带来的股本溢价部分,说明公司股本的市场价值较高,企业价值较大。

二、留存收益筹资分析

(一)盈余公积分析

盈余公积是指从净利润中提取的具有特定用途的资金。盈余公积可分为两种:①法定公积金,按税后利润的10%提取(非公司制企业可按超出10%的比例提取),在此项公积金已达注册资本的50%时,企业可不再提取;②任意公积金,按股东大会等类似权力机构的决议提取。

企业盈余公积的主要用途如下:

1. 弥补亏损

对于发生的经营性亏损,企业应主要用自己的经营积累自行弥补。弥补亏损的渠道大致有三条:(1)用以后年度税前利润弥补。按照规定,企业发生亏损,可以用以后年度实现的税前利润弥补,但弥补期限不得超过5年;(2)用以后年度税后利润弥补。超过了税收规定的税前利润弥补期限,未弥补的以前年度亏损可用税后利润弥补;(3)用盈余公积弥补,但要事先由公司董事会提议并经股东大会批准。

2. 转增资本(或股本)

经股东大会决议,企业可以将盈余公积转增资本。转增资本时应注意:(1)要先办理增资手续;(2)要按股东原有股份比例结转,股份有限公司可采用发行新股等方式增加股本;(3)盈余公积转增资本时,转增后留存的此项公积金应不少于注册资本的25%。

3. 扩大企业生产经营

列示盈余公积的用途,并不旨在指明其实际占用形态,提取盈余公积也并不意味着将这部分资金从企业资金周转过程中抽出并单独使用。企业盈余公积的结存数,只表现为企业所有者权益的组成部分,表明企业生产经营资金的一个来源。其形成的资金可能表现为一定的货币资金,也可能表现为一定的实物资产,如存货和固定资产等,随同企业其他来源所形成的资金进行循环周转,用于企业的生产经营。

4-2 拓展知识-资本公积金可否用于弥补公司亏损?——基于股东对公司承担的有限责任之价值边界的分析

（二）未分配利润分析

未分配利润是企业净利润分配后的剩余部分，即净利润中尚未指定用途、归所有者享有的部分。它是企业留待以后年度分配的结存利润，企业对这部分利润的使用分配具有较大的自主权，如用于分红。

未分配利润是所有者权益的重要组成部分，是连接资产负债表和利润表的纽带。从数量上讲，未分配利润是期初未分配利润，加上本期实现的净利润，减去提取的各种盈余公积和分配利润后的余额。资产负债表中，该项目如为负数，则表示企业存在未弥补的亏损。

在分析留存收益时，我们需要了解留存收益总量的变动及其原因和趋势，分析留存收益的构成及变化。留存收益的增加有利于增强企业的实力、保证财务资本的保全、降低财务风险、缓解财务压力。留存收益属于内部筹资，是永久性的自有资本，不需要发生筹资费用，不会分散公司的控制权。留存收益的变化取决于企业的盈亏状况和利润分配政策。

4-3 拓展知识-新时代国有企业利润分配制度改革的问题及路径

（三）筹资活动与利润分配的关系

筹资活动与利润分配是企业财务管理中的两个核心环节。筹资活动为企业提供资金支持，以满足其运营、扩张和创新的需求；而利润分配则是企业根据经营成果，对股东进行回报的重要方式。这两者之间存在着密切的联系和相互影响，具体表现在以下几个方面：

1. 利润分配与筹资需求

利润分配与筹资需求之间存在一种相互制约的关系。一方面，利润分配是企业对股东权益的回报，是吸引投资者的重要因素；另一方面，利润分配也会减少企业的内部资金，从而增加外部筹资的需求。企业在制定利润分配政策时，需要权衡股东利益和企业筹资需求，确保企业的持续健康发展。

2. 资本结构与利润分配

资本结构是企业筹资方式选择的结果，也是利润分配政策制定的基础。合理的资本结构能够降低企业的资本成本，提高企业的盈利能力；而合理的利润分配政策则能够平衡股东利益和企业资金需求，促进企业的长期发展。企业需要不断优化其资本结构，并根据资本结构的调整来制定相应的利润分配政策。

3. 市场环境对两者关系的影响

市场环境的变化也会影响筹资活动与利润分配之间的关系。在经济繁荣时期，企业面临更多的投资机会和更低的筹资成本，可能会倾向于选择更多的股权筹资或债务筹资来支持其扩张计划；而在经济衰退时期，企业可能会面临更高的财务风险和更低的投资收益，此时需要更加谨慎地制定筹资和利润分配政策。

4. 长期规划对两者关系的影响

在企业的长期规划中，筹资活动与利润分配之间的关系更加紧密。企业需要根据其长期发展战略和目标来制定筹资和利润分配政策。例如，在成长期，企业可能需要更多的资金，支持其扩张计划，因此需要选择适当的筹资方式并适度控制利润分配比例；而在成熟期，企业可能需要通过优化利润分配政策来稳定股东关系并吸引更多投资者。

5. 风险管理对两者关系的影响

风险管理是企业在筹资和利润分配过程中必须考虑的重要因素。企业需要通过有效的风险管理措施来降低筹资成本和财务风险,同时确保利润的稳定增长。例如,企业可以通过多元化的筹资方式来降低筹资成本;通过合理的债务结构来降低财务风险;通过优化利润分配政策来平衡股东利益和企业资金需求等。

三、所有者权益变动影响分析

(一)股利政策对所有者权益的影响

目前我国上市公司主要采用派现和送股的形式发放股利,不同的股利发放形式对公司财务状况的影响是不同的:派现使公司的资产和所有者权益同时减少,股东手中的现金增加;送股使公司流通在外的股份数增加,账面的未分配利润减少,股本增加,影响每股账面价值和每股收益。

1. 派现

(1)派现的含义。派现即派发现金股利,是指公司以现金向股东支付股利的一种形式,是公司最常见的、最易被投资者接受的股利支付方式。这种形式能够满足大多数投资者希望得到稳定投资回报的要求。公司是否支付现金股利,既取决于公司是否有足额可供分配的利润,又取决于公司的投资需求、现金流量和股东意愿等因素。

(2)派现对所有者权益的影响。派现会导致公司现金流出,减少公司的资产和所有者权益规模,降低公司内部筹资的总量,既影响所有者权益内部结构,又影响整体资本结构。

【案例 4-6】 某公司有流通在外的股票 100 万股,每股股价 5 元,公司的市场价值总额为 500 万元。表 4-9 呈现了简化的上年年末的资产负债表。

表 4-9　　　　　　　　资产负债表(现金股利支付前)

单位:元

资产		负债及所有者权益	
现金	1 500 000	负债	0
其他资产	3 500 000	所有者权益	5 000 000
总计	5 000 000	总计	5 000 000

假设该公司管理层本年末决定每股发放 1 元的派现,支付股利后的公司资产负债表如表 4-10 所示。

表 4-10　　　　　　　　资产负债表(现金股利支付后)

单位:元

资产		负债及所有者权益	
现金	500 000	负债	0
其他资产	3 500 000	所有者权益	4 000 000
总计	4 000 000	总计	4 000 000

由表 4-10 可知,如果该公司决定每股发放 1 元的额外现金股利,则需支付现金 100 万元,这将导致公司资产的市场价值和所有者权益均下降到 400 万元,每股市值下降到 4 元。

派现将减少公司的资产和留存收益规模,影响公司的财务弹性,并影响公司整体的投资与筹资决策。所以,管理层在决定派现时,应当权衡各方面的因素。一般而言,公司派现决策的动机如下:

第一,消除不确定性动机。投资者对股利和资本利得有不同的偏好,大多数投资者认为,现金股利是在本期收到的实惠,而未来的资本利得则具有很大的不确定。公司通过派现可以消除投资者期望收益的不确定性,树立良好的市场形象。

第二,传递优势信息动机。根据股利传播信息论,在非完善资本市场中,派现常常被管理者用作传递公司未来前景的信息。当管理者对公司未来发展前景看好时,会通过一定的派现向市场传递公司的绩优信息,从而提高公司的股票价格。

第三,减少代理成本动机。将剩余的现金流量以股利的形式发放给股东,可以降低经营者控制企业资源的能力,从而降低因所有者和经营者之间的冲突而产生的代理成本。

第四,返还现金动机。每个公司都会走向成熟期,在这个阶段,公司很难找到投资收益率超过投资者要求的必要收益率的项目,这时就应该考虑向投资者派现,以稳定投资者的心态。

2. 送股

(1) 送股的含义。送股即送股票股利,是指公司以股票形式向投资者发放股利的一种方式。其具体做法是:在公司注册资本尚未足额时,以股东认购的股票作为股利支付,也可以通过发行新股支付股利。在实际操作过程中,有的公司在增发新股时,预先扣除当年应分配股利,减价配售给老股东;也有的公司在发行新股时进行无偿增资配股,即股东无须缴纳任何现金或实物即可取得公司发行的股票。

公司选择送股的动因如下:①送股固然不会增加股票的内在价值,但是对股东来说,将收益作为本金留存公司是一种再投资行为。只要公司长期经营前景良好,股票红利就很诱人。②从市场评价来看,送股相当吸引人。大量送股后,每股收益被稀释,填补每股盈利的缺口给公司经营提出了更高的要求。根据信息理论,大量送股会向市场释放一个信号——公司对盈利增长有信心。③公司送股决策最直接的动因还是更多地筹资。例如,承销商会建议某些小盘股公司先送红股,将盘子做大,然后配股,这样股价不致太高,公司还可以多筹资。④送股还有避税、降低交易成本等优点。

(2) 送股对所有者权益的影响。送股是一种比较特殊的股利形式,它不直接增加股东的财富,不会导致企业资产的流出或负债的增加,不影响公司资产、负债及所有者权益总额的变化。送股所影响的只是所有者权益内部相关项目及其结构的变化,即将未分配利润转为股本(面值)或资本公积(超面值溢价)。

(3) 送股对每股收益和每股市价的影响。送股后,如果盈利总额不变,普通股股数的增加会引起每股收益和每股市价的下降。但由于股东所持股份的比例不变,每位股东所持股票的市场价值总额仍保持不变。

发放股票股利对每股收益和每股市价的影响,可以通过对原每股收益、每股市价的调整直接算出。其计算公式如下:

$$发放股票股利后的每股收益 = E_0/(1+D_5)$$

式中:E_0——发放股票股利前的每股收益;

D_5——股票股利发放率。

发放股票股利后的每股市价 $= M/(1+D_5)$

式中：M——除权日的每股市价。

【案例 4-7】 假定 X 公司本年净利润为 25 000 万元，股利分配时的股票市价为 20 元/股，发行在外的流通股股数为 20 000 万股，股利分配政策为 10 股送 0.5 股，则每股收益和每股市价的影响计算如下：

$$送股后的每股收益 = 25\,000 \div [20\,000 \times (1+5\%)] = 1.19(元)$$

$$送股后的每股市价 = 20 \div (1+5\%) = 19.05(元)$$

(4) 转增股本与送股。转增股本是指公司将资本公积转化为股本。转增股本并没有改变股东的权益，却增加了股本的规模，因而其客观结果与送股相似。

(二) 股票分割对所有者权益的影响

1. 股票分割的含义

股票分割是指在保持原有股本总额的前提下，将每股股份分割为若干股，使股票面值降低而股票数量增加的行为。

股票分割对中小投资者更具吸引力，具体说来可归纳为：

(1) 股票分割可降低公司股票的市场价格，从而易于其在市场上流通。这有利于吸引更多投资者买卖公司股票。

(2) 股票分割实际上是向投资者传递公司发展前景良好的信息。因为股票分割意味着公司想以较低的发行价吸引投资者购买其新股票，公司的股票价格有上升趋势。

(3) 如果股票分割后每股现金股利比股票分割前高，股东可获得较多的收益，从而对公司的发展充满信心，并且不会随便出售所持股票。这无疑有利于稳定公司的股票价格。

当然，公司如果认为流通中的股票价格过低，可通过反向分割的方法将每股价格提高。在国际上，股票的分割和反向分割都会受到有关法律的限制。

2. 股票分割对所有者权益的影响

股票分割不属于股利分配，但与股票股利在效果上有一些相似之处，即股票分割也不会直接增加股东财富，不影响公司资产、负债及所有者权益的金额变化。与送股的不同之处在于，股票股利会导致所有者权益有关项目的结构发生变化，而股票分割则不会改变公司的所有者权益结构。

3. 股票分割对每股收益和每股市价的影响

虽然股票分割不属于某种股利形式，但和股票股利一样，它会对公司的每股收益、每股市价等产生影响。在其他条件不变的情况下，股票分割会使公司的每股收益和每股市价下降。

(三) 库存股对所有者权益的影响

1. 库存股的概念

库存股也称库藏股，是指公司回购而没有注销并由公司自行持有的已发行的股份。库存股在回购后并不一定注销，由公司持有并决定其后续用途，在适当的时机可以再向市场出售或用于对员工的激励。库存股是发行总股本的减项，可以被理解为将股利一次性支付给股东，属于一种间接股利分配形式。

股票回购的原因一般有以下两点:①实施基于股票的管理层激励,使管理层可以以低于市价的价格购买公司的股票,从而使管理层利益和股东利益一致。②提高每股收益,减少发行在外的股票数量,会使每个股东享有的利润份额增加,从而提高每股收益。

库存股同时具备以下四个特点:①库存股是本公司发行的股票;②库存股是已发行的股票;③库存股是收回后尚未注销的股票;④库存股是可以再次出售的股票。

根据定义,我们也可以作如下理解:凡是公司未发行的股票、公司持有的其他公司的股票,以及公司已收回并注销的股票,都不能被视为库存股。

回购股份时的会计分录为:

借:库存股
　　贷:银行存款

注销回购股份时的会计分录为:

借:股本(回购数×股票购买的价格)
　　资本公积(也可以在贷方,表示回购价格低于股本价格)
　　贷:库存股

其中,按股本和回购价格先冲减资本公积,再冲减盈余公积,不够冲减的情况下再冲减未分配利润。

除了股票回购,本公司股东或债务人以股票抵偿公司债务、股东捐赠本公司的股票等行为都会形成库存股。

2. 库存股对公司所有者权益的影响

(1)库存股不是公司的一项资产,而是所有者权益的减项。库存股发生时不影响总股本的变化,注销时库存股对所有者权益总额有影响。具体可见案例4-8。

【案例4-8】 某公司2021年股票为100 000 000股,面值1元,资本公积(股本溢价)为30 000 000元,盈余公积为40 000 000元。经过股东大会批准,以现金回购本公司股票20 000 000股并注销。假定按每股2元回购,其账务处理如下:

借:股本　　　　　　　　　　　　　　　　　　　　　　20 000 000
　　资本公积——股本溢价　　　　　　　　　　　　　　20 000 000
　　贷:库存现金　　　　　　　　　　　　　　　　　　　　　　40 000 000

(2)库存股的变动不影响损益,只影响所有者权益。由于库存股不是公司的一项资产,再次发行库存股时,其所产生的收入与取得时的账面价值之间的差额不会引起公司损益的变化,而是引起公司所有者权益的增加或减少。例如,公司以低价格买入库存股,以高价格卖出库存股,则成本和卖价间的差异会记录为资本公积的增加。

(3)库存股的权利受限。库存股没有具体股东,因此,库存股的权利会受到一定的限制。例如,它不具有股利分派权、表决权、优先认购权、分派剩余财产权等。

2. 对库存股分析应该注意的问题

从实质影响看,股票回购可以被认为是将股利一次性支付给股东,属于间接股利分配形式,但股票回购比高股利政策对财务影响更显著:①合理增加库存股能进一步提高股票价格,吸引投资者。公司通过增加库存股可以减少发行在外的流通股,从而达到提高每股净收益和每股股利的目的,以保持或提高股价。②合理增加库存股可减少股东人数,化解外部控制风险或减少施加重要影响的公司和企业,以避免公司自身被收购或恶意运作。③公司通过库存股的合理运用,可以调整自身资本结构,保证股东和债权人的利益。

库存股会影响到公司的股价、资本结构、公司形象等,因此在报表分析中应该注意以下几项:

(1)法律、法规、章程等对发行在外的股票数量及金额的限制。

(2)法律、法规、章程等对库存股享有股利分配权利的限制。

(3)依法回收股票的原因、库存股的增减变动状况。

(4)法律、法规、章程对库存股所享有的股东权利的限制。

(5)若子公司于母公司财务报表期间持有母公司股票,母公司利润表应揭示相关资料,并在财务报表附注中揭示子公司购入的股数及账面价值、再出售股数及售价、期末持有数及市价。

(6)有无利用股票回购进行内幕交易、操纵股价、粉饰财务数据、误导投资者、满足公司管理层短期行为的动机等。

第五节 筹资活动现金流量分析

一、筹资活动现金流量一般分析

筹资活动现金流量一般分析,是指根据现金流量表中"筹资活动产生的现金流量部分"的数据,对企业筹资活动现金流量变动情况进行分析与评价。

【案例 4-9】 筹资活动现金流量一般分析

表 4-11 是 FXYY 公司 2022 年现金流量表中筹资活动产生的现金流量部分的数据。

表 4-11　　　　　　　FXYY 公司 2022 年筹资活动现金流量表

单位:万元

项目	2022 年	2021 年
吸收投资收到的现金	463 743.29	96 271.01
其中:子公司吸收少数股东投资收到的现金	12 797.94	96 230.70
取得借款所收到的现金	3 002 752.87	2 920 276.05
收到其他与筹资活动有关的现金	62 159.53	32 666.64
筹资活动现金流入小计	3 528 655.70	3 049 213.70
偿还债务支付的现金	2 628 014.06	2 739 194.79
分配股利、利润或偿付利息支付的现金	251 621.64	220 589.34
其中:子公司支付给少数股东的股利、利润	14 184.65	29 193.33

(续表)

项目	2022年	2021年
支付其他与筹资活动有关的现金	206 172.52	171 370.29
筹资活动现金流出小计	3 085 808.22	3 131 154.42
筹资活动产生的现金流量净额	442 847.47	−81 940.72

由表 4-11 可知,FXYY 公司 2021 年、2022 年筹资活动使用的现金流量净额分别为 −81 940.72 万元和 442 847.47 万元,呈明显上升趋势。其主要原因是 2022 年筹资活动现金流入小计增加,而流出小计减少。2022 年"吸收投资收到的现金"较 2021 年大幅增加是现金流量净额由负转正的重要因素。

此外,值得注意的是,"分配股利、利润或偿付利息支付的现金"虽有上升,但"其中:子公司支付给少数股东的股利、利润"却出现了减少,说明这部分现金流出主要都用于偿付利息支付的现金,这和公司筹资活动主要依赖借款的状况是相吻合的。

二、筹资活动现金流量水平分析

筹资活动现金流量的一般分析只说明了企业当期现金流量变动的原因,没能揭示本期现金流量变动与前期或预计现金流量变动的差异。通过水平分析法对现金流量进行分析,可以解决这个问题。

【案例 4-10】 筹资活动现金流量水平分析

以表 4-11 的资料为基础,编制 FXYY 公司筹资活动现金流量水平分析表,如表 4-12 所示。

表 4-12　　　　　　　　FXYY公司筹资活动现金流量水平分析表

单位:万元

项目	年份		变动情况	
	2022年	2021年	变动额	变动率
吸收投资收到的现金	463 743.29	96 271.01	367 472.28	381.71%
其中:子公司吸收少数股东投资收到的现金	12 797.94	96 230.70	−83 432.76	−86.70%
取得借款所收到的现金	3 002 752.87	2 920 276.05	82 476.82	2.82%
收到其他与筹资活动有关的现金	62 159.53	32 666.64	29 492.89	90.28%
筹资活动现金流入小计	3 528 655.70	3 049 213.70	479 442.00	15.72%
偿还债务支付的现金	2 628 014.06	2 739 194.79	−111 180.73	−4.06%
分配股利、利润或偿付利息支付的现金	251 621.64	220 589.34	31 032.30	14.07%
其中:子公司支付给少数股东的股利、利润	14 184.65	29 193.33	−15 008.68	−51.41%
支付其他与筹资活动有关的现金	206 172.52	171 370.29	34 802.23	20.31%

(续表)

项目	年份		变动情况	
	2022年	2021年	变动额	变动率
筹资活动现金流出小计	3 085 808.22	3 131 154.42	−45 346.20	−1.45%
筹资活动产生的现金流量净额	442 847.47	−81 940.72	524 788.19	−640.45%

由表 4-12 可知，FXYY 公司筹资活动现金总流入较上年增长了 15.72%。在流入项目中，变化幅度最大的项目是"吸收投资收到的现金"，2022 年较 2021 年增加了 367 472.28 万元，增长幅度为 381.71%，说明公司自有资金扩大，能进一步增强公司的稳定性。筹资活动现金总流出较上年减少了 1.45%。在流出项目中，变化幅度最大的项目是"子公司支付给少数股东的股利、利润"，较 2021 年减少了 51.41%，该项目的减少说明公司对股东的分红水平下降，其可能是企业资金紧张等原因造成的。

三、筹资活动现金流量结构分析

筹资活动现金流量结构分析，目的在于揭示筹资活动现金流入量和现金流出量的结构情况，从而抓住筹资活动现金流量管理的重点。可通过编制筹资活动现金流量垂直分析表，对企业筹资活动现金流量的结构进行分析。

【案例 4-11】 筹资活动现金流量结构分析

以表 4-11 的资料为基础，编制 FXYY 公司 2022 年筹资活动现金流量结构分析表，如表 4-13 所示。

表 4-13　　　　FXYY 公司 2022 年筹资活动现金流量结构分析表

单位：万元

项目	现金流入量	现金流出量	流入结构	流出结构
吸收投资收到的现金	463 743.29		13.14%	
其中：子公司吸收少数股东投资收到的现金	12 797.94		0.36%	
取得借款所收到的现金	3 002 752.87		85.10%	
收到其他与筹资活动有关的现金	62 159.53		1.76%	
筹资活动现金流入小计	3 528 655.70		100%	
偿还债务支付的现金		2 628 014.06		85.16%
分配股利、利润或偿付利息支付的现金		251 621.64		8.15%
其中：子公司支付给少数股东的股利、利润		14 184.65		0.46%
支付其他与筹资活动有关的现金		206 172.52		6.68%
筹资活动现金流出小计		3 085 808.22		100%

由表4-13可知，FXYY公司2022年筹资活动现金流入的主要项目是"取得借款所收到的现金"，该项目现金流入为3 002 752.87万元，占筹资活动现金总流入的比重为85.10%。这说明公司筹资活动主要依靠债务资金，这会增加公司的财务风险。结合水平分析的结果，我们也能看出公司目前计划通过增加股本的方式来降低财务风险。筹资活动现金流出的主要项目是"偿还债务支付的现金"，该项目产生的现金流出为2 628 014.06万元，占筹资活动现金总流出的比重为85.16%。该项目所占比重与"取得借款所收到的现金"所占比重基本相同，但从金额上看，依然低于后者，说明公司目前仍然处于对债务资金较为依赖的境地。

4-4 拓展知识-现金流量表列报的常见问题和处理

本章小结

筹资活动会计分析是指将会计分析方法应用于对反映企业筹资活动的会计信息进行分析，揭示会计政策、会计估计及会计方法等对企业筹资活动会计信息质量的影响，从而可修正筹资活动会计信息，准确反映筹资活动的状况及结果，保证筹资活动分析结论的可靠性。筹资活动会计分析的内容可分为四个部分：①筹资活动分析与企业战略；②负债筹资会计分析；③所有者权益筹资会计分析；④筹资活动现金流量分析。

筹资活动分析的内容分为筹资活动规模分析和筹资活动结构分析两部分。筹资活动规模分析即对企业权益规模变动的分析，就是利用水平分析法从数量上了解企业负债和所有者权益的变动情况，分析变动的合理性。企业的筹资结构通过权益结构反映，筹资活动结构分析即对权益结构进行分析，通过权益结构与变动的分析判断企业的资源配置是否合理。企业的筹资战略是通过筹资活动执行的，因此通过对企业筹资活动的分析可以了解企业的筹资战略。

负债筹资会计分析由流动负债会计分析和非流动负债会计分析两部分构成。流动负债会计分析包括对短期借款、应付票据、应付账款、应交税费等项目的分析。非流动负债会计分析包括对长期借款、长期应付款项目的分析。

所有者权益筹资会计分析由三部分构成，具体包括股权筹资分析、留存收益筹资分析和所有者权益变动影响分析。股权筹资分析是对实收资本和资本公积两个项目进行分析。留存收益筹资分析包括对盈余公积和未分配利润两个项目的分析。所有者权益变动影响分析具体可分为股利政策对所有者权益的影响、股票分割对所有者权益的影响和库存股对所有者权益的影响三部分。

企业筹资活动产生的现金流在现金流量表中分为筹资活动流入的现金和筹资活动流出的现金两个部分。筹资活动现金流量分析具体包括三个方面的分析：筹资活动现金流量的一般分析、筹资活动现金流量的水平分析、筹资活动现金流量的结构分析。

关键概念

筹资活动　流动负债　非流动负债　所有者权益

思考题

1. 影响筹资战略选择的因素有哪些？这些因素如何对筹资战略产生影响？

2. 送股与公积金转增股本对公司的财务状况影响是否相同？为什么？
3. 公司在有利润的情况下仍采取暂不分配政策，其原因是什么？
4. 试述公司派现的动机及其对所有者权益的影响。

课后练习

一、单项选择题

1. 短期借款的特点是(　　)。
   A. 风险较大　　　　　　　　　　B. 无须担保
   C. 弹性较差　　　　　　　　　　D. 满足长期资金需求
2. 下列项目中，不影响当期所有者权益变动额的项目是(　　)。
   A. 综合收益总额　　　　　　　　B. 所有者投入和减少资本
   C. 所有者权益内部结转　　　　　D. 利润分配
3. 产生库存股的条件是(　　)。
   A. 股票回购　　　　　　　　　　B. 股票分割
   C. 股票股利　　　　　　　　　　D. 流通股权对价
4. 某公司本年净利为2 000万元，股利分配时的股票市价为20元/股，发行在外的流通股股数为1 000万股，股利分配政策为"10"送"2"，则稀释每股收益为(　　)元。
   A. 1.67　　　　B. 2　　　　C. 16.67　　　　D. 20
5. 下列各项中，会引起留存收益总额发生增减变动的是(　　)。
   A. 盈余公积转增资本　　　　　　B. 盈余公积补亏
   C. 资本公积转增资本　　　　　　D. 提取任意盈余公积
6. 股票分割可能会引起的变化不包括(　　)。
   A. 股票市场价格下降　　　　　　B. 股票面值下降
   C. 股票数量增加　　　　　　　　D. 每股收益增加

二、多项选择题

1. 企业利用举借债务的方式募集资金，会对企业产生的影响有(　　)。
   A. 负债比重提高　　　　　　　　B. 债务负担加大
   C. 财务杠杆作用加大　　　　　　D. 经营杠杆放大
   E. 约束经理人员的自利行为
2. 运用所有者权益方式(包括追加投资和留存收益)募集资金，会产生的影响有(　　)。
   A. 运用不当会失去投资人的支持
   B. 有助于企业财务实力提升
   C. 促进企业步入良性循环
   D. 为可持续发展提供源源不断的资金来源
   E. 对企业固流结构产生不利影响
3. 分析企业股东权益结构应考虑的因素有(　　)。
   A. 股东权益总量　　　　　　　　B. 企业利润分配政策
   C. 企业控制权　　　　　　　　　D. 权益资本成本

E. 经济环境

4. 短期借款变动的原因有（　　）。

A. 流动资产资金需要
B. 节约利息支出
C. 调整负债结构和财务风险
D. 增加企业资金弹性
E. 保持企业权益结构的稳定性

5. 资本公积有其特定的来源，主要包括（　　）。

A. 盈余公积转入
B. 资本溢价
C. 接受捐赠
D. 汇率变动差额
E. 从税后利润中提取

6. 将会稀释每股收益的决策方案有（　　）。

A. 派现
B. 送股
C. 股票分割
D. 股票回购
E. 债转股

7. 所有者权益内部结转包括（　　）。

A. 资本公积转增资本
B. 盈余公积转增资本
C. 盈余公积弥补亏损
D. 股票分割
E. 股票回购

三、判断题

1. 负债结构的变动一定会引起负债规模的变动。（　　）
2. 如果本期未分配利润少于上期，说明企业本期经营亏损。（　　）
3. 商业信用带来的负债不会产生实际成本，因而可以尽量推迟支付，以便多占用对方资金。（　　）
4. 在对负债和权益进行结构分析时，只需要比较债务和权益所占的比重即可。（　　）
5. 库存股是指公司收回的已发行且尚未注销的、不可以再次出售的股票。（　　）
6. 转增股本是指公司将盈余公积转化为股本，它并没有改变股东的权益规模。（　　）

四、简答题

1. 引起短期借款发生变化的具体原因有哪些？
2. 引起应付票据及应付账款发生变动的原因有哪些？
3. 公司选择派现的动机有哪些？
4. 简述资本结构与利润分配的关系。

五、计算分析题

1. 负债变动情况和负债结构分析

大华公司负债变动情况如表4-14所示。

表4-14　　　　　　　　大华公司负债变动情况资料

单位：万元

项目	期初余额	期末余额
流动负债：		
短期借款	75 000	75 200

(续表)

项目	期初余额	期末余额
应付票据	11 250	14 000
应付账款	11 250	13 200
预收账款	3 600	8 200
应付职工薪酬	405	0
应交税费	6 750	3 200
其他应付款	270	774
其他流动负债	3 000	2 200
流动负债合计	111 525	116 774
非流动负债：		
长期借款	30 000	36 800
应付债券	37 500	40 000
长期应付款	271 500	362 000
非流动负债合计	339 000	438 800
负债总计	450 525	555 574

要求：(1) 对负债的变动情况进行分析。
(2) 对负债结构进行分析。

2. 某公司有流通在外的股票600万股，每股市价3元，公司的市场价值总额为1 800万元。简化的当年年末资产负债表如表4-15所示。

表4-15　　　　　　　　资产负债表(现金股利支付前)

单位：万元

资产		负债及所有者权益	
货币资金	750	负债	0
其他资产	1 050	所有者权益	1 800
合计	1 800	合计	1 800

要求：假设该公司本年年末决定每股有1元的派现，试计算支付股利后的公司市场价值、所有者权益和每股市价。

3. 顺利公司2021—2022年筹资活动现金流量如表4-16所示。

表4-16　　　　　　顺利公司2021—2022年筹资活动现金流量表

单位：万元

项目	2022年	2021年
吸收投资收到的现金	185 497.32	38 508.40

■ 财务分析

(续表)

项目	2022 年	2021 年
其中:子公司吸收少数股东投资收到的现金	5 119.18	38 492.28
取得借款所收到的现金	1 201 101.15	1 168 110.42
收到其他与筹资活动有关的现金	24 863.81	13 066.66
筹资活动现金流入小计	1 411 462.28	1 219 685.48
偿还债务支付的现金	1 051 205.62	1 095 677.92
分配股利、利润或偿付利息支付的现金	100 648.66	88 235.74
其中:子公司支付给少数股东的股利、利润	5 673.86	11 677.33
支付其他与筹资活动有关的现金	82 469.01	68 548.12
筹资活动现金流出小计	1 234 323.29	1 252 461.77
筹资活动产生的现金流量净额	177 138.99	−32 776.29

要求:对该公司筹资活动现金流量变动情况进行分析。

第五章 经营活动会计分析

学习目标

1. 掌握经营活动规模分析和结构分析。
2. 掌握收入业务的会计分析。
3. 掌握成本费用的会计分析。
4. 掌握利润的会计分析。
5. 掌握经营活动的现金流量分析。
6. 了解经营活动和企业战略之间的关系。
7. 通过了解经营分析,培养学生的诚信意识和法治意识。

引导案例

2024年3月26日晚间,复星医药发布《2023年年度报告》称,2023年营业收入414.00亿元,同比下降5.81%;归属于上市公司股东的净利润23.86亿元,同比下降36.04%;归属于上市公司股东的扣除非经常性损益的净利润20.11亿元,同比下降48.08%。

复星医药解释称,营业收入同比变动主要是受到新冠相关产品[包括复必泰(mRNA新冠疫苗)、捷倍安(阿兹夫定片)、新冠抗原及核酸检测试剂等]收入同比大幅下降的影响。不含新冠相关产品,报告期内复星医药营业收入同比增长约12.43%,其中,汉斯状(斯鲁利单抗注射液)、注射用曲安珠单抗(中国境内商品名:汉曲优)、苏可欣(马来酸阿伐曲泊帕片)等重点品种的收入保持快速增长。

至于归属于上市公司股东的扣除非经常性损益的净利润同比减少,复星医药表示,主要影响因素包括:①新冠相关产品和资产进行处置及计提减值准备共计约6.83亿元,以及新冠相关产品收入大幅下降导致相应的利润减少;②美元加息、升值等因素以及计息负债规模变化,导致财务费用同比增加3.37亿元;③管理费用同比增加,剔除新并购公司的影响,同口径管理费用增加2.64亿元;④受Gland Pharma新并购子公司Cenexi的影响,净利润同比减少。

年报显示,复星医药直接运营的业务包括制药、医疗器械、医学诊断、医疗健康服务,并通过参股国药控股覆盖到医药商业领域。创新产品上市带来的产品结构优化和销售增长,是报告期内业绩的主要驱动因素。

此外,年报提到,报告期内,复星医药共有6个创新药的8项适应症获批上市,获独家商业化许可的 4 个产品分别于中国境内获批上市。与此同时,复星医药在研管线快速推进,报告期内,自主研发、合作开发及许可引进的 5 个产品共 7 项适应症进入上市前审批阶段。此外,报告期内,集团共有 20 项创新药/生物类似药项目(按适应症计算)获批开展临床试验。

企业的经营活动会计分析的内容包括哪些方面?如何对企业的收入和成本费用进行分析?如何对企业的利润进行分析?这些是在本章需要学习的内容。

(资料来源:根据《复星医药 2023 年年度报告》整理)

第一节 经营活动会计分析的内涵

一、经营活动会计分析的含义及目的

(一)经营活动会计分析的含义

经营活动是资本的耗费过程和资本的收回过程,包括发生的各种成本费用和取得的各项收入。企业经营活动中的收入减去成本费用,是企业的经营成果,即利润。利润是企业在一定会计期间的经营活动所产生的最终财务成果,它反映了企业的盈利能力和经营效益。利润的大小不仅关系企业的生存和发展,也是衡量企业经营成果好坏的主要指标之一。在企业经营活动中,影响收入、成本和利润的有生产要素,以及商品或劳务的数量、结构、质量、消耗、价格等因素。

经营活动会计分析是指将会计分析方法应用于对反映企业经营活动及成果的会计信息进行分析,揭示会计政策、会计估计及会计方法等对企业经营活动及成果的会计信息质量的影响,从而可修正经营活动会计信息,准确反映经营活动的状况及结果,保证经营活动分析结论的可靠性。

(二)经营活动会计分析的目的

企业经营活动的目的在于以较低的成本费用,取得较多的收入,实现更多的利润。因此,经营活动会计分析的目的是在对企业的收入、成本费用和利润进行会计分析的基础上,准确反映企业经营活动的状况以及经营成果,评价企业业绩。具体而言,经营活动会计分析的目的包括以下五个方面:

第一,通过收入趋势分析,一方面可以了解企业的整体经营状况是否健康,以及是否达到了预期的经营目标。另一方面还可以预测企业未来的发展趋势和潜力。这有助于企业制定更加合理的发展战略和计划。通过收入趋势分析,可以发现企业潜在的增长机会,如新市场、新产品或新客户群等。同时,也能发现潜在的经营风险,如客户流失、竞争加剧等,从而提前采取相应的措施进行应对。

第二,通过成本趋势分析,可以揭示企业在生产、销售等各个环节中的成本变化和异常情况,从而及时发现问题并采取措施加以解决,避免成本失控。通过成本趋势分析,可以了解与判断企业的经营方向及效果,进而分析、预测企业已销售产品的成本构成、变动情况和变动原因。

第三,通过利润分析,可以正确评价企业各方面的经营业绩。由于利润受各环节和各方面的影响,通过不同环节的利润分析,可准确说明各环节的业绩。例如,通过产品营业利润分析,不仅可说明产品营业利润受哪些因素影响以及影响程度,而且可说明是主观影响还是客观影响,是有利影响还是不利影响等,这对于准确评价各部门和各环节的业绩是十分必要的。

第四,通过利润分析,可以发现企业在各环节存在的问题或不足,为进一步改进企业经营管理工作指明了方向。这有利于促进企业全面改善经营管理,使利润不断增长。

第五,利润分析还可以为投资者、债权者的投资与信贷决策提供正确信息。这是财务分析的重要作用之一。通过对企业利润的分析,可以揭示企业的经营潜力及发展前景,从而做出正确的投资与信贷决策。此外,利润分析对于国家宏观管理者研究企业对国家的贡献也有重要意义。

二、经营活动与会计报表

(一) 经营活动与利润表

利润表全面综合地反映了企业的经营活动状况及其结果。具体而言,利润表反映了企业经营活动的收入实现情况,费用耗费情况以及由此计算出来的企业利润(或亏损)情况。

1. 收入实现情况

经营活动是企业获取收入的主要途径。企业在销售商品、提供劳务等经营活动中,通过销售收入的确认和计量,将营业收入反映在利润表中。因此,收入实现情况是利润表编制的基础之一,也是评价企业经营状况的重要指标。

2. 费用耗费情况

在经营活动中,企业不可避免地会产生各种费用,如生产成本、销售费用、管理费用等。这些费用的耗费情况将直接影响企业的利润水平。利润表通过列示各项费用,反映企业在一定会计期间内的费用耗费情况,为评价企业经营成本提供依据。

3. 企业利润情况

利润表是企业经营成果的直接体现。通过将营业收入与各项费用相抵后得出的净利润,反映企业在一定会计期间内的经营成果。经营成果的好坏不仅体现了企业的盈利效能,还关乎企业的生存与发展。

我国目前采用的是多步式利润表。多步式利润表提供了企业各环节利润的情况,主要包括:

(1) 营业利润。营业利润是指企业营业收入与营业成本、税金及附加、期间费用、资产减值损失、信用减值损失之间的差额,并在此基础上加上公允价值变动收益、投资收益和其他收益。它反映了企业自身生产经营以及对外投资所获得的利润。

(2) 利润总额。利润总额是反映企业全部利润的指标,它不仅包括企业的营业利润,而且包含企业的营业外收支情况。

(3) 净利润。净利润是指企业所有者最终取得的利润,或可供企业所有者分配或使用的利润。它等于利润总额与所得税之间的差额。

(二)经营活动与现金流量表

企业经营活动产生的现金流量在现金流量表中具体可分为经营活动流入的现金和经营活动流出的现金两个部分:

1. 经营活动流入的现金

经营活动流入的现金项目主要包括:(1)销售商品、提供劳务收到的现金:反映企业因销售商品、提供劳务实际收到的现金(含销售收入和应向购买者收取的增值税销项税额),包括本期销售商品、提供劳务收到的现金,以及前期销售和前期提供劳务本期收到的现金及本期预收的账款,减去本期退回本期销售的商品和前期销售本期退回商品支付的现金。企业销售材料和代购代销业务收到的现金也包括在本项目中。(2)收到的税费返还:反映企业收到的税务部门返还的各种税费。(3)收到其他与经营活动有关的现金:反映企业除了上述各项目,收到的其他与经营活动有关的现金流入,如经营租赁收到的租金、罚款收入、流动资产损失中有个人赔偿的现金收入等。

2. 经营活动流出的现金

经营活动流出的现金项目主要包括:(1)购买商品、接受劳务支付的现金:反映企业购买材料和商品、接受劳务实际支付的现金,包括本期购入材料和商品、接受劳务支付的现金(包括增值税进项税额),以及本期支付前期购入材料和商品、接受劳务的未付款项和本期预付款项,本期因购货退回而收到的现金则应从本项目中减去。(2)支付给职工以及为职工支付的现金:反映企业实际支付给职工的工资、奖金、各种津贴和补贴,以及为职工支付的"五险一金"和其他福利费用等。(3)支付的各项税费:反映企业按规定支付的各种税费,包括本期发生并支付的税费,以及本期支付以前各期发生的税费和预缴的税金,如支付的所得税、增值税消费税、印花税、房产税、土地增值税、车船税、教育费附加等,不包括计入固定资产价值、实际支付的耕地占用税等。(4)支付其他与经营活动有关的现金:反映企业除了上述各项目,支付的其他与经营活动有关的现金流出,如企业罚款支出、差旅费、业务招待费、保险费等。

(三)经营活动与会计报表附注

会计报表附注在分析企业经营活动中具有重要的作用。通过对会计报表附注的阅读和分析,可以更加全面、深入地了解经营活动中各项目变动情况及其具体原因。会计报表附注中涉及经营活动的内容包括关于收入、成本费用、投资收益等的会计原则与会计政策的选择与变动、关联方关系及其交易的披露等。

三、经营活动会计分析的内容

(一)经营活动分析与企业战略

经营活动分析的内容分为经营活动规模分析和经营结构分析两部分。经营活动的规模分析就是对利润表进行水平分析,将利润表的实际数与对比标准或基数进行比较,以揭示利润额的差异及其产生原因。经营结构分析也需要在利润表的基础上,编制利润结构变动分析表,通过计算各项目占营业收入的比重,分析利润表各项目的构成情况及其变动的合理程度。企业的经营战略是通过经营活动执行的,因此,通过对企业的经营活动的分析,可以了解企业的经营战略。

(二) 收入业务会计分析

收入从广义上说,包括营业收入、投资收入和营业外收入等。企业收入从狭义上说是指营业收入。收入业务会计分析的内容包括收入确认与计量分析、收入趋势分析和收入构成分析三个部分。

(三) 成本费用会计分析

成本费用是企业为了获得经济利益而必须付出的资源消耗。从分类上来看,成本费用可分为营业成本和期间费用。成本费用会计分析的内容包括成本费用的内涵、营业成本分析和期间费用分析三部分。通过对成本费用进行分析,可以找出影响成本升降的原因,为降低成本费用、促进财务成果的增长指明方向。

(四) 利润会计分析

利润会计分析包括主营业务利润因素分析、营业利润与经营现金净流量对比分析和经营活动现金流量分析三部分。主营业务利润因素分析能够综合反映企业主营业务最终的财务成果,它的变化可能受销售量、品种构成、价格、质量、成本和税率等诸多因素的影响。通过将营业利润与经营现金净流量进行对比分析,可以了解营业利润产生现金净流量的能力。通过经营活动现金流量分析,可以了解利润的质量。经营活动产生的现金流在现金流量表中分为经营活动流入的现金和经营活动流出的现金两个部分。经营活动现金流量分析具体包括三个方面:经营活动现金流量的一般分析、经营活动现金流量的水平分析、经营活动现金流量的结构分析。

第二节 经营活动分析与企业战略

一、经营活动整体分析

(一) 经营活动规模分析

经营活动的规模分析包括对收入、成本费用和利润的规模分析。此处主要对利润进行规模分析,收入和成本费用的规模分析属于本章第三节和第四节的内容。利润的规模分析是将企业利润的实际数与对比标准或基数进行比较,以揭示利润额的差异及产生原因。由于利润对比标准或基数不同,其分析目的或作用也不同。

当以利润预算为对比基数时,分析的目的在于评价利润预算完成情况,揭示影响利润预算完成情况的原因;当以上年利润为对比基数时,分析的目的在于评价利润增减变动情况,揭示本年利润与上年对比产生差异的原因。

【案例 5-1】 利润变动情况分析

FXYY 公司 2022 年的利润水平分析如表 5-1 所示,运用水平分析法可分析公司这两年利润的变动情况。

表 5-1　　　　　　　　　　FXYY 公司利润水平分析表

单位:万元

项目	2022 年	2021 年	变动额	变动率
营业收入	4 395 154.69	3 901 118.43	494 036.26	12.66%
减:营业成本	2 316 969.04	2 022 978.47	293 990.57	14.53%
税金及附加	22 779.94	23 447.11	−667.17	−2.85%
销售费用	917 117.61	910 080.32	7 037.29	0.77%
管理费用	382 810.29	322 688.27	60 122.02	18.63%
研发费用	430 209.29	383 730.27	46 479.02	12.11%
财务费用	64 740.27	46 402.15	18 338.12	39.52%
其中:利息费用	96 380.69	82 254.02	14 126.67	17.17%
利息收入	28 263.46	23 378.47	4 884.99	20.90%
加:其他收益	38 415.45	32 783.30	5 632.15	17.18%
投资收益	437 784.26	462 382.60	−24 598.34	−5.32%
其中:对联营企业和合营企业的投资收益	183 514.61	178 913.69	4 600.92	2.57%
公允价值变动(损失)/收益	−249 836.85	35 229.86	−285 066.71	−809.16%
信用减值损失	−6 536.91	−7 401.58	864.67	−11.68%
资产减值损失	−27 248.78	−82 987.33	55 738.55	−67.17%
资产处置收益/(损失)	12 560.23	−1 541.87	14 102.10	−914.61%
营业利润	465 665.65	630 256.82	−164 591.17	−26.11%
加:营业外收入	3 545.91	2 866.13	679.78	23.72%
减:营业外支出	11 773.39	28 855.89	−17 082.50	−59.20%
利润总额	457 438.17	604 267.06	−146 828.89	−24.30%
减:所得税费用	62 691.75	106 640.12	−43 948.37	−41.21%
净利润	394 746.42	497 626.94	−102 880.52	−20.67%

对利润表水平分析的评价,应抓住几个关键利润指标的变动情况进行,通常包括以下分析内容:

1. 净利润分析

净利润是指企业所有者最终取得的财务成果,或可供企业所有者分配或使用的财务成果。本例中,FXYY 公司 2022 年实现净利润 394 746.42 万元,比上年下降了 102 880.52 万元,变动率为 −20.67%。从水平分析表看,公司净利润下降主要是利润总额比上年下降 146 828.89 万元引起的,所得税费用受公司应税利润减少及研发费用因阶段性税费优惠政策等因素影响,比上年下降 43 948.37 万元。最终在两者的共同作用下,净利润较 2021 年下降了 102 880.52 万元。

2. 利润总额分析

利润总额是反映企业全部财务成果的指标,它不仅反映企业的营业利润,还可以反映企业的营业外收支情况。本例中,FXYY 公司 2022 年利润总额下降 146 828.89 万元,究其原因是公司营业利润减少,FXYY 公司营业利润较上年减少 164 591.17 万元,降幅为 26.11%。同时,营业外收入的增加使利润总额增加了 679.78 万元,营业外支出的减少使利润增加了 17 082.50 万元,但这两项对利润总额的影响较小。

3. 营业利润分析

营业利润是企业计算利润的第一步,通常也是一定时期内企业盈利最主要、最稳定的来源,具体是指企业营业收入与营业成本、税金及附加、期间费用、资产减值损失、资产变动净收益之间的差额。它既包括企业在销售商品、提供劳务等日常活动中所产生的营业毛利,又包括企业公允价值变动净收益和对外投资的净收益。营业利润反映了企业自身生产经营业务的财务成果。本例中,FXYY 公司营业利润下降主要是资产公允价值变动带来的损失所致。相较于 2021 年,公允价值变动收益下降了 285 066.71 万元,降幅为 809.16%。根据该公司在年报中披露的信息,其公允价值变动收益下降的主要原因是 BNTX 股票出售所对应的累计公允价值变动收益转出至投资收益科目。

需要指出的是,通常在企业中,营业利润是公司利润最重要的影响因素,而主营业务利润又是营业利润最重要的影响因素。对主营业务利润的进一步分析属于本章第五节利润会计分析的重要内容,后续会对主营业务利润的影响因素进行具体分析。

(二) 经营结构分析

经营结构分析需要在利润表的基础上,编制利润结构变动分析表,通过计算各项目占营业收入的比重,分析利润表各项目的构成情况及其变动的合理程度。

【案例 5-2】 利润结构变动分析

FXYY 公司 2022 年的利润结构变动分析如表 5-2 所示,运用垂直分析法可分析公司这两年利润结构的变动情况。

表 5-2　　　　　　FXYY 公司 2022 年利润结构变动分析表

金额单位:万元

项目	年份		结构		
	2022 年	2021 年	2022 年	2021 年	变动
营业收入	4 395 154.69	3 901 118.43	100.00%	100.00%	0.00%
减:营业成本	2 316 969.04	2 022 978.47	52.72%	51.86%	0.86%
税金及附加	22 779.94	23 447.11	0.52%	0.60%	−0.08%
销售费用	917 117.61	910 080.32	20.87%	23.33%	−2.46%

(续表)

项目	年份		结构		
	2022年	2021年	2022年	2021年	变动
管理费用	382 810.29	322 688.27	8.71%	8.27%	0.44%
研发费用	430 209.29	383 730.27	9.79%	9.84%	−0.05%
财务费用	64 740.27	46 402.15	1.47%	1.19%	0.28%
其中:利息费用	96 380.69	82 254.02	2.19%	2.11%	0.08%
利息收入	28 263.46	23 378.47	0.64%	0.60%	0.04%
加:其他收益	38 415.45	32 783.30	0.87%	0.84%	0.03%
投资收益	437 784.26	462 382.60	9.96%	11.85%	−1.89%
其中:对联营企业和合营企业的投资收益	183 514.61	178 913.69	4.18%	4.59%	−0.41%
公允价值变动(损失)/收益	−249 836.85	35 229.86	−5.68%	0.90%	−6.59%
信用减值损失	−6 536.91	−7 401.58	−0.15%	−0.19%	0.04%
资产减值损失	−27 248.78	−82 987.33	−0.62%	−2.13%	1.51%
资产处置收益/(损失)	12 560.23	−1 541.87	0.29%	−0.04%	0.33%
营业利润	465 665.65	630 256.82	10.59%	16.16%	−5.56%
加:营业外收入	3 545.91	2 866.13	0.08%	0.07%	0.01%
减:营业外支出	11 773.39	28 855.89	0.27%	0.74%	−0.47%
利润总额	457 438.17	604 267.06	10.41%	15.49%	−5.08%
减:所得税费用	62 691.75	106 640.12	1.43%	2.73%	−1.31%
净利润	394 746.42	497 626.94	8.98%	12.76%	−3.77%

从表5-2可以看出FXYY公司2021—2022年各项经营财务成果的构成情况。FXYY公司2022年营业成本占营业收入的比重略有上升,毛利率略有下降;2022年营业利润占营业收入的比重为10.59%,比2021年的16.16%下降了5.56%;2022年利润总额占营业收入的比重为10.41%,比2021年的15.49%下降了5.08%;2022年净利润占营业收入的比重为8.98%,比2021年的12.76%下降了3.77%。从利润的结构来看,FXYY公司2022年盈利效能比2021年有所下降。从营业利润结构看,FXYY公司各项财务成果结构变化的原因主要是该公司的公允价值变动损失的占比上升和投资收益的占比下降,这说明该公司2022年度利润的下滑主要受非经营性活动影响。

二、经营活动与企业战略

(一)公司经营战略

5-1 拓展知识-利润表释疑

经营战略是指公司在特定的市场环境中,为达到其长期生存、稳定发展和持续盈利的目标,而制定的一系列全局性、长远性和根本性的谋划与策略。它涵盖了公司资源的分配、产品与服务定位、市场开拓、竞争策略、内部管理及未来发展等多个方面,旨在帮助公司在激烈的市场竞争中找准方向,形成独特的竞争优势。经营战略不仅是对公司当前经营状况的反映,更是对未来发展趋势的预测和规划。经营战略通常包括成本领先战略、产品差异化战略和集中化战略等。

1. 成本领先战略

成本领先战略是指通过采取一整套行动,与竞争对手相比,以最低的成本提供具有某种特性的产品或服务,并且这种特性是为消费者所接受的。例如,采用成本领先战略的企业向这一产业的最典型消费者销售标准化的产品或服务(但是质量具备竞争力)。流程改造是一种设计生产和渠道的新方法和新技术,可以使企业的运营更有效率,对成功使用成本领先战略至关重要。

2. 产品差异化战略

产品差异化战略是指整合一系列行动,以对顾客来说很重要的方式向其提供不同的产品或服务(以可接受的成本)。相对于成本领先战略服务于某一行业中的典型顾客,采取产品差异化战略的企业瞄准的是,价值是通过公司的产品与竞争对手生产及销售的产品之间的差异而产生的顾客。产品创新,是"引入新方法(通过新产品或服务开发)解决顾客问题的结果,同时也可以给顾客和赞助公司带来好处",创新对成功实施差异化战略至关重要。

3. 集中化战略

集中化战略是指通过设计一整套行动来生产并提供产品或服务,以满足某特定的竞争性细分市场的需求。因此,企业在想利用核心竞争力以满足某一特定行业细分市场的需求而不考虑其他需求时,便可以采用集中化战略。可以作为集中化战略目标市场特定的细分市场的例子包括:①某一特定的购买群体(如年轻人或老年人);②某一产品线的一个特定部分(如专业油漆匠或自助用户使用的产品);③某一地理统计变量市场(如通过在意大利南部或北部建立外国子公司)。

(二) 公司经营战略分析

公司经营面临一系列的战略选择,不同的战略选择会直接影响其利润的结构。公司的利润结构应充分体现公司的战略选择。分析利润结构与公司发展战略的符合性的意义在于通过分析利润结构质量以透视公司发展战略选择的合理性和有效性。

【案例 5-3】 公司经营战略分析

FXYY 公司自身经营的业务包括制药、医疗器械与诊断和医疗服务,表 5-3 为该公司 2018—2022 年各业务板块收入情况。

表 5-3　　　　FXYY 公司 2018—2022 年各业务板块收入情况表

金额单位:亿元

业务	2022年 金额	2022年 占营业收入比重	2021年 金额	2021年 占营业收入比重	2020年 金额	2020年 占营业收入比重	2019年 金额	2019年 占营业收入比重	2018年 金额	2018年 占营业收入比重
制药	308.12	70.10%	289.04	74.09%	218.8	72.19%	217.66	76.14%	186.81	74.97%

(续表)

业务	2022年		2021年		2020年		2019年		2018年	
	金额	占营业收入比重	金额	占营业收入比重	金额	占营业收入比重	金额	占营业收入比重	金额	占营业收入比重
医疗器械与诊断	69.49	15.81%	59.38	15.22%	52.17	17.21%	37.36	13.07%	36.39	14.60%
医疗服务	60.8	13.83%	41.18	10.56%	31.72	10.47%	30.4	10.63%	25.63	10.29%

由表5-3可看出，制药业务为FXYY公司核心业务。2018—2022年，制药业务收入占营业收入的比重基本维持在70%以上，且从金额的角度看，制药业务收入也在逐年增加。FXYY公司在做好原有业务及产业升级的基础上，坚定创新转型，在创新研发上一直持续加大投入。表5-4为FXYY公司2018—2022年制药业务研发投入情况。

表5-4　　　　　FXYY公司2018—2022年制药业务研发投入情况表

金额单位：亿元

项目	2022年	2021年	2020年	2019年	2018年
研发投入金额	50.97	44.86	36.70	31.31	22.50
研发投入增长率	13.62%	22.23%	17.21%	39.12%	76.49%
研发投入占制药业务收入的比重	16.54%	15.52%	16.77%	14.38%	12.00%

由表5-4可知，2018—2022年，FXYY公司研发投入金额呈逐年增长的态势，其中2021年的增幅最大，达到22.23%。研发投入占制药业务收入的比重也由2018年的12%提升至2022年的16.54%，这说明该公司对制药业务创新研发的重视程度在提升。FXYY公司在创新研发上的投入也取得了一定成果。从2019年开始，FXYY公司先后成功上市了汉利康、汉曲优、苏可欣、复必泰等新药。根据FXYY公司年度报告披露的信息，公司2021年和2022年营业收入的增长得益于新品及次新品的收入增长，2021年新品和次新品药收入在制药业务收入中的占比超过25%，而在2022年占比超过了30%。

截至2022年，该公司共有6个自研创新药、4个许可引进创新药、2个仿制药于中国内地、中国香港、美国获批上市；7个创新药、30个仿制药于中国内地申报上市。综合上述分析可知，FXYY公司选择的经营战略为产品差异化战略。

（三）经营结构优化

【案例5-4】 经营结构优化

由案例5-3的分析可知，FXYY公司核心业务是制药业务。下面通过对该公司2018—2022年制药业务毛利率和净利润的变化来分析FXYY公司经营战略的执行效果。

表5-5　　　FXYY公司2018—2022年制药业务毛利率和净利润变动情况表

金额单位：亿元

项目	2022年	2021年	2020年	2019年	2018年
营业收入	308.12	289.04	218.8	217.66	186.81

(续表)

项目	2022 年	2021 年	2020 年	2019 年	2018 年
营业成本	138.4	138.4	84.14	74.79	65.22
毛利率	55.08%	52.12%	61.54%	65.64%	65.09%
净利润	34.13	26.3	23.55	20.73	17.55

由表 5-5 可知,2018—2022 年,FXYY 公司制药业务的毛利率呈下降的态势。2021 年和 2022 年,FXYY 公司制药业务营业收入因新药品的上市得到了增长,但是毛利率却低于新品上市前。公司在 2021 年年报中解释,2021 年毛利率的下降是部分药品进入集采,以及部分核心产品受主要原辅材料涨价影响所致。2022 年毛利率较上年有所提高,是因为产品结构持续优化,毛利率相对较高的新品及次新品在总收入中的占比上升。从净利润的角度看,FXYY 公司制药业务的净利润逐年增加,由 2018 年的 17.55 亿元增加至 2022 年的 34.13 亿元。

综上分析可知,在差异化战略的执行之下,FXYY 公司制药业务盈利效能在不断增强,但营业毛利率水平仍有待提高,公司需要控制成本费用,从而进一步增强公司制药业务的盈利效能。

第三节 收入业务会计分析

一、收入确认与收入计量分析

(一) 收入确认分析

收入广义上包括营业收入、投资收入和营业外收入等,狭义上是指营业收入。我国《企业会计准则——基本准则》对收入的定义是:收入是指企业在日常活动中形成的、会导致所有者权益增加的、与所有者投入资本无关的经济利益的总流入。其中,"日常活动"是指企业为完成其经营目标所从事的经常性活动以及与之相关的活动。

企业应根据《企业会计准则第 14 号——收入》规定的五步法确认收入。

收入具体包括销售商品收入、提供劳务收入和让渡资产使用权收入。例如,工业企业制造并销售产品、商品流通企业销售商品、保险公司签发保单、咨询公司提供咨询服务、软件企业为客户开发软件、安装公司提供安装服务、商业银行对外贷款、租赁公司出租资产等,均属于企业为完成其经营目标所从事的经常性活动,由此产生的经济利益的总流入构成收入。工业企业转让无形资产使用权、出售不需用原材料等,属于与经常性活动相关的活动,由此产生的经济利益的总流入也构成收入。企业代第三方收取的款项,应当作为负债处理,不应当确认为收入。

企业收入确认在明确收入内涵的基础上,应着重对以下几个方面进行分析。

(1) 收入确认时间合法性的分析,即分析本期收入与前期收入或后期收入的界限是否分清。

(2) 特殊情况下企业收入确认的分析,如商品需要安装或检验时收入的确认、买主有退货权时的收入确认等,其收入的确认与一般性收入确认不同。

(3) 收入确认方法合理性的分析,如对采用完工百分比法、完成我国《民法典》合同编的条件与估计方法是否合理等的分析。

(二) 收入确认原则

当企业与客户之间的合同同时满足下列五项条件时,企业应当在客户取得相关商品控制权时确认收入:

第一,合同各方已批准该合同并承诺履行各自义务;

第二,该合同明确了合同各方与所转让商品(或提供劳务)相关的权利和义务;

第三,该合同有明确的与所转让商品相关的支付条款;

第四,该合同具有商业实质,即履行该合同将改变企业未来现金流量的风险、时间分布或金额;

第五,企业因向客户转让商品而有权取得的对价很可能收回。

(三) 收入计量分析

企业应当先确定合同的交易价格,再按照分摊至各单项履约义务的交易价格计量收入。企业在确定交易价格时,应当考虑可变对价、合同中存在的重大融资成分、非现金对价以及应付客户对价等因素的影响,并应当假定按照现有合同的约定向客户转让商品,且该合同不会被取消、续约或变更。

企业收入计量分析主要是指营业收入计量分析。企业的营业收入是指全部营业收入减去销售退回、折扣与折让后的余额。因此,营业收入计量分析的关键在于确认销售退回、折扣与折让的计量是否准确。《企业会计准则》规定,销售退回与折让的计量比较简单,而销售折扣问题相对较复杂,应作为分析重点。分析时应根据商业折扣与现金折扣的特点,分别分析折扣的合理性与准确性及其对企业收入的影响。

无论是收入确认分析,还是收入计量分析,其关键在于明确分析的目的是否为确认收入的正确性;而其正确与否的关键在于分析时选择的会计政策、会计方法的准确性与合理性。

二、营业收入趋势分析

营业收入趋势分析通过对企业历史营业收入数据的收集、整理和分析,揭示其变化趋势和规律,为企业制定经营决策提供参考依据。通过收集、整理和分析历史营业收入数据,企业可以深入了解市场变化,把握客户需求,优化产品结构,并预测未来趋势。在进行营业收入趋势分析时,企业可能会遇到一些困难和挑战,如数据质量问题、模型选择问题等。因此,企业需要提高数据质量、合理选择模型并加强团队合作与沟通。只有掌握了正确有效的营业收入趋势分析的方法和技巧,企业才能作出准确的判断和决策。

【案例 5-5】 营业收入趋势分析

FXYY 公司 2018—2022 年营业收入项目趋势变动分析如表 5-6 所示。

表 5-6　　　　　　　　　　FXYY公司营业收入趋势变动分析表

金额单位:万元

项目	2018年	2019年	2020年	2021年	2022年
营业收入	2 491 827.36	2 858 515.20	3 030 698.13	3 901 118.43	4 395 154.69
定基指数	100.00%	114.72%	121.63%	156.56%	176.38%
主营业务收入	2 469 826.94	2 835 075.38	2 991 002.34	3 866 560.06	4 337 706.35
定基指数	100.00%	114.79%	121.10%	156.55%	175.63%
其他业务收入	22 000.41	23 439.83	39 695.79	34 558.37	57 448.34
定基指数	100.00%	106.54%	180.43%	157.08%	261.12%

由表 5-6 可知,FXYY 公司 2018—2022 年营业收入稳步上升。营业收入逐年提高,说明公司销售状况良好,市场竞争力不断提升。从主营业务收入的趋势变动可以看出,该项目的变动幅度和营业收入的变动幅度几乎保持同等水平,这说明核心业务始终保持稳定上升,是公司业绩增长的保证。

三、营业收入构成分析

(一)营业收入的结构分析

对企业收入的分析不仅要研究其总量变动,而且应分析其结构及其变动情况,以了解企业的经营方向和会计政策选择。营业收入结构分析可主要从主营业务收入与其他业务收入、现销收入与赊销收入的结构进行。

1. 主营业务收入与其他业务收入分析

企业收入包括主营业务收入和其他业务收入。通过对主营业务收入与其他业务收入的构成情况进行分析,可以了解与判断企业的经营方针、方向及效果,进而可分析预测企业的持续发展能力。如果一个企业的主营业务收入结构较低或不断下降,其发展潜力和前景显然是值得怀疑的。

【案例 5-6】　营业收入结构分析

FXYY 公司 2021—2022 年营业收入结构分析如表 5-7 所示。

表 5-7　　　　　　　FXYY公司 2021—2022 年营业收入结构分析

金额单位:万元

项目	2022年		2021年	
	金额	比重	金额	比重
主营业务收入	4 337 706.35	98.69%	3 866 560.06	99.11%
其他业务收入	57 448.34	1.31%	34 558.37	0.89%
合计	4 395 154.69	100.00%	3 901 118.43	100.00%

由表 5-7 可知,FXYY 公司 2022 年营业收入总额较 2021 年有所增加,主要原因在于主

营业务收入的增加。在这两年公司的营业收入中,超过98%的部分均来自主营业务收入,只有1%左右的部分来源于其他业务收入,这说明FXYY股份公司主业突出,收入来源稳定,主营业务收入处于增长态势,经营战略和经营方式没有较大改变,企业营业收入具有一定的发展潜力。

2. 现销收入与赊销收入分析

企业收入中的现销收入与赊销收入构成受企业的产品适销程度、企业竞争战略、会计政策选择等多个因素影响。通过对两者结构及其变动情况进行分析,可了解与掌握企业产品销售情况及其战略选择,分析判断其合理性。当然,在市场经济条件下,赊销作为商业秘密并不要求企业披露其赊销收入情况,所以,这种分析方法更适用于企业内部分析。

(二) 营业收入的品种构成分析

为分散经营风险,企业大多会选择从事多种产品或劳务的经营活动。在从事多品种经营的情况下,掌握企业营业收入的具体构成情况对信息使用者来说十分重要。占总收入比重大的产品或劳务是企业目前业绩的主要增长点,而企业销售产品或劳务结构的变化往往会传递出企业市场环境的变化、经营战略的调整、竞争优势的变化等信息。信息使用者可以通过对体现企业主要业绩的产品或劳务的未来发展趋势进行分析,初步判断企业业绩的持续性。需要指出的是,企业如果对某一类产品或某一个类型产品过度依赖,就会对某些外界环境变化因素异常敏感,这会加大企业的经营风险。分析者应对此类企业所处的经营环境尤为关注。企业能否持续盈利,主要取决于由战略、管理、技术、市场、服务等因素所形成的企业综合竞争优势,即所谓的"护城河"。分析者可通过关注董事会报告(或管理层讨论),分析企业是否有意开发具有发展潜力、代表未来发展方向的产品,是否可能对企业营业收入的品种构成作出调整,以便找出决定企业现在和未来竞争优势的关键性产品,同时进一步结合行业发展特征和环境变化,判断企业营业收入的未来发展趋势。在对企业营业收入的品种构成进行分析的过程中,需要强调的是,分析者除了关注其结构与变化,还要注重考察企业现有业务结构与企业战略之间的吻合性。与企业战略关联度低的业务规模即使较大,也不能认为是符合企业发展战略的高质量业务。

【案例5-7】 营业收入品种构成分析

FXYY公司主要有制药、医疗器械与医学诊断、医疗健康服务三个行业板块,其中制药为其核心业务,2021—2022年制药业务板块年度收入品种构成分析如表5-8所示。

表5-8　　FXYY公司2021—2022年制药业务板块年度收入品种构成分析

金额单位:亿元

项目	2022年		2021年	
	金额	比重	金额	比重
抗肿瘤及免疫调节核心产品	55.22	25.86%	39.36	20.11%
代谢及消化系统核心产品	28.83	13.50%	28.65	14.64%
抗感染核心产品	85.82	40.18%	85.97	43.92%

(续表)

项目	2022年		2021年	
	金额	比重	金额	比重
中枢神经系统核心产品	10.03	4.70%	10.39	5.31%
心血管系统核心产品	21.15	9.90%	20.02	10.22%
原料药和中间体核心产品	12.48	5.84%	11.35	5.80%
合计	213.53	100.00%	195.74	100.00%

从表 5-8 可知，FXYY 公司 2022 年制药业务收入较 2021 年有一定幅度的增长，这说明公司核心业务发展态势良好，其中占比最大的项目为抗感染核心产品，其在 2022 年和 2021 年的占比分别为 40.18% 和 43.92%，这主要是受其主要产品复必泰(mRNA 新冠疫苗)的影响。但 2022 年所占比重较 2021 年有所下降，说明新型冠状病毒感染对产品的影响正在下降。抗肿瘤及免疫调节核心产品紧随其后，其在 2022 年和 2021 年的占比分别为 25.86% 和 20.11%，占比有一定提高，这主要是汉曲优、汉斯状等新品的收入增长导致的，说明该产品正在逐渐降低抗感染核心产品占比下降所带来的影响。

(三) 营业收入的地区构成分析

从消费者的心理与行为表现来看，不同地区的消费者对不同品牌的产品具有不同的偏好。在企业为不同地区提供产品或劳务的情况下，营业收入在不同地区的构成情况对信息使用者具有重要价值。占总收入比重大的地区是企业过去业绩的主要增长点。分析不同地区的消费偏好和消费习惯的变化趋势，研究企业产品在不同地区的市场潜力，有助于预测企业业绩的持续性和未来发展趋势。具体地说，在分析中要考虑以下几个方面：第一，要分析地区的经济发展后劲与企业业务发展前景的关系，考虑地区的经济总量、经济结构的调整对企业未来市场的影响；第二，要分析地区的政治经济环境，若特定地区政治经济环境的不确定因素比较多，如行政领导人的更迭、特定地区经济政策的调整等，则其一般会对企业原有的发展惯性产生较大的影响；第三，要分析国际政治经济环境的变化，如战争导致某些地区动荡，金融危机导致某些地区的发展停滞，低碳经济对企业所在地区和行业产生影响等。

【案例 5-8】 营业收入地区构成分析

FXYY 公司 2021—2022 年收入地区构成分析如表 5-9 所示。

表 5-9   FXYY 公司 2021—2022 年收入地区构成分析

金额单位：亿元

项目	2022年		2021年	
	金额	比重	金额	比重
中国大陆	300.14	68.29%	254.06	65.14%
中国大陆以外地区和其他国家	139.38	31.71%	135.99	34.86%
合计	439.52	100.00%	390.05	100.00%

从表 5-9 可知,FXYY 公司收入地区构成主要有中国大陆与中国大陆以外地区和其他国家两部分,其中中国大陆地区收入占比最高,2022 年和 2021 年分别为 68.29% 和 65.14%,这说明公司目前收入主要来自中国大陆,并且其占比仍在提高。中国大陆以外地区和其他国家占比虽略有下降,但也能达到三分之一左右,这说明该地区业务也是公司不可或缺的重要部分。

(四) 营业收入的客户构成分析

一般情况下,若其他条件相同,企业的销售客户越分散、集中率越低,说明企业产品销售(或劳务提供)的市场化程度越高,行业竞争力越强,营业收入的持续性就会越好。同时,企业的销售客户越分散,销售回款因个别客户的坏账所产生的波动会越小,营业收入的回款质量也就越有保障。因此,分析营业收入的客户构成情况,有助于判断企业营业收入的质量和业绩的波动性。在营业收入附注中没有这方面信息披露时,可以适当参考应收账款的附注信息,里面通常列有前五大客户的规模、账龄以及所占比例等基本信息,以帮助我们对大客户的基本情况加以简单了解和判断。

从 FXYY 公司年报中有关应收账款的附注信息可知,2021 年和 2022 年前五大客户的占比总和分别达到 20.96% 和 24.53%,这说明其客户构成有相当的集中度,该部分客户的应收账款回收情况会对公司收入质量影响较大。好在坏账的整体计提比例不大,2021 年和 2022 年该部分应收账款坏账计提比例分别为 1.24% 和 0.63%,整体回款质量较好。

(五) 关联方交易对营业收入的贡献程度分析

在集团化经营的情况下,集团内各企业之间有可能发生关联方交易。虽然关联方之间的交易也有企业间正常交易的成分,但由于关联方之间的特殊利益关系,它们有可能为了"包装"某个企业的业绩而人为地制造一些业务。信息使用者必须关注关联方交易形成的营业收入在交易价格、交易实现时间等方面是否存在非市场化因素,考察企业业绩的真实性和市场化能力。一般来说,在相同的市场环境下,参与竞争的各方最终会实现优胜劣汰,只有靠市场获得持续发展的企业才具有核心竞争力。

【案例 5-9】 关联方交易对营业收入的贡献程度分析

FXYY 公司 2021—2022 年向关联方销售的业务数据如表 5-10 所示。

表 5-10　　FXYY 公司 2021—2022 年向关联方销售的业务数据

金额单位:万元

关联方	2022 年	2021 年
国药控股及其控股子公司	571 843.33	386 786.00
重药控股及其控股子公司	85 613.73	74 962.43
复星公益基金	4 984.14	891.22
北京金象	1 521.37	
复星国际及其控股子公司	1 148.29	729.91
苏州复健星熠	1 070.97	991.62

(续表)

关联方	2022年	2021年
领健信息	731.02	1 713.05
复星凯特	675.48	460.70
天津复星海河	492.77	512.62
颈复康	442.48	218.96
直观医疗	289.42	6.01
其他企业	63.79	1 383.44
合计	668 876.80	468 655.97
占营业收入比重	15.22%	12.01%

从表 5-10 可知，FXYY 公司 2022 年向关联方销售收入较 2021 年有一定幅度的提高，但总体规模占营业收入的比重都不大。由此来看，FXYY 公司实现营业收入的主要途径并不是关联方交易，而是市场化的营销活动。

（六）部门或地区行政手段对营业收入的贡献程度分析

在我国现阶段市场经济的发展过程中，部门或地区行政手段对企业营业收入的影响不容忽视。一些新兴产业在发展初期十分需要部门或地区行政手段的支持。而在企业步入稳定发展阶段后，或者在企业所处的行业已经发展成熟的情况下，部门或地区行政手段的影响应当逐步淡化。然而，我国仍有一部分企业（尤其是央企）业绩的保持始终需要借力部门或地区行政手段。这样的企业即便在过去表现出较高的盈利水平，在未来也不一定会一直保持盈利优势，一旦政府的扶持政策发生改变，其营业收入就会因"前途未卜"而出现较大的波动性。

第四节 成本费用会计分析

5-2 拓展知识-上市公司收入舞弊识别与应对——基于索菱股份的案例分析

一、成本费用的内涵

（一）成本费用的含义

成本费用是指企业为了获得经济利益而必须付出的资源消耗。从分类上来看，成本费用可分为营业成本和期间费用。前者与产品直接相关，如原材料、直接人工等；后者则与生产过程间接相关，如管理费用、销售费用、财务费用等。这些成本费用在企业运营中发挥着至关重要的作用，它们不仅是企业维持正常运营的必要条件，更是实现经济效益和市场竞争力的关键。

从各项财务成果的分析可以看出，成本费用对财务成果具有十分重要的影响，降低成本

5-3 课程思政-康美药业财务造假案例分析

费用是增加财务成果的关键或重要途径。因此,进行财务成果分析时,应在揭示财务成果完成情况的基础上,进一步对影响财务成果的基本要素——成本费用进行分析,以找出影响成本升降的原因,为降低成本费用、促进财务成果的增长指明方向。

(二) 成本费用与销售收入的关系

在市场竞争日益激烈的今天,成本费用与销售收入之间的关系愈发紧密。一方面,合理的成本费用控制有助于企业提高产品质量、降低售价,从而吸引更多消费者,增加销售收入。另一方面,销售收入的增长又为企业提供了更多的资金支持,使企业有能力将更多资源投入研发、营销等方面,进一步提升竞争力。然而,过高的成本费用也可能导致企业利润下滑,甚至使企业陷入经营困境。因此,企业必须在保证产品和服务质量的前提下,寻求成本费用与销售收入之间的最佳平衡点。

(三) 企业类型与成本费用特点

不同类型的企业在成本费用方面呈现出不同的特点。制造业企业的直接成本占比较大,如原材料、生产设备等,因此其在控制成本费用时,需要重点关注生产环节的成本控制;而服务业则更注重人力成本和服务质量,因此其间接成本占比较大。尽管如此,各类企业在成本费用控制方面也存在共性,如都需要制定合理的预算、加强内部管理、优化资源配置等。

(四) 影响因素与控制方法

影响企业成本费用的因素众多,包括原材料价格、人力成本、市场竞争状况等。为了有效控制成本费用,企业需要采取一系列措施。首先,建立完善的成本费用控制体系,明确各部门的成本控制责任;其次,加强成本分析,找出成本变动的关键因素;再次,优化采购和供应链管理,降低原材料和物流成本;最后,加强内部管理和员工培训,提高工作效率和服务质量。通过实施这些措施,企业可以逐步降低成本费用,提高利润空间。

二、营业成本分析

(一) 营业成本项目质量分析

营业成本是指与营业收入相关的已经确定归属期和归属对象的成本。在不同类型的企业,营业成本有不同的表现形式。在制造业企业,营业成本表现为已销产品的生产成本;在商品流通企业,营业成本表现为已销商品的购进成本;在服务类企业,营业成本则表现为所提供劳务的服务成本。

影响企业营业成本的因素,既有企业不可控的因素(如受市场因素影响而产生的价格波动),也有企业可控的因素(如在一定的市场价格水平条件下,企业可以通过选择供货渠道、采购批量等来控制成本水平),还有企业通过成本会计核算系统对营业成本产生人为影响的因素。因此,对营业成本的质量评价应综合考虑多种因素,一般在分析中至少应关注以下几个方面:

(1) 营业成本计算的真实性,以及与同行业平均水平的差异性。

(2) 会计核算方法(如存货计价方法、固定资产折旧方法等)选择、变更的合理性,以及对营业成本的影响。

(3) 营业成本变动情况,以及导致变动的影响因素(包括可控因素和不可控因素、暂时性因素和长期性因素)。

(4) 关联方交易及地方或部门行政手段对企业营业成本的影响程度。

(二) 营业成本趋势分析

营业成本趋势分析是指通过对企业营业成本的历史数据进行收集、整理、对比和分析,揭示成本变化的规律和发展趋势。它不仅是企业成本控制和成本管理的基础,更是企业制定战略规划、优化资源配置、提高经济效益的重要依据。通过深入分析和挖掘成本数据背后的信息和价值,企业可以更好地把握成本变化的规律和趋势,进而制定科学决策、实现可持续发展。

【案例 5-10】 营业成本趋势分析

FXYY 公司 2018—2022 年营业成本项目趋势变动分析如表 5-11 所示。

表 5-11　　　　FXYY 公司 2018—2022 年营业成本趋势变动分析表

金额单位:万元

项目	2018 年	2019 年	2020 年	2021 年	2022 年
营业成本	1 036 530.87	1 154 342.11	1 373 352.88	2 022 978.47	2 316 969.04
定基指数	100.00%	111.37%	132.50%	195.17%	223.53%
主营业务成本	1 021 735.79	1 139 495.40	1 352 729.96	1 998 969.61	2 277 339.09
定基指数	100.00%	111.53%	132.40%	195.64%	222.89%
其他业务成本	14 795.07	14 846.71	20 622.92	24 008.86	39 629.95
定基指数	100.00%	100.35%	139.39%	162.28%	267.86%

由表 5-11 可知,FXYY 公司 2018—2022 年营业成本稳步上升,营业成本逐年提高,这和公司营业收入的上升趋势是吻合的。其中主营业务成本的变动幅度与营业成本的变动幅度几乎保持同等水平,这说明公司核心产品的生产均保持稳定。但是需要注意的是,自 2020 年起,营业成本的变动幅度均超过了营业收入的变动幅度,并且差距在逐年拉大。通过查阅附注可知,这主要是公司产品集采中选后销售价格下降,以及原材料价格和人工成本持续上涨所导致的。公司应持续关注营业成本的变动趋势,采取有效措施,争取使营业成本的增长趋势低于营业收入的增长趋势。

(三) 营业成本构成分析

与收入分析相对应,营业成本分析不仅要研究规模总量及变动,而且要分析结构及变动情况,以了解企业的经营方向和会计政策选择。营业成本构成分析可主要从主营业务成本与其他业务成本的结构分析入手,了解与判断企业的经营方针、方向及效果,进而分析、预测企业已销售产品的成本构成、变动情况和变动原因。

【案例 5-11】 营业成本构成分析

FXYY 公司 2021—2022 年营业成本构成分析如表 5-12 所示。

表 5-12　　　　　　FXYY 公司 2021—2022 年营业成本构成分析

金额单位:万元

项目	2022 年		2021 年	
	金额	比重	金额	比重
主营业务成本	2 277 339.09	98.29%	1 998 969.61	98.81%
其他业务成本	39 629.95	1.71%	24 008.86	1.19%
合计	2 316 969.04	100.00%	2 022 978.47	100.00%

由表 5-12 可知,在 FXYY 公司 2021 年和 2022 年的营业成本中,超过 98% 的部分来自主营业务成本,其他业务成本的占比不足 2%,这说明 FXYY 公司主业突出,营业成本主要来源于主营业务。深入分析主营业务成本和其他业务成本增加的原因,有利于企业管控成本,提升利润空间。

(四) 全部营业成本分析

全部营业成本分析是指根据产品生产、销售成本表的资料,将企业全部已销售产品营业成本的本年实际完成情况与上年度实际情况进行对比分析,从产品类别角度计算各类产品或各主要产品营业成本升降的幅度,以及对全部营业成本的影响程度。全部营业成本分析的一般步骤是:

第一,将本年度全部产品营业总成本与按本年实际销售量计算的上年实际营业总成本进行对比,求出全部营业成本的变动额和变动率。其计算公式是:

全部营业成本变动额 = 本年实际营业总成本 − 按本年实际销售量计算的上年实际营业总成本

$$\text{全部营业成本变动率} = \frac{\text{全部营业成本变动额}}{\text{按本年实际销售量计算的上年实际营业总成本}} \times 100\%$$

第二,计算主要产品和非主要产品的营业成本变动额和变动率,以及对全部营业成本变动率的影响。主要产品和非主要产品营业成本变动额和变动率的计算可依据上式进行,只是产品的范围不同。主要产品和非主要产品对全部营业成本变动率的影响,其计算公式是:

$$\frac{\text{主要产品营业成本变动对}}{\text{全部营业成本变动率的影响}} = \frac{\text{主要产品营业成本变动额}}{\text{按本年实际销售量计算的上年实际营业总成本}} \times 100\%$$

$$\frac{\text{非主要产品营业成本变动对}}{\text{全部营业成本变动率的影响}} = \frac{\text{非主要产品营业成本变动额}}{\text{按本年实际销售量计算的上年实际营业总成本}} \times 100\%$$

第三,计算各主要产品营业成本变动额和变动率,以及它们对全部营业成本变动率的影响。计算方法可采用上述全部营业成本变动额和变动率的计算公式,以及主要产品营业成本变动对全部营业成本变动率影响的计算公式,只是产品的口径和范围不同。

以上三个步骤不仅分析了全部营业成本的完成情况,而且从产品类别上找出营业成本增减变动的原因,为加强成本管理指明了方向。

【案例 5-12】 全部营业成本分析

根据 FXYY 公司 2021 年和 2022 年报表附注资料,该公司制药业务为核心业务,对该部分业务分产品梳理全部营业成本完成情况进行分析所需的资料如表5-13所示。

表5-13　　　FXYY公司2021—2022年分产品全部营业成本资料表

产品名称	实际销售量(万盒)		实际单位生产成本(元/盒)		实际营业总成本(万元)	
	2021年	2022年	2021年	2022年	2021年	2022年
抗肿瘤及免疫调节核心产品	2 316.03	2 208.79	35.77	48.63	82 844.38	107 413.56
抗感染核心产品	84 527.76	90 656.89	5.84	4.42	493 642.12	400 703.45
心血管系统核心产品	9 203.84	8 899.01	13.65	15.33	125 632.37	136 421.87
合计	—	—	—	—	702 118.87	644 538.88

根据表5-13的数据,按照全部营业成本完成情况分析的步骤,对FXYY公司全部营业成本的分析如下:

第一步,计算全部营业成本变动额和变动率:

全部营业成本变动额=644 538.88−702 118.87=−57 579.99(万元)

全部营业成本变动率=−57 579.99÷702 118.87×100%=−8.2%

可见,FXYY公司全部营业成本比上年减少57 579.99万元,降幅为8.2%。

第二步,分析各产品营业成本完成情况及对全部营业成本的影响:

抗肿瘤及免疫调节核心产品营业成本变动额=107 413.56−82 844.38=24 569.18(万元)

抗肿瘤及免疫调节核心产品营业成本变动率=24 569.18÷82 844.38×100%=29.66%

对全部营业成本变动率的影响=24 569.18÷702 118.87×100%=3.50%

抗感染核心产品营业成本变动额=400 703.45−493 642.12=−92 938.67(万元)

抗感染核心产品营业成本变动率=−92 938.67÷493 642.12×100%=−18.83%

对全部营业成本变动率的影响=−92 938.67÷702 118.87×100%=−13.24%

心血管系统核心产品营业成本变动额=136 421.87−125 632.37=10 789.5(万元)

心血管系统核心产品营业成本变动率=10 789.5÷125 632.37×100%=8.59%

对全部营业成本变动率的影响=10 789.5÷702 118.87×100%=1.54%

三项产品对全部营业成本变动率的影响=3.50%+(−13.24%)+1.54%=−8.2%

可见,FXYY公司全部营业成本比上年减少主要由抗感染核心产品营业成本减少引起,而抗肿瘤及免疫调节核心产品和心血管系统核心产品的营业成本使全部营业成本增加,但其金额和影响较小。在引发企业全部营业成本变动的三类产品中,抗感染核心产品的营业成本减少较为明显,对全部营业成本降幅的影响较大,心血管系统核心产品的营业成本对全部营业成本增长率的影响相对较小,公司应针对抗感染核心产品对成本增减情况作进一步分析。

三、期间费用分析

(一)期间费用质量分析

期间费用是指不受企业产品产量或销量增减变动影响,不能直接或间接归属于某个特定对象的各种费用。这些费用容易确定发生期间和归属期间,但很难判别其归属对象,因而在发生当期应从损益中扣除。我国把期间费用分为销售费用、管理费用、研发费用和财务费用四种。对各项期间费用的质量分析应强调三个方面的内容:

第一,分析期间费用的质量,不能只强调各项期间费用发生的规模,更应强调各项费用发生后所带来的效益。大部分期间费用在规模上都是相对固定的,即不能简单通过压缩规模来控制期间费用。有些期间费用,如广告费、研发费、人力资源开发费用等,虽然可以通过企业决策来改变其发生规模,但是规模的压缩往往会直接影响企业的发展前景。因此,在期间费用控制方面,不要片面强调节约和压缩,而要强调效益;不要追求费用最小化,而要追求成本效益最大化。

第二,分析期间费用的质量,应关注各项费用对人的行为和心理所产生的影响。适当的费用宽松可以调动员工的积极性、创造性和忠诚度,这对企业是有益的。否则,得到控制的仅仅是费用的规模,而其结果可能是企业效益和效率更大幅度下降。如果在企业的费用预算管理中考虑心理因素,其所带来的增量效用可能会远高于增量费用支出。只要企业在发展,控制期间费用发生的绝对规模就不应该成为期间费用预算管理的首要目标,相应地,成本费用率也不应该成为期间费用质量的唯一考核标准。

第三,分析期间费用的质量,应关注期间费用的趋势变动,通过同行业比较和前后期比较,结合行业竞争状况和企业在期间费用控制方面的举措,考察期间费用支出的有效性;还应关注期间费用中销售费用、管理费用、研发费用和财务费用等项目所占比重的变化情况,关注这些项目对企业长期经营能力改善、企业长期发展可能作出的贡献,考察期间费用的长期效应。

(二)期间费用趋势分析

期间费用趋势分析是指通过对过去几年或几个会计期间的期间费用数据进行纵向对比,分析期间费用的变动趋势。折线图、柱状图等工具可直观地展示期间费用随时间的变化情况。通过对比不同时期的期间费用数据,可以发现期间费用的增减幅度和变化速度,进而判断期间费用管理是否得到有效控制。

【案例 5-13】 期间费用趋势分析

FXYY 公司 2018—2022 年期间费用趋势变动分析如表 5-14 所示。

表 5-14　　　　FXYY 公司 2018—2022 年期间费用趋势变动分析表

金额单位:万元

项目	2018 年	2019 年	2020 年	2021 年	2022 年
期间费用	1 293 077.45	1 534 437.93	1 464 385.12	1 662 901.01	1 794 877.46
定基指数	100.00%	118.67%	113.25%	128.60%	138.81%
销售费用	848 753.27	984 675.84	816 159.23	910 080.32	917 117.61
定基指数	100.00%	116.01%	96.16%	107.23%	108.05%
管理费用	223 943.73	259 078.15	296 249.17	322 688.27	382 810.29
定基指数	100.00%	115.69%	132.29%	144.09%	170.94%
研发费用	147 961.23	204 140.06	279 549.41	383 730.27	430 209.29

(续表)

项目	2018年	2019年	2020年	2021年	2022年
定基指数	100.00%	137.97%	188.93%	259.35%	290.76%
财务费用	72 419.22	86 543.88	72 427.31	46 402.15	64 740.27
定基指数	100.00%	119.50%	100.01%	64.07%	89.40%

由表 5-14 可知,FXYY 公司 2018—2022 年期间费用稳步上升,期间费用虽然逐年提高,但增幅不大。其中研发费用持续上升且增幅最大,年均增幅达到 47.69%,这符合公司的行业特点。该公司属于医药行业,其核心业务是制药,加大药品的研发力度是保持市场竞争力的必要手段。管理费用也出现了持续快速增长,年均增幅达 17.74%。应进一步分析管理费用中各项目的变动情况,并配合公司业务状况判断其增长的合理性和有效性。销售费用变化较为稳定,总体变化不大。结合公司营业收入变化情况,这说明公司销售费用控制较好,以较为稳定的销售费用带来了营业收入的快速增长。财务费用变化波动较大,前三年较为稳定,最后两年出现一定程度下降。由于财务费用与公司借款业务相关,应结合筹资活动分析其变化的合理性。

(三) 期间费用构成分析

期间费用构成分析是指评估各项期间费用在总费用中的相对大小的方法。通过对比不同会计期间或不同项目的期间费用占比数据,我们可以发现期间费用结构的变化趋势和潜在问题,并以此为优化资源配置提供决策支持。

【案例 5-14】 期间费用构成分析

FXYY 公司 2021—2022 年期间费用构成分析如表 5-15 所示。

表 5-15　　FXYY 公司 2021—2022 年期间费用构成分析

金额单位:万元

项目	2022年		2021年	
	金额	比重	金额	比重
销售费用	917 117.61	51.10%	910 080.32	54.73%
管理费用	382 810.29	21.33%	322 688.27	19.41%
研发费用	430 209.29	23.97%	383 730.27	23.08%
财务费用	64 740.27	3.61%	46 402.15	2.79%
合计	1 794 877.46	100.00%	1 662 901.01	100.00%

由表 5-15 可知,在 FXYY 公司 2021 年和 2022 年的期间费用中,各项费用占比变化较为稳定。其中,销售费用的占比最大,两年均超过 51%,达到一半以上,这说明公司销售业务活动较多,和营业收入水平相吻合。研发费用的占比排名第二,且略有上升。结合报表附注,研发费用的变化主要系报告期内加大对生物药和小分子创新药的研发投入,以及增加对创新孵化平台的投入所致,这说明公司在进一步扩大研发投入,以达到增强公司核心竞争力

的目的。管理费用的占比上升2%左右,这主要是受新并购公司的影响,且公司生产、供应链、物流及医院线下诊疗量面临阶段性压力,相应管理开支有所增加。财务费用虽有所提高,但整体占比最少,对期间费用影响较小。

销售费用的占比较高,应进一步对其具体项目进行分析。FXYY公司2021—2022年销售费用构成分析如表5-16所示。

表5-16　　　　FXYY公司2021—2022年销售费用构成分析

金额单位:万元

项目	2022年		2021年	
	金额	比重	金额	比重
人力成本	290 555.03	31.68%	241 230.72	26.51%
市场费用	543 249.42	59.23%	577 844.98	63.49%
办公费	9 082.79	0.99%	14 449.16	1.59%
折旧及摊销	14 995.67	1.64%	12 116.76	1.33%
差旅费	27 976.82	3.05%	31 611.15	3.47%
其他	31 257.88	3.41%	32 827.55	3.61%
合计	917 117.61	100.00%	910 080.32	100.00%

由表5-16可知,在FXYY公司2021年和2022年的销售费用中,市场费用和人力成本的占比最高,两者相加达到90%以上,是影响公司销售费用的主要因素。其中,人力成本略有上升,查阅报表附注可知,这主要是对上市新品保持了市场开发及销售团队等投入导致的。此外,公司持续加强对销售费用的管控,使其他各项费用均有不同幅度的下降。

期间费用中的其他项目,如管理费用、研发费用、财务费用,均可以采用相同的分析思路和方法进行分析,同时还可以增加同行业对比分析。

第五节　利润会计分析

一、主营业务利润因素分析

(一)影响主营业务利润的因素

主营业务利润,也称产品销售利润,能够综合反映企业主营业务最终的财务成果,它的变化可能受销售量、品种构成、价格、质量、成本和税率等诸多因素的影响。

主营业务利润分析有如下步骤:首先,确定影响主营业务利润的因素;其次,确定各因素变动对主营业务利润的影响程度;最后,对主营业务利润完成情况进行分析评价。由于利润是反映企业经营成果的综合指标,因此,从不同角度看,影响主营业务利润的因素及其影响程度各不相同。如从人的因素看,它受职工人数和人均创利的影响;从资金的因素看,它受资金占用额和资金利润率的影响等。但是,影响主营业务利润的基本因素可从它的计算公

式中找出,其计算公式是:

$$主营业务利润 = \sum[产品销售量 \times (产品单价 - 单位销售成本)]$$

从公式可以看出,影响主营业务利润的基本因素是销售量、单价和单位销售成本。在生产多种产品的企业,它还受产品销售品种构成的影响;在生产等级品的企业,由于优质优价,它又受产品等级的影响。

(二) 主营业务利润因素分析方法

1. 销售量变动对利润的影响分析

销售量是影响利润的一个重要因素。在产品单位利润一定的情况下,销售量的增减变化,直接决定利润的增减变化。销售量变动对利润的影响,其计算公式是:

$$销售量变动对利润的影响 = 主营业务利润基期数 \times (产品销售量完成率 - 1)$$

其中,产品销售量完成率的计算公式是:

$$产品销售量完成率 = \frac{\sum[产品本期销售量 \times 基期单价(或单位成本)]}{\sum[产品基期销售量 \times 基期单价(或单位成本)]} \times 100\%$$

产品销售量完成率主要考察销售量的完成情况。因此,企业在生产一种产品时,可直接用实物量进行计算;但在生产多种产品时,由于实物量不能直接相加,通常可将价格或成本作为参数,以便于汇总。计算销售量完成率所用的单价或单位成本,都应使用基期数。至于用单价还是单位成本,理论与实践中有不同做法,一般按单价计算,但在各种产品比价不合理时,用单位成本计算可能更好。

2. 销售品种构成变动对利润的影响分析

企业在生产多种产品时,必然存在产品品种构成问题。产品品种构成是指某种产品的产量或销售量在全部产品的产量或销售量中所占的比重。品种构成变动对利润的影响,是利润分析评价中的一个难点问题。为什么品种构成变动会引起利润额变动呢?这主要是因为各种产品的利润率不同。若企业多生产利润率水平高的产品,少生产利润率水平低的产品,则必然引起综合利润率或企业平均利润率的提高,使企业利润额增加;反之,则会使企业利润额下降。确定品种构成变动对利润额影响的方法较多,且各有利弊。下面对几种主要方法进行介绍,其计算公式如下。

第一种方法:

$$\begin{matrix}品种构成变动\\对利润的影响\end{matrix} = \sum\left(\begin{matrix}产品本期\\销售量\end{matrix} \times \begin{matrix}产品基期\\单位利润\end{matrix}\right) - \begin{matrix}基期产品\\销售利润\end{matrix} \times \begin{matrix}产品销售量\\完成率\end{matrix}$$

第二种方法:

$$\begin{matrix}品种构成变动\\对利润的影响\end{matrix} = \sum\left[\sum\left(\begin{matrix}产品本期\\销售量\end{matrix} \times \begin{matrix}产品基期\\单价\end{matrix}\right) \times \left(\begin{matrix}本期品种\\构成\end{matrix} - \begin{matrix}基期品种\\构成\end{matrix}\right) \times \begin{matrix}基期销售\\利润率\end{matrix}\right]$$

第三种方法:

$$\begin{matrix}品种构成变动\\对利润的影响\end{matrix} = \sum\left[\sum\left(\begin{matrix}产品本期\\销售量\end{matrix} \times \begin{matrix}产品基期\\单价\end{matrix}\right) \times \left(\begin{matrix}本期品种\\构成\end{matrix} - \begin{matrix}基期品种\\构成\end{matrix}\right) \times \left(\begin{matrix}基期销售\\利润率\end{matrix} - \begin{matrix}基期综合\\销售利润率\end{matrix}\right)\right]$$

上述三个公式计算的品种构成变动对利润的影响程度应当一致。第一个公式可计算出品种构成变动对利润影响的总额,但不能说明各产品的影响情况。而第二个公式与第三个公式既能说明总影响额,又能说明各产品的影响额。第一个公式相较于第二个公式和第三个公式在计算上更简单。第二个公式和第三个公式虽然都试图说明各产品品种构成变动对利润的影响,但两者有明显的区别。按第二个公式计算,某产品销售比重变化与利润变动呈正相关。而按第三个公式计算,如果某主营业务利润率高于综合销售利润率,则该产品销售比重变化与利润成正比;如果某主营业务利润率低于综合销售利润率,则该产品销售比重变化与利润成反比。应当说,第三个公式比第二个公式更能准确反映品种构成变动对利润的影响程度,但它的计算要比第二个公式复杂。因此,实践中应根据分析的目的和条件,选择相应的分析方法。

3. 销售价格变动对利润的影响分析

销售与价格利润成正比,即在其他条件不变的情况下,价格越高,利润越高。随着价格体制的改革,国家定价范围逐渐缩小,市场调节价范围不断扩大。价格成为影响企业主营业务利润的重要因素。价格变动对利润的影响,其计算公式是:

$$价格变动对利润的影响 = \sum [产品本期销售量 \times (本期销售单价 - 基期销售单价)]$$

实践中,价格变动的原因多种多样,如国家调整价格、地区差价、批零差价、质量差价等。因此,分析价格变动对利润的影响,可分不同情况加以计算与评价。但是,概括地说,价格变动无非是质量差价和供求差价或政策差价两种情况。对于质量变动差价对利润的影响,我们将在质量变动对利润的影响中分析,非质量差价通常可按上式计算。但是,如果是等级品的价格变动对利润的影响,其计算公式是:

$$等级品的价格变动对利润的影响 = \sum \left[等级品本期销售量 \times \left(本期等级品本期平均单价 - 本期等级品基期平均单价 \right) \right]$$

其中:

$$本期等级品本期平均单价 = \frac{\sum (各等级品本期销售量 \times 该等级品本期单价)}{各等级本期销售量之和}$$

$$本期等级品基期平均单价 = \frac{\sum (各等级品本期销售量 \times 该等级品基期单价)}{各等级品本期销售量之和}$$

产品等级构成是指在等级产品总产销量中,各等级品产销量所占的比重,它是反映等级品质量的重要指标。不同等级产品的价格不同,因此,等级构成变动必然引起等级品平均价格的变动,从而引起主营业务利润的变动。确定等级品质量变动对利润的影响,其计算公式是:

$$等级品质量变动对利润的影响 = \sum \left[等级品本期销售量 \times \left(本期等级品基期平均单价 - 基期等级品基期平均单价 \right) \right]$$

其中:

$$基期等级品基期平均单价 = \frac{\sum (各等级品基期销售量 \times 该等级品基期单价)}{各等级品基期销售量之和}$$

上式只适用于等级品质量变动对利润的影响分析。对于一般产品优质优价变动对利润的影响，只要能计算出质量变动对单价的影响，套用前面的公式就可计算出质量变动对利润的影响。

4. 销售成本变动对利润的影响分析

销售成本变动对利润具有直接影响，在其他因素不变的情况下，销售成本降低多少，利润就会增加多少，即销售成本与利润成反比。销售成本变动对利润的影响，其计算公式是：

$$成本变动对利润的影响 = \sum[产品本期销售量 \times (单位产品基期成本 - 单位产品本期成本)]$$

需要说明的是，在现行税收体制下，企业缴纳的税金主要有增值税、消费税等。产品销售价格不含产品销项税，产品成本也不含进项税，因此，增值税对主营业务利润没有直接影响。所以，上述主营业务利润影响因素分析没有考虑税率的变化问题。应当注意，企业缴纳的城市维护建设税及教育费附加等的计税依据与增值税有关，因此，增值税变动可通过城市维护建设税及教育费附加间接影响销售利润。但是，因为其金额较小，且与销售量关系复杂，分析时通常将其作为期间成本处理，将其增减变动额单独作为对分析对象的影响额。

如果企业生产并销售烟、酒、高档化妆品、贵重首饰及珠宝玉石、鞭炮、焰火、成品油、摩托车、小汽车等应缴纳消费税的产品，消费税税率或单位税金变动将影响主营业务利润。消费税税率变动对主营业务利润的影响，其计算公式是：

$$消费税税率变动对利润的影响 = \sum[产品本期销售收入 \times (产品基期消费税税率 - 产品本期消费税税率)]$$

这一公式主要适用于企业实行从价定率法计算消费税的情况。如果企业实行从量定额法计算消费税税额，则单位消费税税额变动对利润的影响，其计算公式为：

$$消费税税额变动对利润的影响 = \sum\left[产品本期销售量 \times \left(\begin{array}{c}单位产品基期\\消费税税额\end{array} - \begin{array}{c}单位产品本期\\消费税税额\end{array}\right)\right]$$

在实行从价定率法计税时，前述价格和质量变动对利润影响的计算公式都应乘以"1－基期消费税税率"。

（三）主营业务利润因素分析的内容

【案例 5-15】 主营业务利润因素分析

以 FXYY 公司 2022 年和 2021 年主营业务利润明细资料为例进行分析，如表 5-17 和表 5-18 所示。

表 5-17　　　　　　　　FXYY 公司 2022 年主营业务利润明细表

金额单位：万元

产品名称	销售量（万盒）	单位产品销售价格（元/盒）	单位产品销售成本（元/盒）	单位主营业务利润（元/盒）	主营业务利润
抗肿瘤及免疫调节核心产品	2 208.79	52.93	48.63	4.30	9 497.80

(续表)

产品名称	销售量(万盒)	单位产品销售价格(元/盒)	单位产品销售成本(元/盒)	单位主营业务利润(元/盒)	主营业务利润
抗感染核心产品	90 656.89	4.74	4.42	0.32	29 010.20
心血管系统核心产品	8 899.01	16.48	15.33	1.15	10 233.86
合计					48 741.86

表 5-18　　　　　　　　FXYY 公司 2021 年主营业务利润明细表

金额单位：万元

产品名称	销售量(万盒)	单位产品销售价格(元/盒)	单位产品销售成本(元/盒)	单位主营业务利润(元/盒)	主营业务利润
抗肿瘤及免疫调节核心产品	2 316.03	37.06	35.77	1.29	2 987.68
抗感染核心产品	84 527.76	6.22	5.84	0.38	32 120.55
心血管系统核心产品	9 203.84	14.86	13.65	1.21	11 136.65
合计					46 244.88

根据表 5-15 和表 5-16 的资料对主营业务利润进行因素分析。

48 741.86－46 244.88＝2 496.98(万元)

1. 销售量变动对利润的影响

$$\frac{产品销售}{量完成率}=\frac{2\ 208.79\times37.06+90\ 656.89\times6.22+8\ 899.01\times14.86}{2\ 316.03\times37.06+84\ 527.76\times6.22+9\ 203.84\times14.86}\times100\%$$
$$=103.96\%$$

销售量变动对利润的影响＝46 244.88×103.96％－46 244.88
　　　　　　　　　　＝1 831.30(万元)

2. 销售品种构成变动对利润的影响

(2 208.79×1.29＋90 656.89×0.38＋8 899.01×1.21)－46 244.88×103.96％
＝－9.42(万元)

3. 单位价格变动对利润的影响

2 208.79×(52.93－37.06)＋90 656.89×(4.74－6.22)＋8 899.01×(16.48－14.86)
＝－84 702.30(万元)

4. 销售成本变动对利润的影响

2 208.79×(35.77－48.63)＋90 656.89×(5.84－4.42)＋8 899.01×(13.65－15.33)
＝85 377.41(万元)

5. 各因素变动对利润的总影响

1 831.30－9.42－84 702.30＋85 377.41＝2 496.99①(万元)

可见，FXYY 公司 2022 年主营业务利润比上年增加 2 496.98 万元，是各因素共同作用的结果，销售量变动和销售成本变动给主营业务利润带来了有利影响，销售品种构成变动和单

---

① 小数点误差为四舍五入所致。

位价格变动给主营业务利润带来了不利影响。其中,单位价格的降低和销售成本的减少对主营业务利润的影响较大,前者使利润减少 84 702.30 万元,后者使利润增加 85 377.41 万元;而销售品种构成变动对利润的影响最小。总之,FXYY 公司利润增加主要受到主观因素的影响。

应当注意的是,假如企业存在等级产品,还应确定等级品质量变动对利润的影响。

(四)主营业务利润完成情况评价

主营业务利润分析评价,应在确定各因素对利润影响程度的基础上,从以下几个方面进行:

第一,分清影响主营业务利润的有利因素与不利因素。一般来说,凡是使利润增加的因素都被看作有利因素,使利润减少的因素都被看作不利因素。

第二,分清影响主营业务利润的主观因素与客观因素。通常,销售量、成本、质量等因素被看作主观因素。如果企业自行安排产品品种生产,那么,品种构成因素也属于主观因素。价格因素要具体分析,除了国家政策调价等客观原因,在市场经济条件下,价格因素也可被看作主观因素,而税率因素属于客观因素。当然,对具体情况要具体分析。评价中应排除客观因素,抓住主观因素。

第三,分清生产经营中的成绩与问题。一般地说,企业的成绩与问题都应从主观因素来看。凡是因主观努力产生的对利润的有利影响,都属于企业成绩;凡是因主观不努力产生的对利润的不利影响,都属于企业的问题。在 FXYY 公司的案例中,销售品种结构变动、单位价格提高等因素使利润增加,应看作企业的成绩。对于品种构成,要结合具体情况进行具体分析:一要考虑国家计划与合同的完成情况;二要将品种构成与其相应的资产投入结合起来进行分析。因为在一些情况下,品种构成变动使销售利润增加,但可能使总资产报酬率下降。

二、利润与经营现金净流量相关性分析

(一)利润与经营现金净流量对比关系

会计上的利润是基于权责发生制核算出来的企业经营成果,收入和费用的确认时间与企业实际收付现金的时间并不一致。但是一般来说,在企业回款和付款等各项经营活动相对正常的情况下,利润与现金流量之间会保持一个大体稳定的比例关系。此外,在核算过程中,无论是收入的确认还是成本费用的确认,都会受到会计政策的主观选择性的影响,这存在一定的人为因素,同时不可避免地给企业提供一定的利润操纵空间,出于判断利润真实性的考虑,需要在一定程度上关注利润的含金量问题。而对于企业来说,营业利润是企业开展经营活动所赚取的经营成果,因此将营业利润与经营现金净流量进行对比分析,就可以了解营业利润产生现金净流量的能力。

【案例 5-16】 营业利润与经营现金净流量对比分析

根据 FXYY 公司 2022 年利润表、现金流量表,编制经营活动现金流量和收入、成本、利润资料表,如表 5-19 所示。

表 5-19　　2022 年经营活动现金流量和收入、成本、利润资料表

单位：万元

现金流量项目	金额	利润项目	金额
经营现金流入		经营收入	
销售商品、提供劳务收到的现金	4 439 044.89	营业收入	4 395 154.69
收到的税费返还	70 760.07	营业外收入	3 545.91
收到其他与经营活动有关的现金	102 999.04		
经营活动现金流入小计	4 612 804.01	经营收入小计	4 398 700.60
经营现金流出		经营成本	
购买商品、接受劳务支付的现金	2 052 201.74	营业成本	2 316 969.04
支付给职工以及为职工支付的现金	916 739.97	税金及附加	22 779.94
支付的各项税费	231 685.84	销售费用	917 117.61
支付其他与经营活动有关的现金	990 419.38	管理费用	382 810.29
		资产减值损失	−27 248.78
		营业外支出	11 773.39
		所得税费用	62 691.75
经营活动现金流出小计	4 191 046.92	经营成本小计	3 686 893.24
经营活动产生的现金流量净额	421 757.09	经营利润	711 807.36

从公司现金流入与企业收入的对比看，现金流入高于企业收入，前者为 4 612 804.01 万元，后者为 4 398 700.60 万元，差异为 214 103.41 万元。从现金流出与企业成本费用对比看，现金流出为 4 191 046.92 万元，成本费用为 3 686 893.24 万元，前者大于后者 504 153.68 万元。因此通过对比分析可看出，经营活动现金净流量小于经营性利润。

（二）利润与经营现金净流量调节关系

净利润是按照权责发生制原则确认和计量的，而经营活动现金流量净额是按照收付实现制确认和计量的，由于当期净利润既包括经营净损益，又包括不属于经营活动的损益，所以要把净利润调节为经营活动现金流量，这样才能更好地判断企业在不动用对外筹得资金的情况下，经营活动产生的现金流是否足以维持生产经营、偿还债务等等。

将净利润调节为经营活动的现金流量，通常采用的是间接法。间接法是以本期净利润为起点，通过调整不涉及现金的收入、费用、营业外收支以及应收应付等项目的增减变动，来调整不属于经营活动的现金收支项目，进而计算并列示经营活动的现金流量。

以下是净利润调节为经营活动现金流量的主要步骤。

（1）将净利润调整为权责发生制下经营活动的净利润。这包括减去投资、筹资活动形成的收入收益和加上投资、筹资活动产生的费用损失。

（2）将权责发生制下经营活动的净利润调整为收付实现制下经营活动的净利润。这涉及减去没有收到现金的经营活动收入和加上没有支付现金的经营活动费用。

（3）将收付实现制下经营活动净利润调整为经营活动产生的现金流量净额。这包括加上不影响净利润的经营活动现金流入和减去不影响净利润的经营活动现金流出。

具体需要调整的项目如表 5-20 所示。

表 5-20　　　　　　　净利润调整为经营活动现金流量的相关项目

项目
净利润
加:资产减值准备
固定资产折旧、油气资产折耗、生产性生物资产折旧
使用权资产折旧
无形资产摊销
长期待摊费用摊销
处置固定资产、无形资产和其他长期资产的损失(收益以"－"号填列)
固定资产报废损失(收益以"－"号填列)
公允价值变动损失(收益以"－"号填列)
财务费用(收益以"－"号填列)
投资损失(收益以"－"号填列)
递延所得税资产减少(增加以"－"号填列)
递延所得税负债增加(减少以"－"号填列)
存货的减少(增加以"－"号填列)
经营性应收项目的减少(增加以"－"号填列)
经营性应付项目的增加(减少以"－"号填列)
其他
经营活动产生的现金流量净额

间接法的使用可以帮助分析公司净利润与经营现金流量之间的差异,以及这种差异对财务状况和经营成果的影响。此外,间接法也反映了影响现金流量的因素,从而有利于评估公司未来现金流量的状况。

【案例 5-17】　净利润调节为经营现金净流量分析

根据 FXYY 公司 2022 年年度报告中报表附注内容,编制净利润调节为经营现金流量分析表,如表 5-21 所示。

表 5-21　　　　　　　　净利润调节为经营现金流量分析表

单位:万元

项目	2022 年
净利润	394 746.41
加:资产减值准备	33 785.70
固定资产折旧	113 933.92
使用权资产折旧	21 507.68

(续表)

项目	2022年
无形资产摊销	98 149.53
长期待摊费用摊销	11 169.43
处置固定资产、无形资产和其他长期资产的损失(收益以"－"号填列)	－12 560.23
固定资产报废损失(收益以"－"号填列)	1 431.81
公允价值变动损失(收益以"－"号填列)	249 836.85
财务费用(收益以"－"号填列)	80 880.24
投资损失(收益以"－"号填列)	－437 784.26
股份支付	5 448.30
递延所得税资产减少(增加以"－"号填列)	－13 588.98
递延所得税负债增加(减少以"－"号填列)	－5 260.82
存货的减少(增加以"－"号填列)	－143 007.81
经营性应收项目的减少(增加以"－"号填列)	－207 655.11
经营性应付项目的增加(减少以"－"号填列)	230 724.42
经营活动产生的现金流量净额	421 757.09

从表5-21可见，FXYY公司2022年净利润为394 746.41万元，经营活动产生的现金流量为421 757.09万元，两者相差27 010.68万元。为何公司经营活动创造的现金流没有最终全部形成净利润呢？通过计算可知，公司资产减值准备以及各项折旧、摊销费用合计278 546.26万元，这几项费用并未真正产生现金流出，但基于权责发生制，需要从利润中扣除，导致利润减少。公允价值变动损失及财务费用合计330 717.09万元，两项均属于账面损失，不影响现金流但影响净利润的减少，另外投资收益产生437 784.26万元，该项目不属于公司经营活动带来的现金流，但会增加公司净利润。最后，存货增加、经营性应收项目的增加以及经营性应收项目的增加合计影响－119 938.5万元，此三项属于经营活动，会直接影响当期现金流入和流出。它们是现金资产和其他形态资产之间的变化，没有直接体现在本期利润表上。所以从净利润反推本期经营现金流时，需要将这部分影响调整回来。

通过将净利润调节为经营现金流量，我们可以清晰了解公司净利润与经营现金流量的差异，进而理解净利润的变动原因以及质量。

三、经营活动现金流量分析

(一) 经营活动现金流量一般分析

经营活动现金流量一般分析是指根据现金流量表中经营活动产生的现金流量部分的数据，对企业经营活动现金流量变动情况进行分析与评价。

【案例 5-18】 经营活动现金流量一般分析

表 5-22 是 FXYY 公司 2022 年现金流量表中经营活动产生的现金流量部分的数据。

表 5-22　　　　　　　　FXYY 公司 2022 年经营活动现金流量数据表

单位：万元

项目	2022 年	2021 年
销售商品、提供劳务收到的现金	4 439 044.89	3 839 667.64
收到的税费返还	70 760.07	43 445.06
收到其他与经营活动有关的现金	102 999.04	61 749.97
经营活动现金流入小计	4 612 804.01	3 944 862.66
购买商品、接受劳务支付的现金	2 052 201.74	1 666 737.62
支付给职工以及为职工支付的现金	916 739.97	710 504.49
支付的各项税费	231 685.84	227 117.29
支付其他与经营活动有关的现金	990 419.38	946 721.78
经营活动现金流出小计	4 191 046.92	3 551 081.18
经营活动产生的现金流量净额	421 757.09	393 781.48

由表 5-22 可知，FXYY 公司 2021 年、2022 年经营活动使用的现金流量净额分别为 393 781.48 万元和 421 757.09 万元，呈略有上升态势。主要原因是 2022 年经营活动现金流入增加额，高于经营活动流出增加额造成的，2022 年销售商品、提供劳务收到的现金比 2021 年出现大幅增加是现金流量净额上涨的重要因素。此外，值得注意的是，收到的税费返还也出现大幅度增加，这主要是公司涉外业务出现的出口退税和政策扶持税收优惠所导致的。此外，购买商品、接受劳务支付的现金和支付给职工以及为职工支付的现金两个项目均出现上涨，应结合公司生产业务进行分析。

（二）经营活动现金流量水平分析

经营活动现金流量的一般分析只说明了企业当期现金流量变动的原因，没能揭示本期现金流量变动与前期或预计现金流量变动的差异。通过水平分析法对现金流量进行分析，可以解决这个问题。

【案例 5-19】 经营活动现金流量水平分析

以表 5-22 的资料为基础，编制 FXYY 公司经营活动现金流量水平分析表，如表 5-23 所示。

表 5-23　　　　　　　　FXYY 公司经营活动现金流量水平分析表

金额单位：万元

项目	年份		变动情况	
	2022 年	2021 年	变动额	变动率
销售商品、提供劳务收到的现金	4 439 044.89	3 839 667.64	599 377.25	15.61%

(续表)

项目	年份		变动情况	
	2022年	2021年	变动额	变动率
收到的税费返还	70 760.07	43 445.06	27 315.01	62.87%
收到其他与经营活动有关的现金	102 999.04	61 749.97	41 249.07	66.80%
经营活动现金流入小计	4 612 804.01	3 944 862.66	667 941.35	16.93%
购买商品、接受劳务支付的现金	2 052 201.74	1 666 737.62	385 464.12	23.13%
支付给职工以及为职工支付的现金	916 739.97	710 504.49	206 235.48	29.03%
支付的各项税费	231 685.84	227 117.29	4 568.55	2.01%
支付其他与经营活动有关的现金	990 419.38	946 721.78	43 697.60	4.62%
经营活动现金流出小计	4 191 046.92	3 551 081.18	639 965.74	18.02%
经营活动产生的现金流量净额	421 757.09	393 781.48	27 975.61	7.10%

由表5-23可知,FXYY公司2022年经营活动现金总流入较2021年增长了16.93%,低于经营活动现金总流出的18.02%,在流入项目中,变化幅度较大的项目是收到的税费返还和收到其他与经营活动有关的现金,前者增幅达到62.87%,主要受涉外业务及税收优惠政策影响,后者增幅达到66.80%,主要来自政府补助。在流出项目中,变化幅度较大的项目是购买商品、接受劳务支付的现金和支付给职工以及为职工支付的现金,这两个项目均与企业生产、经营直接相关,结合前述内容可知,这主要是公司扩大生产规模,以及投入市场营销团队所导致的。

(三) 经营活动现金流量结构分析

经营活动现金流量结构分析的目的在于揭示经营活动现金流入量和现金流出量的结构情况,从而抓住经营活动现金流量管理的重点。可通过编制经营活动现金流量垂直分析对企业经营活动现金流量的结构进行分析。

【案例5-20】 经营活动现金流量结构分析

以表5-22的资料为基础,编制FXYY公司2022年经营活动现金流量结构分析表,如表5-24所示。

表5-24　　　　FXYY公司2022年经营活动现金流量结构分析表

金额单位:万元

项目	现金流入量	现金流出量	流入结构	流出结构
销售商品、提供劳务收到的现金	4 439 044.89		96.23%	
收到的税费返还	70 760.07		1.53%	
收到其他与经营活动有关的现金	102 999.04		2.24%	
经营活动现金流入小计	4 612 804.01		100.00%	

(续表)

项目	现金流入量	现金流出量	流入结构	流出结构
购买商品、接受劳务支付的现金		2 052 201.74		48.97%
支付给职工以及为职工支付的现金		916 739.97		21.87%
支付的各项税费		231 685.84		5.53%
支付其他与经营活动有关的现金		990 419.38		23.63%
经营活动现金流出小计		4 191 046.92		100.00%

由表 5-24 可知，FXYY 公司 2022 年经营活动的现金流入的主要项目是销售商品、提供劳务收到的现金，该项目现金流入为 4 439 044.89 万元，占经营活动现金总流入的比重为 96.23%，说明公司经营活动发展良好，主要依靠主营业务获取现金流。经营活动的现金流出的主要项目是购买商品、接受劳务支付的现金，该项目产生的现金流出为 2 052 201.74 万元，占经营活动现金总流出的比重为 48.97%，支付给职工以及为职工支付的现金占比达到 21.87%，两项相加占比 70.84%，低于销售商品、提供劳务收到的现金占现金总流入的比重，属于合理状态。需要注意的是，支付其他与经营活动有关的现金占比也相对较高，达到 23.63%，通过查阅附注，这主要是市场费用及研发费用较高造成的。

本章小结

经营活动会计分析是指将会计分析方法应用于对反映企业经营活动的会计信息进行分析，揭示会计政策、会计估计及会计方法等对企业经营活动会计信息质量的影响，从而可修正经营活动会计信息，准确反映经营活动的状况及结果，保证经营活动分析结论的可靠性。经营活动会计分析的内容可分为五个部分：①经营活动分析与企业战略；②收入业务会计分析；③成本费用会计分析；④利润会计分析；⑤经营活动现金流量分析。

经营活动分析的内容分为经营活动规模分析和经营结构分析。经营活动的规模分析就是对利润表进行水平分析，将利润表的实际数与对比标准或基数进行比较，以揭示利润额的差异及产生原因。经营结构分析也需要在利润表的基础上，编制利润结构变动分析表，通过计算各项目占营业收入的比重，分析利润表各项目的构成情况，及其变动的合理程度。企业的经营战略是通过经营活动执行的，因此通过对企业的经营活动的分析可以了解企业的经营战略。

收入从广义上说包括营业收入、投资收入和营业外收入等。企业收入从狭义上说是指营业收入。收入业务会计分析的内容包括收入确认与计量分析、收入趋势分析和收入构成分析。

成本费用是企业为了获得经济利益而必须付出的资源消耗。从分类上来看，成本费用可分为营业成本和期间费用。成本费用会计分析的内容包括成本费用的内涵、营业成本分析和期间费用分析。对成本费用进行分析，可以找出影响成本升降的原因，为降低成本费用、促进财务成果的增长指明方向。

利润会计分析包括主营业务利润因素分析、营业利润与经营现金净流量对比分析和经

5-4 拓展知识-经营性现金流视角下企业成长型战略构建研究

营活动现金流量分析。主营业务利润因素分析能够综合反映企业主营业务最终的财务成果,它的变化可能受销售量、品种构成、价格、质量、成本和税率等诸多因素的影响。对营业利润与经营现金净流量进行对比分析,就可以了解营业利润产生现金净流量的能力。通过对经营活动现金流量分析,可以了解利润的质量,经营活动产生的现金流在现金流量表中分为经营活动流入的现金和经营活动流出的现金两个部分。经营活动现金流量分析具体包括三个方面的分析:经营活动现金流量的一般分析、经营活动现金流量的水平分析、经营活动现金流量的结构分析。

关键概念

经营活动　收入　成本费用　利润

一、单项选择题

1.(　　)是企业利润表中所反映出的第一个层次的业绩,反映企业自身生产经营业务的财务成果。
　　A. 销售毛利　　　　　　　　　　B. 营业利润
　　C. 利润总额　　　　　　　　　　D. 净利润

2. 下列各项中,产品价格最主要的影响因素是(　　)。
　　A. 营业利润　　　　　　　　　　B. 税金及附加
　　C. 产品成本　　　　　　　　　　D. 财务费用

3. 如果企业本年销售收入增长快于销售成本的增长,那么企业本年营业利润(　　)。
　　A. 一定大于零　　　　　　　　　B. 一定大于上年营业利润
　　D. 不一定大于上年营业利润　　　C. 一定大于上年利润总额

4. 在各种产品利润率不变的情况下,提高利润率低的产品在全部产品中所占的比重,则全部产品的平均利润率将(　　)。
　　A. 提高　　　B. 降低　　　C. 不变　　　D. 无法确定

5. 对利润表进行结构分析时,通常选择(　　)项目的金额作为分母,其他项目的金额作为分子,计算占该项目的比重。
　　A. 利润总额　　B. 营业利润　　C. 营业收入　　D. 营业成本

6. 下列项目中,不影响企业利润总额分析的项目是(　　)。
　　A. 营业利润　　B. 营业收入　　C. 所得税费用　　D. 投资收益

二、多项选择题

1. 利润表主表分析应包括的内容有(　　)。
　　A. 收入分析　　　　　　　　　　B. 利润增减变动分析
　　C. 利润结构变动分析　　　　　　D. 成本费用分析

2. 对利润表进行项目分析应主要对(　　)进行分析。
　　A. 收入类项目　　　　　　　　　B. 费用类项目

C. 利润类项目　　　　　　　　　　D. 利润结构

3. 下列关于销售费用的表述，正确的有（　　）。

A. 销售费用与本期营业收入密切相关，产生的影响也仅限于本期，因此应从本期收入中全额扣除

B. 由于销售费用是一项抵减收入的费用，所以企业应该尽可能降低

C. 销售费用中的运输费、装卸费等与企业销售量的变动呈正相关关系

D. 专设销售机构的费用通常随企业营业规模的扩大而呈阶梯状下降

4. 企业的期间费用包括（　　）。

A. 管理费用　　　　　　　　　　　B. 财务费用
C. 销售费用　　　　　　　　　　　D. 研发费用

5. 对利润总额进行分析，主要侧重于对组成利润总额的（　　）项目进行比较分析。

A. 营业外收入　　　　　　　　　　B. 营业利润
C. 营业外支出　　　　　　　　　　D. 所得税

6. 对净利润分析的内容，包括对形成净利润的（　　）等方面的分析。

A. 各项目的增减变动　　　　　　　B. 各项目的结构变动
C. 营业外支出　　　　　　　　　　D. 变动差异较大的重点项目

三、判断题

1. 营业利润是营业收入减去营业成本和税金及附加之后的差额。它既包括主营业务利润，又包括投资收益。（　　）

2. 营业成本变动对利润有着直接影响，营业成本降低多少，利润就会增加多少。（　　）

3. 如果企业的营业利润主要来源于投资收益，则说明企业的主营业务下滑，对企业利润的贡献在降低。（　　）

4. 企业成本总额的增加不一定意味着利润的下降和企业管理水平的下降。（　　）

5. 税率的变动对企业营业利润没有影响。（　　）

6. 如果企业的营业收入主要来自关联方的交易，那么其真实性就应该受到质疑。（　　）

7. 管理费用中的工会经费、失业保险费和劳动保险费属于企业承担的社会责任，企业不得为控制费用开支而随意减少。（　　）

8. 运用水平分析法可以更深入地说明销售费用的变动情况及其合理性。（　　）

四、简答题

1. 经营活动会计分析的内容具体包括哪些方面？
2. 收入构成分析具体从哪几个方面进行？
3. 对各项期间费用的质量分析应注意哪些方面？
4. 主营业务利润因素分析具体包括哪些方面？

五、案例分析题

1. 利润表综合分析

ABC公司是一家从事医药创新和高品质药品研发、生产及推广的医药健康企业，2022年度利润表资料如表5-25所示。

表 5-25　　　　　　　　　　　ABC 公司 2022 年度利润表

单位：万元

项目	2022 年	2021 年
一、营业总收入	1 741 790.1	1 383 562.94
其中：营业收入	1 741 790.11	1 383 562.94
二、营业总成本	1 323 434.17	1 022 359.97
其中：营业成本	233 456.81	184 987.7
税金及附加	23 677.82	25 362.02
销售费用	646 449.10	518 892.34
管理费用	162 632.32	119 357.27
研发费用	267 048.06	175 913.1
财务费用	−12 364.34	−3 663.17
资产减值损失	2 534.40	1 510.69
加：其他收益	16 304.44	15 541.53
投资收益	2 4793.78	3 872.20
资产处置收益	211.22	165.43
三、营业利润	459 665.39	380 782.12
加：营业外收入	42.18	171.36
减：营业外支出	9 799.61	5 034.60
四、利润总额	449 907.96	375 918.88
减：所得税费用	43 789.53	46 623.55
五、净利润	406 118.43	329 295.33

要求：

(1) 编制 ABC 公司利润表水平分析表并进行分析评价。

(2) 编制 ABC 公司利润表垂直分析表并进行分析评价。

2. 主营业务利润分析

大华公司 2022 年和 2021 年的主要主营业务利润明细如表 5-26 所示。

表 5-26　　　　　　　　　　　主要主营业务利润明细表

金额单位：千元

产品名称	销售数量(个)		销售单价		单位销售成本		单位销售利润		销售利润总额	
	2021 年	2022 年	2021 年	2022 年	2021 年	2022 年	2021 年	2022 年	2021 年	2022 年
A	400	390	600	600	529.27	526	70.73	74		
B	295	305	1 500	1 450	1436.48	1 371	63.52	79		

(续表)

产品名称	销售数量(个)		销售单价		单位销售成本		单位销售利润		销售利润总额	
	2021年	2022年	2021年	2022年	2021年	2022年	2021年	2022年	2021年	2022年
C	48	48	500	500	477.6	487.875	22.4	12.125		
合计	—		—				—			

要求:

(1) 根据所给资料填表。

(2) 确定销售量、品种结构、价格和销售成本等因素变动对主营业务利润的影响。

3. 经营活动现金流量分析

顺利公司2022年经营活动现金流量如表5-27所示。

表5-27　　　　　顺利公司2022年经营活动现金流量表

单位:万元

项目	2022年	2021年
销售商品、提供劳务收到的现金	3 196 298.29	3 003 650.31
收到的税费返还	28 938.38	25 763.72
收到其他与经营活动有关的现金	69 657.88	66 041.74
经营活动现金流入小计	3 294 894.55	3 095 455.77
购买商品、接受劳务支付的现金	1 461 794.22	1 096 910.91
支付给职工以及为职工支付的现金	528 942.14	476 494.17
支付的各项税费	248 578.22	253 276.76
支付其他与经营活动有关的现金	797 602.52	946 532.68
经营活动现金流出小计	3 036 917.11	2 773 214.52
经营活动产生的现金流量净额	257 977.43	322 241.26

要求:对该公司经营活动现金流量变动情况进行水平分析和结构分析。

第三篇

财务效能分析

第六章 综合效能分析

学习目标

1. 掌握综合效能分析的基本内容与基本方法。
2. 掌握杜邦综合效能分析体系。
3. 理解帕利普财务分析体系的特点、财务综合效能可视化分析。
4. 了解综合效能分析的目的。
5. 将全局观念应用于综合效能分析中,提升学生全盘考虑、统筹兼顾的意识和能力。

引导案例

复星医药和恒瑞医药都是国内著名的以药品制造和销售为主的上市公司。从表6-1可以看出,复星医药2018—2022年的净资产收益率分别为9.25%、6.45%、8.94%、9.80%、8.86%,恒瑞医药同期的净资产收益率分别为1.02%、-25.45%、-190.02%、10.78%、11.21%。从以上数据可以看出,复星医药和恒瑞医药的净资产收益率在2017年差别不是很大,但从2018年开始恒瑞医药的净资产收益率一路下跌,复星医药在2018—2020年期间的盈利能力却远远超过恒瑞医药,那么到底是什么原因导致二者盈利能力出现了巨大的差异呢?

表6-1　　　　　　　　复星医药和恒瑞医药财务指标对比表

年份	净资产收益率		销售净利率		总资产周转率（次）		权益乘数	
	复星医药	恒瑞医药	复星医药	恒瑞医药	复星医药	恒瑞医药	复星医药	恒瑞医药
2018	9.25%	1.02%	6.80%	1.22%	0.63	0.32	2.39	2.30
2019	6.45%	-25.45%	4.60%	-60.04%	0.54	0.17	2.82	2.61
2020	8.94%	-190.02%	4.72%	-133.45%	0.63	0.35	3.18	35.39
2021	9.80%	10.78%	5.02%	1.96%	0.66	0.42	2.82	7.56
2022	8.86%	11.21%	5.41%	2.29%	0.58	0.48	2.85	15.63

数据显示,2018—2020年恒瑞医药之所以净资产收益率远低于复星医药,主要原因在于销售净利率远不如复星医药,甚至2019年、2020年两年出现了亏损,这很可能是由于恒瑞医药成本费用上升的速度高于收入上升的速度所致。另外,恒瑞医药的总资产周转率也一直低于复星医药的,这说明其资产整体利用效率较低,这也是造成恒瑞医药股东回报程度低

于复星医药的另一主要原因。

2021年和2022年恒瑞医药的净资产收益率之所以反超过复星医药,主要原因在于权益乘数远高于复星医药,同时销售净利率和总资产周转率也缩小了与复星医药的差距。

从案例中我们可以发现,各个财务指标之间并不是彼此独立、互不干涉的,而是相互联系、环环相扣的,那到底该如何评价一家企业的综合能力呢?应该用到哪些方法呢?因此我们需要了解如何利用综合效能分析去评价企业的整体能力。

(资料来源:根据复星医药和恒瑞医药2018—2022年公司年报资料整理)

第一节　综合效能分析的内涵

一、综合效能分析的含义与目的

(一)综合效能分析的含义

综合效能分析是指将营运效能、偿债效能和盈利效能等诸方面的分析纳入一个有机的整体之中,全面对企业经营状况、财务状况进行综合分析,从而对企业经济效益的优劣作出准确的评价与判断的过程。

(二)综合效能分析的目的

综合效能分析是对企业财务状况、经营活动和盈利能力进行全面审查和评估的过程。综合效能分析可以对企业的筹资活动、投资活动、经营活动及分配活动状况进行深入、细致的分析,是对企业财务总体状况和业绩的关联性及水平得出的综合结论。这对企业投资者、债权人、政府、经营者及其他与企业利益相关者了解企业的财务状况与财务成效十分有益,从而为企业的经营决策、投资决策和融资决策提供依据。同时,也为企业下一步分析盈利效能、偿债效能、营运效能各环节出现的问题指明方向、奠定基础。进行综合效能分析的目的具体表现在以下三个方面。

1. 评估财务健康状况

综合效能分析的首要目的是对企业当前的财务状况进行全面、客观的评估。这包括了解企业的资产、负债、所有者权益等各方面的状况,以及评估企业的盈利效能、偿债效能、营运效能等各方面的表现。通过综合效能分析,可以对企业财务状况进行全面的了解和把握,有助于管理者和投资者了解企业的盈利能力、资产使用效率和财务结构。

2. 支持企业战略决策

综合效能分析的结果可以为企业的战略决策提供有力支持。通过对企业盈利能力、资产运营效率和财务结构的评估,管理者可以了解企业的优势和劣势,进而制定更加合理的战略规划和资源配置方案。

3. 明确单项分析方向

综合效能分析通过揭示影响企业盈利能力的主要驱动因素之间的内在联系,帮助管理者深入了解影响企业盈利能力的各个因素,从而制定更有针对性的经营策略。通过综合效能分析,能够发现企业在盈利效能、营运效能和偿债效能中存在的问题,为企业管理层提供解决问题的思路和方法。综合效能分析框架的建立有助于明确分析的目标和重点,为单项效能分析提供明确的指导方向。

二、综合效能分析的内容

根据上述综合效能分析的含义和目的,综合效能分析需要将企业的会计分析以及营运效能、偿债效能和盈利效能等诸方面的分析纳入一个有机的整体之中。目前综合效能分析的方法有很多,不同性质、不同行业的企业所采用的形式也不同。在这里,我们仅对财务效能做综合效能分析,同时通过可视化分析对企业综合效能的发展趋势及行业对比情况作出分析评价。

(一) 杜邦财务综合分析体系

企业财务目标是资本增值最大化。资本增值的核心在于资本收益能力的提高,而资本收益能力的核心指标是净资产收益率,该指标受企业各方面、各环节财务状况的影响。杜邦财务分析体系正是要以净资产收益率为核心,通过对净资产收益率的分解,找出企业经营各环节对其影响以及影响程度,从而综合评价企业各环节及各方面的经营业绩。

(二) 帕利普财务分析体系

在当今竞争激烈的市场环境中,企业战略与经营管理之间的关联性越来越受到重视。企业战略是企业发展的方向和指导思想,而经营管理则是实现企业战略的具体手段和措施。帕利普财务分析体系是以企业可持续增长率为核心,通过对可持续增长率的分解,找出企业经营战略和财务战略对其影响以及影响程度,从而作出企业经营战略和财务战略的合理性分析。

(三) 财务综合效能可视化分析

财务综合效能可视化分析,即通过可视化分析技术,利用图形、图表、动画、热力图等视觉元素来展示和分析财务数据,对企业综合效能发展趋势和行业对比情况进行分析与评价的方法。它通过将复杂的财务数据转化为易于理解和分析的视觉形式,帮助决策者更直观、快速地洞察财务数据背后的趋势、规律和潜在风险。

第二节 杜邦财务综合分析体系

一、杜邦财务综合分析体系的内涵

(一) 杜邦财务综合分析体系的含义

杜邦财务综合分析体系,亦称杜邦财务分析法,是指根据各主要财务比率指标之间的内在联系,建立财务分析指标体系,综合分析企业财务状况和财务综合能力的方法。由于该指标体系是由美国杜邦公司最先采用的,故称为杜邦财务分析体系。

(二) 杜邦财务综合分析体系的内容

杜邦财务综合分析体系是将若干反映企业盈利状况、财务状况和营运状况的比率按其内在联系有机地结合起来,形成一个完整的指标体系,并最终通过净资产收益率这一核心指标来综合反映。

杜邦财务分析体系包含了几种主要的指标关系,可以分成两大层次。

第一层次包括:

(1) 净资产收益率＝总资产净利率×权益乘数

即: $\dfrac{\text{净利润}}{\text{净资产}} = \dfrac{\text{净利润}}{\text{总资产}} \times \dfrac{\text{总资产}}{\text{净资产}}$

(2) 总资产净利润率＝销售净利率×总资产周转率

即: $\dfrac{\text{净利润}}{\text{总资产}} = \dfrac{\text{净利润}}{\text{营业收入}} \times \dfrac{\text{营业收入}}{\text{总资产}}$

以上关系表明,影响净资产收益率最重要的因素有3个(销售净利率、总资产周转率、权益乘数),

即:净资产收益率＝销售净利率×总资产周转率×权益乘数

第二层次包括:

(1) 销售净利率的分解。

$\text{销售净利率} = \dfrac{\text{净利润}}{\text{营业收入}} = \dfrac{\text{总收入} - \text{总成本费用}}{\text{营业收入}}$

(2) 总资产周转率的分解。

$\text{总资产周转率} = \dfrac{\text{营业收入}}{\text{总资产}} = \dfrac{\text{营业收入}}{\text{流动资产} + \text{非流动资产}}$

以上关系可以通过图6-1更准确、更清楚地反映,并帮助读者理解杜邦财务分析体系的本质。

从图6-1可以看出,杜邦财务综合分析体系中最核心的指标就是净资产收益率,该指标主要受销售净利润率、总资产周转率及权益乘数的共同影响。其中销售净利润率属于盈利效能指标,总资产周转率属于营运效能分析,权益乘数属于偿债效能指标。

(1) 净资产收益率是综合性最强的财务指标,是杜邦财务综合分析体系的核心。这一指标反映了投资者的投入资本获利能力的高低,能体现出企业经营的目标。从企业财务活动和经营活动的相互关系上看,净资产收益率的变动取决于企业资本经营、资产经营和商品经营。所以净资产收益率是企业财务活动效率和经营活动效率的综合体现。

(2) 销售净利润率是反映企业商品经营盈利效能最重要的指标,是企业商品经营的结果,是实现净资产收益率最大化的保证。企业从事商品经营,目的在于获利,其途径只有两条:一是扩大营业收入;二是降低成本费用。

(3) 总资产周转率是反映企业营运效能最重要的指标,是企业资产经营的结果,是实现净资产收益率最大化的基础。企业总资产由流动资产和非流动资产组成,流动资产体现企业的偿债能力和变现能力,非流动资产则体现企业的经营规模、发展潜力和盈利能力。各类

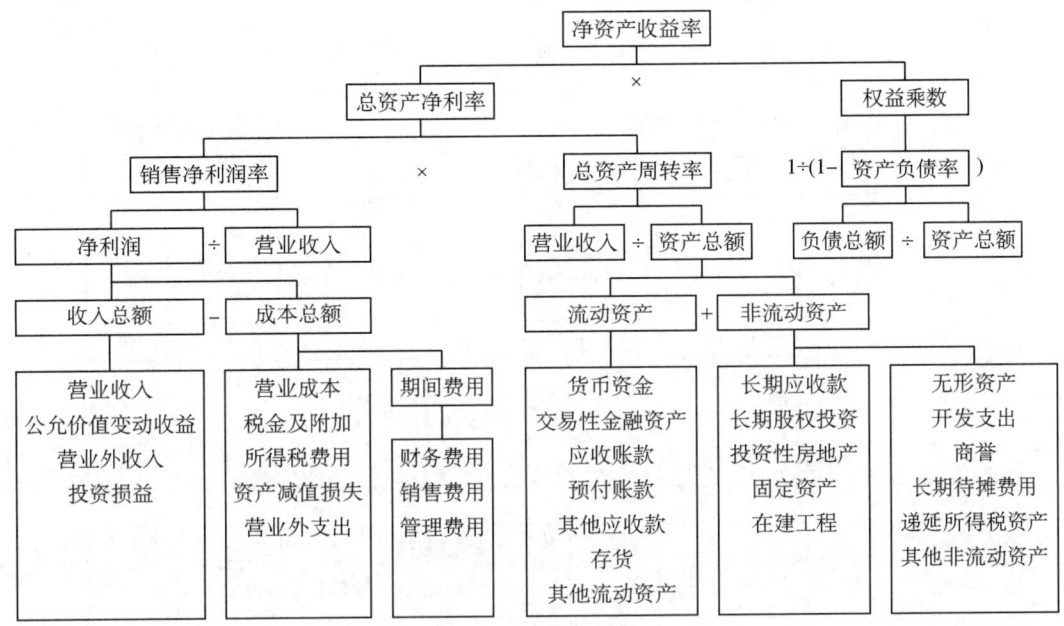

图 6-1 杜邦财务综合分析体系

资产的收益性又有较大区别,如现金、应收账款几乎没有收益。所以,资产结构是否合理、营运效率的高低是企业资产经营的核心,并最终影响到企业的经营业绩。

(4) 权益乘数既是反映企业资本结构的指标,也是反映企业偿债效能的指标,是企业资本经营即筹资活动的结果,它对提高净资产收益率起到杠杆作用。适度开展负债经营,合理安排企业资本结构,可以提高净资产收益率。

可见,盈利效能指标、营运效能指标、偿债效能指标的变化都会导致净资产收益率发生变化,那么这些指标又会受到哪些因素的影响。此外,除了以上三个指标,这三项效能的指标还有哪些,这些问题会在后续章节内容进行讲解。

二、杜邦财务综合分析体系的应用

(一) 杜邦财务综合分析体系的分析步骤

根据附表 1-1、附表 1-2 的资料,绘制 FXYY 公司杜邦财务分析图,如图 6-2 所示。

从图 6-2 可以看出,2022 年 FXYY 公司的净资产收益率为 7.7%,较 2021 年的 10.55%降幅明显。观察其总资产净利率和权益乘数可以看出,权益乘数略有上升,从 2021 年的 1.876 上升为 2022 年的 1.956,总资产净利率出现下滑,从 2021 年的 5.62%下降为 2022 年的 3.94%,由此可知,净资产收益率的变化主要是总资产净利率影响的结果。

总资产净利率下降的原因在于销售净利润率和总资产周转率的变化,总资产周转率略有下降,2022 年较 2021 年下降了 0.23%,而销售净利润率 2022 年较 2021 年出现较大幅度的下降,从 12.76%下降为 8.98%,这是导致总资产净利率出现下降的主要因素。根据图 6-2 可知,FXYY 公司的营业收入出现了一定的上升,但净利润却产生了下滑,这说明该公司虽然

图 6-2　FXYY公司杜邦财务分析体系①

———

① 由于计算需要，该体系中权益乘数、资产负债率、负债总额、资产总额均为平均数，流动资产及非流动资产金额为期末数。

扩大了销售,但在成本控制方面还需进一步加强。总资产周转率略有下降是因为资产的增速超过了营业收入的增速,这说明公司资产营运效能有所下降,需加强资产管理,挖掘资产潜能,提升资产营运效率。

总体来说,2022 年 FXYY 公司的权益乘数虽然略有上升,但销售净利润率和总资产周转率都出现了不同程度的下降,最终导致净资产收益率出现下滑。那么这些指标的变化对于企业意味着什么,他们上升或者下降又会受公司的哪些因素影响,这些问题会在盈利效能分析、营运效能分析和偿债效能分析内容中作详细讲解。

(二)杜邦财务综合分析体系的不足

杜邦财务分析体系自产生以来在实践中得到广泛应用与好评。但随着经济与环境的发展、变化和人们对企业目标认识的进一步升华,该体系存在的不足之处也逐渐暴露出来,主要表现在以下几个方面。

6-2 拓展知识-基于杜邦分析法的 A 企业盈利能力分析

1. 涵盖信息不够全面

杜邦财务分析体系没有进行企业发展能力的分析,不利于企业的可持续发展,一般而言,对企业财务能力的分析应该包括企业的偿债效能、营运效能、盈利效能和发展效能,而传统的杜邦分析体系只包括了前三者。随着市场竞争的日益激烈,企业越来越重视自身发展潜力及可持续发展,因此,传统杜邦财务分析体系作为一个综合财务分析体系,却没有包含反映企业发展能力的指标及其分解指标,显得不合时宜。

2. 股利支付的相关分析比较粗糙

在企业经营发展过程中,针对股利支付能力的分析,可以全方位展现企业的实际经营状况。如果企业的股利支付能力比较强,那么就会对外部投资者产生较强吸引力,使得企业更容易获得外部投资,解决自身所面临的资金困境。目前传统杜邦分析法并没有对股利支付内容展开专项分析,很难清晰展示企业的股利支付能力,需要进行针对性提升。

3. 分析内容不够全面

杜邦分析体系主要关注财务指标,而较少考虑非财务指标的影响。然而,非财务指标如企业创新能力、公司战略选择、客户满意度等对于企业的长期发展能力至关重要。因此,在使用杜邦分析体系时,需要结合非财务指标进行综合评估。

许多人对杜邦财务分析体系进行了变形、补充,使其不断完善与发展。其中比较具有影响力的一种体系就是帕利普财务分析体系。

第三节 帕利普财务分析体系

一、帕利普财务分析体系的内涵

(一)帕利普财务分析体系的含义

帕利普财务分析体系是美国哈佛大学教授帕利普对杜邦财务分析体系进行了变形、补充而发展起来的,它是以可持续增长率为龙头指标的财务综合分析体系,也称为可持续增长率财务分析体系。可持续增长率是指在不改变经营战略(不改变销售净利率和总资产周转率)和财务战略(不改变资本结构和股利支付率)的条件下,公司销售所能达到的最大增长率,它体现的是一种可持续的平衡发展。

(二)帕利普财务分析体系的内容

帕利普财务分析体系是以可持续增长率为龙头指标,它的理论依据在于,在没有新增筹资的前提下,企业销售要获得增长,主要依赖于两种资金来源,一种是企业的经营性负债(也可以叫自发负债),主要是来自企业经营过程中供应商提供的应付账款和客户提供的预收账款,另一种来自企业的留存收益。一般情况下,可持续增长率的计算公式如下:

$$可持续增长率 = 净资产收益率 \times 留存收益比率$$
$$= 净资产收益率 \times (1-股利支付率)$$
$$= 销售净利率 \times 总资产周转率 \times 权益乘数 \times (1-股利支付率)$$

从上述计算公式中可以看到,可持续增长率的大小受销售净利率、总资产周转率、权益乘数以及股利支付率四个财务比率的影响。

美国著名财务学家罗伯特·C.希金斯曾说世界上因为增长过快而破产的公司数量与因为增长太慢而破产的公司数量几乎一样多。[①] 因此,企业要追求的是一种平衡的可持续的增长。可持续增长率的大小受销售净利率、总资产周转率、权益乘数以及股利支付率四个财务比率的影响,这四种比率背后实际上分别反映的是企业的利润管理、资产管理、筹资管理、股利政策;前两者实际上体现的是企业的经营战略,后两者体现的是企业的财务战略,如图6-3所示。

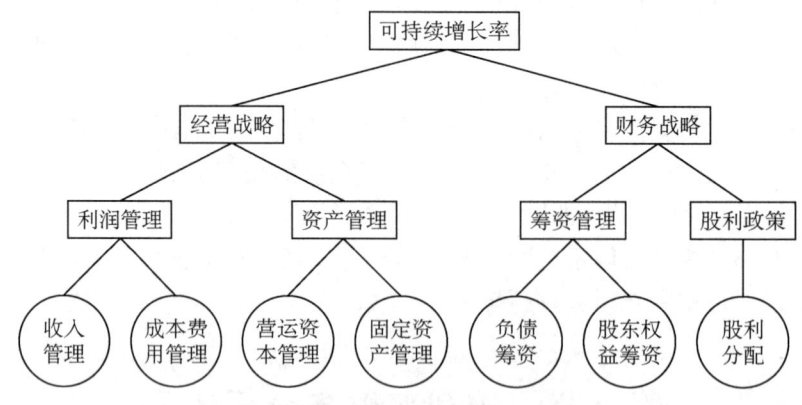

图6-3 帕利普财务分析体系分解图

如果某一年的公式中的4个财务比率有一个或者多个比率提高,实际增长率就会超过上年可持续增长率,而本年的可持续增长率也会超过上年的可持续增长率,这种超常增长是改变财务比率的结果,但是公司不可能每年都提高这4个财务比率,所以这种超过企业可持续增长率的增长会加速企业资源的消耗,并且通常是无法持续的;反之,4个财务比率中的

---

① 罗伯特·C.希金斯.财务管理分析[M].北京:北京大学出版社,香港:科文(香港)出版有限公司,1998.

一个或多个比率下降,将会导致实际增长率低于上年可持续增长率,从而本年的可持续增长率也会低于上年可持续增长率,这种情况会造成企业资源的浪费,因此企业应当制定符合自身发展需要的经营战略和财务战略,努力使企业实际增长率与可持续增长率相一致,以实现平衡发展。

二、帕利普财务分析体系的应用

根据附表1-1、附表1-2的资料,FXYY公司帕利普财务分析指标如表6-2所示。

表6-2　　　　FXYY公司2018—2022年帕利普财务分析指标

会计年度	销售净利率	总资产周转率(次)	权益乘数	留存收益比率	可持续增长率	实际收入增长率	差异
2018年	12.12%	0.35	2.37	69.77%	9.89%	34.45%	24.56%
2019年	13.10%	0.38	2.27	69.88%	7.08%	14.72%	7.63%
2020年	13.00%	0.36	2.13	69.91%	7.79%	6.02%	−1.76%
2021年	12.76%	0.42	2.03	69.73%	7.03%	28.72%	21.69%
2022年	8.98%	0.41	2.22	70.63%	7.55%	12.66%	5.12%
平均值	—	—	—	—	7.87%	19.31%	11.45%

注:总资产周转率为期末总资产周转率;权益乘数为期末总资产/期初股东权益。

FXYY公司2018—2022年,除2020年,其余各年的实际收入增长率均高于可持续增长率,这五年可持续增长率平均值为7.87%,而实际收入增长率平均值达到19.31%,是可持续增长的2.45倍左右,那么公司的持续高增长是如何实现的呢?

从经营效率分析,除2022年销售净利率出现大幅下降外,公司盈利能力从2018—2021年基本保持在13%左右,整体比较稳定;营运能力从2018年至2022年呈现波动上升状态,说明经营效率有所提高。从财务政策分析,公司的资本结构在五年间变化明显,权益乘数整体上呈下降趋势,2022年有所回升,说明公司对于股东的外部资金的需求在减小;2018—2022年留存收益率均达到70%左右,且整体呈上升趋势,说明公司内源融资力度较大且比较稳定,可见公司自身创造的利润是支持其高速增长的重要资金来源。

观察2018年与2019年可以发现,FXYY公司2018年计算出来的2019年的可持续增长率为7.08%,如果公司保持2018年的既定经营战略和财务战略不变,则2019年的实际收入增长率应该等于可持续增长率,然而公司2019年的实际收入增长率为14.72%,高于可持续增长率的2倍,这是如何实现的呢? 与2012年相比,2013年降低了权益乘数,但销售净利率、总资产周转率和留存收益比率均有上升,因此FXYY公司2013年是通过提高销售净利率、加快资产周转速度、提高留用利润的方式来支撑营业收入的增长的。

观察2019年与2020年的帕利普财务分析指标可以发现,FXYY公司2019年计算出的2020年的可持续增长率为7.79%,如果公司保持2019年的既定经营战略和财务战略不变,则2020年的实际收入增长率应该等于可持续增长率,然而,公司2020年的实际收入增长率为6.02%,低于可持续增长率1.76%,这又是什么原因呢?与2019年相比,虽然留存收益率略有提高,但幅度很小;而销售净利率、总资产周转率、权益乘数均出现了不同幅度的下降,尤其是权益乘数下降了0.14。这说明公司盈利能力下降、资产周转速度减慢、财务杠杆降低都是营业收入增长放缓原因。

同理可以看出,2021年公司主要通过提升资产周转速度来支持收入增长,2022年则是通过提升财务杠杆和增加留存收益来支持收入增长。

通过以上分析我们可以看出,FXYY公司总体上呈现快速成长状态,营业收入的增长多与总资产周转率的改善和留存收益的提高有关。这对于竞争激烈的医药企业是有利且不易的,因而整体上FXYY公司处于良性增长状态。当然,从企业发展的长远角度看,上述哪项财务指标都不能无限制地提高,否则超常增长之后将面临实际增长率低于可持续增长率的情况。如果企业不愿意接受这个现实,继续勉强冲刺,现金周转的危机将不可避免。

6-3 拓展知识-帕利普财务分析体系在高校的应用研究

第四节 财务综合效能可视化分析应用

一、财务综合效能可视化分析的目的

财务综合效能可视化分析的过程包括从数据收集、处理到数据导入等初步步骤,并进一步进行深入的数据分析和洞察提炼。这一过程的最终目标是对企业的财务健康状况、盈利能力、偿债能力以及营运能力等多个关键绩效指标进行全面评估和预测。通过这些步骤,企业能够基于实际数据制定更加科学合理的决策,有效提升管理效率和业绩表现。

本节以净资产收益率指标为主要演示案例,结合销售净利润率、总资产周转率和权益乘数三个影响因素指标进行综合分析。通过这一演示,重点展示财务综合效能可视化分析的流程,并对相关结果进行详细分析和解读,帮助企业管理层和投资者更好地理解财务数据,为决策提供有力支持。具体操作步骤可通过扫描二维码6-4、6-5、6-6进行观看。

二、财务综合效能可视化分析流程

(一)数据准备与处理

1. 收集所需数据

根据分析目标确定需要收集的数据类型,包括但不限于利润表、资产负债表、现金流量表、财务比率、股票价格等,收集所需的财务数据。数据来源可以是企业内部的财务系统,也可以是外部的金融数据库、市场报告等,然后对收集到的数据进行清洗,处理缺失值、异常值和重复数据,确保数据的准确性和完整性。

本节及后续第七到第九章的可视化分析部分,选用FXXY公司2018—2022年资产负债表与利润表中的数据(详见附录二),以及60家医药行业企业的相关财务数据(详见附录三),这些数据表已经完成数据清洗和预处理,可以直接导入到可视化分析平台数据库中进行分析使用。

2. 数据导入

将准备好的数据导入到选定的可视化工具中。这一步可能需要转换数据格式,如日期显示格式等,确保数据与分析平台的兼容性。随后,在可视化分析平台中根据分析目标建立数据模型,包括数据表间关联关系设置、数据字段筛选、维度和度量设置等。图 6-4 和图 6-5 分别展示金蝶云星空轻分析平台中的数据表导入界面和数据表导入后界面。

图 6-4 数据表导入界面

图 6-5 数据表导入后界面

3. 数据字段筛选

导入相关数据表后，可以对表中的数据字段进行筛选，去掉分析时无需使用的数据字段。字段筛选可以帮助优化数据分析范围，排除无关信息的干扰，确保分析的针对性和高效性，从而提升数据处理和决策的质量。需要注意的是，在选择保留的数据字段时，除了直接参与指标计算的必要数据，还应包括对分析有辅助作用的相关数据，以便深化理解、增强数据间的联系性和解释力。图 6-6 是以 FXYY 公司利润表为例进行的数据字段筛选展示。

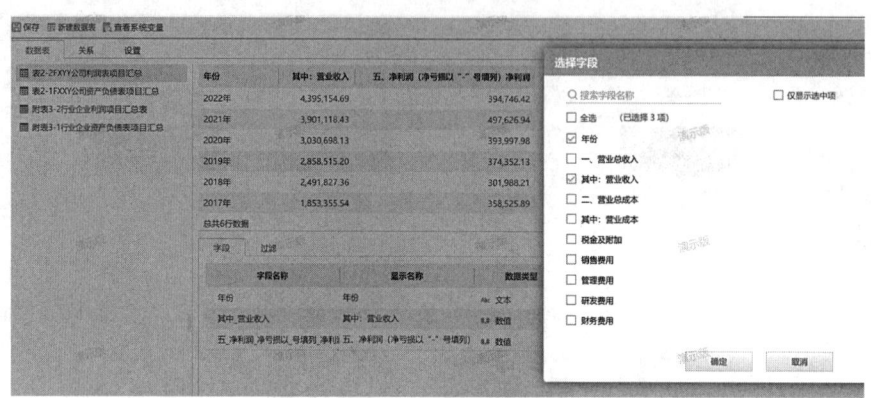

图 6-6　数据字段筛选

4. 构建表间关联关系

完成数据表字段筛选后，需要建立表间关系。通过构建数据表之间的关联关系，能够实现数据的跨表整合分析，揭示不同数据维度间的内在联系，提高分析的准确性和深度。图 6-7 展示的是 FXYY 公司和行业企业表间关联关系的构建情况和完成状态。

6-4　操作演示视频

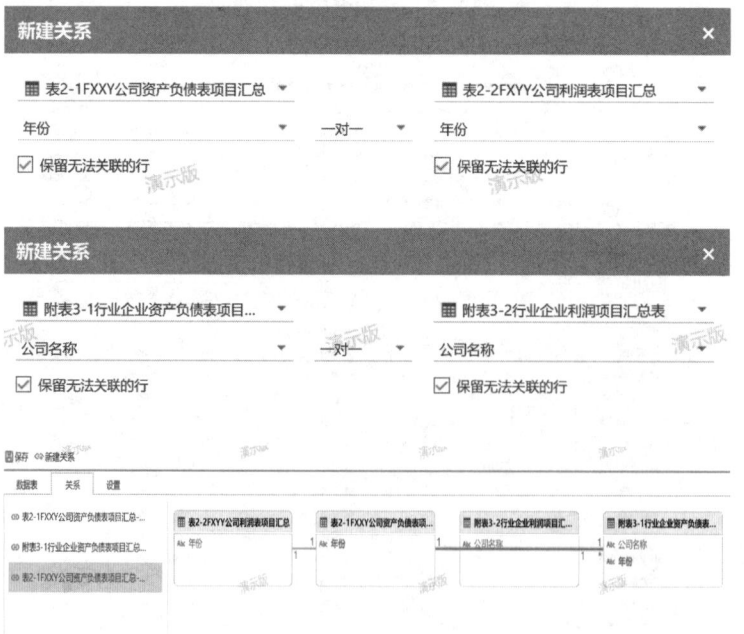

图 6-7　构建表间关联关系

(二)指标选择与计算

在可视化分析中,指标的选择和计算是核心环节,直接关系分析的准确性和实用性。首先,选择指标时需确保其与分析目标紧密相关,能够全面反映企业的财务状况、经营成效及市场表现。其次,在计算指标时,要严格遵循财务分析的原则和方法,确保数据的准确无误。最后,还需注意指标间的相互关联和影响,通过综合分析多个相关指标,可以获得更加全面和深入的数据洞察。有效的指标选择和准确的计算,是洞悉企业财务健康状态、指导企业决策和策略制定的重要基础。

需要明确的是,在进行可视化分析时,指标计算应基于数据字段而非单个具体数据值来建立公式。这种方法确保了分析的灵活性和扩展性,允许公式自动适应新数据,从而为持续的监控和深入分析提供可靠基础。下面以 FXYY 公司的数据为例,演示净资产收益率指标计算公式的创建过程,如图 6-8 所示。

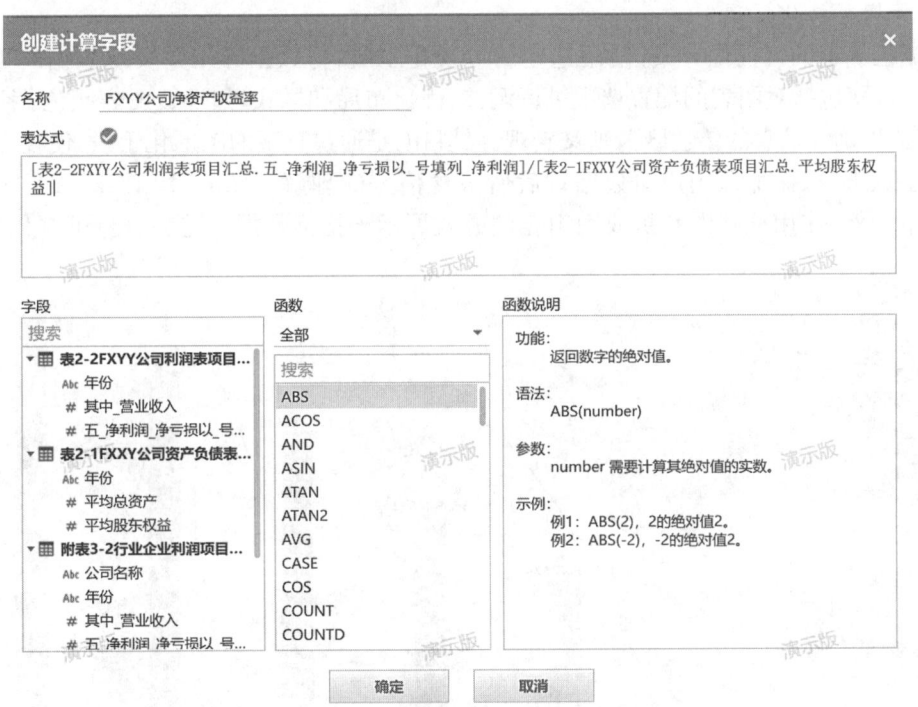

图 6-8　创建净资产收益率指标计算公式

(三)数据可视化呈现

1. 设计可视化方案

首先,在明确分析目标的基础上设计可视化方案,选择适合呈现所需信息的图表类型。针对不同的分析目的,如趋势分析、结构分析或比较分析,选择相应的柱状图、折线图、饼图等。设计方案时还需要考虑指标之间的关系,确保所选图表能充分展示这些指标间的动态变化、比例关系或相互影响,为接下来的数据可视化呈现打下坚实的基础。金蝶云星空轻分析平台提供多种图表类型,用户可以根据具体的分析指标进行选择,如图 6-9 所示。

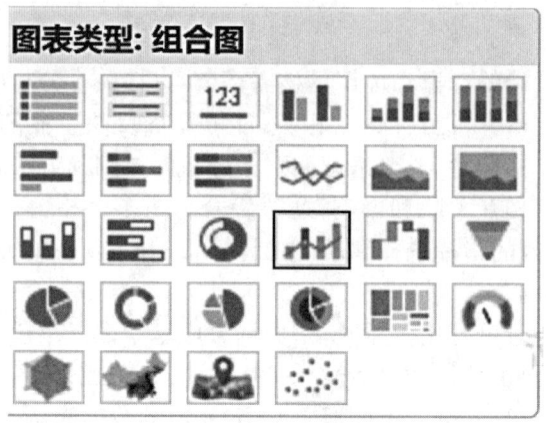

图 6-9 图表类型

2. 数据可视化呈现

根据已确定的可视化方案,使用选定的可视化工具,将数据导入并实现数据的可视化展示。这一步骤包括对图表的配置选项进行调整、优化布局和样式,如设置图表颜色、字体、图例和标签等,以确保信息的传达既清晰又美观。其目的是通过直观的图形化手段,使复杂的数据信息易于理解,从而加深用户对数据背后所蕴含信息的理解。图 6-10 以 FXYY 公司净资产收益率为例,使用柱状图和折线图组合的方式展示该指标数据的趋势分析可视化呈现。

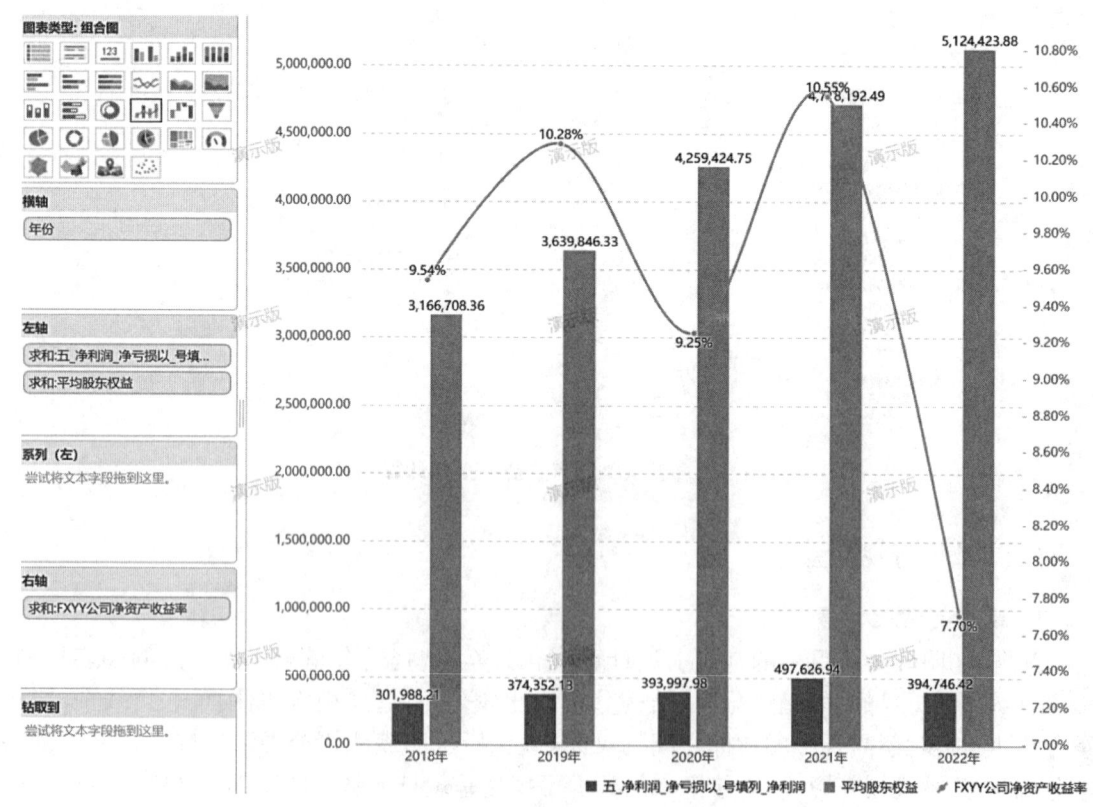

图 6-10 FXYY 公司净资产收益率趋势分析组合图

3. 构建可视化仪表板

将单个可视化图表、图形整合到一个综合的可视化仪表板中，在一个统一的界面上展示多个相关指标和分析结果，为用户提供一个全面的视图来观察和分析数据。在构建仪表板时，重点在于如何有效地组织和布局各种图表，确保它们之间的逻辑关系清晰，用户能够轻松从宏观视角把握整体情况，同时能深入查看具体的分析详情。合理的仪表板设计不仅提升了信息的可访问性，还增强了分析的互动性，使决策者能够根据最新的数据动态作出快速而准确的决策。仪表板的构建将在本节第三部分和第四部分予以展示。

6-5 操作演示视频

三、财务综合效能指标同行业对比分析

创建仪表板，如图6-11所示，比较FXYY公司2022年关键财务指标与行业平均值的差异，进而揭示其在行业中的财务优势和竞争地位。

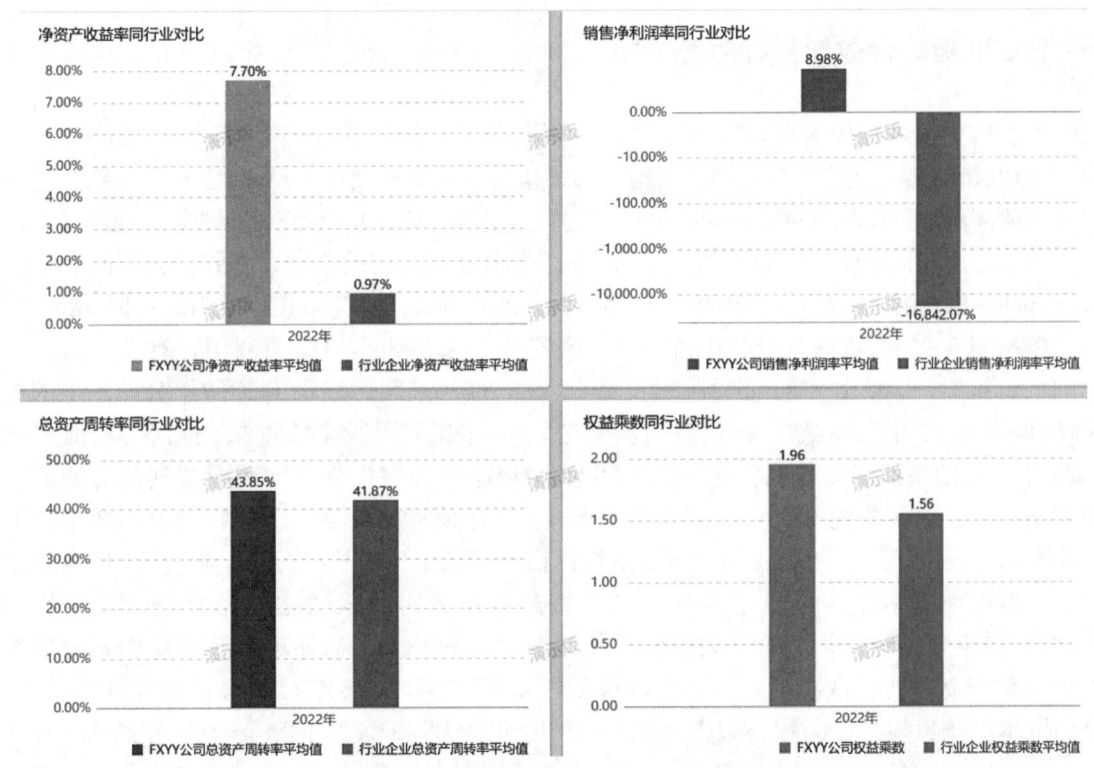

图6-11　财务综合效能指标同行业对比可视化分析仪表板

首先，在净资产收益率对比方面，FXYY公司7.7%的数值远高于行业均值0.97%。这一显著差异表明，FXYY公司在利用股东资本创造盈利方面表现出色，相比同行业其他企业具有更强的盈利能力。这可能归因于FXYY公司更有效的经营策略、成本控制或资产配置优化等。

其次，在销售净利润率对比中，FXYY公司8.98%的数值与行业平均值−18 842.07%形成鲜明对比。行业平均值的负值可能是由于某些企业的巨额亏损拉低了整体平均水平，而FXYY公司保持正值，说明其盈利模式相对稳定且有效，尽管面对激烈的市场竞争和可能的行业挑战。

在总资产周转率方面,FXYY公司43.85%的数值略高于行业均值41.87%,表明FXYY公司在使用资产产生销售收入方面略胜一筹。这说明FXYY公司的资产管理和运营效率相对较好,能够从每单位资产中获取更多收入。

最后,对于权益乘数,FXYY公司的1.96高于行业均值1.56,显示出FXYY公司在资本结构上采用了相对较高的财务杠杆。这意味着FXYY公司相对更依赖债务融资,虽然这增加了财务风险,但也反映了公司可能利用债务资金支持扩张和成长的意愿。

综上所述,2022年FXYY公司的四个关键财务指标均优于行业平均水平,特别是在盈利能力方面表现显著。然而,销售净利润率的正值与行业平均的极端负值之间的巨大差异,以及较高的权益乘数,提示FXYY公司管理层需要关注行业波动对公司财务稳定性的潜在影响。公司应继续优化其财务策略和运营效率,同时谨慎管理其财务杠杆,以维持其在行业中的竞争优势,应对未来可能的市场变化。

四、财务综合效能指标趋势分析

通过构建可视化仪表板,如图6-12所示,将FXYY公司2018年至2022年的净资产收益率,以及影响其表现的三个关键因素指标——销售净利润率、总资产周转率和权益乘数进行综合呈现,以便清晰展示各指标随时间的变化趋势,全面了解FXYY公司的财务表现和经营效率。通过对这些指标的并行分析,深入探究净资产收益率的波动原因,评估公司的盈利能力、资产管理效率及财务杠杆的运用情况,从而为公司的财务策略和决策提供有力的数据支持。

根据图6-12的数据进行分析,首先,净资产收益率作为衡量公司利用自有资本盈利能力的重要指标,从2018年的9.54%增长至2021年的10.55%,显示出FXYY公司一定的成长性,但在2022年下降至7.7%,表明虽然公司能有效利用股东资本来创造收益,但其在2022年可能面临盈利能力减弱的问题。其次,销售净利润率作为反映公司盈利能力的另一重要指标,从2018年的12.12%逐年波动,至2021年略微下降至12.76%,在2022年显著下降至8.98%。可能是公司成本上升、销售价格下降或销售结构变化,影响了公司的盈利水平。总资产周转率作为衡量企业利用其总资产创造销售收入效率的指标,从2018年的37.61%增至2021年的44.08%,在2022年略有下降至43.85%,显示出FXYY公司在管理资产和利用资产创造收入方面整体上表现良好,尽管在2022年略有回落。最后,作为反映公司资本结构风险程度的权益乘数指标,从2018年的2.09略微下降至2021年的1.88,然后在2022年回升至1.96,说明公司的依赖债务程度有所变化,财务结构稳定性在一定程度上得到改善。

通过综合分析FXYY公司四个关键财务指标的变化趋势,可以看出该公司整体上保持了稳定的财务状况,但也面临着盈利能力下降的挑战,特别是在2022年。销售净利润率的下降是公司需要密切关注的问题,它直接关系公司的盈利水平。同时,总资产周转率的稳定增长和权益乘数的适度波动表明公司在资产管理和财务结构方面相对健康。FXYY公司需要采取措施优化成本结构,提高价格策略的灵活性,并继续优化资产配置和财务策略,以提升其财务综合效能,增强盈利能力和市场竞争力。

6-6 操作演示视频

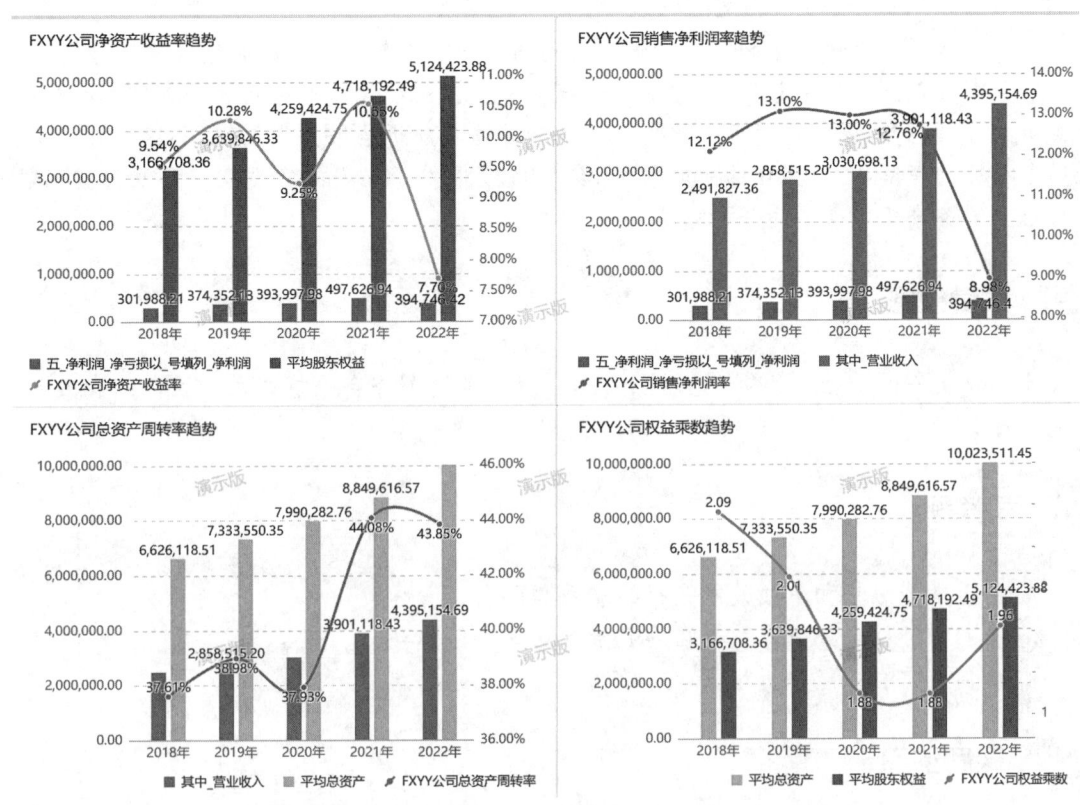

图 6-12　FXYY 公司 2018—2022 年财务综合效能指标趋势可视化分析仪表板

本章小结

综合效能分析，是指将营运效能、偿债效能和盈利效能等诸方面的分析纳入一个有机整体，全面地对企业经营状况、财务状况进行综合分析，从而对企业经济效益的优劣作出准确的评价与判断。

杜邦财务综合分析体系，亦称杜邦财务分析法，是指根据各主要财务比率指标之间的内在联系，建立财务分析指标体系，综合分析企业财务状况和财务综合能力的方法。它将若干反映企业盈利状况、财务状况和营运状况的比率按其内在联系有机地结合起来，最终通过净资产收益率这一核心指标来综合反映。通过杜邦财务综合分析体系，一方面可从企业销售规模、成本水平、资产运营、资本结构等方面分析净资产收益率增减变动的原因；另一方面可协调企业资本经营、资产经营和商品经营关系，促使净资产收益率达到最大化，实现财务管理目标。

随着经济与环境的发展、变化和人们对企业目标认识的进一步深化，许多人对杜邦财务综合分析体系进行了变形、补充，使其不断完善与发展。帕利普财务分析体系将杜邦财务分析体系的核心目标从净资产收益率转变为可持续增长率，并将财务能力界定为以下几种关系式：

可持续增长率＝净资产收益率×留存收益比率

＝净资产收益率×(1－股利支付率)

＝销售净利率×总资产周转率×权益乘数×(1－股利支付率)

财务综合效能可视化分析,作为一种系统化分析企业经营和财务状况的方法,通过科学地组织和分析财务数据,运用可视化技术将财务数据与分析结果直观展现,不仅加深了对企业财务状况的理解,还为企业的战略规划、经营决策提供了强大的数据支持和洞察力,成为现代企业财务分析中重要的分析方法之一。

关键概念

综合效能分析　杜邦财务综合分析体系　帕利普财务综合分析体系　财务综合效能可视化分析

思考题

1. 综合效能分析和单项效能分析的联系和区别。
2. 杜邦财务综合分析体系存在的缺陷以及该如何弥补。
3. 如何在综合效能分析过程中有效利用可视化分析方法?

课后练习

一、单项选择题

1. 杜邦财务分析体系的核心指标是(　　)。
   A. 净资产收益率　　　　　　　　　B. 总资产净利率
   C. 净利润　　　　　　　　　　　　D. 销售净利率

2. 杜邦财务综合分析体系在进行指标分解时,没有包括衡量(　　)的指标。
   A. 盈利效能　　　　　　　　　　　B. 营运效能
   C. 偿债效能　　　　　　　　　　　D. 增长效能

3. 可持续增长率的计算公式是(　　)。
   A. 总资产收益率×(1－股利支付率)　　B. 总资产收益率×(1＋股利支付率)
   C. 净资产收益率×(1－股利支付率)　　D. 净资产收益率×(1＋股利支付率)

4. 下列指标中,属于正指标的是(　　)。
   A. 资产负债率　　　　　　　　　　B. 流动比率
   C. 流动资产周转天数　　　　　　　D. 净资产收益率

5. 对可持续增长率进行分解后,反映企业股利政策的指标是(　　)。
   A. 销售净利润率　　　　　　　　　B. 总资产周转率
   C. 权益乘数　　　　　　　　　　　D. 股利支付率

6. 从杜邦财务分析体系中可以看出,若要提高企业的经营业绩,应该(　　)。
   A. 降低资产负债率　　　　　　　　B. 降低资产周转率
   C. 提高销售净利率　　　　　　　　D. 提高销售费用的投入

二、多项选择题

1. 根据杜邦财务分析体系,影响净资产收益率的因素有( )。
   A. 权益乘数 B. 速动比率
   C. 销售净利率 D. 成本利润率
   E. 总资产周转率

2. 可持续增长率的假设前提有( )。
   A. 企业销售净利率将维持当前水平,并且可以涵盖新增债务所增加的利息
   B. 企业总资产周转率将维持当前水平
   C. 不改变目前的资本结构
   D. 企业保持目前的利润留存率不变
   E. 增发新股或回购股份

3. 企业实际增长率超过可持续增长率的原因可能有( )。
   A. 在保持其他因素不变的条件下,提高了销售净利率
   B. 在保持其他因素不变的条件下,提高了总资产周转率
   C. 在保持其他因素不变的条件下,提高了资产负债率
   D. 在保持其他因素不变的条件下,提高了权益乘数
   E. 在保持其他因素不变的条件下,提高了股利支付率

4. 杜邦财务分析体系的局限性包括( )。
   A. 涵盖信息不够全面
   B. 分析内容不够完善
   C. 没有将反映企业盈利状况、财务状况和营运状况的比率按其内在联系有机地结合起来
   D. 对企业风险分析不足
   E. 未包含偿债效能分析

5. 企业改变财务杠杆的手段包括( )。
   A. 增加流动负债的比例 B. 减少短期借款
   C. 调整资本结构比例 D. 增加长期借款
   E. 向股东支付现金股利

6. 影响可持续增长率的指标中,反映企业经营战略的有( )。
   A. 销售净利率 B. 总资产周转率
   C. 权益乘数 D. 股利支付率
   E. 资产负债率

三、判断题

1. 净资产收益率是能体现企业经营目标的财务指标。 ( )
2. 权益乘数越大,财务杠杆作用就越大。 ( )
3. 只要期末股东权益大于期初股东权益,就说明企业通过经营使资本增值了。 ( )
4. 杜邦财务分析法从盈利效能、营运效能和发展能力的角度对企业展开了全面分析。 ( )
5. 在可视化分析中,指标的选择和计算是核心环节。 ( )

四、简答题

1. 综合效能分析包括什么内容？
2. 杜邦财务综合分析体系的主要框架是什么？
3. 财务综合效能可视化分析的流程是什么？

五、案例分析题

1. 净资产收益率计算

某企业 2022 年 12 月 31 日资产负债表(简表)如表 6-3 所示。

表 6-3　　　　　某企业 2022 年 12 月 31 日资产负债表(简表)

单位：万元

资产	年末	负债和所有者权益	年末
流动资产		流动负债合计	300
货币资金	90	非流动负债合计	400
应收账款净额	180	负债合计	700
存货	360	所有者权益合计	700
流动资产合计	630		
非流动资产合计	770		
总计	1 400	总计	1 400

该企业 2022 年度销售收入为 840 万元，税后净利润为 117.6 万元。已知该企业 2021 年度销售净利率为 16%，总资产周转率为 0.5 次，权益乘数为 2.2，净资产收益率为 17.6%。

要求：

(1) 计算 2022 年企业的销售净利率、总资产周转率、权益乘数和净资产收益率。

(2) 利用因素分析法分析销售净利率、总资产周转率和权益乘数变动对净资产收益率的影响(涉及资产负债表的数据均采用期末数)。

2. 可持续增长率计算

某企业 2020—2022 年的各相关财务指标如表 6-4 所示。

表 6-4　　　　　某企业连续三年财务指标

年份	销售净利率	总资产周转率(次)	权益乘数	留存收益率
2020 年	10.20%	0.91	3.50	30%
2021 年	15.11%	1.22	2.89	30%
2022 年	6.72%	0.85	4.24	31%

要求：计算 2021 年、2022 年该企业的可持续增长率。

第七章　盈利效能分析

 学习目标

1. 掌握盈利效能分析的基本内容与基本方法。
2. 掌握资本经营盈利效能分析、资产经营盈利效能分析,以及上市公司盈利效能分析方法。
3. 掌握商品经营盈利效能指标分析与盈利效能指标可视化分析应用。
4. 理解盈利效能指标因素分析的思路与方法。
5. 培养学生重视盈利效率、创新精神和造福社会的意识和能力。

 引导案例

2024年8月27日,复星医药公布2024年度上半年("报告期")经营业绩。报告期内,复星医药实现营业收入204.63亿元人民币,不含新冠相关产品,营收同比增长5.31%;实现归母扣非净利润12.54亿元,其中,2024年第二季度实现归母扣非净利润6.46亿元,环比增加0.37亿元。

复星医药作为一家植根中国、创新驱动的全球化医药健康产业集团,持续推进创新转型和创新产品的研发落地。2024年上半年,复星医药创新药品收入超37亿元,保持稳健增长。

2024年,复星医药积极推动运营效率和盈利空间的提升,构建长期可持续发展的基础和保障。报告期内,毛利率减销售费用率同比提升1.72个百分点;剔除新并购企业的影响,管理费用下降约2亿元。报告期内,复星医药通过经营现金流优化、供应链管理以及控制资本性支出等多项措施,保障稳健的自由现金流,实现经营现金流19.07亿元,同比增长5.36%,优于当期经营性利润的增长。此外,复星医药持续推进资产结构优化,加速现金回流。2024年以来,复星医药已完成处置及已签约待收回的处置总额超20亿元。

复星医药通过自主研发、合作开发、许可引进、产业投资等多元化、多层次的合作模式,持续丰富创新产品管线,并不断聚焦差异化、高技术壁垒的产品研发,持续提升管线价值。2024年上半年,复星医药研发投入27.37亿元,其中,研发费用为18.62亿元。制药业务研发投入24.06亿元,占制药业务收入的16.39%,其中,研发费用为15.72亿元,占制药业务收入的10.71%。

复星医药持续在创新研发、许可引进、生产运营及商业化等多维度践行国际化战略,提升运营效率,强化全球市场布局。其海外商业化团队近1000人,主要覆盖美国、欧洲、非洲

等海外市场。2024年上半年,复星医药实现海外收入55.1亿元,同比提升15.13%,海外营收占比达26.93%。

从以上内容可以看出,复星医药2024年上半年营业收入和净利润均出现较大幅度提升。那么这种提升实现的途径是什么?又该如何对企业盈利效能进行全面、深入、综合分析?同行业企业的盈利状况对本企业的盈利效能有怎样的参考作用?解决这些问题,需要我们了解并掌握盈利效能分析的技术和方法。

(资料来源:根据"复星医药2024年半年报"整理)

第一节　盈利效能分析的内涵

一、盈利效能分析的含义与目的

(一) 盈利效能分析的含义

盈利效能通常是指企业在一定时期内赚取利润的效率和能力。盈利效能的大小是一个相对的概念,它反映一定的资源投入或一定的收入所获取利润的效率和能力。例如,一定的资本投入所获取的利润,一定的资产投入所获取的利润,一定的成本费用所获取的利润,一定的收入所获取的利润等。盈利效能通常用利润率指标表示,利润率越高,盈利效能越强;利润率越低,盈利效能越差。企业经营业绩的好坏最终可通过企业的盈利效能来反映。

(二) 盈利效能分析的目的

无论是企业的经理人员、债权人,还是股东(投资人),都非常关心企业的盈利效能。盈利效能是企业经理人员最重要的业绩衡量标准,也是发现问题、改进企业管理的突破口;是债权人收回本金及利息的重要保障,是股权投资者资本增值的根本。

对企业经理人员来说,进行企业盈利效能分析的目的具体表现在以下三个方面:第一,盈利效能分析能反映和衡量企业经营业绩。企业经理人员的根本任务,就是通过自己的努力使企业赚取更多的利润。第二,盈利效能分析有助于发现企业在资本经营、资产经营和商品经营各环节中存在的问题。第三,盈利效能分析可用于评估企业的价值。企业价值评估是以企业整体为对象,通过对企业盈利效能的趋势分析,可以对企业未来产生的收益作出预测,从而进行企业价值评估。

对于债权人来讲,利润是企业偿债的重要来源,特别是对长期债务而言。盈利效能的强弱直接影响企业的偿债能力。企业举债时,债权人势必审查企业的偿债能力,而偿债能力的强弱最终取决于企业的盈利效能。因此,分析企业的盈利效能对债权人也是非常重要的。

对于股东(投资人)而言,企业盈利效能的强弱更是至关重要的。在市场经济条件下,股东往往认为企业的盈利效能比财务状况、营运能力更重要。股东们的直接目的就是获得更多利润,因为在信用状况相同或相近的几个企业中,人们总是将资金投向盈利效能强的企业。股东们关心企业赚取利润的多少并重视对利润率的分析,是因为他们的股息与企业的盈利效能是紧密相联的；此外，企业盈利效能增强还会使股票价格上升，从而使股东们获得资本收益。

二、盈利效能分析的内容

基于企业盈利效能分析的内涵与目的，对企业盈利效能分析可从资源投入的角度，对资本经营盈利效能、资产经营盈利效能与商品经营盈利效能进行分析。同时，上市公司因为股权流通、股票价格公开等因素，有一些特殊的分析指标，因此，还应对上市公司特有的盈利效能指标进行分析。最后，通过可视化手段分析企业盈利效能指标的发展趋势及行业对比情况。

（一）资本经营盈利效能分析

资本经营盈利效能分析主要对净资产收益率指标进行分析与评价，进一步探讨对净资产收益率产生影响的指标，主要有总资产报酬率、负债利息率、资本结构和所得税税率等。

（二）资产经营盈利效能分析

资产经营盈利效能分析主要对总资产报酬率指标进行分析和评价，进一步探讨对总资产报酬率产生影响的指标，主要有总资产周转率和销售息税前利润率。

（三）商品经营盈利效能分析

商品经营盈利效能分析，即利用利润表资料进行利润率分析，包括收入利润率分析和成本利润率分析两方面内容。

（四）上市公司盈利效能分析

上市公司盈利效能分析主要是对每股收益指标、市盈率指标、普通股权益报酬率指标、股利发放率指标等进行分析。

（五）盈利效能指标可视化分析

盈利效能指标可视化分析，即通过可视化分析技术，对企业盈利效能的发展趋势和行业对比情况进行分析与评价。

第二节　资本经营盈利效能分析

7-1 拓展知识-华北制药盈利能力提升策略

一、资本经营及其盈利效能指标

（一）资本经营

资本经营是与资本经营型企业的经营方式紧密联系的。资本经营型企业的特点是围绕资本保值增值进行经营管理,把资本收益作为管理的核心,资产经营、商品经营和产品经营都服从于资本经营目标。资本经营型企业的管理目标是实现资本保值与增值,或追求资本盈利效能最大化。因此,资本经营的内涵是指企业以资本为基础,通过优化配置来提高资本经营效益的经营活动,其活动领域包括资本流动、收购、重组、参股和控股等能实现资本增值的领域,其活动目的是使企业以一定的资本投入,取得尽可能多的资本收益。

(二) 资本经营盈利效能指标

资本经营盈利效能,是指企业所有者通过资本投入所取得利润的效率和能力。反映资本经营盈利效能的基本指标是净资产收益率,即企业本期净利润与平均净资产的比率,其计算公式是:

$$净资产收益率 = \frac{净利润}{平均净资产} \times 100\%$$

上式中,净利润是指企业当期税后利润;净资产是指企业资产减负债后的余额,包括实收资本、资本公积、盈余公积和未分配利润等,也就是资产负债表中的所有者权益部分。对于平均净资产,一般取期初与期末的平均值,但是,如果要通过该指标观察分配能力,则取年度末的净资产更为恰当。

根据附表1-1、附表1-2的资料,可计算FXYY公司2021年和2022年净资产收益率如下:

$$2021年净资产收益率 = \frac{497\ 626.94}{(4\ 598\ 428.17 + 4\ 837\ 956.8) \div 2} \times 100\% = 10.55\%$$

$$2022年净资产收益率 = \frac{394\ 746.42}{(4\ 837\ 956.8 + 5\ 410\ 890.96) \div 2} \times 100\% = 7.70\%$$

净资产收益率是反映盈利效能的核心指标。因为企业的根本目标是所有者权益或股东价值最大化,而净资产收益率既可直接反映资本的增值能力,又影响企业股东价值的大小。该指标越高,说明盈利效能越好。从计算结果可以看出,FXYY公司2022年净资产收益率较2021年下降了2.85%,说明该公司依靠净资产产生盈利的效能减弱。该指标下降的原因,可通过影响该指标的因素进行分析。

二、影响资本经营盈利效能的因素

影响净资产收益率的因素主要有总资产报酬率、负债利息率、资本结构和所得税税率等。下式可反映净资产收益率与各影响因素之间的关系:

$$净资产收益率 = \left[总资产报酬率 + (总资产报酬率 - 负债利息率) \times \frac{负债}{净资产} \right] \times (1 - 所得税税率)$$

总资产报酬率。净资产是企业全部资产的一部分,因此,净资产收益率必然受企业总资产报酬率的影响。在负债利息率和资本结构等条件不变的情况下,总资产报酬率越高,净资产收益率就越高。

负债利息率。负债利息率之所以影响净资产收益率,是因为在资本结构一定的情况下,当负债率变动使总资产报酬率高于负债利息率时,将对净资产收益率产生有利影响;反之,当总资产报酬率低于负债利息率时,将对净资产收益率产生不利影响。

资本结构或负债与所有者权益之比。当总资产报酬率高于负债利息率时,提高负债与所有者权益之比,将使净资产收益率提高;反之降低负债与所有者权益之比,将使净资产收益率降低。

所得税税率。因为净资产收益率的分子是净利润,即税后利润,所得税税率的变动必然引起净资产收益率的变动。通常,所得税税率提高,净资产收益率下降,反之,净资产收益率上升。

三、资本经营盈利效能因素分析

明确了净资产收益率与其影响因素之间的关系,可运用连环替代法或差额计算法,分析各因素变动对净资产收益率的影响。

【案例7-1】 下面以附表1-1、附表1-2和会计注释资料为基础,整理后得出有关分析信息如表7-1所示。

表7-1 资本经营盈利效能因素分析信息表

单位:万元

项目	2022年	2021年
平均总资产	10 023 511.45	8 849 616.57
平均净资产	5 124 423.88	4 718 192.49
平均负债	4 899 087.57	4 131 424.09
负债与净资产之比	0.96	0.88
负债利息率*	1.97%	1.99%
利息支出	96 380.69	82 254.02
利润总额	457 438.17	604 267.06
息税前利润	553 818.86	686 521.08
净利润	394 746.42	497 626.94
所得税税率**	13.70%	17.65%
总资产报酬率	5.53%	7.76%
净资产收益率	7.70%	10.55%

* 负债利息率按利息支出/负债推算。

** 所得税税率按(利润总额−净利润)/利润总额推算。

根据表7-1的资料,对FXYY公司的资本经营盈利效能进行分析如下。

分析对象:7.70%−10.55%=−2.85%

连环替代分析:

2021年:[7.76%+(7.76%−1.99%)×0.88]×(1−17.65%)=10.55%

第一次替代:[5.53%+(5.53%−1.99%)×0.88]×(1−17.65%)=7.10%

第二次替代：[5.53％+(5.53％-1.97％)×0.88]×(1-17.65％)=7.12％
第三次替代：[5.53％+(5.53％-1.97％)×0.96]×(1-17.65％)=7.35％
2022年：[5.53％+(5.53％-1.97％)×0.96]×(1-13.70％)=7.70％
总资产报酬率变动的影响：
7.10％-10.55％=-3.45％
利息率变动的影响：
7.12％-7.10％=0.02％
资本结构变动的影响：
7.35％-7.12％=0.23％
税率变动的影响：
7.70％-7.35％=0.35％

由以上计算可见，FXYY公司2022年总资产报酬率的下降使净资产收益率下降了3.45％，是造成该指标下降的主要因素，主要是利润总额下滑导致的。由于利息及所得税和利润呈反向变动关系，利息率和所得税税率的下降给净资产收益率提高带来有利影响，使其提高了0.37％。此外，由于财务杠杆效应存在，负债水平的提高，能增强公司的收益水平，因此资本结构的变动使净资产收益率提高了0.23％。总体来看，四个因素的共同作用使净资产收益率较上年下降了2.85％。

第三节 资产经营盈利效能分析

一、资产经营及其盈利效能指标

(一) 资产经营

资产经营是与资产经营型企业经营方式紧密相连的。所谓资产经营型，其基本特点是把资产作为企业资源投入，并围绕资产的配置、重组、使用等进行管理。在资产经营情况下，产品经营或商品经营要以资产经营为基础，即围绕资产经营进行商品经营和产品经营。资产经营型企业的管理目标是实现资产的增值和追求资产盈利效能的最大化。因此，资产经营的基本内涵是合理配置与有效使用资产，以一定的资产投入，取得尽可能多的收益。

(二) 资产经营盈利效能指标

资产经营盈利效能是指企业运营资产所产生利润的效率和能力。反映资产经营盈利效能的指标是总资产报酬率，即息税前利润与平均总资产的比率。运用资产负债表和利润表的资料，可计算总资产报酬率，计算公式为：

其中：$$总资产报酬率=\frac{利润总额+利息支出}{平均总资产}\times100\%$$

平均总资产=(期初资产总额+期末资产总额)/2

为什么计算总资产报酬率指标包括利息支出？因为既然采用全部资产，从利润中没有扣除自有资本的等价报酬——红利，那么，同样也不能扣除借入资本的等价报酬——利息。何况从企业对社会的贡献来看，利息同利润具有同样的经济意义。

根据附表1-1、附表1-2的资料，可计算FXYY公司2021年和2022年总资产报酬率如下：

$$2021年总资产报酬率 = \frac{604\,267.06 + 82\,254.02}{(8\,368\,600.96 + 9\,330\,632.18) \div 2} \times 100\% = 7.76\%$$

$$2022年总资产报酬率 = \frac{457\,438.17 + 96\,380.69}{(9\,330\,632.18 + 10\,716\,390.72) \div 2} \times 100\% = 5.53\%$$

总资产报酬率高，说明企业资产的运用效率好，也意味着企业的资产盈利效能强，所以，这个比率越高越好。从计算结果可以看出，FXYY公司2022年总资产报酬率较2021年下降了2.23%，说明该公司依靠总资产产生盈利的效能减弱。该指标下降的原因，可通过影响该指标的因素进行分析。

二、影响资产经营盈利效能的因素

根据总资产报酬率指标的经济内容，可将其作如下分解：

$$总资产报酬率 = \frac{营业收入}{平均总资产} \times \frac{利润总额 + 利息支出}{营业收入} \times 100\%$$

$$= 总资产周转率 \times 销售息税前利润率 \times 100\%$$

总资产周转率：该指标作为反映企业资本运营能力的指标，可用于说明企业资产的运用效率，是企业资产经营效果的直接体现。在销售息税前利润率不变的情况下，总资产周转率越高，总资产报酬率越高。

销售息税前利润率：该指标反映了企业商品生产经营的盈利效能，产品盈利效能越强，销售息税前利润率越高。在总资产周转率不变的情况下，销售息税前利润率越高，总资产报酬率越高。

三、资产经营盈利效能因素分析

在上述总资产报酬率因素分解式的基础上，可运用差额计算法分析总资产周转率和销售息税前利润率变动对总资产报酬率的影响。仍以FXYY公司有关资料为例，计算有关指标，如表7-2所示。

表7-2　　　　　　　　资产经营盈利效能因素分析信息表

单位：万元

项目	2022年	2021年
营业收入	4 395 154.69	3 901 118.43
利润总额	457 438.17	604 267.06

(续表)

项目	2022年	2021年
利息支出	96 380.69	82 254.02
息税前利润	553 818.86	686 521.08
平均总资产	10 023 511.45	8 849 616.57
总资产周转率	43.85%	44.08%
销售息税前利润率	12.60%	17.60%
总资产报酬率	5.53%	7.76%

根据表7-2中的资料，可分析确定总资产周转率和销售息税前利润率变动对总资产报酬率的影响。

分析对象＝5.53%－7.76%＝－2.23%

因素分析：

(1) 总资产周转率变动的影响＝(43.85%－44.08%)×17.60%＝－0.04%

(2) 销售息税前利润率变动的影响＝43.85%×(12.60%－17.60%)＝－2.19%

分析结果表明，该公司2022年总资产报酬率比2021年下降了2.23%，是由于总资产周转率和销售息税前利润率下降共同引起的。根据表7-2可知，虽然营业收入和总资产都上升了，但由于两者的增幅不同，造成总资产周转率出现了小幅下降，使总资产报酬率下降了0.04%。这说明资产的效能没有得到充分发挥，公司应进一步分析资产项目，找出原因，挖掘潜力。销售息税前利润率使总资产报酬率下降了2.19%，是造成该指标下降的主要因素。分析可知，利润总额下降是根本原因，这主要是公司利息支出增加造成的，说明公司负债水平上升，一方面发挥了财务杠杆作用，另一方面也给公司带来了利息负担。总体来看，两个因素共同作用使总资产报酬率比2021年下降了2.23%。

第四节 商品经营盈利效能分析

一、商品经营及其盈利效能指标

(一) 商品经营

商品经营是与生产经营型企业经营方式紧密相连的。所谓生产经营型，其基本特点是围绕产品生产进行经营管理，包括供应、生产和销售各环节的管理及相应的筹资与投资管理。生产经营型企业管理的目标是实现供、产、销的衔接及追求商品的盈利性。因此，商品经营的基本内涵是企业以市场为导向，组织供、产、销等经营活动，以一定的人力、物力消耗，生产与销售尽可能多的社会需要的商品。

(二) 商品经营盈利效能指标

商品经营是相对资产经营和资本经营而言的。商品经营盈利效能不考虑企业的筹资或投资问题,只研究利润与收入或成本之间的比率关系。因此,反映商品经营盈利效能的指标可分为两类:一类是各种利润额与收入之间的比率,统称收入利润率;另一类是各种利润额与成本之间的比率,统称成本利润率。

1. 收入利润率分析

反映收入利润率的指标主要有营业收入利润率、营业收入毛利率、总收入利润率、销售净利润率、销售息税前利润率等。不同的收入利润率指标,其内涵不同,揭示的收入与利润关系不同,在分析评价中的作用也不同。

营业收入利润率,指营业利润与营业收入之间的比率。

营业收入毛利率,指营业毛利与营业收入之间的比率。营业毛利通过营业收入扣除营业成本计算得出。

总收入利润率,指利润总额与企业总收入之间的比率。企业总收入包括营业收入、其他收益、投资净收益、公允价值变动净收益、资产处置净收益和营业外收支净额。

销售净利润率,指净利润与营业收入之间的比率。

销售息税前利润率,指息税前利润额与营业收入之间的比率。息税前利润额是利润总额与利息支出之和。

收入利润率指标是正指标,指标值越高越好。分析时应根据分析目的与要求,确定适当的标准值,如可用行业平均值、全国平均值、企业目标值等。

下面根据附表1-1、附表1-2资料,结合上述企业收入利润率计算公式,计算FXYY公司2021年与2022年收入利润率对比的变动情况,如表7-3所示。

表 7-3　　　　　　　　　　　企业收入利润分析表

收入利润率指标	2022 年	2021 年	差异
营业收入利润率	10.60%	16.16%	−5.56%
营业收入毛利率	47.28%	48.14%	−0.86%
总收入利润率	9.89%	13.72%	−3.83%
销售净利润率	8.98%	12.76%	−3.78%
销售息税前利润率	12.60%	17.60%	−5.00%

从表7-3可看出,公司2022年各项收入利润率较上年都有所下降,说明商品经营盈利效能减弱。各种收入利润率从不同角度或口径,说明了公司收入的盈利情况。其中,降幅最大的是营业收入利润率,比2021年降低了5.56个百分点;降幅排名第二的是销售息税前利润率,比2021年降低了5个百分点;总收入利润率、销售净利润率的降幅也较大,降幅分别为3.83%、3.78%;营业收入毛利率降幅度相对较小,为0.86%。

对收入利润率的分析,应结合前面的利润的水平分析与垂直分析以及后面的营业收入利润因素分析进行。在此基础上,可进一步研究各项收入利润率之间的关系,从而揭示某一利润率的变化是否受到其他利润率变动的影响。应当指出,在企业各项收入利润率中,营业收入利润率通常是其他利润率的基础。该公司营业收入利润率降幅最大,说明商品经营盈利效能下降主要是主营产品经营不佳导致的,这一点值得进一步分析,包括进行因素分析。对主营业务利润率进行因素分析,可分析销售品种构成、价格、成本等因素变动对其影响程度。

2. 成本利润率分析

反映成本利润率的指标主要有营业成本利润率、营业费用利润率、全部成本费用利润率等。

营业成本利润率是指营业利润与营业成本的比率。

营业费用利润率是指营业利润与营业费用总额的比率。营业费用总额包括营业成本、税金及附加、期间费用、研发费用、资产减值损失和信用减值损失。期间费用包括销售费用、管理费用、财务费用等。

全部成本费用利润率可分为全部成本费用总利润率和全部成本费用净利润率两种形式。全部成本费用总利润率是指利润总额和全部成本费用的比率；全部成本费用净利润率是指净利润和全部成本费用的比率。全部成本费用包括营业费用总额和营业外支出。

以上各种利润率反映企业投入产出水平，即所得与所费的比率，体现了增加利润是以降低成本及费用为基础的。这些指标的数值越高，表明生产和销售产品的每一元成本及费用所取得的利润越多，劳动耗费的效益越高；反之，则说明每耗费一元成本及费用所实现的利润越少，劳动耗费的效益越低。所以，成本利润率是综合反映企业成本效益的重要指标。

成本利润率是正指标，即指标值越高越好。分析评价时，可将各指标实际值与标准值进行对比。标准值可根据分析的目的与管理要求确定，如可用行业平均值、全国平均值、企业目标值等。

根据附表1-2资料并结合上述企业成本利润率计算公式，计算与分析FXYY公司的成本利润率指标。成本利润分析表如表7-4所示。

表7-4　　　　　　　　　成本利润分析表

成本利润率指标	2022年	2021年	差异
营业成本利润率	20.10%	31.15%	−11.05%
营业费用利润率	11.17%	16.59%	−5.42%
全部成本费用总利润率	10.94%	15.78%	−4.84%
全部成本费用净利润率	9.47%	13.10%	−3.63%

从表7-4可看出，该公司2022年反映成本利润率的各项指标相较于2021年都有较大幅度的下降，说明公司利润增长速度低于成本费用增长速度。其中，降幅最大的是营业成本利润率，比2021年降低了11.05个百分点；营业费用利润率、全部成本费用总利润率和全部成本费用净利润率的降幅也较大，分别为5.42%、4.83%和3.63%。

对成本利润率的进一步分析，首先应结合利润水平分析与垂直分析进行；其次从各成本利润率之间的关系角度进行；最后从对营业成本利润率影响因素的分析进行。营业成本利润率的影响因素主要有产品品种构成、单位产品营业成本、单位产品销售价格。其中，单位产品成本的变动对营业成本利润率有着显著影响，因为降低成本不仅使算式中的分子增大，还使分母缩减。应当指出，税率也是影响企业利润的重要因素，但目前大部分企业缴纳的是增值税，其税率大小及变动不直接影响营业利润。因此，在成本利润率分析中，我们不对税率问题做过细分析。

7-2 拓展知识-产业链整合对企业盈利模式的影响研究——以格力电器为例

第五节 上市公司盈利效能分析

一、每股收益

(一) 每股收益的内涵与计算

每股收益是指净利润扣除优先股股息后的余额与发行在外的普通股的平均股数之比,它反映了每股发行在外的普通股所能分摊到的净收益额。该指标与普通股股东的利益关系极大,是其进行投资决策的重要依据。其计算公式如下:

$$每股收益=\frac{净利润-优先股股息}{发行在外的普通股加权平均数(流通股数)}$$

优先股股东对股利的受领权优于普通股股东,因此在计算普通股股东所能享有的收益额时,应将优先股股利扣除。公式中的分母采用加权平均数,以正确反映本期内发行在外的股份数额。这是因为本期内发行在外的普通股股数只能在增加后的这一段时期内产生权益,减少的普通股股数在减少前的期间内仍产生收益。发行在外的普通股加权平均数按下列公式计算:

$$\begin{aligned}发行在外的普通股\\加权平均数\end{aligned}=期初发行在外的普通股股数+当期新发行的普通股股数\times\frac{已发行时间}{报告期时间}-当期回购的普通股股数\times\frac{已回购时间}{报告期时间}$$

已发行时间、报告期时间和已回购时间一般按照天数计算;在不影响计算结果合理性的前提下,也可以采用简化的计算方法。例如,某企业 2021 年年初发行在外的普通股份为 30 万股,其于该年 5 月 1 日增发了 12 万股,且该年内未发行其他股票,亦无退股事项,则该年度普通股发行在外的加权平均数应为 38 万股[30+(12×8÷12)]。

显然,每股收益越高说明企业的盈利效能越强。在判断企业盈利效能强弱时,应将几家不同企业或同一企业不同时期的每股收益进行比较,才能得出正确认识。

(二) 每股收益因素分析

为了分析企业每股收益变动的原因,应确定每股收益的影响因素,并对各个因素进行分析,测算各个因素的变动对每股收益的影响程度。

依据每股收益的影响因素,对每股收益指标作如下分解:

$$\begin{aligned}每股收益&=\frac{净利润-优先股股息}{流通股股数}\\&=\frac{普通股权益}{流通股股数}\times\frac{净利润-优先股股息}{普通股权益}\\&=每股账面价值\times普通股权益报酬率\end{aligned}$$

从公式中可知,每股收益主要取决于每股账面价值和普通股权益报酬率两个因素。每股账面价值,亦称每股净资产,是指股东权益总额减去优先股权益后的余额与发行在外的普通股平均股数的比值。该指标可帮助投资者了解每股的权益,并有助于潜在的投资者进行投资分析。从每股账面价值与每股收益的关系看,反之亦然。普通股权益报酬率是影响每股权益的另一个重要因素,它的变动会使每股权益发生相同方向的变化,对它的分析将在后续内容中讲述。FXYY 公司 2022 年度、2021 年度有关每股收益影响因素的资料如表 7-5 所示。

表 7-5　　　　　　　　　　每股收益因素分析表

项目	2022 年	2021 年
归属于普通股股东的净利润(万元)	373 080.46	472 871.05
优先股股息	—	—
普通股权益平均额(万元)	4 188 900.79	3 809 554.56
普通股权益报酬率	8.91%	12.41%
发行在外的普通股平均数(股)	260 738.50	256 289.85
每股账面价值(元)	16.07	14.87
每股收益(元)	1.43	1.85

根据所给资料计算:

2021 年度的每股收益 $= \dfrac{472\,871.05}{256\,289.85} = 1.85(元)$

2022 年度的每股收益 $= \dfrac{373\,080.46}{260\,738.50} = 1.43(元)$

可见,2022 年度的每股收益比 2021 年度减少了 0.42 元,对减少的原因运用差额分析法进行分析。

每股账面价值变动对每股收益的影响 $=(16.07-14.87)\times 12.41\% = 0.14(元)$

普通股权益报酬率变动对每股收益的影响 $= 16.07 \times (8.91\% - 12.41\%) = -0.56(元)$

通过计算可以看到,每股账面价值上升导致每股收益增加了 0.14 元,这说明公司股东享受的权益正在增加,对于稳定股东和吸引潜在股东具有积极的意义。普通股权益报酬率下降导致每股收益减少了 0.56 元,其主要原因是公司净利润出现下滑,这说明公司自有资金利用效率的下降会影响股东当期的收益水平。两项因素共同影响的结果是每股收益减少了 0.42 元。

二、市盈率

市盈率,亦称价格与收益比,其反映了普通股的市场价格与当期每股收益之间的关系,可用来判断企业股票相较于其他企业股票的潜在价值。其计算公式如下:

$$市盈率 = 每股市价 \div 每股收益$$

该指标在一个企业内几年的数值能够表明企业盈利效能的稳定性,可在一定程度上反映企业管理部门的经营能力和企业盈利效能及潜在的成长能力。同时,该指标还反映股票市价是否具有吸引力。投资者将多个企业的股票市盈率进行比较,并结合对其所属行业经营前景的了解,以此作为选择投资目标的参考。

根据附表 1-2 及相关资料[①],可计算 FXYY 公司 2021 年和 2022 年市盈率如下:
2021 年市盈率=47.96÷1.85=25.92
2022 年市盈率=34.82÷1.43=24.35

一般情况下,发展前景较好的企业通常有较高的市盈率,发展前景不佳的企业的市盈率通常较低。从计算可知,FXYY 公司 2022 年市盈率较 2021 年略有下降,但依然保持在较高水平,这说明公司未来盈利效能较强。

但是值得注意的是,当全部资产利润率很低或发生亏损时,每股收益可能为零或负数,因而出现市盈率很高的情况。在这一特殊情况下,仅利用市盈率来分析企业的盈利效能,分析者往往会错误地估计企业的发展前景,此时必须结合其他指标,予以综合考虑。

三、普通股权益报酬率

普通股权益报酬率是指净利润扣除应发放的优先股股利后的余额与普通股权益之比。其计算公式如下:

$$普通股权益报酬率 = \frac{净利润 - 优先股股利}{普通股权益平均额} \times 100\%$$

该指标从普通股股东的角度反映企业的盈利能力,指标值越高,说明盈利效能越强,普通股股东可得收益也越多。普通股权益报酬率应作为独立指标,用于分析企业盈利效能、投资收益水平。

根据附表 1-1、附表 1-2 的资料,计算 FXYY 公司 2021 年和 2022 年普通股权益报酬率如下:

$$2021 年普通股权益报酬率 = \frac{472\,871.05}{3\,809\,554.56} \times 100\% = 12.41\%$$

$$2022 年普通股权益报酬率 = \frac{373\,080.46}{4\,188\,900.79} \times 100\% = 8.91\%$$

从计算结果可以看出,FXYY 公司 2022 年普通股权益报酬率较 2021 年出现了较大幅度的下滑,这说明公司依靠自有资金的盈利效能下降,普通股股东盈利水平受到一定影响。从计算公式可知,普通股权益报酬率的变化受净利润、优先股股息和普通股权益平均额三个因素影响。

一般情况,优先股股息比较固定,因此应着重分析其他两个因素。2022 年普通股权益报酬率比 2021 年减少了 3.5%,对于其变动原因,用差额分析法分析如下。

净利润变动对普通股权益报酬率的影响:

$$\frac{(373\,080.46 - 472\,871.05)}{3\,809\,554.56} \times 100\% = -2.62\%$$

普通股权益平均额变动对普通股权益报酬率的影响:

---

① FXYY 公司 2021 年和 2022 年股票价格根据同花顺网站资料查询。

$$\left(\frac{373\,080.46}{4\,188\,900.79}-\frac{373\,080.46}{3\,809\,554.56}\right)\times100\%=-0.88\%$$

两个因素共同作用的结果是普通股权益报酬率降低了 3.5%，其中净利润下降是造成普通股权益报酬率降低的主要因素。

四、股利发放率

股利发放率是指普通股每股股利与每股收益的比值，反映普通股股东从每股的全部获利中分到多少。其计算公式如下：

$$股利发放率=\frac{每股股利}{每股收益}\times100\%$$

公式中的每股股利是指实际发放给普通股股东的股利总额与流通股数的比值。股利发放率反映了企业的股利政策，其高低要根据企业对资金需要量的具体情况而定，没有一个固定的衡量标准。

为了进一步分析股利发放率变动的原因，可按下式进行分解：

$$\begin{aligned}股利发放率&=\frac{每股股利}{每股收益}\times100\%\\&=\frac{每股市价}{每股收益}\times\frac{每股股利}{每股市价}\times100\%\\&=市盈率\times股利报偿率\times100\%\end{aligned}$$

从公式可以看出，股利发放率主要取决于市盈率和股利报偿率。一般来说，长期投资者比较注重市盈率，而短期投资者比较注重股利报偿率。

股利报偿率，亦称股利与市价比率，是企业发放每股股利与股票市场价格之比。在市盈率一定的情况下，股利报偿率越高，则股利发放率越高，反之亦然。

FXYY 公司 2021 年度、2022 年度有关资料如表 7-6 所示。

表 7-6　　　　　　　　　　　股利发放率因素分析表

项目	2022 年	2021 年
(1) 归属于普通股股东的净利润(万元)	373 080.46	472 871.05
(2) 普通股股利实发数(万元)	109 510.17	143 546.5
(3) 普通股平均数(万股)	260 738.50	256 289.85
(4) 每股收益(元)(1)÷(3)	1.43	1.85
(5) 每股股利(元)(2)÷(3)	0.42	0.56
(6) 每股市价(元)	34.82	47.96
(7) 市盈率(6)÷(4)	24.35	25.92
(8) 股利报偿率(5)÷(6)	1.21%	1.17%

＊普通股股利实发数、普通股平均数根据公司年报数据调整得出。

根据上述资料，运用因素分析法分析如下。

2021年度股利发放率＝0.56÷1.85×100％＝30.27％
2022年度股利发放率＝0.42÷1.43×100％＝29.37％

可见，2022年度股利发放率比2021年度低0.9％，变动原因用差额分析法分析如下。

市盈率变动对股利发放率的影响：
(24.35－25.92)×1.17％＝－1.84％

股利报偿率变动对股利发放率的影响：
24.35×(1.21％－1.17％)＝0.97％

两个因素对股利发放率的综合影响是股利发放率降低了0.9％。

* 计算过程中数据结果进行了四舍五入的处理，因此各因素影响额之和与总差异存在尾数差。

第六节 盈利效能指标可视化分析应用

7-3 课程思政-比亚迪盈利能力提升案例分析

一、盈利效能指标可视化分析目的

盈利效能指标可视化分析旨在通过直观的数据呈现，帮助企业管理层和分析人员深入理解公司在不同时期的盈利表现及其在行业中的相对竞争力。通过将复杂的财务数据转化为可视化图表，分析人员能够快速捕捉公司盈利效能的变化趋势，识别潜在的财务问题，并与同行业企业进行对比。这种双向分析方法不仅为企业提供了深度洞察，还揭示了公司在市场中的定位，为制定更有效的经营策略和优化财务管理提供了强有力的数据支持。可视化工具的应用使分析结果更加直观和易于理解，进而助力企业作出更加科学的决策，提升市场竞争力和财务稳健性。本节以盈利效能指标可视化分析为例，使用趋势分析法评估FXYY公司2018—2022年的盈利效能，并通过同行业对比分析法，将其置于更广泛的行业环境中进行综合评价。

本节的重点在于展示如何将可视化分析理论知识应用于具体的盈利效能指标分析实践中，并通过可视化手段有效地理解和传达分析结果。可视化分析流程请参考第六章第四节的相关内容，具体操作过程请扫描观看二维码7-4中的演示视频。

二、盈利效能指标同行业对比分析

7-4 操作演示视频

图7-1展示的是FXYY公司和同行业60家企业的盈利效能同行业对比可视化仪表板，其中包括FXYY公司净资产收益率和总资产报酬率两个指标与行业均值的对比，FXYY公司两个指标的行业排名情况，以及60家企业相关指标的详细数据。这一全景视图旨在揭示行业背景下，FXYY公司2022年盈利效能表现及其与同行业内其他企业的竞争地位。

从图7-1可以看出，2022年FXYY公司净资产收益率为7.70％，远高于60家同行业企业0.97％的均值，显示出其在利用股东资本方面的相对优势。尽管如此，FXYY公司该指标在同行业中排名第27，与排名前10的企业相比，净资产收益率的差距都在一倍以上，这表明尽管FXYY公司资本盈利表现优于行业平均水平，但与行业顶尖企业相比，仍有较大的

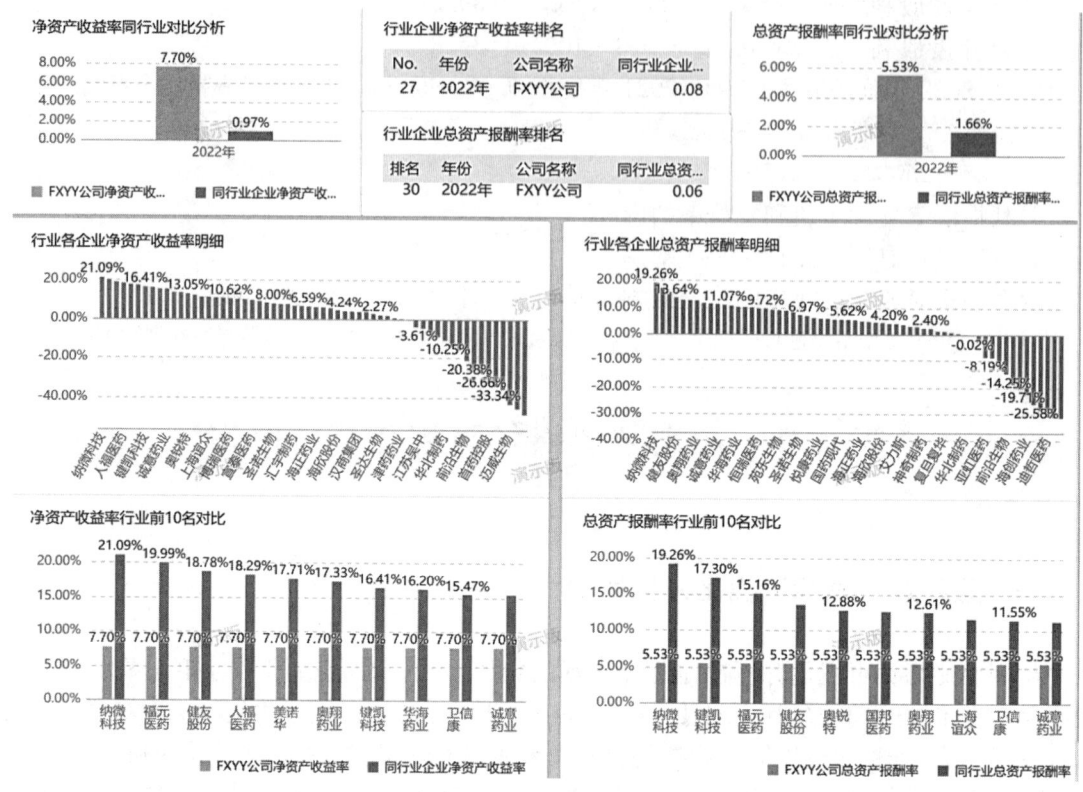

图 7-1 盈利效能指标行业对比可视化分析仪表板

提升空间。这一差距可能源于行业顶尖企业更高效的资本利用、更强的市场定位或更有利的成本控制策略。

在总资产报酬率方面，FXYY 公司 5.53% 的数据同样显著高于 1.66% 的行业平均水平，排名第 30 位。与净资产收益率类似，虽然其总资产报酬率明显优于行业平均值，但与行业内排名前 10 的公司相比，该指标的差距也都在 1 倍以上，这进一步凸显了 FXYY 公司在资产盈利效能方面的潜在提升空间。

在全部 60 家企业中，16 家企业的净资产收益率和总资产报酬率为负值，拉低了行业整体的平均值，因此，从净资产收益率和总资产报酬率为正值的 44 家企业排名来看，FXYY 公司处于行业的下游水平。此外需要关注的是，同行业 16 家企业产生了亏损，意味着这些企业在某些方面存在较大的经营风险或财务困境。FXYY 公司应警惕其中潜在的市场竞争和经营风险，从行业角度看，医药行业是一个高度竞争且监管严格的行业，新药的研发周期长、投入大且充满不确定性。FXYY 公司在投资新药研发时需要充分考虑风险与收益，在投资决策方面应保持谨慎态度，维持产品持续创新改进和经营风险管理的平衡，以确保自身的竞争优势。

虽然 FXYY 公司的这两个指标均超越了同行业的平均水平，但与行业内的领先企业相比，无论是在资本效率还是资产回报上，其都存在显著的差距。这要求 FXYY 公司在未来的运营和战略规划中，重点考虑如何提高资本和资产的使用效率，优化运营流程、加强成本控制、创新产品和服务。同时，FXYY 公司也需密切关注行业内领先企业的经营实践和策略,抓住学习和改进的机会,从而在竞争激烈的市场环境中提升自己的竞争力。

三、盈利效能指标趋势分析

将FXYY公司财务表现和盈利效能指标通过一幅综合仪表板进行直观展现,如图7-2所示,其中包括相关盈利效能指标的五年趋势图,以及同期营业收入、营业成本、净利润、平均总资产、平均股东权益和其他收益情况的可视化数据。其旨在帮助管理者快速捕捉资本、资产的盈利能力在过去五年的变化趋势,分析公司在面临市场挑战和内部成本控制问题时,如何维持稳定的增长和适度的盈利水平,为进一步的财务分析和战略规划提供有力的数据支撑。

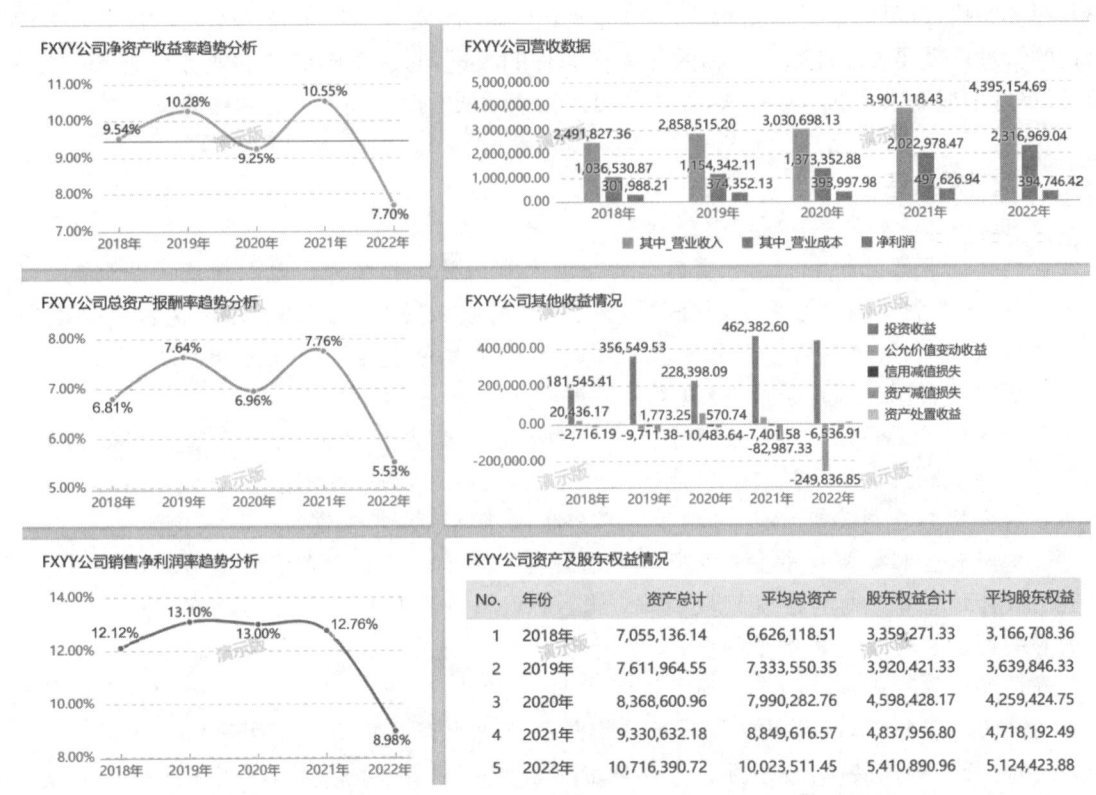

图7-2 FXYY公司2018—2022年盈利效能指标趋势可视化分析仪表板

图7-2揭示了FXYY公司盈利效能指标的一系列重要变化趋势和挑战。2018—2021年,三个指标均呈现小幅度波动变化的趋势,波动范围基本保持在1%以内;而在2022年,三个指标都呈现显著下降的状况。具体来说,净资产收益率从2018年的9.54%逐年波动后降至2022年的7.7%;同期,总资产报酬率也从6.81%下降至5.53%;销售净利润率更是从12.12%下降到8.98%。这种下降反映了公司盈利效率和能力的减弱,虽然营业收入呈现逐年上升趋势,但净利润增长并不明显。尤其在2022年,公允价值变动导致的24亿余元亏损严重影响了净利润,这也是三个指标在2022年大幅下滑的主要原因。

结合指标变化趋势和相关财务数据,可以看出FXYY公司在扩大营业规模的同时,面临盈利能力下降的问题。净资产收益率和总资产报酬率的下降说明公司利用股东的资本和管理资产的效率出现了问题。特别是2022年公允价值变动带来的大额亏损,反映了FXYY公司在资产评估和市场波动管理方面存在风险,同时暴露了公司对于市场变化的敏感度高和风险防控机制不足的问题。此外,销售净利润率的下降进一步暴露了公司商品经营盈利能力的问题。这可能与销售成本的增加、销售价格的竞争压力及市场需求变化有关。该指标的下降表明,尽管营业收入实现增长,但公司将收入转化为净利润的能力却在下降。这一点对于评估公司的经营效率和市场定位至关重要。

面对这些挑战,FXYY公司需要采取一系列措施来提高其盈利表现和市场竞争力。首先,公司应加强成本控制和风险管理,尤其是在财务规划和市场投资决策方面。其次,公司应探索提高营业效率和优化产品或服务定价策略的途径,以提高销售净利润率。再次,公司应考虑调整其业务策略,以更好地适应市场需求和行业趋势,从而实现长期可持续增长。最后,FXYY公司的管理层需要关注外部市场和内部操作流程的改进,通过实施综合的业务审查和财务重组,以更好地应对未来的市场挑战,保持公司在竞争激烈的市场环境中的领导地位。

本章小结

盈利效能通常是指企业在一定时期内赚取利润的效率和能力。盈利效能的强弱是一个相对的概念,即利润相对于一定的资源投入、一定的收入而言,利润率越高,盈利效能越强;利润率越低,盈利效能越弱。企业经营业绩最终可通过企业的盈利效能来反映。无论是企业的经理人员、债权人,还是股东(投资人),都非常关心企业的盈利效能。

盈利效能根据资源投入及经营特点可分为资本经营盈利效能、资产经营盈利效能和商品经营盈利效能。由于三种盈利效能既相互区别,又相互联系,盈利效能分析可通过比率分析法分别分析其盈利效能水平,并通过因素分析法将其联系起来进行综合分析。

资本经营盈利效能是指企业的所有者通过投入资本经营获取利润的能力。反映资本经营盈利效能的基本指标是净资产收益率,即企业本期净利润与净资产的比率。净资产收益率的影响因素主要有总资产报酬率、负债利息率、资本结构和所得税税率等。

资产经营盈利效能是指企业通过运营资产产生利润的能力。反映资产经营盈利效能的指标是总资产报酬率,即息税前利润与平均总资产的比率。总资产报酬率的影响因素有两个:一是总资产的周转率,该指标作为反映企业资产运营效能的指标,可用于说明企业资产的运用效率,是企业资产经营效果的直接体现;二是销售息税前利润率,该指标反映了企业商品生产经营的盈利效能,产品盈利效能越强,销售息税前利润率越高。由此可见,资产经营盈利效能受商品经营盈利效能和资产运营效率两个方面影响。

商品经营是相对资产经营和资本经营而言的。商品经营盈利效能不考虑企业的筹资或投资问题,只研究利润与收入或成本的比率关系。因此,反映商品经营盈利效能的指标可分为两类:一类是各种利润额与收入的比率,统称收入利润率;另一类是各种利润额与成本的比率,统称成本利润率。

由上市公司自身特点所决定,其盈利效能除了可通过一般企业盈利效能的指标分析,还应进行一些特殊指标的分析,特别是一些与企业股票价格或市场价值相关的指标分析,如每股收益、普通股权益报酬率、股利发放率、市盈率等。

可视化分析技术可以将企业所处行业及本企业的盈利效能指标进行统计,并进行系统展示,大大提高了盈利效能分析的准确性和全面性。

关键概念

资本经营盈利效能　资产经营盈利效能　商品经营盈利效能

思考题

1. 简述盈利效能分析的三类指标之间的联系和区别。
2. 简述盈利效能分析与综合效能分析的联系。
3. 简述上市公司盈利效能特殊指标与一般指标的联系。

课后练习

一、单项选择题

1. 营业成本利润率是指(　　)。
   A. 主营业务利润与主营业务成本之比　　B. 利润总额与营业成本之比
   C. 净利润与营业成本之比　　D. 营业利润与营业成本之比
2. 股利发放率的计算公式是(　　)。
   A. 每股股利÷每股市价　　B. 每股股利÷每股收益
   C. 每股股利÷每股账面价值　　D. 每股股利÷每股金额
3. 若不考虑其他因素,所得税税率的变化会导致(　　)的相应变化。
   A. 净资产收益率　　B. 全部成本费用总利润率
   C. 营业成本利润率　　D. 总收入利润率
4. 销售品种构成变动之所以影响产品销售利润率,是因为(　　)。
   A. 各产品价格不同　　B. 各产品单位利润不同
   C. 各产品单位成本不同　　D. 各产品利润率不同
5. 每股收益是衡量上市公司盈利效能重要的财务指标,(　　)。
   A. 它能够展示内部资金的供应能力　　B. 它反映股票所含的风险
   C. 它受资本结构的影响　　D. 它显示投资者获得的投资报酬

二、多项选择题

1. 影响企业资本经营盈利效能的因素有(　　)。
   A. 资本结构　　B. 净资产收益率
   C. 总资产报酬率　　D. 销售利润率
   E. 产品成本
2. 影响产品销售利润率的因素有(　　)。
   A. 产品销售量　　B. 销售费用
   C. 所得税　　D. 产品等级构成

E. 管理费用

3. 反映上市公司盈利效能的指标有( )。
A. 每股收益　　　　　　　　　　B. 普通股权益报酬率
C. 股利发放率　　　　　　　　　D. 总资产报酬率
E. 市盈率

4. 影响净资产收益率的因素有( )。
A. 平均资产总额　　　　　　　　B. 利润总额
C. 债务利息率　　　　　　　　　D. 负债与净资产之比
E. 所得税税率

5. 关于每股收益指标,下列表述中正确的有( )。
A. 每股收益不能反映股票所含有的风险
B. 每股收益又称每股盈余、每股股利
C. 每股收益指标不能用于公司之间的比较
D. 每股收益多,并不意味着股东多分红
E. 股利分配的多少不取决于每股收益的多少

三、判断题

1. 对企业盈利效能的分析主要是指对企业利润额的分析。　　　　　　　( )
2. 总资产报酬率越高,则净资产收益率越高。　　　　　　　　　　　　( )
3. 当总资产报酬率高于负债利息率时,提高负债与所有者权益之比,将使净资产收益率提高。　　　　　　　　　　　　　　　　　　　　　　　　　　　　　　( )
4. 净资产收益率是反映盈利效能的核心指标。　　　　　　　　　　　　( )
5. 价格变动对销售收入的影响额与其对利润的影响额总是相同。　　　　( )

四、简答题

1. 盈利效能分析的内容包括哪些方面?
2. 资本经营盈利效能的影响因素有哪些?
3. 反映商品经营盈利效能的指标有哪些?

五、计算分析题

1. 根据某公司 2021 年度和 2022 年度的资产负债表、利润表及其附表资料和会计报表附注,给出以下分析数据,如表 7-7 所示。

表 7-7　　　　　　　　　　资本经营能力分析资料表

单位:万元

项目	2021 年度	2022 年度
平均总资产	9 638	15 231
平均净资产	8 561	11 458
利息支出	146	189
利润总额	821	1 689
所得税率	15%	25%

要求:用连环替代法计算各个因素的变动对资本经营能力的影响程度。

2. 某公司2021年度、2022年度利润表有关经营成果资料如表7-8所示。

表7-8　　　　　　　　　　　　　　利润表相关项目

单位:万元

项目	2021年度	2022年度
一、营业收入	134 568	368 321
减:营业成本	67 986	156 989
税金与附加	28 450	75 588
销售费用	2 040	3 002
管理费用	4 700	9 980
财务费用	4 654	8 620
其中:利息支出	6 894	10 112
资产减值损失	1 009	2 080
加:投资收益	2 257	5 365
二、营业利润	27 986	117 427
加:营业外收入	22 032	37 987
减:营业外支出	4 522	6 211
三、利润总额	45 496	149 203
减:所得税费用	11 374	37 987
五、净利润	34 122	111 903

要求:(1) 根据上述资料,分别计算该公司2021年度、2022年度的收入利润率指标及其变动情况。

(2) 根据上述资料,分别计算该公司2021年度、2022年度的成本利润率指标及其变动情况。

3. 根据某公司2021年度、2022年度的资产负债表、利润表及其附表资料和会计报表附注,给出以下分析数据如表7-9所示。

表7-9　　　　　　　　　　　　　　股票相关信息

单位:元

项目	2021年度	2022年度
净利润	200 000	250 000
优先股股息	25 000	25 000
普通股股利	150 000	200 000
普通股股利实发数	120 000	180 000
普通股权益平均额	1 600 000	1 800 000

(续表)

项目	2021年度	2022年度
发行在外的普通股平均数（股）	800 000	1 000 000
每股市价	4	4.5

要求：(1) 根据所给资料计算该公司2022年度每股收益、普通股权益报酬率、股利发放率和市盈率等指标。

(2) 用差额分析法对普通股权益报酬率进行分析。

第八章 营运效能分析

学习目标

1. 掌握营运效能分析的基本内容与基本方法。
2. 掌握总资产营运效能分析和流动资产营运效能分析及其指标因素分析。
3. 理解营运效能指标可视化分析应用。
4. 理解固定资产营运效能分析的指标与方法。
5. 了解营运效能分析的目的。
6. 培养学生在企业资产运营中效率优先的意识和能力,以及精益求精的工匠精神。

引导案例

2021年8月23日,复星医药发布的公告显示,复星医药拟向天津金耀转让所持有的天津药业集团25.0011%的股权,转让价约为14.33亿元。转让完成后,复星医药将不再持有天津药业集团股权。通过此次转让,复星医药预计获益约1.94亿元。复星医药称,此次出售旨在优化资产配置,提升资产运营效率。所获款项将用于补充集团运营资金及归还带息债务。

2021年4月26日,复星医药控股子公司禅城医院及复星健康拟转让佛山禅曦100%的股权及债权,转让总价为5.5亿元,该交易已于2021年5月31日完成。2021年5月31日,复星医药又发布一则出售公告,控股子公司复星健康拟以5.53亿元出售台州浙东医养投资75%的股权,后者主要资产为在建的台州浙东医院。

复星医药通过持续推进医疗机构的专科建设布局、内部整合及外延扩张,打造区域性医疗中心和健康服务产业链,围绕大湾区、长三角等重点区域,形成专科和综合医院相结合的医疗服务战略布局。已投入运营的医疗服务机构主要包括佛山复星禅诚医院、深圳恒生医院、宿迁钟吾医院/宿迁市肿瘤医院、武汉济和医院、重庆星荣医美、徐州星晨妇儿医院等,核定床位合计4 732张。通过整合旗下医院的专科资源,形成妇产科、心血管内科、康复医学、骨科等12大专科联盟,多家控股医院已完成所在区域地市级重点专科、省级专科的创建。复星医药表示,2021年下半年,集团还将推进新建及现有医院的改扩建项目,同时寻求新的医疗服务并购机会。

业内分析认为,通过出售资产或转让,复星医药能将更多资源投入创新研发。

企业出售资产的目的是整合资源,优化配置,通过提高资产的运作效率,增强企业营运效能,最终提高企业盈利水平。哪些指标反映企业的营运效能?如何对企业的营运效能进行分析并作出评价?哪些因素会影响企业营运效能?这是本章将要阐述的内容。

(资料来源:根据腾讯网"再次出售两家子公司股权,复星医药在下一盘什么样的棋"整理)

第一节 营运效能分析的内涵

一、营运效能分析的含义和目的

(一) 营运效能分析的含义

营运效能主要是指企业资产营运的效率与效益。企业资产营运的效率主要是指资产的周转率或周转速度。企业资产营运的效益通常是指企业的产出额与资产占用额的比率。企业营运效能分析是指通过对反映企业资产营运效率与效益的指标进行计算与分析,评价企业的营运效能,为企业提高经济效益指明方向。

(二) 营运效能分析的目的

营运效能分析是企业财务管理的重要环节,其主要目的在于帮助企业提升经营效率、优化资源配置、发现潜在的改进领域等。

1. 提升企业的经营效率

通过对企业的各项经营效能指标进行量化和分析,可以了解企业的经营状况,识别企业在生产、销售等环节的效率问题。企业的运营过程往往存在一些制约因素,如供应链瓶颈、生产流程瓶颈等。通过营运效能分析,可以发现这些瓶颈,并采取有效措施进行改进,从而进一步优化流程,提升整体经营效率。

2. 优化资源配置

通过对企业各项资源的利用情况和效率进行分析,可以合理配置资源,使资源得到最大化的利用,避免浪费。通过对企业固定资产、流动资产等的使用情况进行监测和分析,可以优化资产结构,提高资产的使用效率和企业的盈利能力。

3. 发现潜在的改进领域

通过对企业的经营数据进行深入挖掘和分析,可以发现一些潜在的问题和改进空间,为企业制定改进措施提供依据。通过对企业的财务状况进行分析,可以制定合理的财务政策,优化企业的资金结构,降低财务风险。

总之,营运效能分析对企业的发展至关重要。通过深入分析和挖掘企业的经营数据,可以发现企业在经营过程中的问题、瓶颈和改进空间,为企业制定合理的发展策略提供有力支持。

8-1 课程思政-华润集团深化卓越运营管理案例分析

二、营运效能分析指标的计算方法

企业营运效能通常以资产周转速度指标来衡量。资产周转速度指标包括资产周转率

(次数)和资产周转期(天数)。资产周转率指标是一定时期资产周转额与资产平均占用额(平均余额)的比率,是用资产的占用量与运用资产所完成的工作量之间的关系来表示营运效率的指标。资产周转期指标是用周转额的计算期天数除以计算期内资产周转次数,表示资产周转一次所经历的时间。

资产周转速度的相关公式如下:

$$资产周转率 = \frac{资产周转额}{资产平均余额}$$

$$资产周转期 = \frac{计算期天数}{资产周转率(次数)} = \frac{资产平均余额 \times 计算期天数}{资产周转额}$$

计算期天数是指周转额的计算期间所涵盖的天数。从理论上说,应使用计算期间的实际天数,但为了计算方便,实务中一般全年按360天计算,季度按90天计算,月度按30天计算。

资产平均余额又称资产平均占用额或平均运用额。资产平均余额是反映企业一定时期资产占用的动态指标,从理论上说,应使用计算期内每日资产余额的平均额,但为了计算方便,通常按期初和期末的算术平均数计算。具体计算公式是:

$$某项资产平均余额 = \frac{该项资产期初余额 + 该项资产期末余额}{2}$$

资产周转额是指计算期内完成周转的资产金额。以存货为例,其周转额是指结束存货存在形式,销售转为营业成本的金额。不同资产周转率的计算所使用的周转额是不同的,对此,将在具体分析时予以说明。

资产周转次数和资产周转天数从两个不同的角度表示资产的周转速度。资产周转次数表示在一定时期内完成几个从资产投入到资产收回的循环,而资产周转天数则表示完成一个从资产投入到资产收回的循环需要多长时间。资产周转次数和资产周转天数呈反方向变动,在一定时期内,资产周转次数越多,周转天数越少,则周转速度越快,营运效率越高;反之,则周转速度越慢,营运效率越低。

虽然以上两种形式均可以表示资产周转速度,但在实务中更多地使用周转天数这一形式。这是因为,企业为提高生产技术水平、改善生产组织等而使资产周转速度加快时,其明显表现为资产占用时间的缩短。用周转天数来表示,易于看出资产周转与生产技术和生产组织的依存关系,直观且易于理解。此外,如果采用周转次数来表示,不同时期(如年度、季度和月度)的周转速度不能直接进行比较。周转天数则可以消除期限长短对周转速度的影响,使不同计算期间的周转速度直接进行比较。

三、营运效能分析的内容

(一) 总资产营运效能分析

总资产营运效能主要是指企业投入或使用全部资产取得产出的能力。企业的总产出,一方面从生产能力角度考虑,另一方面从满足社会需要角度考虑,因此企业总资产营运效能分析的内容主要包括对总资产产值率和总资产周转率的分析。

（二）流动资产营运效能分析

流动资产营运效能分析是指对企业流动资产的营运效率和能力进行综合分析。流动资产营运效能分析的内容主要包括对流动资产周转率、流动资产垫支周转率、存货周转率和应收账款周转率的分析。

（三）固定资产营运效能分析

固定资产营运效能分析是指对企业固定资产的营运效率和能力进行综合分析。固定资产利用的直接成果可以用产品产量或销量来衡量,产量（产值）和销量（营业收入）与固定资产的对比,可以反映出企业资产的利用效率。因此,固定资产营运效能分析的内容主要包括对固定资产产值率和固定资产周转率的分析。

（四）营运效能指标可视化分析

营运效能指标可视化分析是指通过可视化分析技术,对企业营运效能相关指标进行分析与评价。通过将各类营运指标数据转化为直观的图表和仪表盘,企业管理层能够更加全面、迅速地理解企业自身的运营状况,及时发现企业运营过程中潜在的问题,进行经营策略调整,从而提升整体营运效率和效益。

第二节　总资产营运效能分析

一、总资产营运效能分析及其指标

（一）总资产营运效能分析

总资产营运效能分析是指对企业全部资产的营运效率和能力进行综合分析。总资产营运效能分析包括对反映总资产营运效能的指标进行计算与分析;对反映各项资产营运效能的指标进行综合对比分析。

企业总资产营运效能主要是指企业投入或使用全部资产取得产出的能力。企业的总产出,一方面从满足社会需要角度考虑,可用总收入表示;另一方面从生产能力角度考虑,可用总产值表示。因此,反映总资产营运效能的指标主要有总资产周转率和总资产产值率。

（二）总资产营运效能指标

1. 总资产周转率

总资产周转率是指占用每百元资产所取得的周转额（收入额）,它是杜邦财务分析体系中的主要组成部分。其计算公式为:

$$总资产周转率 = \frac{总周转额（总收入）}{总资产平均余额}$$

该指标反映了企业收入与资产占用之间的关系。通常,总资产周转率越高,则企业总资产营运效能越强,资产运作效率越高。该指标比总资产产值率更能准确反映企业全部资产的营运效能,因为企业总产值往往既包括完工产品产值,又包括在产品产值;既包括已售商品产值,又包括库存产品产值。在市场经济条件下,只有销售企业产品所实现的收入才是真正意义的产出。

根据附表1-1、附表1-2的资料,计算FXYY公司总资产周转率如下:

$$2021年总资产周转率 = \frac{3\,901\,118.43}{(9\,330\,632.18 + 8\,368\,600.96) \div 2} = 0.440\,8$$

$$2022年总资产周转率 = \frac{4\,395\,154.69}{(10\,716\,390.72 + 9\,330\,632.18) \div 2} = 0.438\,5$$

从计算结果可以看出,FXYY公司2022年总资产周转率较2021年下降了0.002 3,这说明该公司总资产营运效能有所减弱,可通过因素分析法对该指标下降的原因进行分析。

2. 总资产产值率

总资产产值率是指企业占用每百元资产所创造的总产值,其计算公式为:

$$总资产产值率 = \frac{总产值}{总资产平均余额} \times 100\%$$

该指标反映了总产值与总资产之间的关系。在一般情况下,总资产产值率越高,则企业资产的投入产出率越高,企业全部资产运营状况越好。百元产值占用资金也可反映总产值与总资产的关系,其计算公式为:

$$百元产值占用资金 = \frac{总资产平均余额}{总产值} \times 100$$

该指标越低,则总资产营运效能越强。该指标可在上式基础上,从资产占用形态角度进行分解,即:

$$\begin{aligned}百元产值占用资金 &= \frac{总资产平均余额}{总产值} \times 100 \\ &= \left(\frac{流动资产平均余额}{总产值} + \frac{固定资产平均余额}{总产值} + \frac{其他资产平均余额}{总产值}\right) \times 100\end{aligned}$$

依据上式,可分析总资产产值率或百元产值占用资金的变动受各项资产营运效果的影响。

二、总资产营运效能综合对比分析

总资产营运效能综合对比分析是指将反映总资产营运效能的指标与反映企业流动资产和固定资产营运效能的指标结合起来进行分析。依据各类指标之间的相互关系,综合对比分析主要包括以下几个方面的内容。

1. 综合对比分析反映资产占用与总产值之间的关系

反映两者之间关系的有三个指标,即固定资产产值率、流动资产产值率、总资产产值率,它们可说明资产在生产过程中的利用效果。从静态上对比,这三个指标可分别反映固定资产、流动资产及全部资产利用效果的大小;从动态上对比,这三个指标可反映总产值增长与固定资产增长、流动资产增长、全部资产增长的关系,以及资产结构的变化情况。

2. 综合对比分析反映资产占用与收入之间的关系

反映两者之间关系的有三个指标,即固定资产周转率、流动资产周转率、总资产周转率,它们可正确评价各项资产营运效益的大小和资产周转速度的快慢。从静态上对比,这三个指标可反映各项资产周转率的水平及其差距;从动态上对比,这三个指标可反映固定资产、流动资产及全部资产与营业收入增长的关系。

3. 将总资产营运效能与全部资产盈利效能结合分析

通过这个角度的分析可知,企业资产经营盈利效能的高低,既取决于产品经营盈利效能,又受资产营运效能的影响。其一般关系式为:

$$资产经营盈利效能 = 资产营运效能 \times 产品经营盈利效能$$

其具体计算公式为:

$$总资产报酬率 = \frac{总收入}{平均总资产} \times \frac{息税前利润}{总收入} \times 100\%$$
$$= 总资产周转率 \times 全部收入息税前利润率$$

分析人员可运用上式全面分析企业资产的营运情况及效果。

三、总资产营运效能指标因素分析

(一)总资产营运效能的影响因素

在全部资产中,周转速度最快的应属流动资产,因此,总资产周转速度受流动资产周转速度的影响较大。总资产周转率的影响因素主要有流动资产周转率和流动资产占总资产的比重。

(1)流动资产周转率。流动资产的周转速度往往快于其他类资产的周转速度,加速流动资产周转,就会使总资产周转速度加快,反之则会使总资产周转速度减慢。

(2)流动资产占总资产的比重。流动资产的周转速度往往快于其他类资产的周转速度,所以,企业流动资产所占比例越大,总资产周转速度越快,反之则越慢。

下式可反映总资产周转率与各个影响因素之间的关系:

$$总资产周转率 = \frac{营业收入}{流动资产平均余额} \times \frac{流动资产平均余额}{总资产平均余额}$$
$$= 流动资产周转率 \times 流动资产占总资产的比重$$

(二)总资产营运效能因素分析

分析人员明确了总资产周转率与影响因素之间的关系后,可运用连环替代法或差额计算法,分析各因素变动对总资产周转率的影响。

下面以附表1-1、附表1-2为基础,进行整理后得到总资产营运效能因素分析表,如表8-1所示。

表8-1　　　　　　　　　总资产营运效能因素分析表

金额单位:万元

项目	2021年	2022年
销售收入	3 901 118.43	43 95 154.69

(续表)

项目	2021年	2022年
平均总资产	8 849 616.57	10 023 511.45
平均流动资产	2 776 085.49	3 285 804.26
总资产周转率	0.440 8	0.438 5
流动资产周转率	1.41	1.34
流动资产占总资产的比重	31.37%	32.78%

根据表8-1,可确定各因素变动对FXYY公司2022年总资产周转率的影响程度。

分析对象：0.438 5－0.440 8＝－0.002 3（次）

因素分析：

(1) 流动资产周转率变动对总资产周转率的影响。

(1.34－1.41)×31.37%＝－0.021 9（次）

(2) 流动资产占总资产的比重变动对总资产周转率的影响。

1.34×(32.78%－31.37%)＝0.018 9（次）

＊计算过程中数据结果进行了四舍五入的处理,因此各因素影响额之和与总差异存在尾数差。

从计算结果可以看出,FXYY公司2022年总资产周转率的下降是由流动资产周转率的下降引起的。该公司若想解决总资产周转率下降的问题,可以从提升流动资产周转率入手,通过因素分析法进一步研究流动资产周转率下降的原因。

第三节 流动资产营运效能分析

一、流动资产营运效能分析及其指标

(一) 流动资产营运效能分析

流动资产营运效能分析是指对企业流动资产的营运效率和能力进行综合分析。通过流动资产营运效能分析,企业可以了解流动资产的运作效率,查找缺陷,采取措施,加速流动资产周转,提高流动资产的利用效率,改善财务状况。反映流动资产营运效能的指标主要有流动资产周转率、存货周转率和应收账款周转率等。

(二) 流动资产营运效能指标

1. 流动资产周转率

流动资产周转率既是反映流动资产周转速度的指标,也是综合反映流动资产利用效果的基本指标。它是一定时期流动资产周转额和流动资产平均占用额的比率,即用流动资产所完成的工作量和其占用量的关系,来表明流动资产的使用经济效益。

流动资产的周转速度可通过流动资产周转率或流动资产周转天数反映,具体计算公式

如下：

$$流动资产周转率(次/一定时期) = \frac{流动资产周转额}{流动资产平均余额}$$

$$流动资产周转天数(天/次) = \frac{计算期天数}{流动资产周转率}$$

$$= \frac{流动资产平均余额 \times 计算期天数}{流动资产周转额}$$

从上述公式可知，流动资产周转天数的计算，必须利用"计算期天数""流动资产平均余额""流动资产周转额"三个数据。对于流动资产平均余额的确定，一要注意范围，周转率不同，流动资产的范围就不同；二要注意用平均占用额而不能用期末或期初占用额。

流动资产周转额一般是指企业在报告期中完成由货币到商品、再到货币这一循环过程的流动资产数额。表示销售实现的指标有两个，即营业收入和营业成本。一般来说，如果使用营业成本这一指标作为流动资产周转额，则计算结果表示垫支的流动资产周转速度，反映流动资产的纯粹周转速度；如果使用营业收入这一指标，由于其包括垫支资金以外的部分，如税金和利润等，因此，计算出的流动资产周转速度是一种扩大形式的周转速度，既反映了流动资产的纯粹周转速度，又反映了流动资产利用的效益。实务中，在计算流动资产周转速度指标时，究竟是使用营业收入还是营业成本，应视分析的具体目的而定。反映企业流动资产周转速度指标的具体计算公式如下：

$$流动资产周转率 = \frac{营业收入}{流动资产平均余额}$$

$$流动资产周转天数 = \frac{流动资产平均余额 \times 计算期天数}{营业收入}$$

$$流动资产垫支周转率 = \frac{营业成本}{流动资产平均余额}$$

$$流动资产垫支周转天数 = \frac{流动资产平均余额 \times 计算期天数}{营业成本}$$

流动资产的周转率或周转天数均能反映流动资产的周转速度。流动资产在一定时期的周转率越高，即每周转一次所需要的天数越少，周转速度就越快，流动资产营运效能就越强；反之，则周转速度越慢，流动资产营运效能就越弱。

根据附表1-1、附表1-2的资料，计算 FXYY 公司 2021 年和 2022 年的流动资产周转率如下：

$$2021年流动资产周转率 = \frac{3\ 901\ 118.43}{(3\ 043\ 690.71 + 2\ 508\ 480.26) \div 2} = 1.41$$

$$2022年流动资产周转率 = \frac{4\ 395\ 154.69}{(3\ 527\ 917.81 + 3\ 043\ 690.71) \div 2} = 1.34$$

从计算结果可以看出，FXYY 公司 2022 年流动资产周转率较 2021 年下降了 0.07，这说明该公司流动资产营运效能有所减弱，可通过因素分析法对该指标下降的原因进行分析。

2. 存货周转率

存货周转率是指企业在一定时期内存货占用资金可周转的次数，或存货每周转一次所需要的天数。反映企业存货周转速度的指标包括存货周转率和存货周转天数，具体计算公

式如下:

$$存货周转率=\frac{营业成本}{存货平均余额}$$

$$存货周转天数=\frac{计算期天数}{存货周转次数}=\frac{计算期天数 \times 存货平均余额}{营业成本}$$

其中: 存货平均余额=(期初存货+期末存货)÷2

应当注意的是,存货周转率和存货周转天数的实质是相同的,但是其评价标准不同。存货周转率是个正指标,通常越高越好。但是,存货周转速度偏高也不一定代表企业经营出色,若企业为了扩大销售而降低售价或采用大量赊销,则会影响营业利润或产生大量的应收账款。除了参考企业历史水平,还应参考同行业的平均水平,以判断企业存货周转率是否合适。

根据附表1-1、附表1-2的资料,计算FXYY公司2021年和2022年的存货周转率如下:

$$2021年存货周转率=\frac{2\ 022\ 978.47}{(547\ 254.72+516\ 279.96)\div 2}=3.8$$

$$2022年存货周转率=\frac{2\ 316\ 969.04}{688\ 243.24+547\ 254.72)\div 2}=3.75$$

从计算结果可以看出,FXYY公司2022年存货周转率较2021年下降了0.05,这说明该公司存货营运效能有所减弱。存货周转率的变化可能由外部市场因素变化引起,也可能和企业内部存货管理相关,具体原因要结合企业实际进行分析。

3. 应收账款周转率

反映应收账款周转速度的指标包括应收账款周转率及应收账款周转天数,应收账款周转率的计算公式如下:

$$应收账款周转率=\frac{赊销收入净额}{应收账款平均余额}$$

其中: 赊销收入净额=营业收入-现销收入-销售退回、折让、折扣
应收账款平均余额=(期初应收账款+期末应收账款)÷2

在市场经济条件下,由于赊销活动属于商业秘密,赊销额不被要求披露,计算时可用营业收入净额代替赊销收入净额,计算公式为:

$$应收账款周转率=\frac{营业收入净额}{应收账款平均余额}$$

反映应收账款周转速度的另一个指标是应收账款周转天数,又称应收账款账龄。其计算公式为:

$$应收账款周转天数=\frac{计算期天数}{应收账款周转次数}$$
$$=\frac{应收账款平均余额}{赊销收入净额} \times 计算期天数$$

应收账款周转率可以用来估计应收账款变现的速度和管理的效率。回收迅速既可以节

约资金,也说明企业信用状况好,不易发生坏账损失。因此,一般认为应收账款周转率越高越好;如果按应收账款周转天数进行分析,则周转天数越短越好。

根据附表 1-1、附表 1-2 的资料,计算 FXYY 公司 2021 年和 2022 年的应收账款周转率如下:

$$2021 \text{ 年应收账款周转率} = \frac{3\,901\,118.43}{(602\,972.02+456\,465.96) \div 2} = 7.36$$

$$2022 \text{ 年应收账款周转率} = \frac{4\,395\,154.69}{(758\,809.93+602\,972.02) \div 2} = 6.46$$

假设一年按 360 天计算,计算结果四舍五入取整,则应收账款周转天数的计算如下:
2021 年应收账款周转天数 = 360÷7.36 = 49(天)
2022 年应收账款周转天数 = 360÷6.46 = 56(天)

从计算结果可以看出,FXYY 公司 2022 年应收账款周转率较 2021 年下降了 0.91,2022 年应收账款周转天数较 2021 年延长了 7 天,这说明该公司应收账款的回收速度有所减弱。应收账款周转率变动的原因可能包括企业销售规模变动、信用政策变动、收账政策不当、收账工作执行不力、市场竞争加剧等,具体原因要结合企业实际进行分析。

二、流动资产营运效能指标因素分析

(一)流动资产营运效能的影响因素

进行流动资产周转率因素分析时,应先找出流动资产周转率的影响因素。根据流动资产周转率的计算公式,可分解出流动资产周转率的影响因素如下:

$$\begin{aligned}
\text{流动资产周转率} &= \frac{\text{营业收入}}{\text{流动资产平均余额}} \\
&= \frac{\text{营业成本}}{\text{流动资产平均余额}} \times \frac{\text{营业收入}}{\text{营业成本}} \\
&= \text{流动资产垫支周转率} \times \text{成本收入率}
\end{aligned}$$

可见,流动资产周转率的影响因素,一是流动资产垫支周转率;二是成本收入率。流动资产垫支周转率准确地反映了流动资产在一定时期可周转的次数;成本收入率说明了企业的所费与所得之间的关系。如果成本收入率大于1,则说明企业有经济效益,此时流动资产垫支周转率越高,流动资产营运效能越强;反之,如果成本收入率小于1,则说明企业所得弥补不了所费,这时流动资产垫支周转率的提高,反而不利于企业经济效益的提高。

在分析流动资产周转率的基础上,进一步对流动资产垫支周转率进行分析。流动资产垫支周转率的影响因素可从以下分解式中得出:

$$\begin{aligned}
\text{流动资产垫支周转率} &= \frac{\text{营业成本}}{\text{流动资产平均余额}} \\
&= \frac{\text{营业成本}}{\text{存货平均余额}} \times \frac{\text{存货平均余额}}{\text{流动资产平均余额}} \\
&= \text{存货周转率} \times \text{存货构成率}
\end{aligned}$$

(二)流动资产营运效能因素分析

明确流动资产周转率与其影响因素之间的关系后,分析人员可运用连环替代法或差额计算法,分析各因素变动对流动资产周转率的影响。

以附表1-1、附表1-2为基础,整理后得到流动资产营运效能因素分析表,如表8-2所示。

表8-2　　　　　　　　　流动资产营运效能因素分析表

金额单位:万元

项目	2021年	2022年
营业收入	3 901 118.43	4 395 154.69
流动资产平均余额	2 776 085.49	3 285 804.26
其中:存货平均余额	531 767.34	617 748.98
营业成本	2 022 978.47	2 316 969.04
流动资产周转率(次)	1.41	1.34
流动资产垫支周转率(次)	0.73	0.71
成本收入率	192.84%	189.69%
存货周转率	3.80	3.75
存货构成率	19.16%	18.80%

1. 流动资产周转率

分析对象:1.41－1.34＝－0.07(次)

因素分析:

(1) 流动资产垫支周转率变动的影响。

(0.71－0.73)×192.84%＝－0.04(次)

(2) 成本收入率变动的影响。

0.71×(189.69%－192.84%)＝－0.02(次)

* 计算过程中数据结果进行了四舍五入的处理,因此各因素影响额之和与总差异存在尾数差。

由计算结果可知,流动资产周转率的下降是流动资产垫支周转率和成本收入率的下降共同导致的,其中流动资产垫支周转率对流动资产周转率的影响最大。该公司若想提高流动资产周转率,可采用因素分析法进一步分析流动资产垫支周转率下降的原因。

2. 流动资产垫支周转率

分析对象:0.71－0.73＝－0.02(次)

因素分析:

(1) 存货周转率变动的影响。

(3.75－3.80)×19.16%＝－0.01(次)

(2) 存货构成率变动的影响。

3.75×(18.80%－19.16%)＝－0.01(次)

由计算结果可见,流动资产垫支周转率的下降是存货周转率和存货构成率的下降共同引起的,两者均使得流动资产垫支周转率下降 0.02 次。

第四节　固定资产营运效能分析

8-2　拓展知识-供应链视角下乳制品企业营运资金管理优化研究——以 GM 乳业为例

一、固定资产营运效能分析及其指标

(一) 固定资产营运效能分析

固定资产营运效能分析是指对企业固定资产的营运效率和能力进行综合分析。固定资产是企业最重要的劳动手段,对企业的盈利能力有重大影响。通过固定资产营运效能分析,分析人员能够了解固定资产的利用效率,考察固定资产的规模合理性,挖掘固定资产形成收入的潜力。固定资产利用的直接成果可以用产品产量或销量来衡量,产量(产值)和销量(营业收入)与固定资产的对比可以反映企业资产的利用效率。因此,反映固定资产营运效能的指标主要包括固定资产产值率和固定资产周转率。

(二) 固定资产营运效能指标

1. 固定资产产值率

固定资产产值率是指一定时期内总产值与固定资产平均总值的比率,或每百元固定资产提供的总产值。其计算公式是:

$$固定资产产值率 = \frac{总产值}{固定资产平均总值} \times 100\%$$

对于公式中的分母项目是采用固定资产原值还是采用固定资产净值,目前尚有两种观点。一种观点主张采用固定资产原值计算,理由是:固定资产生产能力并非随着其价值的逐步转移而相应降低,比如,一种设备在其全新时期和半新时期往往具有同样的生产能力;再则,采用原值计算,便于进行企业不同时间或不同企业的比较,如果采用净值计算,则失去可比性。另一种观点主张采用固定资产净值计算,理由是:固定资产原值并非一直全部被企业占用,其价值中的磨损部分已逐步通过折旧收回,只有采用净值计算,才能真正反映一定时期内企业实际占用的固定资金。实际上,单纯地采用一种计价方法都会难免偏颇。为了既从生产能力又从资金占用两个方面来考核企业的固定资产利用水平,必须同时采用原值和净值两种计价标准,以从不同角度全面地反映企业固定资产利用的经济效益。

2. 固定资产周转率

固定资产周转率又称每百元固定资产提供的收入,其是一定时期所实现的营业收入同固定资产平均总值的比率,其计算公式如下:

$$固定资产周转率 = \frac{营业收入}{固定资产平均总值}$$

固定资产周转率指标的数值越高,则一定时期内固定资产提供的收入越多,固定资产的利用效果越好。因为收入指标比总产值和销售收入能更准确地反映经济效益,所以固定资产周转率能更好地反映固定资产的利用效果。

根据附表1-1、附表1-2的资料,计算FXYY公司2021年和2022年的固定资产周转率如下:

$$2021年固定资产周转率=\frac{3\ 901\ 118.43}{(891\ 905.83+813\ 562.35)\div 2}=4.575$$

$$2022年固定资产周转率=\frac{4\ 395\ 154.69}{(1\ 026\ 785.85+891\ 905.83)\div 2}=4.581$$

从计算结果可以看出,FXYY公司2022年固定资产周转率较2021年上升了0.006,这说明该公司固定资产的利用效果有所改善。固定资产周转率的影响因素主要包括企业所处行业及其经营背景、企业经营周期的长短、企业的资产构成及其质量、企业资产的管理力度等。

二、固定资产营运效能指标因素分析

(一)固定资产营运效能的影响因素

分析固定资产产值率时,应先找出其影响因素。根据固定资产产值率的计算公式,可分解出固定资产产值率的影响因素为:

$$\begin{aligned}固定资产产值率&=\frac{工业总产值}{固定资产平均总值}\times 100\%\\&=\frac{工业总产值}{生产设备平均余额}\times\frac{生产设备平均余额}{生产用固定资产平均余额}\times\frac{生产用固定资产平均余额}{固定资产平均总值}\times 100\%\\&=生产设备资金产值率\times 生产设备构成率\times 生产用固定资产构成率\end{aligned}$$

上式中,生产设备的资金产值率反映生产设备能力和时间的利用效果,其数值直接影响工业生产用固定资产的利用效果,进而影响企业全部固定资产的资产产值率;生产设备构成率和生产用固定资产构成率表示固定资产的结构状况和配置的合理程度,其数值越大,则全部固定资产产值率越高。所以,企业固定资产产值率分析,应从固定资产的配置和使用两个方面进行。企业在合理配置固定资产的同时,大力从时间上改善固定资产,特别是生产设备的利用情况,不断提高其单位时间的产量,提高固定资产产值率。

固定资产产值率分析是以实际数与计划数、上期实际数或历史最高水平进行比较,从中找出影响该指标的不利因素,从而对企业固定资产利用效果作出评价。虽然固定资产产值率是一个比较综合的指标,容易计算,在固定资金利用效果的考核中具有一定的作用,但是其也存在局限性,由于按工厂法计算的总产值在某些情况下,不能真实地反映企业的生产成果,这间接影响了固定资产产值率指标的正确性。

固定资产周转率分析可根据下列因素分解式进行:

$$\begin{aligned}固定资产周转率&=\frac{总产值}{固定资产平均总值}\times\frac{营业收入}{总产值}\\&=固定资产产值率\times 产品销售率\end{aligned}$$

(二)固定资产营运效能因素分析

明确固定资产营运效能指标与其影响因素之间的关系后,分析人员可运用连环替代法或差额计算法,分析各因素变动对固定资产营运效能指标的影响。

下面以附表1-1和假定资料为基础,对固定资产产值率进行分析,整理后得到固定资产产值率因素分析表,如表8-3所示。

表8-3　　　　　　　　　　　固定资产产值率因素分析表

金额单位:万元

项目	2021年	2022年
工业总产值	3 706 062.51	3 955 639.22
生产设备平均余额	298 456.93	431 705.63
生产用固定资产平均余额	596 913.86	719 509.38
固定资产平均总值	852 734.09	959 345.84
固定资产产值率	434.61%	412.33%

根据表8-3,进行固定资产产值率分析如下。

分析对象:412.33%-434.61%=-22.28%

因素分析:

(1) 生产设备资金产值率变动的影响。

$$\left(\frac{3\,955\,639.22}{431\,705.63}-\frac{3\,706\,062.51}{298\,456.93}\right)\times\frac{298\,456.93}{596\,913.86}\times\frac{596\,913.86}{852\,734.09}\times100\%$$

$$=(9.16-12.42)\times0.5\times0.7\times100\%$$

$$=-114.1\%$$

(2) 生产设备构成率变动的影响。

$$9.16\times\left(\frac{431\,705.63}{719\,509.38}-0.5\right)\times0.7\times100\%$$

$$=+64.12\%$$

(3) 生产用固定资产构成率变动的影响。

$$9.16\times0.6\times\left(\frac{719\,509.38}{959\,345.84}-0.7\right)\times100\%$$

$$=+27.48\%$$

＊计算过程中数据结果进行了四舍五入的处理,因此各因素影响额之和与总差异存在尾数差。

可见,固定资产产值率的降低主要是生产设备资产产值率的下降造成的,百元固定资产产值降低了114.1元;在固定资产的组织安排上,生产设备构成率的提高使百元固定资产产值提高了64.12元;生产用固定资产构成率的上升使百元固定资产产值提高了28.48元。

下面以附表1-1、附表1-2和假定资料为基础,结合表8-3对固定资产周转率进行分析,整理后得到固定资产周转率因素分析表,如表8-4所示。

表8-4　　　　　　　　　　　固定资产周转率因素分析表

项目	2021年	2022年
工业总产值(万元)	3 706 062.51	3 955 639.22

(续表)

项目	2021年	2022年
营业收入(万元)	3 901 118.43	4 395 154.69
固定资产平均总值(万元)	852 734.09	959 345.84
固定资产周转率	4.575	4.581
固定资产产值率	434.61%	412.33%
产品销售率	105.26%	111.11%

根据表8-4,对固定资产周转率分析如下:

分析对象：4.581－4.575＝0.006＝0.6%

因素分析：

(1) 固定资产产值率变动的影响。

(412.33%－434.61%)×105.26%＝－23.45%

(2) 产品销售率变动的影响。

(111.11%－105.26%)×412.33%＝＋24.12%

* 计算过程中数据结果进行了四舍五入的处理,因此各因素影响额之和与总差异存在尾数差。

可见,FXYY公司固定资产周转率上升0.006,主要是产品销售率上升24.12%和固定资产产值率下降23.45%共同作用的结果。

第五节 营运效能指标可视化分析应用

8-3 拓展知识-公立医院固定资产闲置与有效盘活研究

一、营运效能指标可视化分析的目的

营运效能指标可视化分析的主要目的是通过直观的数据呈现,帮助企业管理层和分析人员深入理解公司在不同时期的营运效率及其在行业中的相对表现,快速捕捉公司营运效能的变化趋势,并识别潜在的管理问题,为进一步优化营运策略和提升企业竞争力提供数据支持,进而助力企业作出更加科学的营运决策,提升其市场竞争力和营运效能。

为了更深入地了解FXYY公司在医药行业中的营运效率和管理能力,本节将重点对四个关键营运效能指标进行同行业对比和趋势可视化分析。指标包括总资产周转率、存货周转率、应收账款周转率和固定资产周转率,它们共同反映了企业在资产管理、销售效率和营运效率等方面的整体表现。营运效能指标可视化分析可以直观地展示和比较FXYY公司在行业中的营运优势与不足。具体可视化分析流程请参考第六章第四节的相关内容,操作过程请扫描观看二维码8-4中的演示视频。

8-4 操作演示视频

二、营运效能指标同行业对比分析

营运效能指标同行业可视化分析仪表盘如图8-1所示。

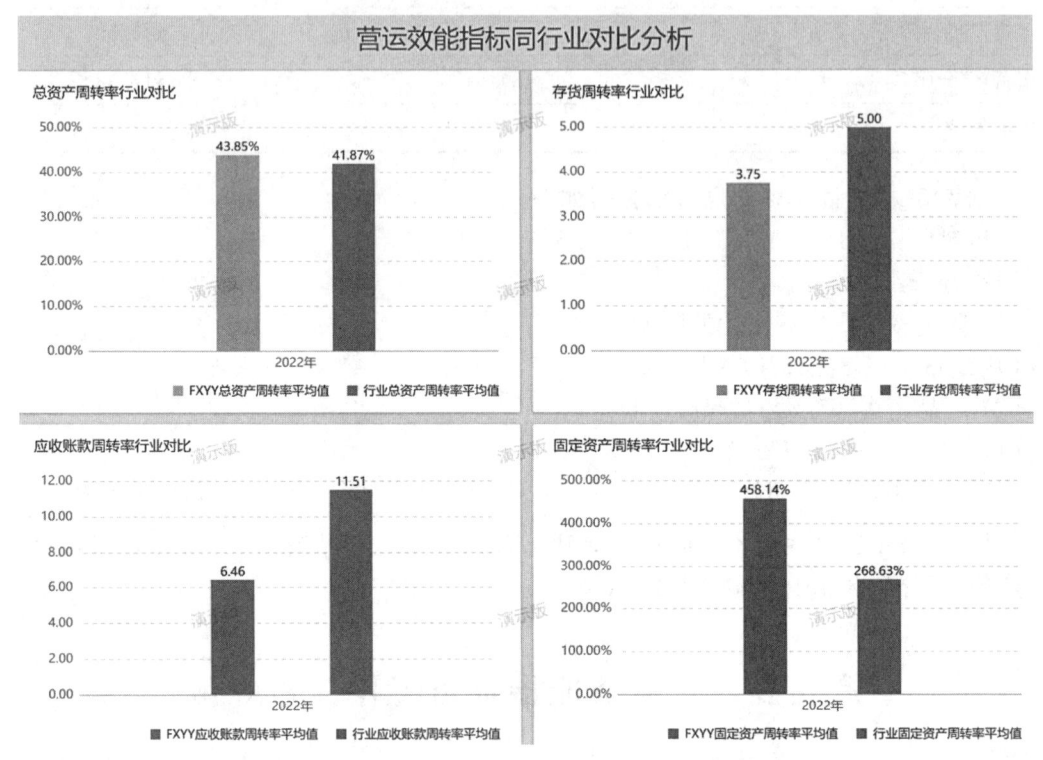

图8-1 营运效能指标同行业对比可视化分析仪表板

(一) 总资产周转率同行业对比分析

2022年,FXYY公司的总资产周转率为43.85%,高于行业平均值(41.87%)。这一结果表明,FXYY公司在利用其资产产生销售收入方面表现优异,资产利用效率较高。较高的总资产周转率意味着公司能够通过较少的资产投入,产生较多的收入,这通常是企业营运效率高和资源利用能力强的标志。特别是在资源有限的情况下,FXYY公司能够有效地配置和使用资产,最大限度地提高收入生成能力,展现了强大的管理和营运能力。这一指标的优势可能源于公司在资产管理、营运流程优化及战略投资方面的持续努力。通过有效管理现有资产并避免过度投资,FXYY公司能够在保持灵活性的同时,确保资产的高效利用。这种高效的资产运作方式不仅提高了公司的盈利能力,还为其在竞争激烈的市场环境中维持领先地位奠定了坚实基础。此外,这也反映出公司在成本控制和营运效率方面的卓越表现,进一步巩固了其在行业中的优势地位。

(二) 存货周转率同行业对比分析

在存货周转率方面,FXYY公司为3.75,显著低于行业平均值(5.00)。这一差距反映出公司在存货管理上存在一定的问题。较低的存货周转率可能意味着公司存货的销售速度较慢,资金被过多地占用在存货上,从而降低了企业的资金利用效率。对于FXYY公司而言,优化存货管理策略,如改善库存管理系统、加快存货的销售速度,可能是提升存货周转率的重要途径。

(三) 应收账款周转率同行业对比分析

FXYY公司2022年的应收账款周转率为6.46,同样低于行业平均值(11.51)。这表明公司在应收账款的回收方面存在一定的延迟,可能使企业的流动资金受到影响。应收账款周转率低可能是客户付款周期长或管理效率低导致的。为了改善这一状况,FXYY公司可以加强信用管理,优化收款流程,并与客户协商缩短付款期限,从而提高应收账款的回收效率,改善现金流状况。

(四) 固定资产周转率同行业对比分析

在固定资产周转率方面,FXYY公司表现非常突出,其2022年固定资产周转率高达458.14%,远高于行业平均值(268.63%)。这表明FXYY公司在固定资产的利用方面具有显著的优势,能够以较少的固定资产产生较多的销售收入。较高的固定资产周转率通常意味着公司在设备和设施的使用效率方面表现良好,投资回报率高,这为公司提供了强有力的竞争优势。

整体来看,FXYY公司2022年度各项营运效能指标表现出色。尤其在总资产周转率和固定资产周转率方面,公司对于资产管理和固定资产利用具有明显的优势。然而,在存货周转率和应收账款周转率方面,FXYY公司存在一定的不足,与行业平均水平相比,其表现较为滞后。这些指标的低下可能对公司的资金流动性和整体营运效率产生负面影响。因此,FXYY公司应重点关注存货管理和应收账款回收,通过优化管理策略,提升这两个关键指标,以全面提升企业的营运效能。通过针对性的改善措施,FXYY公司可以进一步巩固其在行业中的竞争优势,实现更高的营运效率和盈利能力。

三、营运效能指标趋势分析

FXXY公司营运效能指标趋势分析如图8-2所示。

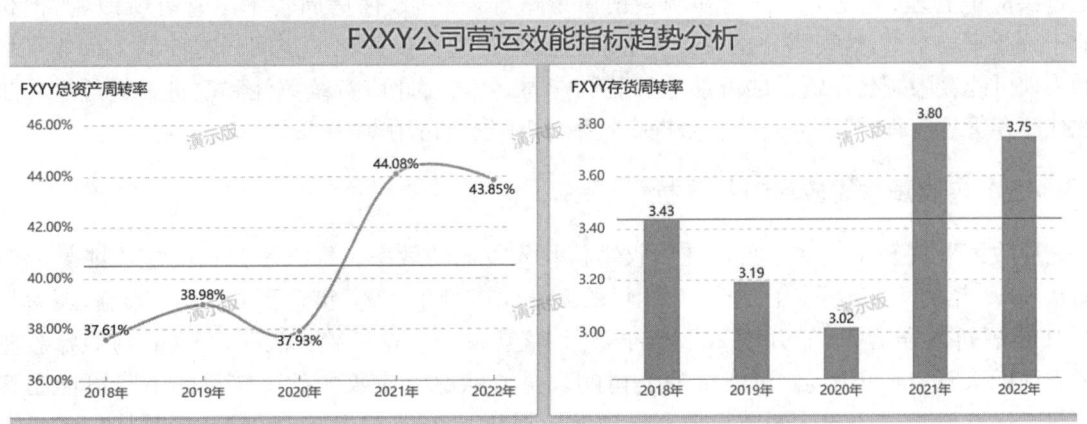

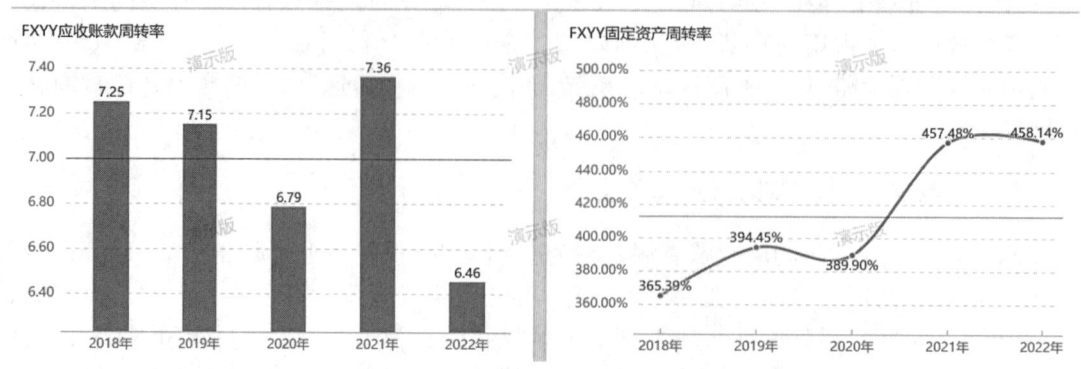

图 8-2　FXYY 公司 2018—2022 年营运效能指标趋势可视化分析仪表板

(一) 总资产周转率趋势分析

FXYY 公司的总资产周转率从 2018 年的 37.61% 上升到 2022 年的 43.85%，其中虽然在 2020 年曾小幅回落至 37.93%，但在接下来的两年迅速回升至 44.08% 和 43.85%。这一趋势显示出 FXYY 公司在利用总资产创造收入方面的持续改进。总资产周转率的提高通常表明企业在提高资产利用效率、增加销售收入方面取得了积极进展。这种增长可能得益于公司为优化资源配置、加强成本控制和提高营运效率所作出的努力。此外，FXYY 公司可能在技术升级、生产流程优化和市场拓展等方面进行了战略性投资，这些措施进一步提高了公司的资产利用效率和盈利能力。通过不断改进营运策略和有效管理资产，FXYY 公司得以在竞争激烈的市场环境中保持增长势头，进一步巩固了其在行业中的领先地位。这一系列的改进不仅优化了公司的财务表现，还为未来的持续发展奠定了坚实基础。

(二) 存货周转率趋势分析

与总资产周转率相比，FXYY 公司存货周转率的表现较为波动。2018—2020 年，其存货周转率从 3.43 下降至 3.02，这表明公司在这段时间内的存货销售速度有所放缓，可能导致存货积压和资金占用。然而，从 2021 年开始，存货周转率显著回升至 3.80，并在 2022 年小幅回落至 3.75。存货周转率的回升可能是因为公司在库存管理方面采取了有效措施，如改进供应链管理、优化生产计划和调整销售策略等。然而，存货周转率尽管有所改善，但仍低于行业平均水平，这表明公司在存货管理方面仍有进一步优化的空间。这种低于行业平均的表现可能会限制公司资金的流动性和盈利能力，公司对此应持续关注和改进。通过进一步优化库存管理流程，FXYY 公司有望提高效率，减少资金占用，增强整体营运效能。

(三) 应收账款周转率趋势分析

应收账款周转率反映了公司在回收销售收入方面的效率。FXYY 公司的应收账款周转率从 2018 年的 7.25 逐步下降至 2022 年的 6.46，其间在 2020 年达到 6.79 的低点，随后在 2021 年短暂回升至 7.36，并于 2022 年再次下降至 6.46。这一趋势表明，公司在应收账款管理方面的表现有所下滑，这可能影响公司的现金流状况。应收账款周转率的下降可能是客户付款周期延长或公司信用政策放宽导致的。尽管其在 2021 年有所回升，但整体依然呈下行趋势。公司需要加强应收账款管理,确保及时回收销售收入,以维持健康的现金流。

(四)固定资产周转率趋势分析

在固定资产周转率方面,FXYY公司表现相当出色,其从2018年的365.39%上升至2022年的458.14%。这一指标在整个五年期间表现出持续增长的趋势,尤其是在2020年后,其增长速度加快。这表明公司在固定资产的利用方面效率极高,能够以较少的固定资产投入产生较多的销售收入。固定资产周转率的提高可能是公司在生产设备投资、维护和管理上进行持续优化的结果,使固定资产的利用率得以最大化。

从图8-2中四个指标的整体发展趋势来看,FXYY公司在过去5年中通过不断优化资产利用和管理策略,显著提高了总资产和固定资产的周转效率。然而,存货周转率和应收账款周转率的波动和下降则表明,该公司在这两个方面仍面临一定的挑战。存货周转率的改善尽管显示出库存管理的进步,但公司在存货管理上依然存在提高的空间。应收账款周转率的下降则提示公司需要重新审视其信用政策和收款流程,以确保财务健康和流动性。总的来说,FXYY公司在资产管理和生产效率方面取得了显著进展,但在资金周转效率上仍需进一步改进,以实现全面的营运效能提升。

本章小结

营运效能主要是指企业营运资产的效率与效益。企业营运资产的效率主要是指资产的周转率或周转速度。企业营运资产的效益通常是指企业的产出额与资产占用额的比率。企业营运效能分析是指通过对反映企业资产营运效率与效益的指标进行计算与分析,评价企业的营运效能,为企业提高经济效益指明方向。

总资产营运效能分析是指对企业全部资产的营运效率进行综合分析。总资产营运效能分析包括对反映总资产营运效能的指标进行计算与分析;对反映各项资产营运效能的指标进行综合对比分析。反映总资产营运效能的指标主要有总资产产值率和总资产周转率。

流动资产营运效能分析是企业营运效能分析的重点,这是因为流动资产是企业资产中流动性最强的部分,流动资产的营运效率直接影响或决定企业全部资产的营运效率。反映流动资产营运效能的指标包括流动资产周转率、流动资产垫支周转率、存货周转率和应收账款周转率。

固定资产营运效能主要体现在固定资产产出与固定资产占用的比率关系上,通常可用固定资产产值率和固定资产周转率反映企业固定资产的营运效能。

结合大数据技术的应用,通过对企业和行业的营运效能指标进行深入分析,并借助可视化工具,企业能够更精准地把握营运状况,为提高营运效率和经济效益提供强有力的数据支持。

关键概念

营运效能分析　总资产周转率　应收账款周转率　存货周转率　固定资产周转率

思考题

1. 营运效能分析与综合效能分析的关系是什么？
2. 应收账款周转率与存货周转率之间有何相互影响？
3. 固定资产周转率与固定资产产值率有何关联性？

课后练习

一、单项选择题

1. 某企业当年营业收入为 36 000 万元，平均总资产为 12 000 万元。则该企业当年的总资产周转率为（　　）次。
   A. 3　　　　　　B. 3.4　　　　　　C. 2.9　　　　　　D. 3.2
2. 流动资产占总资产的比重是影响（　　）指标的重要因素。
   A. 总资产周转率　　　　　　　　B. 总资产产值率
   C. 总资产收入率　　　　　　　　D. 总资产报酬率
3. 反映资产占用与总产值关系的指标是（　　）。
   A. 流动资产周转率　　　　　　　B. 总资产周转率
   C. 固定资产周转率　　　　　　　D. 总资产产值率
4. 流动资产周转速度越快，流动资产使用的经济效益就（　　）。
   A. 越好　　　　　B. 越差　　　　　C. 不一定　　　　D. 不变
5. 某企业年初应收账款为 230 万元，年末应收账款为 250 万元，本年产品销售收入为 1 200 万元，本年产品销售成本为 1 000 万元，则该企业应收账款周转天数为（　　）天。
   A. 72　　　　　　B. 74　　　　　　C. 84　　　　　　D. 90
6. 利用大数据进行营运效能指标的可视化分析，可以（　　）。
   A. 避免资产损失
   B. 直观地展示企业营运中的优势和不足
   C. 提高固定资产的利用率
   D. 降低企业的总资产周转率

二、多项选择题

1. 反映资产占用与总产值关系的指标有（　　）。
   A. 固定资产产值率　　　　　　　B. 固定资产周转率
   C. 流动资产产值率　　　　　　　D. 总资产周转率
   E. 总资产产值率
2. 应收账款周转率越高越好，因为它表明（　　）。
   A. 收款迅速　　　　　　　　　　B. 坏账损失减少
   C. 资产流动性高　　　　　　　　D. 营业收入增加
   E. 利润增加
3. 存货周转率偏低的原因可能有（　　）。

A. 应收账款增加 B. 销售价格降低
C. 产品滞销 D. 销售政策发生变化
E. 大量赊销

4. 反映营运能力的比率有( )。
A. 存货周转天数 B. 应收账款周转次数
C. 已获利息倍数 D. 市盈率
E. 产权比率

5. 固定资产产值率的影响因素有( )。
A. 生产设备资金产值率 B. 生产用固定资产的数量
C. 生产设备占生产用固定资产的比重 D. 生产设备的数量
E. 生产用固定资产占全部固定资产的比重

6. 在营运效能分析中,大数据技术的应用可以帮助企业( )。
A. 实时监控营运数据 B. 提高预测分析的准确性
C. 优化资源配置 D. 减少管理层的决策参与
E. 通过可视化工具直观展示关键指标

三、判断题

1. 在其他条件不变时,流动资产比重越高,总资产周转速度越快。( )
2. 资产周转次数越多,周转天数越多,则表明资产周转速度越快。( )
3. 以营业收入为周转额用来说明垫支的流动资产周转速度。( )
4. 成本收入率越高,流动资产周转速度越快。( )
5. 一个企业存货周转率过高,可能是企业的存货水平太高所致。( )
6. 大数据技术在营运效能分析中的应用,可以使企业对营运数据进行实时监控,从而及时调整营运策略,提升整体效率。( )

四、简答题

1. 简述营运效能分析的目的。
2. 营运效能分析的内容包括哪些方面?
3. 流动资产营运效能分析的指标有哪些?

五、计算分析题

1. 某公司总资产营运效能相关信息如表 8-5 所示。

表 8-5　　　　　　　　　总资产营运效能信息表

单位:万元

项目	上年	本年
营业收入	29 312	31 420
工业总产值	28 423	28 645
总资产	36 592	36 876

要求:(1) 计算本年总资产产值率。
(2) 计算本年百元产值资金占用。

(3) 计算本年总资产周转率。

(4) 对该公司总资产营运效能作出评价。

2. 某公司流动资产营运效能相关信息如表 8-6 所示。

表 8-6　　　　　　　　　　　流动资产营运效能信息表

单位:万元

项目	上年	本年
营业收入		31 420
营业成本		21 994
流动资产合计	13 250	13 846
其中:存货	6 312	6 148
应收账款	3 548	3 216

要求:(1) 计算流动资产周转率。

(2) 计算流动资产垫支周转率。

(3) 计算存货周转率。

(4) 计算应收账款周转率。

(5) 对该公司流动资产营运效能作出评价。

3. 某公司固定资产营运效能相关信息如表 8-7 所示。

表 8-7　　　　　　　　　　　固定资产营运效能信息表

单位:万元

项目	上年	本年
工业总产值	34 750	38 225
商品产值	33 013	37 460
营业收入	33 673	35 962
固定资产平均总值	13 681	14 365
生产设备平均总值	5 541	6 102
生产用固定资产平均总值	10 261	10 343

要求:(1) 请通过计算分析固定资产产值率变动的原因。

(2) 请通过计算分析固定资产周转率变动的原因。

第九章 偿债效能分析

学习目标

1. 掌握偿债效能分析的基本内容与方法。
2. 掌握偿债效能的影响因素。
3. 重点掌握短期偿债效能分析及其指标、长期偿债效能指标分析及其指标。
4. 理解偿债效能可视化分析的应用。
5. 了解偿债效能分析的目的。
6. 通过企业偿债效能分析,树立危机意识,培养学生诚实守信的职业素养。

引导案例

2023年8月15日,证监会一则《关于上海复星医药(集团)股份有限公司向专业投资者公开发行公司债券申请文件的问询函》,再次将复星系的债务问题摆在台面上。

问询函显示,复星医药拟发行公司债券80亿元,其中45亿元用于偿还有息债务,35亿元用于补充流动资金。

对此,证监会要求复星医药对未来投融资计划及资金敞口、有息债务期限结构、本次债券发行规模的合理性,以及本次债券募集资金用途及其必要性等作出进一步说明。此外,证监会还对复星医药控股股东过半股份被质押以及公司高达102亿元的商誉等问题进行问询。

值得注意的是,2022年7月,复星医药完成了44.84亿元的定向增发。然而不到一年时间,复星医药又开始举债,如此频繁的融资无不透露出公司资金紧张的事实。

复星集团的流动性危机源于2022年6月穆迪的一份评级报告。在该报告中,穆迪指出,截至2022年3月月末,复星集团最核心的上市平台复星国际在控股公司层面的现金不足以偿付未来12个月内到期的短期债务。因此,穆迪将复星国际列入评级下调观察名单。

2022年9月,彭博社一篇"复星国际6 500亿元债务压顶"的报道更是引发轩然大波。虽然这6 500亿元的债务实际上包括合并报表子公司的全部债务,其中复星国际实际承担的负债仅为1 000亿元左右,但这也让复星集团的债务问题呈现在公众面前。

随后,复星国际走上变卖资产偿债之路。2022年,复星国际减持了其所持有的大量上市公司股份,包括金徽酒、海南矿业、中山公用、泰和科技、三元股份、酷特智能、ST广田、中粮工科。复星国际旗下核心资产复星医药、复星旅游文化,乃至郭广昌极具情怀的青岛啤酒等也未能幸免。

据统计,2022年6月以来,复星集团加大了资产退出力度,集团层面签约口径超400亿元,回笼现金近300亿元。即便如此,复星集团似乎仍未走出流动性紧张的困境。

2023年7月31日,复星医药发布公告称,其控股股东复星高科将持有的1.62亿股(占其所持股份数的16.93%,占公司股份总数的6.06%)质押融资以偿还债务。

偿债效能会对企业造成哪些影响?哪些因素会导致企业偿债效能发生改变?可以通过哪些财务指标对企业的偿债效能进行分析?这是本章的主要内容。

(资料来源:根据新浪财经"大股东'城门失火'殃及复星医药"整理)

第一节 偿债效能分析的内涵

一、偿债效能分析的含义和意义

(一)偿债效能分析的含义

偿债效能是指企业偿还本身所欠债务的效率和能力。企业债务或负债是指企业所承担的能以货币计量、将以资产或劳务偿付的经济资源或未来的经济利益。负债是企业资金来源的重要组成部分。负债的基本特点有:第一,它将在未来时期付出企业的经济资源或未来的经济利益;第二,它必须是过去的交易和事项所发生的,其债务责任能够以货币确切地计量或合理地估计。企业的负债按负债项目到期日的远近可分为流动负债和长期负债。

1. 流动负债

流动负债是指企业可以在一年内或超过一年的一个营业周期内偿还的债务,包括短期借款、应付票据、应付账款、预收账款、应付职工薪酬等项目。流动负债的基本特点是金额相对较小,偿还期限较短,企业应有与之适应的变现能力强的资产做保证。

2. 长期负债

长期负债是指偿还期限在一年或超过一年的一个营业周期的债务,包括长期借款、应付债券、长期应付款和其他长期负债等项目。它是企业向债权人筹集的可供长期使用的资金来源。长期负债的特点是金额一般较大,偿还期限较长,企业的非流动资产也可作为长期负债的偿还保证。

(二)偿债效能分析的意义

企业偿债效能问题是反映企业财务状况的重要内容,是财务分析的重要组成部分。企业偿债效能分析对于企业投资者、企业经营者和企业债权人具有十分重要的意义。

1. 企业偿债效能分析有利于企业投资者进行正确的投资决策

企业投资者在决定是否向某企业投资时,不仅要考虑企业的盈利能力,还要考虑企业的偿债效能。因为企业投资者的投资目的是实现资本的保值和增值,即安全收回投资并获取收益或分得红利。如果企业短期偿债效能较差,即使可得股息率较高,但由于企业支付能力不强或资产流动性较差,企业投资者实际上无法得到应得的股利;如果企业长期偿债效能较差,则企业投资者也可能会收不回资本。因此,企业投资者对企业的偿债效能是十分关心的,企业偿债效能分析对保证其资本保值、增值具有重要意义。

2. 企业偿债效能分析有利于企业经营者进行正确的经营决策

企业经营者为保证企业经营目标的实现,必须保证企业生产经营各环节的畅通或顺利进行,而企业各环节畅通的关键在于企业的资金循环与周转速度。企业偿债效能既是企业资金循环状况的直接反映,又对企业生产经营各环节的资金循环和周转有着重要的影响。因此,企业偿债效能分析,对于企业经营者及时发现企业在经营过程中存在的问题,并采取相应措施加以解决,保证企业生产经营顺利进行有着十分重要的作用。

3. 企业偿债效能分析有利于企业债权人进行正确的借贷决策

偿债效能是指企业偿还所欠债权人债务的效率和能力。因此,企业偿债效能的状况,对债权人有着至关重要的影响。因为企业偿债效能直接决定债权人信贷资金及其利息能否收回的问题。而及时收回本金并取得较高利息是债权人借贷时要考虑的最基本因素。任何一个债权人都不愿意将资金借给一个偿债效能很差的企业,债权人在进行借贷决策时,必须对借款企业的财务状况,特别是偿债效能状况,进行深入细致的分析,否则可能会作出错误的决策,不仅收不到借贷利息,而且无法收回本金。所以,企业偿债效能分析对债权人有着重要的意义。

4. 企业偿债效能分析有利于正确评价企业的财务状况

企业偿债效能状况是企业经营状况和财务状况的综合反映,企业偿债效能分析可以说明企业的财务状况及其变动情况。这对于正确评价企业偿债效能,说明企业财务状况变动的原因,找出企业经营中取得的成绩和存在的问题,提出正确的解决措施,都是十分有益的。

二、偿债效能分析的内容

(一) 短期偿债效能分析

在进行短期偿债效能分析时,应明确其影响因素,短期偿债效能的影响因素包括流动负债规模与结构、流动资产规模与结构、企业经营现金流量。在分析影响因素的基础上,可通过对营运资金、流动比率、速动比率、现金比率等一系列反映短期偿债效能的指标进行计算与分析,说明企业短期偿债效能的状况及其原因。

(二) 长期偿债效能分析

长期偿债效能是指企业偿还本身所欠长期负债的能力,即在企业长期债务到期时,企业盈利或资产可用于偿还长期负债的能力。对企业长期偿债效能进行分析,要结合长期负债的特点,在明确长期偿债效能影响因素的基础上,从企业盈利能力和资产规模两个方面与企业长期偿债的关系进行分析和评价。长期偿债效能分析可通过对资产负债率、股东权益比率、产权比率、已获利息倍数等指标的计算与分析,说明企业长期偿债效能的基本状况及其变动原因,进而为企业进行正确的负债经营指明方向。

（三）偿债效能指标可视化分析

偿债效能指标可视化分析是指通过可视化分析技术，对企业偿债效能相关指标进行分析与评价。通过直观的图表和仪表盘工具对偿债效能相关指标进行展现，企业管理层可以更清晰地理解和评估企业的偿债能力，及时识别潜在的财务风险，调整财务策略，从而提高企业的财务稳健性和抗风险能力。

第二节　短期偿债效能分析

一、短期偿债效能影响因素

（一）流动负债规模与结构

流动负债，亦称短期负债，是指企业可以在一年内或超过一年的一个营业周期内偿还的债务。短期负债规模是影响企业短期偿债效能的重要因素。因为短期负债规模越大，短期内企业需要偿还的债务负担就越重。企业的短期负债包括短期借款、应付票据、应付账款、预收账款、应付职工薪酬等项目。这些负债项目具体可分为从企业外部借入的资金，如短期借款等；企业在货款结算中占用的他人资金，如应付票据、应付账款、预收账款等；企业因财政政策、会计制度等而占用的他人资金，如应付职工薪酬、应付利润、应交税费等。其中，从企业外部借入的资金不仅要还本，而且要付息；而后两种短期负债在规定期限内通常不计利息，若超过规定的期限，有些短期负债要缴纳滞纳金，如应付票据、应交税费、应付利润等项目。从短期负债的构成或分类可看出，企业的一些短期负债项目是不可避免的，如因财政政策及会计制度等形成的负债；一些短期负债项目是企业经营结算中所需要的，如结算中占用的他人资金；还有一些是由于企业短期经营资金不足而借入的。因此，短期负债是所有企业在经营过程中都要发生的一种债务。从这一角度看，短期偿债效能分析是所有企业必然涉及的内容。

（二）流动资产规模与结构

流动资产是指可以在一年内或超过一年的一个营业周期内变现或耗用的资产。企业短期负债的偿还往往需要在一年内变现的资产，因此，也可以说，流动资产是偿还流动负债的物质保证，流动资产越多，企业短期偿债效能越强。研究流动资产规模与构成，对分析企业的短期偿债效能是十分必要的。企业流动资产包括现金及各种存款、短期投资、应收账款及预付账款、存货等。流动资产从变现能力角度看，通常可分为速动资产和存货资产。速动资产包括现金及各种存款、短期投资、应收账款及预付账款等。其特点是变现能力强，如现金和各种存款可直接用于支付；短期投资可以立刻在证券市场出售，转化为现金；应收票据和应收账款通常也可在短期内变为现金。存货相对于流动资产而言流动性较差，变现时间较长。此外，某些存货因品种、质量等导致其变现能力可能很差，甚至无法变现。因此，在进行企业短期偿债效能分析时,考虑流动资产的规模和结构是非常必要的。

(三) 企业经营现金流量

企业的负债偿还方式可以分为两种：一种是以企业本身所拥有的资产偿还；另一种是以新的收益或负债偿还,但最终要以企业的资产偿还。无论如何,现金流量都是决定企业偿债效能的重要因素。企业现金流量状况受经营状况和融资能力两个方面影响,且主要受企业的经营状况影响。因此,企业经营业绩的状况也影响着企业的短期偿债效能。当企业经营业绩好时,其会有持续和稳定的现金收入,从而从根本上保障了债权人的权益；当企业经营业绩差时,其现金的流入不足以抵补现金的流出,造成营运资本缺乏、现金短缺,其偿债效能必然下降。

另外,企业的财务管理水平、母公司与子公司之间的资金调拨等也影响短期偿债效能。同时,企业短期偿债效能还受到企业外部因素的影响,如宏观经济形势、证券市场的发育与完善程度、银行的信贷政策等。

二、短期偿债效能分析及其指标

(一) 短期偿债效能分析

短期偿债效能是指企业偿还流动负债的能力,即企业在短期债务到期时可以变现以偿还流动负债的能力。短期偿债效能分析,通常可运用一系列反映短期偿债效能的指标来进行,这些指标包括营运资金、流动比率、速动比率、现金比率等。

9-1 拓展知识-会税差异、税收风险管理与企业短期偿债能力

(二) 短期偿债效能指标

1. 营运资金

营运资金是指企业流动资产减去流动负债后的差额,其计算公式为：

$$营运资金 = 流动资产 - 流动负债$$

从上式可看出,营运资金实际上反映的是流动资产可用于归还和抵补流动负债后的余额,营运资金越多,说明企业可用于偿还流动负债的资金越充足,企业的短期偿债效能越强,债权人收回债权的安全性越高。因此,营运资金可作为衡量企业短期偿债效能的绝对数指标。

分析营运资金指标时,可以从静态上评价企业当期的偿债效能状况,也可从动态上评价企业不同时期的偿债效能变动情况。

根据附表1-1的资料,计算与分析FXYY公司2022年年末的营运资金,其结果如下。

2022年年末营运资金 = 3 527 917.81 - 3 329 806.95 = 198 110.86(万元)

从该公司2022年年末营运资金来看,公司在短期有一定的偿债效能,因为流动资产在抵补流动负债后还有一定剩余,即营运资金为198 110.86万元。从动态上分析公司的短期偿债效能,即将2021年年末或2022年年初的营运资金与2022年年末的营运资金进行对比,以反映公司偿债效能的变动情况。

FXYY公司2022年年初营运资金为：

2022年年初营运资金＝3 043 690.71－2 931 847.26＝111 843.45(万元)

显然,公司 2022 年的营运资金状况比 2021 年好。通过比较年末营运资金与年初营运资金,可得出年末比年初增加了 86 267.41 万元的营运资金。营运资金增加的原因是当期流动资产增长速度大于流动负债增长速度。从营运资金的对比来看,公司的短期偿债效能有所上升,可用于日常经营需要的资金增加。应当注意,由于营运资金只反映可用于偿还短期负债剩余资金的绝对量,在公司流动资产和流动负债都发生变化时,运用相对数指标反映公司的偿债效能是十分必要的。

2. 流动比率

流动比率是指流动资产与流动负债的比率,其计算公式为：

$$流动比率=\frac{流动资产}{流动负债}$$

流动比率是衡量企业短期偿债效能的重要指标,表明企业每 1 元流动负债有多少流动资产作为支付保障,反映了企业流动资产在短期债务到期时可变现用于偿还流动负债的能力。从债权人立场上说,流动比率越高越好,因为流动比率越高,债权越有保障,借出的资金越安全。但从经营者和所有者角度来看,流动比率不一定越高越好,在偿债效能允许的范围内,根据经营需要进行负债经营也是现代企业经营的策略之一。根据一般经验,流动比率为 2 被认为是比较合适的,此时企业的短期偿债效能较强,且该流动比率对企业的经营也是有利的。

分析流动比率也可从静态和动态两个方面进行。从静态上分析,就是计算并分析某一时点的流动比率,同时可将其与同行业的平均流动比率进行比较；从动态上分析,就是将不同时点的流动比率进行对比,研究变动的特点及合理性。

根据附表 1-1 的资料,计算 FXYY 公司 2021 年和 2022 年的流动比率,其结果如下。

$$2021 年流动比率=\frac{3\ 043\ 690.71}{2\ 931\ 847.26}=1.04$$

$$2022 年流动比率=\frac{3\ 527\ 917.81}{3\ 329\ 806.95}=1.06$$

FXYY 公司 2021 年流动比率为 1.04,其偿债效能是比较弱的。虽然 2022 年流动比率为 1.06,偿债效能略有上升,但如果按照经验标准来判断,该公司两年的偿债效能基本达不到标准。这表明企业偿债效能较弱,但应进一步将其与同行业标准进行比较,以作出正确判断。

对 FXYY 公司流动比率变动的原因进行分析可以发现,由于流动资产增长速度大于流动负债增长速度,期末流动比率高于期初的水平。

运用流动比率指标分析评价企业的短期偿债效能,应注意以下几个问题：

第一,必须结合所在行业的标准判断偿债效能。流动比率为 2,并不是绝对标准。不同行业因其资产、负债占用情况不同,流动比率会有较大差别,一些行业的流动比率达到 1,就可能表示其有足够的偿债效能,而某些行业的流动比率达到或超过 2,也不一定表明其偿债效能很强。

第二,注意人为因素对流动比率指标的影响。流动比率是根据资产负债表的资料计算出来的,体现的仅是账面上的支付能力。企业管理人员出于某种目的,可以运用各种方式进行调整,使以流动比率表现出来的偿债效能与实际偿债效能存在较大差异。例如,企业可以通过本期期末还借款、下期期初再举债的方式调低期末流动负债余额,或通过举借长期借款、增加流动资产等方式,达到调整流动比率、掩盖企业真实财务状况的目的。

第三,应结合企业的生产经营性质与特点以及流动资产的结构状况进行分析。不同生产经营特点对资产流动性的要求不同,因此,企业流动比率低于2不一定表明偿债效能较弱;流动比率高于2也不一定表明企业有较强的偿债效能。另外,由于流动资产中各项目变现能力的差别,同一企业的流动比率增减也不一定能准确说明企业偿债效能的强弱。所以,还需要运用其他指标对流动比率进行补充,从而正确分析评价企业的偿债效能。

3. 速动比率

速动比率是指企业的速动资产与流动负债的比率,其计算公式是:

$$速动比率 = \frac{速动资产}{流动负债}$$

速动比率可衡量企业流动资产中可以立即用于偿还流动负债的能力,它是对企业流动比率的重要补充说明。因为当企业流动资产中的速动资产比重较低时,即使流动比率较高,但由于流动资产的流动性较低,企业偿债效能较弱;反之,当流动资产中的速动资产比重较高时,即使流动比率不高,但由于速动资产流动性较强,企业的偿债效能可能较强。计算速动比率的关键在于计算速动资产。速动资产的计算通常有两种方法。一种方法是将流动资产中扣除存货后的资产统称为速动资产,即:

$$速动资产 = 流动资产 - 存货$$

另一种方法是将变现能力较强的货币资金、短期投资、应收票据、应收款项等加总称为速动资产,即:

$$速动资产 = 货币资金 + 短期投资 + 应收票据 + 应收账款 + 其他应收款$$

在企业不存在待摊费用、待处理流动资产损失及其他流动资产项目时,这两种方法的计算结果应一致。否则,第二种计算方法要比前一种准确,但也比前者复杂。一般经验认为,速动比率为1则说明企业短期偿债效能较强,低于1则说明企业偿债效能较弱,该指标越低,企业偿债效能越弱。

根据附表1-1的资料,计算与分析FXYY公司2021年和2022年的速动比率,其结果如下。

$$2021年速动比率 = \frac{3\,043\,690.71 - 547\,254.72}{2\,931\,847.26} = 0.85$$

$$2022年速动比率 = \frac{3\,527\,917.81 - 688\,243.24}{3\,329\,806.95} = 0.85$$

从计算结果可以看出,FXYY公司年末和年初的速动比率相等,且未超过1。结合该公司的流动比率分析发现,该公司的偿债效能较弱且未有改善,这是因为在该公司的流动资产中,存货并未占有较大比重,因此即便扣除存货,速动比率仍然较低。

应当指出,速动资产包括货币资金、短期投资、应收票据、应收账款等项目,而应收票据和应收账款并不能保证按期收回。有些应收账款的回收期可能超过一年,甚至几年;应收票据即使可随时贴现,但若出现对方到期不承付的情况,则实际上等于增加了负债。因此,将全部应收票据和应收账款作为速动资产是不合适的。此外,预付账款虽然属于流动资产项目,但由于预付账款未来能够带来的是实物资产,其并不具备变现性,计算速动比率时可以考虑扣除。因此,计算与分析现金比率对准确反映企业的偿债效能也是有益的。

4. 现金比率

现金比率是指企业的现金类资产与流动负债的比率,通常有两种计算方法。一种是按货币资金与流动负债之比计算的现金比率,亦称货币资金率:

$$货币资金率 = \frac{货币资金}{流动负债} \times 100\%$$

另一种是按现金及等价物(货币资金+有价证券)与流动负债之比计算的现金比率:

$$现金比率 = \frac{货币资金 + 有价证券}{流动负债} \times 100\%$$

在企业的流动资产或速动资产中,现金及其等价物的流动性最好,可直接用于偿还企业的短期债务。从稳健角度出发,以现金比率衡量企业偿债效能最为保险。

根据附表1-1的资料,计算与分析FXYY公司2021年和2022年的货币资金率,其结果如下。

$$2021年货币资金率 = \frac{1\,031\,722.4}{2\,931\,847.26} \times 100\% = 35.19\%$$

$$2022年货币资金率 = \frac{1\,624\,131.34}{3\,329\,806.95} \times 100\% = 48.78\%$$

从计算结果可以看出,FXYY公司2022年货币资金率相较于2021年略有上升。但从总体来看,货币资金率仍然较高,这表明企业短期偿债效能较强。

根据附表1-1的资料,计算与分析FXYY公司2021年和2022年的现金比率,其结果如下。

$$2021年现金比率 = \frac{1\,031\,722.4 + 424\,106.91}{2\,931\,847.26} \times 100\% = 49.66\%$$

$$2022年现金比率 = \frac{1\,624\,131.34 + 92\,853.21}{3\,329\,806.95} \times 100\% = 51.56\%$$

可以看到,第二个公式的计算结果整体高于第一个公式,这是因为2021年和2022年公司均存在短期投资,并且年末短期投资增加较多导致现金比率上升。从现金比率的角度来看,FXYY公司的短期偿债效能较强。结合该公司的流动比率和速动比率综合分析可以发现,在该企业流动资产结构中,速动资产、现金类资产所占比例较大,所以,对该公司的短期偿债效能应该给予肯定评价。

第三节 长期偿债效能分析

一、长期偿债效能影响因素

(一) 长期负债规模与结构

长期负债是指偿还期在一年或超过一年的一个营业周期的债务。它是除企业投资者投入的企业资本以外,企业向债权人筹集的可供企业长期使用的资金。与流动负债相比,长期负债具有数额较大,偿还期限较长,利息负担较重等特点。企业举借长期负债的目的主要有两点:一是扩大企业生产经营规模,如购置或建造机器设备、厂房等固定资产;二是运用财务杠杆为企业所有者带来利益。在企业投资报酬率高于长期负债利息率时,借入资金越多,企业所有者获利越大。

企业的长期负债一般可分为长期借款、应付债券和长期应付款三类。长期借款是指企业向银行及非银行金融机构或部门借入的款项。企业长期借款必须符合金融部门申请借款的条件和履行必要的手续。贷款到期时,企业应按照借款合同规定,按期偿清贷款本息或续签合同;否则,经办金融部门可按照合同规定,从借款企业的存款账户中扣还贷款本息及罚息。债券是指债券发行单位为筹集资金而对外发行的一种长期借款性质的书面凭证。应付债券反映了企业采用发行债券方式向债权人筹集的,并可供债务人长期使用的资金。它具有使用期限较长,到期无条件归还本息等特点。债券到期还本付息,与债券发行单位的财务状况和获利状况有很大关系。财务状况不佳,预计获利能力较差时,债券发行单位往往指定某些资产为债券的抵押品。长期应付款是指企业除长期借款和应付债券之外的其他各种长期借款,包括采用补偿贸易方式引进国外设备价款、应付融资租入固定资产的租赁费等。采用补偿贸易方式引进设备价款需要用外销产品货款偿还;融资租入固定资产的租赁费包括固定资产买价的分期付款和一定的租息支出。

(二) 盈利能力

企业盈利能力,又称企业获利能力,其是指企业在一定时期内取得利润的能力。企业盈利能力可用绝对值表示,即用利润额的大小反映盈利能力的大小;其也可用相对额表示,即用投资报酬率、销售利润率或成本利润率反映企业的获利能力。企业的盈利能力对偿还企业长期债务有着十分重要的影响。因为对于一个正常经营的企业,长期负债的偿还主要依靠企业获得的利润;若以资产偿还长期债务,则势必缩小生产经营规模,违背长期负债的初衷——扩大生产规模、提高盈利能力。在企业决定采用长期负债筹资方式时,考虑企业的盈利能力是非常关键的,它对企业投资者、债权人、经营者都有重要意义。对于投资者而言,当企业盈利能力较强,资产报酬率高于长期借款利息率时,负债经营会使投资者获得更多利润;同样,对于债权人而言,较高的盈利能力是保证其债权本金和利息及时、足额收回的关键;较强的盈利能力能为企业投资者和债权人带来利益,因此,对于经营者而言,提高盈利能力就显得更加重要,它是保障企业生产经营顺利进行,提高企业生产性、安全性、成长性、流动性的基础和关键。一般地说,企业盈利能力越强、企业的长期偿债效能就越强。

(三)非流动资产规模与结构

非流动资产是指企业除流动资产之外的所有其他资产,包括固定资产、长期投资、无形资产、递延资产等。从长期来看,企业的资产是企业负债的偿还保证。尤其是对长期负债而言,非流动资产的规模和结构对企业长期偿债效能有着重要影响。因为大部分长期负债在形成时以非流动资产作抵押,抵押资产的规模决定着企业偿还长期负债的能力。即使对于非抵押的长期负债,在负债到期而企业无足够的盈利用于归还债务时,企业的资产,包括流动资产和非流动资产,也可用于偿还长期负债。一般地说,在企业长期负债一定的情况下,企业的资产越多,企业偿还债务的能力就越强,债权人的安全性就越好。

从长期负债、盈利能力和非流动资产的内涵、特点与作用可看出,长期偿债效能分析必须全面、综合地考虑这些因素。长期负债水平是研究长期偿债效能的基础,长期负债越多,偿债效能就越弱。盈利能力是正常经营企业长期偿债效能状况的关键因素,盈利能力越强,长期偿债效能就越强,反之,盈利能力越差,则长期偿债效能也越差。但从企业债权人借贷的最终安全性来看,或从企业破产清算角度来看,企业资产的规模与负债规模的关系是至关重要的,资产规模越大,企业的长期偿债效能就越强。因此,研究企业长期偿债效能可从盈利能力和资产规模两个方面与长期偿债的关系进行。

9-2 课程思政-张家界大庸古城债务危机案例分析

二、长期偿债效能分析及其指标

(一)长期偿债效能分析

长期偿债效能是指企业偿还本身所欠长期负债的能力,即在企业长期债务到期时,企业盈利或资产可用于偿还长期负债的能力。对企业长期偿债效能进行分析,要结合长期负债的特点,在明确长期偿债效能影响因素的基础上,从企业盈利能力和资产规模两个方面对企业偿还长期负债的能力进行分析和评价。长期偿债效能分析可通过对反映企业长期偿债效能的指标进行计算与分析,说明企业长期偿债效能的基本状况及其变动原因,从而为企业进行正确的负债经营指明方向。

分析企业长期偿债效能,通常可运用一系列反映长期偿债效能的指标来进行。其主要采用的指标包括资产负债率、股东权益比率、产权比率、已获利息倍数等。

(二)长期偿债效能指标

1. 资产负债率

资产负债率是综合反映企业偿债效能,尤其是反映企业长期偿债效能的重要指标。它是指企业的负债总额与资产总额的比率,其计算公式为:

$$资产负债率 = \frac{负债总额}{资产总额} \times 100\%$$

资产负债率指标既可衡量企业利用债权人资金进行经营活动的能力,也可反映债权人发放贷款的安全程度。该指标对于债权人来说,越低越好。因为在企业清算时,资产变现所得可能低于其账面价值,而所有者一般只负有限责任,若资产负债率过高,债权人可能蒙受损失。但企业所有者和经营者通常希望该指标高些,这样一方面有利于筹集资金,扩大企业规模;另一方面有利于利用财务杠杆增强所有者获利能力。但资产负债率过高,也会影响企业的筹资能力。因此,一般地说,该指标为50%比较合适,有利于风险与收益的平衡;如果该指标大于100%,则表明企业已资不抵债,被视为达到破产警戒线。

根据附表1-1的资料,计算与分析FXYY公司2021年和2022年的资产负债率,其结果如下。

$$2021年资产负债率=\frac{4\,492\,675.38}{9\,330\,632.18}\times 100\% = 48.15\%$$

$$2022年资产负债率=\frac{5\,305\,499.76}{10\,716\,390.72}\times 100\% = 49.51\%$$

FXYY公司2021年的资产负债率为48.15%,2022年的资产负债率为49.51%,2022年比2021年提高了1.36%。虽然2022年资产负债率较2021年有所提高,表明该公司债务负担在加重,但49.51%的资产负债率从经验标准看并不算太高,无论是企业本身,还是投资者或债权人都是可以接受的。在提高盈利能力的前提下,运用负债经营对企业是有利的。

2. 股东权益比率

股东权益比率是股东权益总额与资产总额的比率,反映企业全部资产中所有者投入所占的比重。其计算公式为:

$$股东权益比率=\frac{股东权益总额}{资产总额}\times 100\% = 1-资产负债率$$

股东权益比率是表示长期偿债能力保证程度的重要指标,该指标越高,说明企业资产中由所有者投资所形成的资产越多,偿还债务的保证程度越大。从"股东权益比率=1-资产负债率"来看,该指标越大,资产负债率越小。债权人对这一比率非常感兴趣。当债权人将其资金借给股东权益比率较高的企业时,由于有较多的企业自有资产做偿债保证,债权人全额收回债权就不会有问题。即使企业清算时资产不能按账面价值收回,债权人也不会有太大损失。

根据附表1-1的资料,计算与分析FXYY公司2021年和2022年的股东权益比率,其结果如下。

$$2021年股东权益比率=\frac{4\,837\,956.8}{9\,330\,632.18}\times 100\% = 51.85\%$$

$$2022年股东权益比率=\frac{5\,410\,890.96}{10\,716\,390.72}\times 100\% = 50.49\%$$

FXYY公司2021年的股东权益比率为51.85%,2022年的股东权益比率为50.49%,相较于2021年略微下降。

实务中,将该指标以倒数的形式列示,由此得到的新指标称为权益乘数,它是杜邦财务分析体系中的主要组成部分。权益乘数是指资产总额相当于股东权益总额的倍数,表示企业的负债程度,用来衡量企业的财务风险。其计算公式为:

$$权益乘数 = \frac{资产总额}{股东权益总额} \times 100\% = 1 \div (1 - 资产负债率)$$

权益乘数指标表示企业的股东权益支撑的投资规模,该指标越大,说明股东投入的资本在资产中所占比重越小,企业对负债经营利用得越充分,企业负债程度越高,财务风险也就越大。

3. 产权比率

产权比率,又称净资产负债率,是指企业的负债总额与股东权益总额的比率,其计算公式为:

$$产权比 = \frac{负债总额}{股东权益总额} \times 100\%$$

该指标是衡量企业长期偿债效能的一个重要指标,它反映了企业清算时,企业股东权益对债权人利益的保证程度。从偿债效能或债权人的角度来看,该指标越低越好,因为净资产负债率越低,股东权益对负债偿还的保证程度就越大,债权人就越安全。但从企业所有者和经营者的角度来看,为了扩大生产经营规模和取得财务杠杆利益,适当的负债经营是有益的。一般认为,该指标为100%比较合适。

根据附表1-1的资料,计算与分析FXYY公司2021年和2022年的产权比率,其结果如下。

$$2021年产权比率 = \frac{4\,492\,675.38}{4\,837\,956.8} \times 100\% = 92.86\%$$

$$2022年产权比率 = \frac{5\,305\,499.76}{5\,410\,890.96} \times 100\% = 98.05\%$$

从产权比率的计算结果可得出与资产负债率分析相同的结论,即该公司有着较强的长期偿债效能,公司的负债经营还有潜力可挖。

从安全或稳健的角度出发,有时可计算企业的负债总额与有形净资产的比率,得到有形净资产负债率,其计算公式为:

$$有形净资产负债率 = \frac{负债总额}{股东权益总额 - 无形资产} \times 100\%$$

以该指标评价企业的偿债效能,是因为有些无形资产在企业清算时的价值将受到严重影响,如清算时商誉的价值可能为零。

4. 已获利息倍数

已获利息倍数是指税前利润与利息支出的比率。其计算公式为:

$$已获利息倍数 = \frac{利润总额 + 利息支出}{利息支出}$$

公式中的利息支出包括财务费用中的利息费用和资本化利息,通常用财务费用中的利息费用来表示。公式中的分子之所以包括利息支出,是因为利息已经从营业收入中予以扣除,利润总额是扣除了利息之后的余额。

已获利息倍数指标反映了企业盈利与利息支出之间的特定关系。一般来说,该指标越高,说明企业的长期偿债效能越强;该指标越低,说明企业的长期偿债效能越弱。运用已获利息倍数分析评价企业长期偿债效能,从静态看,一般认为该指标至少要大于1,否则说明企业偿债效能很弱,无力举债经营;从动态看,已获利息倍数提高,说明企业偿债效能增强,反之则说明企业偿债效能下降。

根据附表1-2的资料,计算FXYY公司2021年和2022年的已获利息倍数,其结果如下。

$$2021年已获利息倍数=\frac{604\ 267.06+82\ 254.02}{82\ 254.02}=8.35$$

$$2022年已获利息倍数=\frac{457\ 438.17+96\ 380.69}{96\ 380.69}=5.75$$

FXYY公司2021年已获利息倍数为8.35,2022年该指标下降至5.75,下降的原因主要是2022年利润总额相较于2021年有较大幅度的下降,同时2022年的利息费用相较于2021年的利息费用也有所提高。从已获利息倍数指标来看,FXYY公司的长期偿债效能在减弱。

第四节 偿债效能指标可视化分析应用

一、偿债效能指标可视化分析目的

偿债效能指标可视化分析的主要目的是通过直观的数据展示,帮助企业管理层和分析人员深入了解公司在不同时期的偿债能力及其在行业中的相对表现。通过可视化工具,偿债效能指标可视化分析将复杂的财务数据转化为易于理解的图表,使偿债效能指标的分析结果更加直观,便于识别公司在短期和长期偿债能力上的优势与不足。这种分析方法能够帮助企业更好地管理流动性风险,优化资本结构,提升财务稳健性,并在面对市场变化时保持更强的应对能力。这种数据驱动的可视化分析方法,为企业制定更加科学的财务决策和战略调整提供了坚实的依据。

为了更深入地了解FXYY公司在医药行业中的偿债能力和财务稳健性,本节将重点对公司的短期和长期偿债效能指标进行同行业对比和趋势可视化分析。所选指标包括流动比率、速动比率、现金比率、资产负债率、股东权益比率和已获利息倍数,这些指标反映了企业在短期和长期偿债能力、流动性管理和资本结构等方面的整体表现。这些指标的可视化分析可以直观地展示和比较FXYY公司在行业中的偿债效能和财务健康状况。具体可视化分析流程请参考第六章第四节的相关内容,操作过程请扫描观看二维码9-4中的演示视频。

二、偿债效能指标同行业对比分析

(一)短期偿债效能指标同行业对比分析

图9-1是FXYY公司与行业平均水平的短期偿债效能指标对比情况,从中可以看出,FXYY公司流动性管理存在显著的不足,流动比率、速动比率和现金比率均低于行业均值。

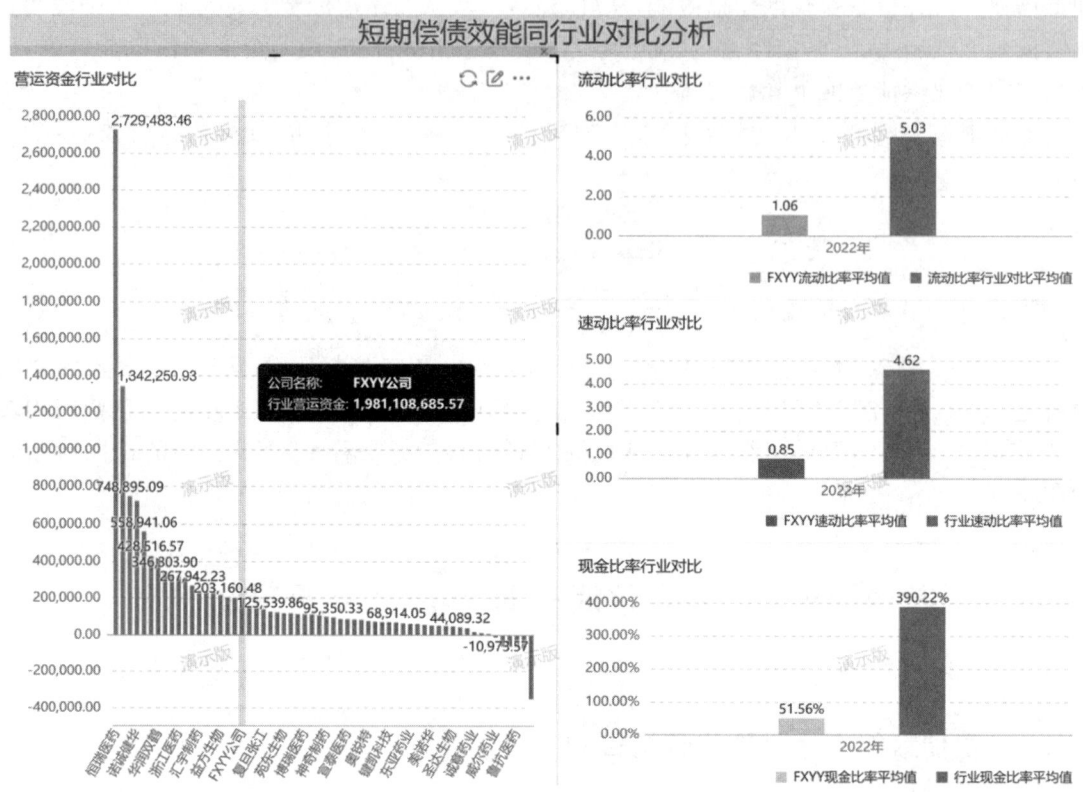

图 9-1　FXYY 公司 2022 年短期偿债效能指标同行业对比可视化分析仪表板

这表明,FXYY 公司在短期偿债能力方面明显低于行业平均水平,流动性相对较差。

流动比率和速动比率是衡量企业短期偿债能力的重要指标。2022 年度 FXYY 公司流动比率仅为 1.06,即每 1 元流动负债仅有 1.06 元流动资产作保障,而行业平均流动比率水平达到 5.03。这表明 FXYY 公司短期偿债能力较弱,尤其是在资金紧张或市场波动的情况下,其可能会面临较大的偿债压力。速动比率则反映了企业去除存货后的快速变现能力,FXYY 公司速动比率为 0.85,远低于行业平均值的 4.62,这进一步说明其速动资产不足,难以快速应对短期债务。

现金比率直接衡量了企业持有的现金或现金等价物对短期负债的覆盖能力。FXYY 公司现金比率为 51.56%,远低于行业平均值的 390.22%,这表明其可立即用于偿债的资金严重不足。这一差距反映 FXYY 公司在流动性管理方面存在巨大劣势,可能在短期资金需求增大时出现流动性风险。

此外,从 2022 年 FXYY 公司营运资金总额来看,尽管其在 60 家行业企业中排在第 19 位,表明公司拥有一定的营运资金支持日常运营,但这一排名并未直接转化为强大的短期偿债能力。营运资金较大只能表明公司在经营中的流动资产较多,但这些资产未必能够迅速转化为现金以应对紧急的偿债需求。

综合来看,FXYY 公司在短期偿债效能方面与行业平均水平存在显著差距。尽管营运资金总额较大,但其在流动比率、速动比率和现金比率方面的劣势,可能导致公司在面对短期债务时缺乏足够的流动性保障。这种情况也表明,FXYY 公司需要在流动资产管理和现金储备方面作出调整,以提升短期偿债能力,确保在市场变化或突发事件中保持财务稳健性。

(二)长期偿债效能指标同行业对比分析

图9-2是对FXYY公司与行业平均水平的长期偿债效能指标对比情况,从中可以更深入地了解该企业在长期偿债能力方面的表现及其在行业中的地位。

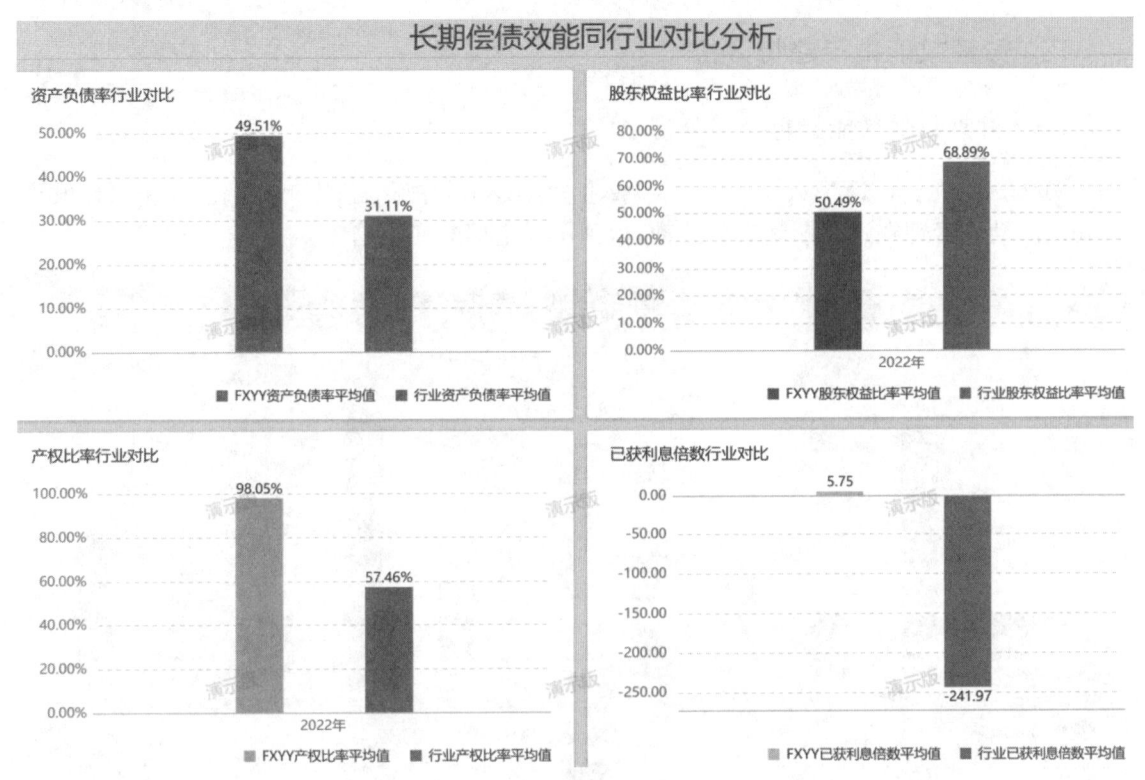

图9-2 FXYY公司2022年长期偿债效能指标同行业对比可视化分析仪表板

FXYY公司的资产负债率为49.51%,显著高于行业平均值的31.11%。这表明FXYY公司资本结构较为依赖债务融资,负债比例相对较高。尽管高资产负债率可以通过财务杠杆效应提高股东投资回报,但也意味着企业在财务上需要承受更大的风险,尤其是在经济不确定性增加或利率上升的情况下,可能会对企业的财务稳健性产生不利影响。

股东权益比率为50.49%,低于行业平均值的68.89%。较低的股东权益比率表明,FXYY公司在其资产中自有资本所占的比例较小,更多依赖外部债务。这种资本结构虽然可以在短期内提高公司的投资回报率,但长期来看,过度依赖债务可能会削弱公司的财务稳定性,增加债务负担,尤其在经济环境变化时可能使公司面临更高的财务压力。

产权比率为98.05%,显著高于行业平均值的57.46%。这表明FXYY公司每1元股东权益对应近1元的负债,公司资本结构中负债成分较大,股东权益对负债的保障程度较低。尽管在某些情况下,高产权比率可以带来更高的投资回报,但也会加剧公司的财务风险,尤其在偿债压力增大的情况下,可能会对FXYY公司的长期财务健康产生不利影响。

已获利息倍数为5.75,而行业均值为-241.97。这一指标显示FXYY公司盈利能力相对较强,其息税前利润足以支付利息支出,公司具备较好的利息偿付能力。尽管行业整体表现不佳,但FXYY公司该项指标显示其具备较为稳健的经营能力和一定的抗风险能力。

总体来讲,FXYY公司在长期偿债效能方面表现出较高的财务杠杆和负债依赖性,这增加了公司的财务风险。然而,公司良好的盈利能力和较高的已获利息倍数为其提供了一定的缓冲。为了进一步提升长期偿债能力,FXYY公司可以考虑适度降低负债水平,提高股东权益比率,从而增强其财务稳健性和长期抗风险能力。

三、偿债效能指标趋势分析

(一) 短期偿债效能指标趋势分析

图9-3反映了FXYY公司2018—2022年短期偿债效能指标的趋势变化,从中可以发现公司的流动性管理在这一期间有所波动,得到不同指标的变化趋势。

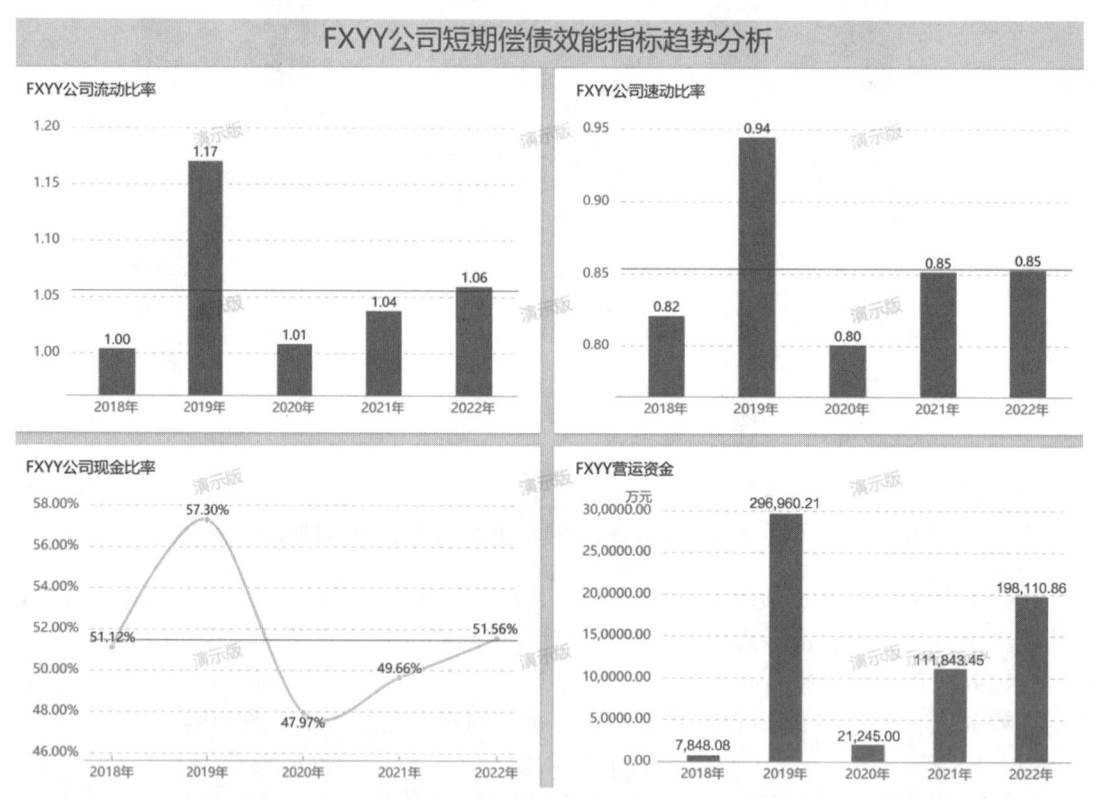

图9-3 FXYY公司2018—2022年短期偿债效能指标趋势可视化分析仪表板

在流动比率方面,FXYY公司从2018年的1.00逐步上升至2022年的1.06,整体呈现上升态势,这说明公司正在逐步加强其短期偿债能力。虽然该比率的提升幅度有限,且其2022年数值仍低于行业平均水平,但可以看出FXYY公司在短期债务管理方面正在逐步改善。

在速动比率方面,FXYY公司在2018年至2022年从0.82上升至0.85,虽然该指标中间经历了一些波动,2020年降到0.80,但总体保持相对稳定。这一稳定的速动比率显示出公司在应对短期债务时的资产流动性较为恒定,尽管数值仍低于理想标准,但与流动比率一同表明公司在流动资产管理上的持续改进。

现金比率在这五年间波动较大,从 2018 年的 51.12% 上升至 2019 年的 57.30%,随后在 2020 年下降至 47.97%,但在 2021 年和 2022 年分别回升至 49.66% 和 51.56%。这一波动反映了公司在维持足够的现金储备以应对短期债务时遇到了一定的挑战,但其在 2022 年基本恢复至 2018 年的水平,表明公司在这方面的稳定性逐渐增强。

在营运资金方面,FXYY 公司从 2018 年的 7 848.08 万元大幅增长至 2019 年的 296 960.21 万元,但随后在 2020 年下降至 21 245.00 万元,之后又在 2021 年和 2022 年分别回升至 111 843.45 万元和 198 110.86 万元。营运资金的大幅波动反映出公司在资金管理和运营策略上的调整,这些变化可能受到市场环境、经营策略和资本配置的影响。

从以上分析来看,FXYY 公司在 2018—2022 年的短期偿债效能指标表现出一定的波动,但整体趋势显示出公司在逐步改善其流动性和短期偿债能力。需要注意的是,尽管各项指标有一定程度的提升,但 FXYY 公司在流动性管理上仍面临挑战,尤其是现金比率的波动反映了其在维持现金流方面的不确定性。未来,公司可能需要进一步优化流动资产和现金管理,以确保在不确定的市场环境中保持财务稳健性。

(二) 长期偿债效能指标趋势分析

图 9-4 展现了 FXYY 公司 2018—2022 年长期偿债效能指标的变化趋势,反映了公司在这一期间财务结构和偿债能力的变化情况。

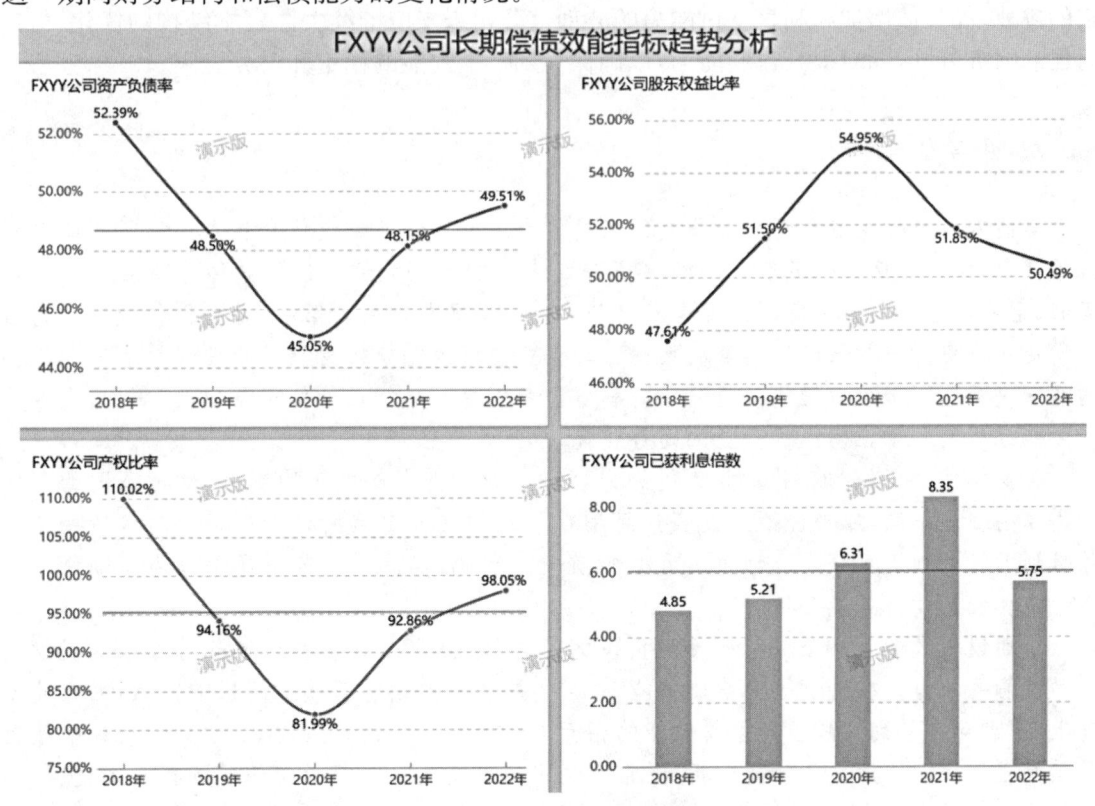

图 9-4　FXYY 公司 2018—2022 年长期偿债效能指标趋势可视化分析仪表板

FXYY 公司的资产负债率从 2018 年的 52.39% 逐步下降至 2020 年的 45.05%，随后在 2021 年和 2022 年回升至 48.15% 和 49.51%。这一趋势变化表明，FXYY 公司在 2020 年前逐步降低了其负债水平，其原因可能是减少财务风险。然而随着资产负债率的回升，公司在近两年增加了债务融资，导致财务杠杆有所增加，这反映出公司在平衡增长与风险管理之间进行调整。

股东权益比率在 2018 年至 2020 年稳步上升，从 47.61% 提高到 54.95%，这表明公司逐步增加了自有资本在总资产中所占的比例，提升了财务稳健性。然而从 2021 年开始，该比率有所下降，于 2022 年降至 50.49%，这表明公司这一时期可能增加了负债，导致自有资本比例相对减少。这一变化可能与公司在提高资本利用效率和扩大业务规模方面的战略调整有关。

产权比率从 2018 年的 110.02% 逐步下降至 2020 年的 81.99%，随后在 2021 年和 2022 年分别回升至 92.86% 和 98.05%。产权比率的下降显示了公司在降低财务风险方面的努力，但其近期的回升表明公司负债相对于股东权益的比重再次上升，这可能意味着公司在过去两年加大了债务融资的力度。

已获利息倍数从 2018 年的 4.85 逐年上升至 2021 年的 8.35，这显示出公司在这一期间的盈利能力和偿债能力逐步增强。然而，2022 年该指标下降至 5.75，这表明公司利息覆盖能力有所减弱，其原因可能是利润减少或债务增加导致利息支出上升。

FXYY 公司在 2018 年至 2022 年的长期偿债效能指标显示出一定的波动性。尽管公司在降低财务风险和增强偿债能力方面取得了显著进展，但近期的指标变化也反映出公司面临的挑战，如负债增加和利息支付能力的波动。公司未来应继续关注资本结构的优化，保持适度的财务杠杆，同时提升盈利能力，以确保长期偿债效能的稳定和财务健康。

本章小结

偿债效能是指企业偿还本身所欠债务的能力。企业债务或负债是指企业所承担的能以货币计量，将以资产或劳务偿付的经济资源或未来的经济利益。偿债效能分析对于企业投资者、企业经营者和企业债权人都有着十分重要的意义与作用。第一，企业偿债效能分析有利于企业投资者进行正确的投资决策；第二，企业偿债效能分析有利于企业经营者进行正确的经营决策；第三，企业偿债效能分析有利于企业债权人进行正确的借贷决策；第四，企业偿债效能分析有利于正确评价企业的财务状况。

企业偿债分析的内容受企业负债的内容和偿债所需资产内容的制约，偿还不同的负债所需要的资产不同，或者说不同的资产可用于偿还的债务也有所区别。企业的负债按负债项目到期日的远近可分为流动负债和长期负债。因此，偿债效能分析通常分为短期偿债效能分析和长期偿债效能分析。

短期偿债效能是指企业偿还流动负债的能力，即企业在短期债务到期时可以变现偿还流动负债的能力。在进行短期偿债效能分析时，应明确短期偿债效能的影响因素，并在此基础上，通过对一系列反映短期偿债效能的指标进行计算与分析，说明企业短期偿债效能状况及其原因。企业短期偿债效能分析，通常可运用一系列反映短期偿债效能的指标来进行，这些指标包括营运资金、流动比率、速动比率、现金比率等。

长期偿债效能是指企业偿还本身所欠长期负债的能力,即在企业长期债务到期时,企业盈利或资产可用于偿还长期负债的能力。对企业长期偿债效能进行分析,要结合长期负债的特点,在明确长期偿债效能影响因素的基础上,从企业盈利效能和资产规模两个方面对企业偿还长期负债的能力进行分析和评价。长期偿债效能分析可通过对反映企业长期偿债效能的指标进行计算与分析,说明企业长期偿债效能的基本状况及其变动原因,为企业进行正确的负债经营指明方向。长期偿债效能分析主要采用的指标包括资产负债率、股东权益比率、产权比率、已获利息倍数等。

分析者可通过大数据挖掘技术,将企业所处行业及本企业的偿债效能指标进行统计,并通过可视化技术进行系统展示,从而大大提高偿债效能分析的准确性和全面性。

关键概念

短期偿债效能 长期偿债效能 流动比率 速动比率 资产负债率 产权比率

思考题

1. 偿债效能分析和盈利效能分析之间有什么联系?
2. 短期偿债效能和长期偿债效能的关联性是什么?
3. 偿债效能分析对于企业的作用是什么?

课后练习

一、单项选择题

1. 某企业现在的流动比率为2,下列经济业务中会引起该比率降低的是(　　)。
   A. 用银行存款偿还应付账款　　　　B. 发行股票收到银行存款
   C. 收回应收账款　　　　　　　　　D. 开出短期票据借款
2. 某企业年初流动比率为2.2,速动比率为1;年末流动比率为2.4,速动比率为0.9。这种变化的原因可能是(　　)。
   A. 存货增加　　　　　　　　　　　B. 应收账款增加
   C. 应付账款增加　　　　　　　　　D. 合同负债增加
3. 如果流动资产大于流动负债,则月末用现金偿还一笔应付账款会使(　　)。
   A. 营运资金减少　　　　　　　　　B. 营运资金增加
   C. 流动比率提高　　　　　　　　　D. 流动比率降低
4. 下列比率中,运用资产负债表可计算的是(　　)。
   A. 应收账款周转率　　　　　　　　B. 总资产报酬率
   C. 利息保障倍数　　　　　　　　　D. 现金比率
5. 与资产负债率指标之和等于1的指标是(　　)。
   A. 权益乘数　　　　　　　　　　　B. 股东权益比率
   C. 产权比率　　　　　　　　　　　D. 资产长期负债率

6. 在利用可视化技术进行偿债效能分析时,最能直接衡量企业短期偿债能力的指标是( )。
  A. 资产负债率   B. 股东权益比率
  C. 流动比率   D. 产权比率

二、多项选择题

1. 下列项目中,属于速动资产的有( )。
  A. 现金   B. 应收账款
  C. 其他应收款   D. 固定资产
  E. 存货

2. 企业采取备抵法核算坏账损失,如果实际发生一笔坏账,冲销应收账款,则会引起( )。
  A. 流动比率提高   B. 流动比率降低
  C. 流动比率不变   D. 速动比率不变
  E. 营运资金不变

3. 某企业的流动比率为2,以下会使该比率下降的业务有( )。
  A. 收回应收账款   B. 赊购商品与材料
  C. 偿还应付账   D. 从银行取得短期借款已入账
  E. 赊销商品

4. 计算速动比率时,扣除存货项目的原因有( )。
  A. 存货数量的不易确定   B. 存货的变现速度最慢
  C. 存货受到市场价格的影响大   D. 存货的质量难以保证
  E. 存货的变现价值具有较大的确定性

5. 下列各项中,属于权益乘数影响因素的有( )。
  A. 资产总额   B. 无形资产
  C. 待摊费用   D. 股东权益
  E. 负债总额

6. 在利用大数据进行偿债效能指标的可视化分析时,以下技术或方法中,可以提高企业财务决策能力的有( )。
  A. 大数据挖掘技术   B. 仪表盘和图表展示
  C. 人工处理财务报表   D. 实时数据监控与分析
  E. 手工编制财务报告

三、判断题

1. 对债权人而言,企业的资产负债率越高越好。( )
2. 流动比率越高,表明企业资产运用效果越好。( )
3. 对于应收账款和存货变现存在问题的企业,分析速动比率尤为重要。( )
4. 从稳健角度出发,以现金比率来衡量企业偿债能力最为保险。( )
5. 利息保障倍数是分析现金流量对长期偿债能力影响的指标。( )
6. 在偿债效能指标的可视化分析中,单一指标的对比比趋势分析更重要,因为它能直接显示企业在某一时点的财务健康状况。( )

四、简答题

1. 简述偿债效能分析的目的。
2. 影响短期偿债效能的因素有哪些？
3. 影响长期偿债效能的因素有哪些？

五、计算分析题

1. 某企业流动负债为200万元，流动资产为400万元，其中应收票据为50万元，存货为90万元，预付账款为10万元，应收账款为200万元。若行业平均流动比率和平均速动比率分别为2.5和1.7，请计算该企业的流动比率和速动比率并作出评价。

2. 某公司年末资产负债表简要如表9-1所示。

表9-1 资产负债表

单位：元

资产	期末余额	负债和所有者权益	期末余额
货币资金	25 000	应付账款	
应收账款		应交税费	25 000
存货		非流动负债	
固定资产	294 000	实收资本	300 000
		未分配利润	
总计	432 000	总计	432 000

已知：期末流动比率为1.5，期末资产负债率为50%，本期存货周转次数为4.5次，本期营业成本为315 000元，期末存货等于期初存货。

要求：根据上述资料，计算并填列资产负债表空项。

3. 远方公司是一家上市公司，其2022年资产负债表简要如表9-2所示。

表9-2 资产负债表

单位：万元

资产	期末余额	负债及股东权益	期末余额
流动资产	655.0	流动负债	290.0
固定资产	1 570.0	长期借款	540.0
		应付债券	200.0
无形资产	5.5	其他长期负债	25.0
递延资产	7.5	长期负债合计	765.0
其他长期资产	5.0	股东权益	1 188.0
资产总计	2 243.0	负债及股东权益	2 243.0

要求：计算该公司的资产负债率、产权比率、有形净值债务率，并对其长期偿债效能作出评价。

第四篇

财务分析应用

第十章　财务分析在业绩评价中应用

学习目标

1. 理解业绩评价的内涵。
2. 理解财务分析与业绩评价的关系。
3. 掌握综合指数法的程序及其具体应用。
4. 掌握功效系数法的程序及其具体应用。
5. 了解综合指数法与功效系数法的区别。
6. 掌握企业业绩评价的基本指标的得分计算。
7. 掌握企业业绩评价修正指标修正系数的计算。
8. 了解大数据技术在业绩评价中的作用。
9. 理解管理绩效评价的意义,培养学生社会责任感和社会贡献意识。

引导案例

　　复星医药是国内著名的以药品制造和销售为主的上市公司,凭借高质量的产品和良好的市场口碑,公司取得了稳步增长。然而,随着公司业务规模的不断扩大,传统的财务分析工具已难以全面反映公司的经营状况和战略需求。为了更有效地支持管理决策,复星医药管理层意识到,需要一个更加科学、系统的业绩评价体系,以帮助公司在竞争激烈的市场环境中保持优势。

　　过去,复星医药主要依赖利润表、资产负债表和现金流量表等传统财务报表来评估公司业绩。虽然这些报表提供了企业财务健康状况的基本数据,但它们更多地反映企业的历史的财务状况,难以全面衡量公司的运营效率和市场竞争力。例如,单靠利润表中的净利润数据,无法清晰评估企业资产的利用效率或股东回报情况,这在评估复杂的业务环境时显得尤为不足。

　　为弥补这一不足,复星医药决定采用综合指数法和功效系数法,构建一个多维度的业绩评价体系。综合指数法通过选择一系列关键绩效指标,例如,净资产收益率、销售净利率和总资产周转率等,对各项指标进行加权平均计算,得出公司的综合经济指数。这种方法使公司能够清晰地评估各业务部门的运营绩效,为管理层提供直观的评价结果。

　　同时,功效系数法通过设定标准值和权重,细化了对各项财务指标的分析,帮助管理层深入了解各项业务指标的实际表现与标准之间的差异。通过综合评价结果,复星医药可以更好地识别业务中的短板和潜在的改进空间。

此外，复星医药在业绩评价过程中引入了大数据技术，进一步提升了数据分析的精度和效率。大数据技术使公司能够进行实时数据监控和多维度分析，更快速地发现运营中的问题和机遇，确保管理层能够及时调整经营策略，保持市场竞争力。

通过结合传统财务分析方法、综合指数法、功效系数法以及大数据技术，复星医药建立了一套更加全面和动态的业绩评价体系，不仅提升了内部管理水平，还确保了在快速变化的市场中保持竞争优势，推动了公司的持续增长。

（资料来源：根据复星医药披露信息整理）

第一节　财务分析与业绩评价

一、业绩评价的内涵

（一）业绩评价含义

业绩评价是指运用科学的和规范的管理学、财务学、数理统计等方法，对企业或其分支机构在一定经营期间内的生产经营状况、资本运营效益、经营者业绩等进行定量的考核和分析，并且作出客观、公正的价值判断。

（二）业绩评价目的

业绩评价的最终目的是提升企业的管理水平、管理质量和持续发展能力，主要包含以下几个层面：

（1）企业层面：这是评价范围最广、内容最多、指标最全、评价边界相对清晰的业绩评价层面。

（2）部门层面：通常是在企业内部按照业务单元、地域分布等标准，将企业整体划分成多个子业绩评价对象，并对其业绩进行评价的过程。

（3）个人层面：企业业绩评价（或称业绩考核、绩效考核）是企业为了衡量其既定目标的实现程度，以及企业内部各部门、个人对目标实现的贡献程度而进行的评判过程。

业绩评价作为一个系统，一般包含六大要素：①评价主体；②评价客体；③评价目标；④评价指标；⑤评价标准；⑥评价报告。上述六个要素共同构成一个完整的业绩评价体系。它们之间相互联系，相互影响，构成了企业业绩评价系统的基本框架(图10-1)。

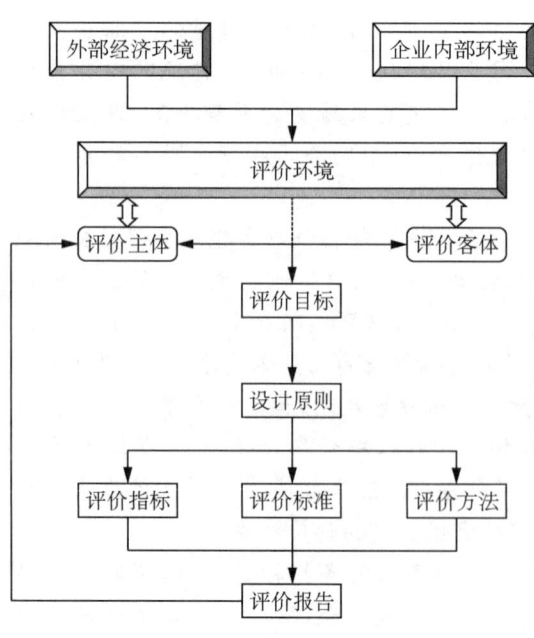

图 10-1　业绩评价体系

二、财务分析与业绩评价的关系

财务分析与业绩评价是紧密相连、相辅相成的,业绩评价以财务分析为前提,财务分析以业绩评价为结论。

一方面,财务分析是业绩评价的基础和关键,为业绩评价提供数据支持和信息基础。财务分析通过对企业的财务报表进行详细分析,从盈利能力、营运能力和偿债能力角度对企业的筹资活动、投资活动和经营活动状况进行深入、细致的分析,以判明企业的财务状况、经营业绩和现金流量。财务分析的过程提供了关于企业资产、负债、所有者权益、收入和费用等方面的信息,以及它们之间的关系和变化趋势,这些财务信息为业绩评价提供了重要的数据支持,对于企业的投资者、债权人、经营者、政府及其他与企业利益相关者了解企业的财务状况和经营成效是十分有益的。只有通过对财务数据的准确分析,才能客观、全面地评估企业的业绩。

另一方面,业绩评价是财务分析的重要应用和体现。业绩评价是在财务分析的基础上,运用综合业绩评价方法,对分析主体的财务活动过程、财务状况和经营成果作出的综合评判结论。业绩评价不仅关注财务指标,如利润、收入和现金流等,还需要考虑非财务指标,如客户满意度、市场占有率、员工满意度等,对公司的业绩进行综合分析和评估。业绩评价的结果可以为管理层提供决策依据,帮助公司制定战略规划和经营目标。同时,业绩评价可以为财务分析提供方向和目标。通过业绩评价,企业可以了解自身优势和劣势,识别市场机会和风险,从而使财务分析更有针对性。

总之,财务分析和业绩评价是相互关联、相互影响的过程。它们关系密切,相互促进。通过财务分析和业绩评价的有机结合,可以更好地了解企业的经营状况,发现潜在的问题和风险,制定相应的应对措施,提高企业的经营效率和盈利能力。

三、业绩评价的内容

1. 单一业绩指标评价

单一业绩指标评价是对企业特定财务指标的独立分析与评价,如销售毛利率、净资产收益率和资产负债率等。评价的主要目的是通过深入分析这些指标,详细了解企业在特定领域的表现,为更全面的业绩评价提供基础数据支持。

单一业绩指标评价形式适合用于短期绩效考核及对企业特定业务领域的详细分析。例如,通过评估销售毛利率,可以掌握企业产品销售的利润状况;而分析净资产收益率则有助于评估企业如何有效利用股东资本产生利润,从而反映出企业为股东创造价值的能力。这些分析不仅揭示了单个财务指标的表现,还能指出需要进一步提升或改进的业务区域。

2. 单项业绩指标评价

单项(类)业绩指标评价聚焦于将具有相似性质的多个财务指标进行综合分析。这类评价涵盖的指标包括盈利能力指标、营运能力指标和偿债能力指标等。该评价的目的是通过对相关指标的联合分析,全面了解企业在特定财务领域的表现。

此种评价形式适用于中期绩效考核和针对特定业务部门的综合评估。例如,分析盈利能力指标如总资产报酬率和净利润率,可以帮助了解企业的整体盈利状况;分析营运能力指标如存货周转率和应收账款周转率,可以揭示企业资产的流动性和运营效率。通过这种多角度的综合分析,企业可以识别自身的强项和弱点,从而有针对性地实施相应的策略调整和优化措施。

3. 综合业绩评价

综合业绩评价是对企业整体财务状况和经营业绩的全面评估,综合考虑各类财务指标及其相互之间的关系。这种评价的目的是提供一个全面、客观的企业绩效视角,覆盖单一指标评价和单项指标评价的所有方面。

综合业绩评价形式适用于长期绩效考核和战略层面的决策支持。例如,使用杜邦分析体系,可以通过净资产收益率的分解,深入了解不同财务活动如资产管理、债务管理和盈利能力如何共同影响企业的整体绩效。此外,综合指数法等工具可以通过计算加权平均的综合得分,提供一个量化的企业绩效评价,帮助决策者从多维度理解企业的表现和潜力。这种综合评价不仅揭示当前绩效,还能指导未来的业务战略和改进措施。

由于综合业绩评价中包含了单一业绩指标评价和单项业绩指标评价,本章主要介绍两种对企业业绩进行综合评价的方法——业绩评价综合指数法和业绩评价功效系数法。

第二节 业绩评价综合指数法

10-1 拓展知识-企业经营业绩考核的指标体系与机制设计

一、综合指数法的内涵

综合指数法是根据分析目的和要求,选择相关经济指标,经过其实际值与标准值的比较,依据权重确定其综合经济指数,进行综合分析和评价的过程。

使用综合指数法进行业绩评价的一般程序或步骤包括:选择经营业绩评价指标,确定各项业绩指标的标准值,计算各项业绩指标的单项指数,确定各项业绩指标的权数,计算综合经济指数,评价综合经济指数。

下面以 FXYY 公司经济效益评价指标体系为例,说明综合指数法的具体应用步骤。

二、选择经营业绩评价指标

进行经营业绩评价的首要步骤是正确选择评价指标。指标选择要根据分析目的和要求,考虑分析的全面性、综合性。从 FXYY 公司经济效益评价指标体系中选择的经济效益指标包括以下四类,共计 10 项指标:

1. 反映盈利水平的指标

(1) 销售毛利率:用于反映企业销售产品的获利水平,其计算公式为:

$$销售毛利率 = \frac{营业收入 - 营业成本}{营业收入} \times 100\%$$

(2) 总资产报酬率:用于衡量企业运用全部资产获取利润的能力,其计算公式为:

$$总资产报酬率 = \frac{利润总额 + 利息支出}{平均资产总额} \times 100\%$$

其中:平均资产总额=(期初资产总额+期末资产总额)÷2。

(3) 净资产收益率:用于反映企业运用投资者投入资本获取收益的能力,其计算公式为:

$$净资产收益率 = \frac{净利润}{平均净资产} \times 100\%$$

其中:平均净资产=(期初净资产总额+期末净资产总额)÷2。

2. 反映债务管理水平的指标

(1) 资产负债率:衡量企业负债水平高低情况,其计算公式为:

$$资产负债率 = \frac{负债总额}{资产总额} \times 100\%$$

(2) 速动比率:衡量企业在某一时点上运用随时可变现资产偿付到期债务的能力,其计算公式为:

$$速动比率 = \frac{速动资产}{流动负债} \times 100\%$$

其中:速动资产=流动资产-存货。

3. 反映资产管理水平的指标

(1) 应收账款周转率:用于衡量应收账款周转速度的快慢,其计算公式为:

$$应收账款周转率 = \frac{营业收入}{平均应收账款余额}$$

其中:平均应收账款余额=(期初应收账款余额+期末应收账款余额)÷2。

(2) 存货周转率:用于衡量企业在一定时期内存货资产的周转速度,是反映企业的购、产、销平衡效率的一种尺度,其计算公式为:

$$存货周转率 = \frac{营业成本}{平均存货成本}$$

其中:平均存货成本=(期初存货成本+期末存货成本)÷2。

(3) 固定资产周转率:用于衡量企业利用固定资产生产产品获取收入的效率,其计算公式为:

$$固定资产周转率 = \frac{营业收入}{平均固定资产}$$

其中:平均固定资产=(期初固定资产+期末固定资产)÷2。

4. 反映发展潜力的指标

(1) 营业收入增长率:反映企业成长状况和发展能力,体现企业生存和发展的市场空间,其计算公式为:

$$营业收入增长率 = \frac{本年营业收入 - 上年营业收入}{上年营业收入} \times 100\%$$

（2）盈利现金流量比率：反映经营活动现金流量净额与当期净利润的差异程度，即当期实现的净利润有多少是有现金流量保证的，其计算公式为：

$$盈利现金流量比率 = \frac{经营活动现金流量净额}{净利润} \times 100\%$$

三、确定各项业绩指标的标准值

业绩评价指标的标准值可根据分析的目的和要求确定。标准值可以是某家企业某年的实际数，也可以是同类企业、同行业或部门平均数，还可以是国际标准数。一般来说，当评价企业经营计划完成情况时，可以企业计划水平为标准值；当评价企业经营业绩水平变动情况时，可以企业前期水平为标准值；当评价企业在同行业、全国或国际上所处地位时，可用行业标准值、国家标准值或国际标准值。从FXYY公司所选取的10项指标角度考虑，标准值的确定主要参考以下几个方面：一是适当参照国际上通用的标准，如速动比率为100%，资产负债率为50%等。考虑到我国整体效益与发达国家相比尚有较大差距，国际通行标准值仅是一个参考依据。二是参考近三年的行业平均值，结合行业的发展趋势和市场环境变化，综合分析行业内企业的整体表现，选取的平均值不仅要具有代表性和时效性，还要能够反映行业的最新动态。三是企业在参考行业均值的基础上，根据自身具体情况，如所在行业的特性、市场竞争的激烈程度，以及企业所处的发展阶段等，进一步调整和设定符合自身实际的业绩指标标准，设定的标准既要能与企业的经营状况相匹配，也要能准确反映企业在行业中的相对地位和竞争力。

四、计算各项业绩指标的单项指数

单项指数是指各项经济指标的实际值与标准值之间的比值，其计算公式为：

$$单项指数 = \frac{单项经济指标实际值}{该指标标准值}$$

这一单项指数计算公式适用于经济指标为纯正指标或纯逆指标的情形。如果为正指标，则单项指数越高越好，如果为逆指标，则单项指数越低越好。

如果某经济指标既不是纯正指标，又不是纯逆指标，如资产负债率、流动比率、速动比率等，应采用以下公式计算单项指标：

$$单项指数 = \frac{标准值 - 实际值与标准值差额的绝对值}{标准值}$$

例如，假设速动比率的标准值为100%，则当速动比率的实际值为120%时，其单项指数为：

$$单项指数 = \frac{100\% - (120\% - 100\%)}{100\%} = 0.8$$

五、确定各项业绩指标的权数

综合经济指数不是单项指数的简单算术平均数,而是一个加权平均数。因此,要计算综合经济指数,应在计算单项指数的基础上,确定各项指标的权数。各项经济指标权数的确定应依据各指标的重要程度而定,一般来说,某项指标越重要,其权数就越大;反之,则权数就越小。

假定 10 项经济效益指标的权数总和为 100,FXYY 公司经测算、验证,将各项经济效益指标的权数确定如下:销售毛利率为 15;总资产报酬率为 15;净资产收益率为 15;资产负债率为 5;速动比率为 5;应收账款周转率为 5;存货周转率为 5;固定资产周转率为 5;营业收入增长率为 15;盈利现金流量比率为 15。

六、计算综合经济指数

综合经济指数是以各单项指数为基础,乘以各指标权数所得到的一个加权平均数。综合经济指数的计算有两种方法。

1. 按各项指标实际指数计算(不封顶)

按各项指标实际指数计算,其计算公式为:

$$综合经济指数 = \sum(某指标单项指数 \times 该指标权数)$$

2. 按扣除超过 100% 部分后计算(封顶)

当全部指标中没有逆指标时,如果某项指标指数超过 100%,则扣除超出部分,按 100% 计算。如果某项指标指数低于 100%,则按该指标实际指数计算,其计算公式为:

$$综合经济指数 = \sum[某指标单项指数(扣除超出部分) \times 该指标权数]$$

根据 FXYY 公司 2022 年各项经济效益指标的实际值及相关标准值,按上述程序,用两种方法分别计算该公司的综合经济指数,结果如表 10-1 所示。

表 10-1　　　　　　　FXYY 公司 2022 年综合经济指数计算表

经济指标	实际值	标准值	单项指数(不封顶)	单项指数(封顶)	权数	综合指数(不封顶)	综合指数(封顶)
销售毛利率	47.28%	59.47%	79.50%	79.50%	15	11.93%	11.93%
总资产报酬率	5.53%	1.66%	333.13%	100.00%	15	49.97%	15.00%
净资产收益率	7.70%	0.97%	793.81%	100.00%	15	119.07%	15.00%
资产负债率	49.51%	50.00%	99.02%	99.02%	5	4.95%	4.95%
速动比率	85.28	100.00	85.28	85.28	5	4.26	4.26
应收账款周转率(次)	6.46	11.51	56.13	56.13	5	2.81	2.81
存货周转率(次)	3.75	5.00	75.00	75.00	5	3.75	3.75

(续表)

经济指标	实际值	标准值	单项指数（不封顶）	单项指数（封顶）	权数	综合指数（不封顶）	综合指数（封顶）
固定资产周转率	4.58	2.69	170.26	100.00	5	8.51	5.00
营业收入增长率	12.66	10.00	126.60	100.00	15	18.99	15.00
盈利现金流量比率	106.84	120.00	89.03	89.03	15	13.36	13.36
合计					100	237.60	91.05

数据来源：根据2022年FXYY公司财务报表数据及2022年行业数据，结合公司实际情况设定参考值。

七、评价综合经济指数

在按第二种方法计算综合经济指数时，其最高值为100%，越接近100%，说明企业经营业绩总体水平越好。如果按第一种方法计算综合经济指数，当各项业绩指标中没有正指标时，综合经济指数以小于100%为好，且数值越低越好。当各项业绩指标中没有逆指标时，一般而言，综合经济指数达到100%，说明企业经营业绩总体水平达到标准要求，或者说企业取得了较好的经济效益。综合经济指数越高，经济效益水平越好；若综合经济指数低于100%，则说明企业经济效益水平没达到标准要求，且指数越低，经营业绩水平越差。

在运用综合经济指数法进行经营业绩综合评价时，应特别注意以下两个问题：

第一，指标性质的一致性。选择的各项经济指标在评价标准上应尽量保持方向的一致性，即尽量都选择正指标或都选择逆指标。因为如果全部为正指标，则评价标准为越高越好；如果全部为逆指标，则评价标准为越低越好；如果既有正指标又有逆指标，则应将逆指标转变为正指标或相反，例如，上述周转率指标，如果以次数计算为正指标，以天数计算为逆指标，因为大部分指标为正指标，周转率应采取正指标形式。至于资产负债率、流动比率和速动比率这种既不是正指标，又不是逆指标的指标，其标准值具有绝对性，即大于或小于标准值都不好。单项指数的最高值为1或100%，进行综合经济效益指数评价时，应注意这些指标的特点，否则可能得出错误结论。

第二，指标上限的确定性。关于综合经济指数是否封顶，能否高于100%的问题。如果各单项指数取值可高于100%，则综合经济指数可能高于100%，即综合经济指数不封顶。这种做法的优点是，指标越高，说明企业经营业绩越好。其缺点是，可能存在某些完成状况好的指标的数值弥补完成状况差的指标的数值的情形。这样即使综合指数大于或等于100%，也不能说明企业各项经济指标都达到了标准值要求，从而掩盖了企业某些潜在问题。

如果各单项指数取值最高为100%（即大于100%时按100%计算，小于100%时按实际值计算），则综合经济指数最高为100%。这种做法的优点是，只要综合经济指数达到了100%，就说明企业各项经济指标都达到或超过了标准值，取得了理想的经营业绩，低于100%则说明企业在某方面一定存在问题。其缺点是，如果几个企业的综合经济指数都达到

100%,很难分出优劣。

因此,进行企业经济效益综合评价时,在标准值比较先进时,可采用指数封顶的方法;当标准值为平均值时,则应采取指数不封顶的方法。企业在进行自身经营业绩评价时,也可将两种方法结合,取长补短,从而准确地评价经营业绩。

在上述案例中,按第二种方法计算,FXYY 公司 2022 年综合经济指数为 91.05%,这表明 FXYY 公司在 2022 年的整体经济效益略低于预期标准水平,但接近标准,在某些方面表现良好,但在其他方面存在不足。如果 FXYY 公司更注重企业的整体均衡发展,封顶法的结果提供了一个更准确的整体经济效益评价,因为它考虑了所有指标的平衡性。

按第一种方法计算,综合经济指数为 237.60%,超过 100%,这表明 FXYY 公司在某些指标上表现非常出色,超出了预期的标准。然而,这种方法可能无法反映出企业整体的均衡发展情况,因为某些指标的优异表现可能掩盖其他指标的不足,需要进一步分析,确定企业是否在其他方面存在不足之处。

在实际评价中,需要结合两种方法的结果,并考虑具体的指标表现,来全面评估 FXYY 公司的经济效益。此外,还应该结合行业标准、企业目标和其他相关因素,作出更全面的评价。

第三节　业绩评价功效系数法

一、功效系数法的内涵

功效系数法(或综合评分法)的一般程序或步骤包括:选择业绩评价指标,确定各项经济指标的标准值及标准系数,确定各项经济指标的权数,计算各类业绩评价指标的得分,计算经营业绩综合评价分数,确定综合评价结果等级。

功效系数法中使用的《企业绩效评价标准值》手册由国务院国有资产监督管理委员会考核分配局每年编制,由经济科学出版社出版,其数据滞后一年,即《企业绩效评价标准值(2023)》手册统计的是 2022 年的数据。因此,下面根据 2006 年国务院国有资产监督管理委员会发布的《中央企业综合绩效评价实施细则》,结合《企业绩效评价标准值(2023)》手册以及 FXYY 公司 2022 年的数据,来说明功效系数法的程序、方法及应用。

二、选择业绩评价指标

进行综合分析的首要步骤是正确选择评价指标。指标选择要根据分析目的和要求,考虑分析的全面性、综合性。《中央企业综合绩效评价实施细则》选择的企业综合绩效评价指标包括 22 个财务绩效定量评价指标和 8 个管理绩效定性评价指标,具体如表 10-2 所示。

表 10-2　　　　　　　　　　　企业综合绩效评价指标体系

评价指数类别	财务绩效定量评价指标		管理绩效定性评价指标
	基本指标	修正指标	
盈利能力状况	净资产收益率 总资产报酬率	销售（营业）利润率 盈余现金保障倍数 成本费用利润率 资本收益率	战略管理 发展创新
资产质量状况	总资产周转率 应收账款周转率	两金占流动资产比重 流动资产周转率 资产现金回收率	经营决策 风险控制
债务风险状况	资产负债率 已获利息倍数	速动比率 现金流动负债比率 带息负债比率 EBITDA 率	基础管理 人力资源 行业影响
经营增长状况	销售增长率 资本保值增值率	销售（营业）利润增长率 总资产增长率 技术投入比率	社会贡献

（一）财务绩效基本指标及其计算

（1）净资产收益率：指企业运用投资者资本获得收益的能力，其计算公式为：

$$净资产收益率 = \frac{净利润}{平均净资产} \times 100\%$$

其中：平均净资产＝（期初所有者权益＋期末所有者权益）÷2。

（2）总资产报酬率：用于衡量企业运用全部资产的获利能力，其计算公式为：

$$总资产报酬率 = \frac{利润总额 + 利息支出}{平均资产总额} \times 100\%$$

其中：平均资产总额＝（期初资产总额＋期末资产总额）÷2。

（3）总资产周转率：指企业在一定时期销售收入净额与平均资产总额的比值，是综合评价企业全部资产经营质量和利用效率的重要指标，其计算公式为：

$$总资产周转率 = \frac{营业收入}{平均资产总额}$$

（4）应收账款周转率：指企业一定时期营业收入与应收账款平均余额之比，其计算公式为：

$$应收账款周转率 = \frac{营业收入}{应收账款平均余额}$$

（5）资产负债率：可用于衡量企业负债水平与偿债能力的情况，其计算公式为：

$$资产负债率=\frac{负债总额}{资产总额}\times100\%$$

(6) 已获利息倍数：指息税前利润与利息支出的比率，可用于衡量企业的偿债能力，其计算公式为：

$$已获利息倍数=\frac{息税前利润}{利息支出}$$

(7) 销售增长率：销售增长率是反映企业产品销售收入增长情况的指标，其计算公式为：

$$销售增长率=\frac{本年营业收入增长额}{去年营业总收入}\times100\%$$

(8) 资本保值增值率：可用于衡量企业所有者权益的保持和增长幅度，其计算公式为：

$$资本保值增值率=\frac{扣除客观因素后的期末所有者权益}{年初所有者权益}\times100\%$$

根据上述公式计算 FXYY 公司 2022 年各项财务绩效基本指标，如表 10-3 所示。

表 10-3　　　　　　　　　FXYY 公司 2022 年财务绩效基本指标表

基本指标	指标值	基本指标	指标值
净资产收益率	7.70%	资产负债率	49.51%
总资产报酬率	5.53%	已获利息倍数（倍）	5.75
总资产周转率（次）	0.44	销售增长率	12.66%
应收账款周转率（次）	6.46	资本保值增值率	111.84%

（二）财务绩效修正指标及其计算

(1) 销售（营业）利润率。其计算公式为：

$$销售（营业）利润率=\frac{销售（营业）利润}{营业收入}\times100\%$$

其中：销售（营业）利润＝营业总收入－营业成本－税金及附加－销售费用－管理费用－财务费用－资产减值损失＋公允价值变动收益＋投资收益＋其他收益。

(2) 盈余现金保障倍数。其计算公式为：

$$盈余现金保障倍数=\frac{经营现金净流量}{净利润}$$

(3) 成本费用利润率。其计算公式为：

$$成本费用利润率=\frac{利润总额}{成本费用总额}\times100\%$$

其中:成本费用总额＝营业成本＋税金及附加＋销售费用＋管理费用＋财务费用。

(4) 资本收益率。其计算公式为:

$$资本收益率=\frac{归属母公司所有者的净利润}{平均资本}\times100\%$$

其中:平均资本＝[(年初实收资本＋年初资本公积)＋(年末实收资本＋年末资本公积)]÷2。

(5) 两金占流动资产比重。其计算公式为:

$$两金占流动资产比重=\frac{应收账款+存货}{流动资产}\times100\%$$

(6) 流动资产周转率。其计算公式为:

$$流动资产周转率=\frac{营业总收入}{平均流动资产总额}$$

其中:平均流动资产总额＝(年初流动资产总额＋年末流动资产总额)÷2。

(7) 资产现金回收率。其计算公式为:

$$资产现金回收率=\frac{经营现金净流量}{平均资产总额}\times100\%$$

(8) 速动比率。其计算公式为:

$$速动比率=\frac{速动资产}{流动负债}$$

(9) 现金流动负债比率。其计算公式为:

$$现金流动负债比率=\frac{经营现金净流量}{流动负债}\times100\%$$

(10) 带息负债比率。其计算公式为:

$$带息负债比率=\frac{带息负债}{负债总额}\times100\%$$

其中:带息负债＝短期借款＋一年内到期的非流动负债＋交易性金融负债＋其他带息流动负债＋长期借款＋应付债券＋其他带息非流动负债。

(11) EBITDA率。其计算公式为:

$$EBITDA率=\frac{净利润+所得税+利息支出+固定资产折旧+无形资产摊销}{营业总收入}\times100\%$$

(12) 销售(营业)利润增长率。其计算公式为:

$$销售(营业)利润增长率=\frac{本年销售(营业)利润-上年销售(营业)利润}{上年销售(营业)利润}\times100\%$$

(13) 总资产增长率。其计算公式为:

$$总资产增长率=\frac{年末资产总额-年初资产总额}{年初资产总额}\times100\%$$

(14) 技术投入比率。其计算公式为：

$$技术投入比率 = \frac{当年技术转让费支出与研发投入}{当年主营业务收入净额} \times 100\%$$

根据上述公式计算 FXYY 公司 2022 年财务绩效修正指标如表 10-4 所示。

表 10-4　　　　　　　　FXYY 公司 2022 年财务绩效修正指标表

修正指标	指标值	修正指标	指标值
销售（营业）利润率	10.6%	速动比率	0.85
盈余现金保障倍数（倍）	1.07	现金流动负债比率	12.66%
成本费用利润率	10.94%	带息负债比率	60.66%
资本收益率	20.57%	EBITDA 比率	12.60%
两金占流动资产比重	41.02%	销售（营业）利润增长率	−26.11%
流动资产周转率（次）	1.34	总资产增长率	14.85%
资产现金回收率	4.21%	技术投入比率	9.79%

三、确定各项经济指标的标准值及标准系数

为了准确评价企业经营业绩，对各项经济指标标准值的确定，需要根据企业类型的不同及指标分类情况，设定不同的标准。

（一）基本指标标准值及标准系数

基本指标评价的参照水平即标准值，由国务院国资委考核分配局定期编制，不同行业、不同规模的企业有不同的标准值，标准值一般分为五档。例如，2022 年医药工业全行业财务绩效基本指标标准值如表 10-5 所示。

表 10-5　　　　　　　　医药工业全行业财务绩效基本指标标准值表

项目	优秀 (1)	良好 (0.8)	平均 (0.6)	较低 (0.4)	较差 (0.2)
净资产收益率	16.8%	10.7%	5.9%	−1.6%	−33.8%
总资产报酬率	12.3%	8.2%	4.9%	−0.2%	−30.4%
总资产周转率（次）	0.8	0.6	0.5	0.4	0.1
应收账款周转率（次）	8.3	5.9	4.7	3.6	1.8
资产负债率	22.7%	32.4%	42.5%	54.4%	91.1%
已获利息倍数（倍）	28.1	17.8	6.3	0.3	−23.8

(续表)

项目	优秀 (1)	良好 (0.8)	平均 (0.6)	较低 (0.4)	较差 (0.2)
销售增长率	29.8%	16.2%	9.3%	2.2%	−21.5%
资本保值增值率	121.7%	112.6%	106.0%	100.2%	67.8%

数据来源：国务院国资委考核分配局编制《企业绩效评价标准值(2023)》。

(二) 修正指标标准值及修正系数

基本指标有较强的概括性，但不够全面。为了更加全面地评价企业绩效，另外设置了4类14项修正指标。根据修正指标的高低计算修正系数，用得出的系数对基本指标得分进行修正。2022年医药工业全行业财务绩效修正指标标准值如表10-6所示。

表10-6　　　　2022年医药工业全行业财务绩效修正指标标准值表

项目	优秀 (1)	良好 (0.8)	平均 (0.6)	较低 (0.4)	较差 (0.2)
一、盈利能力状况					
销售(营业)利润率	21.0%	13.7%	7.5%	−0.7%	−67.6%
盈余现金保障倍数(倍)	1.8	1.3	1.0	0.7	−0.5
成本费用利润率	24.9%	14.7%	7.1%	−3.7%	−44.5%
资本收益率	39.0%	20.6%	8.6%	−3.9%	−33.2%
二、资产质量状况					
两金占流动资产比重	37.8%	41.6%	45.7%	53.6%	66.8%
流动资产周转率(次)	1.7	1.4	1.1	0.7	0.3
资产现金回收率	12.2%	8.1%	4.5%	0.5%	−20.4%
三、债务风险状况					
速动比率	2.4	1.8	1.5	1.0	0.5
现金流动负债比率	61.6%	35.7%	18.6%	1.7%	−82.8%
带息负债比率	18.7%	38.4%	51.5%	64.4%	81.9%
EBITDA比率	30.3%	21.7%	12.6%	5.8%	−6.5%
四、经营增长状况					
销售(营业)利润增长率	38.5%	16.3%	0.1%	−24.6%	−113.9%
总资产增长率	20.8%	13.3%	5.8%	−0.3%	−18.4%
技术投入比率	13.9%	8.0%	4.9%	2.7%	0.3%

数据来源：国务院国资委考核分配局编制《企业绩效评价标准值(2023)》。

四、确定各项经济指标的权数

各项指标的权数根据评价目的和指标的重要程度确定。表10-7是企业综合绩效评价指标体系中各类及各项指标的权数或分数。

表 10-7　　　　　　　　　企业综合绩效评价指标及权数表

单位:分

财务绩效定量评价指标(权重70%)				管理绩效定性评价指标(权重30%)	
指标类别(100)	基本指标(100)		修正指标(100)	评议指标(100)	
盈利能力状况(34)	净资产收益率 总资产报酬率	20 14	销售(营业)利润率　10 盈余现金保障倍数　9 成本费用利润率　　8 资本收益率　　　　7	战略管理 发展创新	18 15
资产质量状况(22)	总资产周转率 应收账款周转率	10 12	两金占流动资产比率　9 流动资产周转率　　7 资产现金回收率　　6	经营决策 风险控制	16 13
债务风险状况(22)	资产负债率 已获利息倍数	12 10	速动比率　　　　　6 现金流动负债比率　6 带息负债比率　　　5 EBITDA比率　　　5	基础管理 人力资源	14 8
经营增长状况(22)	销售增长率 资本保值增值率	12 10	销售(营业)利润增长率　10 总资产增长率　　　7 技术投入比率　　　5	行业影响 社会贡献	8 8

五、计算各类指标得分

(一)基本指标得分计算

基本指标反映企业的基本情况,是对企业绩效的初步评价。它的计分是按照功效系数法计分原理,将评价指标实际值对照行业评价标准值,按照规定的计分公式计算各项基本指标得分。其计算方法如下:

1. 单项指标得分的计算

$$单项基本指标得分 = 本档基础分 + 本档调整分$$

其中:本档基础分=指标权数×本档标准系数;

本档调整分=功效系数×(上档基础分-本档基础分);

上档基础分=指标权数×上档标准系数;

$$功效系数 = \frac{实际值 - 本档标准值}{上档标准值 - 本档标准值}。$$

本档标准值是指所处档次中相对较低的一档标准值。

例如,根据表10-3 FXYY公司2022年财务绩效基本指标,结合表10-5所示的该行业企业标准值及系数,按上述公式可计算FXYY公司各项基本指标得分。例如,2022年总资产周转率为0.44次。此时,该公司的总资产周转率超过"较低"(0.4)水平,处于"较低"档,因此可以得到"较低"档基础分。另外,它处于"平均"档(0.5)和"较低"档(0.4)之间,同时需要调整。

本档基础分=指标权数×本档标准系数=10×0.4=4(分)

$$调整分 = \frac{实际值-本档标准值}{上档标准值-本档标准值} \times (上档基础分-本档基础分)$$

$$= \frac{0.44-0.4}{0.5-0.4} \times (10 \times 0.6 - 10 \times 0.4)$$

$$= 0.8(分)$$

总资产周转率指标得分=4+0.8=4.8(分)

注意,若某项指标的实际值超过该指标优秀档的临界值,则该单项指标得分为满分。其他基本指标得分的计算方法与此相同,此处不再举例。

2. 基本指标总分的计算

FXYY公司单项指标得分、分类指标得分及基本指标总分如表10-8所示。

表10-8　　　　　　　　　　FXYY公司指标得分计算表

单位:分

类别	基本指标(分数)	单项指标得分	分类指标得分
盈利能力状况	净资产收益率(20) 总资产报酬率(14)	13.50 8.93	22.43
资产质量状况	总资产周转率(10) 应收账款周转率(12)	6.40 10.16	16.56
债务风险状况	资产负债率(12) 已获利息倍数(10)	5.79 5.82	11.61
经营增长状况	销售增长率(12) 资本保值增值率(10)	8.37 7.77	16.14
基本指标总分			66.74

(二)修正指标修正系数计算

对基本指标得分的修正是按指标类别得分进行的,需要计算"分类的综合修正系数"。"分类的综合修正系数"由"单项指标的修正系数"加权平均求得;而单项指标的修正系数的大小又主要取决于基本指标评价分数和修正指标实际值两项因素。

1. 单项指标修正系数的计算

单项指标修正系数的计算公式为:

单项指标修正系数=1.0+(本档标准系数+功效系数×0.2-该类基本指标分析系数)

单项指标修正系数控制修正幅度为 0.7~1.3。

下面以资产现金回收率为例说明单项指标修正系数的计算过程。

(1) 标准系数的确定。

根据表 10-4 可知,FXYY 公司资产现金回收率为 4.21%。查阅表 10-6 可见,该指标的实际值介于"较低"和"平均"之间,其标准系数应为 0.4。

(2) 功效系数的计算。

$$功效系数 = \frac{实际值 - 本档标准值}{上档标准值 - 本档标准值}$$

$$资产现金回收率指标的功效系数 = \frac{4.21 - 0.5}{4.5 - 0.5} = 0.93$$

(3) 分类本指标分析系数的计算。

$$某类基本指标分析系数 = \frac{该类基本指标得分}{该类指标权数}$$

根据表 10-8 可知,资产质量状况类基本指标得分为 16.56,其权数为 22,则:

$$资产质量状况类基本指标分析系数 = 16.56 \div 22 = 0.75$$

根据以上结果可以计算出资产现金回收率的修正系数为:

$$资产现金回收率指标修正系数 = 1.0 + (0.4 + 0.93 \times 0.2 - 0.75) = 0.83$$

在计算修正指标单项修正系数的过程中,对一些特殊情况作如下规定:

第一,如果修正指标实际值达到优秀值以上,其单项修正系数的计算公式如下:

$$单项修正系数 = 1.2 + 本档标准系数 - 该部分基本指标分析系数$$

第二,如果修正指标实际值处于较差值以下,其单项修正系数的计算公式如下:

$$单项修正系数 = 1.0 - 该部分基本指标分析系数$$

第三,如果资产负债率≥100%,该指标得 0 分;其他情况按照规定的公式计分。

第四,如果盈余现金保障倍数分子为正数,分母为负数,单项修正系数确定为 1.1;如果分子为负数,分母为正数,单项修正系数确定为 0.9;如果分子和分母同为负数,单项修正系数确定为 0.8。

第五,对于销售利润增长率指标,如果上年主营业务利润为负数,本年为正数,单项修正系数为 1.1;如果上年主营业务利润为零,本年为正数,或上年为负数,本年为零,单项修正系数确定为 1.0。

2. 分类综合修正系数的计算

$$分类综合修正系数 = \sum 各类内单项指标的加权修正系数$$

其中,单项指标加权修正系数的计算公式为:

$$单项指标加权修正系数 = 单项指标修正系数 \times 该项指标在本类指标中的权数$$

例如,资产现金回收率指标属于资产质量状况类指标,其权数为 6,资产质量状况类指标总权数为 22。

资产现金回收率指标的加权修正系数＝0.83×(6÷22)＝0.23

资产质量状况类修正指标有 3 项,已计算出资产现金回收率指标的加权修正系数为 0.23,两金占流动资产比率指标的加权修正系数为 0.46,流动资产周转率指标的加权修正系数为 0.32,则:

资产质量状况类指标修正系数＝0.23＋0.46＋0.32＝1.01

其他类别指标的综合修正系数计算方法与上述方法相同,不再举例。

(三) 修正后得分的计算

$$修正后总分 = \sum (分类综合修正系数 \times 分类基本指标得分)$$

FXYY 公司各类基本指标和分类综合修正系数如表 10-9 所示,可据此计算出修正后定量指标的总得分。需要注意的是,如果某一类指标修正后超过该类指标权重,则修正后得分按照权重计算。

例如,假设盈利能力状况修正后得分超过 34 分,则仍按照 34 分计算修正后得分。

表 10-9　　　　　　　　　　FXYY 公司修正后的得分计算

单位:分

项目	类别修正系数	基本指标得分	修正后得分
盈利能力状况	1.05	22.43	23.55
资产质量状况	1.01*	16.56	16.73
债务风险状况	0.95	11.61	11.03
经营增长状况	0.91	16.14	14.69
修正后定量指标总分			65.99

说明:* 前文分步骤演示过程中每次计算保留两位小数,此表数据由计算机程序一次性计算完成,因计算精度差异,前后数据可能不完全一致。

(四) 管理绩效定性指标的计分方法

1. 管理绩效定性指标的内容

管理绩效定性评价指标的计分一般通过专家评议打分形式完成,聘请的专家应不少于 7 名。评议专家应当在充分了解企业管理绩效状况的基础上,对照评价参考标准,采取综合分析判断法,对企业管理绩效指标作出分析评议,评判各项指标所处的水平档次,并直接给出评价分数。表 10-10 为一名评议专家给出的各项管理绩效定性评价指标的等级。

表 10-10　　　　　　　　管理绩效定性评价指标等级表

单位:分

评议指标	权数	等级(参数)				
		优(1)	良(0.8)	中(0.6)	低(0.4)	差(0.2)
战略管理	18		√			

(续表)

评议指标	权数	等级(参数)				
		优(1)	良(0.8)	中(0.6)	低(0.4)	差(0.2)
发展创新	15	√				
经营决策	16		√			
风险控制	13		√			
基础管理	14			√		
人力资源	8		√			
行业影响	8	√				
社会贡献	8		√			

2. 计算单项评议指标得分

单项评议指标分数 = $\sum$(单项评议指标权数×各评议专家给定等级参数)÷评议专家人数

假设评议专家有7人,对"战略管理"的评议结果为:优等4人,良等3人,则:

战略管理评议指标得分 = $\dfrac{18×1+18×1+18×1+18×1+18×0.8+18×0.8+18×0.8}{7}$ = 16.46(分)

其他指标的计算方法与上述方法相同,不再举例。

3. 评议指标总分的计算

评议指标总分 = $\sum$(单项评议指标得分)

前文已计算出战略管理评议指标得分为16.46分,假设其他7项评议指标的单项得分分别为14、14、11、12、6、8和7分,则:

评议指标总分 = 16.46+14+14+11+12+6+8+7 = 88.46(分)

六、计算经营业绩综合评价分数

在得出财务绩效定量评价分数和管理绩效定性评价分数后,应当按照规定的权重,耦合形成综合绩效评价分数。其计算公式为:

企业综合绩效评价分数 = 财务绩效定量评价分数×70% + 管理绩效定性评价分数×30%

根据以上有关数据,FXYY公司综合评价得分计算如下:

综合评价得分 = 65.99×70% + 88.46×30% = 72.73(分)

在得出评价分数后,应当计算年度之间的绩效改进度,以反映企业年度之间经营绩效的变化状况。其计算公式为:

绩效改进度 = 本期绩效评价分数÷基期绩效评价分数

绩效改进度大于1,说明经营绩效上升;绩效改进度小于1,说明经营绩效下滑。

七、确定综合评价结果等级

企业综合绩效评价结果以85、70、50、40分作为类型判定的分数线。具体的企业综合绩效评价类型与评价级别如表10-11所示。

表10-11　　　　　企业综合绩效评价类型与评价级别一览表

评价类型	评价级别	评价得分
优(A)	A++ A+ A	A++≥95分 95分>A+≥90分 90分>A≥85分
良(B)	B+ B B−	85分>B+≥80分 80分>B≥75分 75分>B−≥70分
中(C)	C C−	70分>C≥60分 60分>C−≥50分
低(D)	D	50分>D≥40分
差(E)	E	E<40分

根据表中数据,FXYY公司综合得分为72.73分,对应的综合绩效等级属于良(B−)级。

第四节　大数据技术在业绩评价中的应用

10-2 拓展知识-基于EVA视角的物流企业业绩评价——以德邦快递为例

一、大数据在业绩评价中的作用

(一)提升评价精度和效率

大数据技术弥补了传统业绩评价方法数据量有限、处理速度慢和评价精度不足的缺陷,大幅提升了业绩评价的精度和效率。大数据技术能够处理大量复杂的数据,帮助企业全面了解市场和客户,提供精准的分析结果。通过整合分析来自不同渠道的数据,如财务报表、销售记录、客户反馈、市场动态等,企业可以深入挖掘数据背后的规律和趋势,为业绩评价提供全面支持。此外,大数据使实时数据分析成为可能,动态监控业绩指标,及时发现并解决问题,从而提高评价的准确性和有效性。借助自动化的数据处理和分析流程,企业能够迅速计算各项业绩指标,生成综合评价报告,大幅提升评价的效率和准确性。

(二)增强决策科学性

大数据技术不仅提升了业绩评价的精准度,还为企业决策提供了强有力的支持。通过对海量数据的深入分析,企业能够识别出影响业绩的关键因素,从而制定更为科学和有效的经营策略。例如,通过分析客户行为数据,企业可以精准把握客户需求和偏好,有针对性地制定市场营销方案,提升客户满意度和忠诚度,进而推动企业业绩的全面提升。

(三) 拓展业绩评价维度

大数据技术为企业业绩评价拓展了更广阔的视野和更深入的分析维度。相比传统方法依赖有限的财务数据,大数据分析能够整合多源数据,从多个维度对企业绩效进行全面评估。大数据驱动的业绩评价体系具有以下优势:首先,多源数据集成使企业能够实现全方位评估,更准确地评估市场竞争力和客户满意度。其次,建立更为精细的评价指标体系,涵盖非财务指标如客户满意度和产品质量。最后,通过自动化和智能化的业绩评价,提高了效率和评价的准确性。

(四) 优化绩效管理效果

大数据技术在绩效管理中发挥关键作用,显著提升了评估的客观性和科学性。传统绩效管理依赖主管人员的主观判断和定期评估,而大数据技术通过分析工作时长、质量、效率等数据,提供更加客观的评估,减少人为偏见。大数据技术还支持实时监控,能够迅速发现并解决绩效问题,提升工作效率。此外,通过分析员工行为数据,企业可以制定更科学和公平的绩效激励机制,确保激励措施的精准性。大数据技术不仅帮助企业客观评估员工表现,还能全面了解员工需求和潜力,从而优化绩效管理,提升企业整体竞争力。

二、大数据技术在业绩评价中的具体应用

(一) 实时数据与动态业绩评价

实时数据在业绩评价中的应用是大数据技术带来的重要变革之一。传统的业绩评价依赖历史数据和周期性报表,而实时数据能够帮助企业更及时地了解和评估自身的业绩表现,快速发现和解决潜在问题,体现在:

1. 动态监控业绩指标变化

实时数据让企业能够随时掌握业绩指标的最新情况,及时发现业绩波动,确保业绩的稳定和持续改进。

2. 及时调整优化运营策略

企业通过实时数据可以在业务运营过程中快速发现问题和机会,及时调整和优化运营策略,提高整体业绩水平。

3. 快速响应市场变化

面对激烈的市场竞争和消费者不断变化的需求,实时数据帮助企业及时了解市场动态,调整产品和营销策略,保持竞争优势。

(二) 多维数据分析与综合业绩评价

多维数据分析应用在业绩评价中,可以帮助企业从多个角度全面评估自身的业绩表现,

10-3 拓展知识-三分钟带你了解数字化业绩管理

为企业提供更为全面和准确的业绩评价,具体体现在以下几个方面。

1. 精细化收入管理

多维数据分析不仅关注总收入,还能深入分析不同产品线、销售渠道和地区的收入表现,帮助企业识别收入的季节性和周期性特点,进而制定更加精准的收入管理策略。

2. 管理成本能力提升

对不同业务活动、产品线和地区的成本分布进行深入分析可更有效地识别和控制成本,提升成本管理能力,有助于企业在优化资源配置的同时提高整体盈利水平。

3. 利润评估精准化

除了总体利润,多维数据分析还能深入分析不同产品线、市场和客户群体的利润情况,帮助企业制定更具针对性的增长策略。通过精准化的利润评估,多维数据分析为企业决策提供更为有效的依据。

4. 优化现金流管理

对不同时间点和业务活动下的现金流进行详细分析可更好地管理和优化现金流,确保企业运营的稳定性和可持续性,帮助企业在复杂的市场环境中保持健康的财务状况。

(三) 在综合指数法中的应用

1. 多源数据集成

利用大数据技术,企业可以收集和整合来自财务、运营、市场、社交媒体等多个渠道的数据。通过整合这些数据,企业能够获取更全面的业绩评价信息,深入了解市场趋势和客户需求,从而进行更加准确的决策。

2. 设定评价标准值

在综合指数法中,选择和确定各项指标的标准值至关重要。大数据技术通过分析历史数据和行业基准,帮助企业制定科学合理的标准值。这些标准值为业绩评价提供了客观的参照点,确保评价结果的准确性。

3. 单项指数计算

利用大数据技术,企业可以对各项业绩指标进行深入分析,计算单项指数。例如,通过比较销售毛利率、总资产报酬率、净资产收益率等指标的实际值和标准值,企业可以量化自身在每个指标上的表现。

4. 权重分配

在综合指数法中,各项业绩指标对整体评价的影响权重各不相同。大数据技术可以通过分析各项指标对企业整体业绩的贡献度,帮助企业确定各项指标的权数。这些权数可以使综合评价结果更具科学性、合理性和全面性。

5. 综合经济指数计算

综合指数法的最终目标是计算综合经济指数。大数据技术将各项单项指数和权数进行加权计算,得出可以全面反映企业整体业绩水平的综合经济指数,为企业的战略决策提供重要参考。

(四) 在功效系数法中的应用

1. 标准值与标准系数计算

大数据技术为企业精确计算各项经济指标的标准值及标准系数提供了有力支持。通过对历史数据和行业基准的分析,企业能够确定更为科学和准确的标准值和标准系数,从而提高业绩评价的准确性和科学性。

2. 业绩指标权重设定

不同业绩指标对企业整体业绩表现的影响权重各不相同。大数据技术通过分析各指标对企业业绩的贡献度,帮助企业科学确定这些权重。这使功效系数法的评价结果更加合理全面。

3. 指标得分计算

企业利用大数据技术,能够精确计算各类业绩评价指标的得分。例如,通过计算净资产收益率、总资产报酬率、应收账款周转率等业绩评价指标的得分,企业可以全面评估自身财务状况和经营绩效。

4. 综合业绩评价

功效系数法的最终目标是得出经营业绩综合评价分数。企业可利用大数据技术将各项业绩评价指标的得分进行加权计算,得出综合评价分数。这一分数可以全面反映企业的经营业绩,为管理层决策提供科学的支持。

三、大数据技术在业绩评价中的应用趋势及应注意的问题

随着大数据技术的发展,其在业绩评价中的应用也呈现出一些新的趋势,同时需要注意一些关键问题。

(一)大数据技术在业绩评价中的应用趋势

1. 普及化与深入化发展

随着大数据分析工具和技术的普及,越来越多的企业能够负担得起并使用大数据技术,从而推动业绩评价的普及和深入应用。这将使更多企业能够利用大数据技术优化其业绩评价流程,提升其经营效率和市场竞争力。

2. 自动化与智能化演进

大数据技术将与数据挖掘、深度学习等先进技术结合,推动业绩评价过程的高度自动化和智能化。通过引入机器学习算法和人工智能,企业可以实现自动化的数据收集、处理和分析,减少人为干预,提升评价的准确性和效率。例如,智能算法能够自动识别业绩中的异常值和趋势,提供更深入的分析和预测支持。

3. 动态化与实时评估

实时数据将在业绩评价中发挥越来越重要的作用,帮助企业动态监控业绩指标的变化。通过实时数据分析,企业可以及时发现和应对业绩波动,快速调整业务策略,以确保自身的持续发展和竞争力。动态化的业绩评价使企业能够更灵活地应对市场变化和内部管理需求。

4. 绩效管理智能化

通过分析员工的工作数据和行为数据,企业可以更客观、更科学地评估员工的绩效表现。大数据技术支持构建全面的智能化绩效管理系统,包括自动化绩效评估、个性化反馈和数据驱动的激励机制。这种智能化的绩效管理方法不仅提高了员工的工作效率和满意度,

还促进了企业整体绩效的提升。

(二) 大数据在业绩评价应用中应注意的问题

1. 数据质量与治理

随着数据量的增加,数据质量和数据治理将成为关键问题。企业需要加强数据清洗、整合和标准化工作,确保数据的准确性、一致性和完整性。高质量的数据是进行准确业绩评价的基础,因此,企业必须建立有效的数据治理框架和流程,以维护数据的高质量。

2. 数据安全与隐私保护

在应用大数据技术过程中,企业必须重视业绩评价相关数据的安全性和隐私保护。企业需要采取严格的数据安全措施,确保数据的机密性、完整性和不可篡改性。同时,企业必须遵守相关的数据隐私法律法规,保护企业、客户和员工的个人信息,防止数据泄露和滥用。

3. 人才培养

企业需要培养具备数据分析能力的人才,以应对未来的大数据技术应用挑战。企业对数据科学家、数据分析师和数据工程师等专业人才的需求将不断增加。企业应投资员工培训和发展,提升其数据分析和技术应用能力,以确保自身在大数据时代的竞争优势。

大数据技术在业绩评价中的应用前景广阔,企业在享受其带来的诸多好处的同时,也需要认真应对数据质量、数据安全和人才培养等关键问题。通过科学规划和有效管理,企业可以充分发挥大数据技术的优势,实现业绩评价的全面优化和提升。

10-4 课程思政-海尔集团的财务卓越与社会责任担当案例分析

本章小结

业绩评价是指运用科学的和规范的管理学、财务学、数理统计等方法,对企业或其分支机构一定经营期间内的生产经营状况、资本运营效益、经营者业绩等进行定量的考核和分析,并且作出客观、公正的价值判断。业绩评价作为一个系统,一般包含六大要素:①评价主体;②评价客体;③评价目标;④评价指标;⑤评价标准;⑥评价报告。业绩评价是以财务综合分析为基础,运用财务综合评价方法对财务活动过程和财务效果得出的综合结论。

财务分析既是进行财务决策的依据,又是完善激励机制的要求。业绩评价与财务分析是紧密相连的,业绩评价以财务分析为基础,财务分析以业绩评价为结论。财务分析离开业绩评价就没有太大的意义了,就单项财务能力所作的分析及评价,其结论具有片面性,只有在综合分析的基础上进行业绩评价,才能从整体上全面评价企业的财务状况及经营成果。

业绩评价根据评价对象与评价目的的不同,可以分为单一业绩指标评价、单项业绩指标评价和综合业绩评价三个层次。这三个评价层次从不同的角度、深度和广度提供对企业绩效的洞察,帮助企业识别优势和劣势,支持决策制定,并推动企业向战略目标迈进。通过这种层次化和综合性的评价方法,企业能够更有效地连接其财务表现与长远发展策略,实现持续的业务优化和增长。

业绩评价的方法有许多,如综合指数法、综合评分法、功效系数法、分析判断法等。运用综合指数法进行业绩评价的一般程序或步骤包括选择业绩评价指标、确定各项指标的标准值、计算指标单项指数、确定各项业绩评价指标的权数、计算综合经济指数和评价综合经济指数。

运用功效系数法(或综合评分法)进行业绩评价的一般程序或步骤包括选择业绩评价指标、确定各项业绩评价指标的标准值、确定各项业绩评价指标的权数、计算各类业绩评价指标得分、计算经营业绩综合评价分数和确定经营业绩综合评价等级。

大数据技术的发展为财务分析和业绩评价带来了新的机遇和挑战。在业绩评价中,大数据技术在提升评价精度和效率、增强决策科学性、拓展业绩评价维度、优化绩效管理效果等方面发挥了重要作用。大数据技术在业绩评价中的应用领域包括实时数据与动态业绩评价,多维数据分析与综合评价,综合指数法中的应用和功效系数法中的应用。随着大数据技术的发展,其在业绩评价中的应用呈现出普及化与深入化发展、自动化与智能化演进、动态化与实时评估、绩效管理智能化等趋势。同时,企业在应用大数据技术时需要注意数据质量与治理、数据安全与隐私保护、人才培养等关键问题。通过科学规划和有效管理,企业可以充分发挥大数据技术的优势,实现业绩评价的全面优化和提升,从而在激烈的市场竞争中保持领先地位。

 关键概念

业绩评价　综合指数法　功效系数法　大数据技术　数据质量与治理

 **思考题**

1. 业绩评价与企业综合评价的关系。
2. 业绩评价和财务综合分析的关系。
3. 运用综合指数法应注意的问题。
4. 功效系数法的优缺点。

 **课后练习**

一、单项选择题

1. 业绩评价的主要目的是(　　)。
   A. 提高企业的市场份额
   B. 提升企业的管理水平、管理质量和持续发展能力
   C. 增加企业的现金流
   D. 扩大企业的投资规模
2. 财务分析在业绩评价中的作用是(　　)。
   A. 提供市场竞争分析　　　　　　　B. 提供数据支持和信息基础
   C. 提供员工绩效评估　　　　　　　D. 提供客户满意度调查
3. 我国企业经济效益综合评价采用的方法是(　　)。
   A. 指标体系法　　　　　　　　　　B. 综合指数法
   C. 功效系数法　　　　　　　　　　D. 综合评分法
4. 综合指数法的主要步骤不包括(　　)。

A. 选择指标 B. 确定标准值
C. 计算单项指数 D. 制定市场营销策略

5. 按照功效系数法,如果某企业绩效评价得分为 89 分,那么该企业评价级别为( )。
   A. A+　　　　　B. B+　　　　　C. B　　　　　D. A

6. 按照功效系数法,在企业绩效评价四类指标中,最重要的一类是( )。
   A. 财务效益 B. 资产运营能力
   C. 偿债能力 D. 发展能力

7. 下列不属于不良资产的项目是( )。
   A. 待摊费用 B. 待处理资产损失
   C. 预付账款 D. 递延资产

8. 财政部最新规定的资产营运状况的修正指标不包括( )。
   A. 总资产增长率 B. 不良资产比率
   C. 存货周转率 D. 应收账款周转率

9. 在业绩评价中,实时数据的主要作用是( )。
   A. 帮助企业了解员工的休假情况
   B. 帮助企业动态监控业绩指标的变化情况
   C. 帮助企业计算税收
   D. 帮助企业进行招聘

10. 数据质量与治理在大数据技术应用中的重要性主要体现在( )。
    A. 提高企业的知名度 B. 确保数据的准确性、一致性和完整性
    C. 提高企业的销售额 D. 增加企业的市场份额

二、多项选择题

1. 财务综合评价的基本目的有( )。
   A. 筹资决策　　B. 投资决策　　C. 经营者激励　　D. 职工激励
   E. 生产者决策

2. 我国国有资本金绩效评价主要从( )方面进行。
   A. 财务效益　　B. 营运能力　　C. 偿债能力　　D. 发展能力
   E. 社会贡献能力

3. 企业社会贡献总额包括( )。
   A. 利润　　　　B. 利息支出　　C. 各种税金　　D. 非物质消耗
   E. 工资

4. 在国有资本金绩效评价指标体系中,属于基本指标的有( )。
   A. 销售增长率 B. 流动资产周转率
   C. 存货周转率 D. 已获利息倍数
   E. 盈余现金保障倍数

5. 在国有资本金绩效评价指标体系中,属于发展能力状况的修正指标有( )。
   A. 资本保值增值率 B. 三年销售平均增长率
   C. 销售增长率 D. 总资本增长率
   E. 技术投入比率

6. 在运用综合指数法进行各项指标单项指数计算时,计算公式与大部分指标不同的指标有( )。
   A. 存货周转率
   B. 流动比率
   C. 速动比率
   D. 发展能力
   E. 资产负债率

7. 大数据技术在业绩评价中的应用主要体现在( )方面。
   A. 提升数据处理能力和评价精度
   B. 增强评价的客观性和公正性
   C. 提高业绩评价效率
   D. 支持决策制定
   E. 增加市场推广活动

8. 功效系数法的应用包括( )步骤。
   A. 选择评价指标
   B. 确定标准值及标准系数
   C. 计算各项指标得分
   D. 制订企业战略规划
   E. 确定各项指标的权数

三、判断题

1. 运用综合指数法计算各项业绩指标的单项指数是指各项经济指标的实际值与标准值之间的比值。( )
2. 在运用功效系数法时,各类指标中基本指标的权数与修正指标的权数相等。( )
3. 不良资产比率是指企业不良资产与流动资产之比。( )
4. 资本保值增值率是反映企业财务效益的基本指标。( )
5. 在企业正常经营条件下,速动比率往往大于流动比率。( )
6. 各类指标的修正后得分等于各类基本指标得分加上各类修正指标得分。( )
7. 国有资本金绩效评价使用的方法是功效系数法与分析判断法的结合。( )
8. 运用综合指数法时,各类周转率指标通常采用周转次数,而不是周转天数。( )
9. 大数据技术在业绩评价中可以实现数据处理的自动化和智能化,提高评价效率和准确性。( )
10. 大数据技术在业绩评价中主要依赖静态的历史数据,无法提供实时的分析和反馈。( )

四、简答题

1. 简述业绩评价的内涵及业绩评价系统的设计原则。
2. 简述业绩评价系统的构成要素。
3. 简述国有资本金绩效评价指标体系。
4. 简述大数据技术在企业业绩评价中的优势。
5. 简述功效系数法在绩效评价中的应用步骤。

五、计算分析题

1. 福运公司的财务指标数据如表 10-12 所示,请根据表中的数据,使用综合指数法回答下列问题:
   (1) 计算各指标的单项指数(封顶和不封顶两种方法)。
   (2) 根据权重计算综合经济指数(封顶和不封顶两种方法)。
   (3) 解释综合指数的含义。

财务分析

表 10-12　　　　　　　　　　　福运公司财务指标数据表

福运公司财务指标数据表			
经济指标	实际值	标准值	权数
销售毛利率	36%	42%	10
总资产报酬率	3.2%	4.5%	14
净资产收益率	12%	7.5%	20
资产负债率	46%	50%	12
速动比率	120%	150%	5
应收账款周转率(次)	6	8.5	12
存货周转率(次)	4.2	6	7
固定资产周转率	5.3%	4%	10
营业收入增长率	12%	10%	8
盈利现金流量比率	130%	150%	2
合计			100

2. 南翔公司是一家船舶制造企业,2022 年其各项财务绩效相关数据如表 10-13—表 10-17 所示。

表 10-13　　　　　　　　　　南翔公司财务绩效基本指标表

基本指标	指标值	基本指标	指标值
净资产收益率	9.60%	资产负债率	50.29%
总资产报酬率	5.76%	已获利息倍数(倍)	9.65
总资产周转率(次)	0.58	销售增长率	16.54%
应收账款周转率(次)	7.66	资本保值增值率	108.45%

表 10-14　　　　　　　　船舶工业全行业财务绩效基本指标标准值表

| 项目 | 优秀 | 良好 | 平均 | 较低 | 较差 |
	(1)	(0.8)	(0.6)	(0.4)	(0.2)
净资产收益率	10.4%	5.1%	2.1%	−8.7%	−24.8%
总资产报酬率	6.1%	3.0%	0.7%	−3.6%	−14.1%
总资产周转率(次)	0.8	0.6	0.4	0.3	0.1
应收账款周转率(次)	11.8	7.8	4.3	3.3	1.0
资产负债率	45.8%	57.6%	69.8%	85.0%	99.0%
已获利息倍数(倍)	14.4	4.2	1.7	−4.5	−40.7
销售增长率	20.5%	7.5%	0.9%	−15.8%	−48.1%
资本保值增值率	111.6%	107.6%	102.5%	96.4%	69.5%

表 10-15　　　　　　　　　南翔公司财务绩效修正指标表

修正指标	指标值	修正指标	指标值
销售(营业)利润率	5.64%	速动比率	1.12
盈余现金保障倍数(倍)	1.88	现金流动负债比率	13.51%
成本费用利润率	8.35%	带息负债比率	48.08%
资本收益率	18.66%	EBITDA 比率	13.4%
两金占流动资产比重	33.16%	销售(营业)利润增长率	10.76%
流动资产周转率(次)	1.45	总资产增长率	12.35%
资产现金回收率	4.92%	技术投入比率	0.95%

表 10-16　　　　　　　船舶工业全行业财务绩效修正指标标准值表

项目	优秀 (1)	良好 (0.8)	平均 (0.6)	较低 (0.4)	较差 (0.2)
一、盈利能力状况					
销售(营业)利润率	7.8%	3.3%	−0.9%	−7.1%	−35.1%
盈余现金保障倍数(倍)	3.4	2.2	0.9	0.1	−2.7
成本费用利润率	11.1%	4.5%	0.5%	−10.2%	−40.1%
资本收益率	29.5%	9.2%	0.9%	−17.3%	−53.2%
二、资产质量状况					
两金占流动资产比重	30.9%	37.6%	41.0%	57.5%	68.4%
流动资产周转率(次)	1.6	1.1	1.0	0.5	0.2
资产现金回收率	10.3%	5.2%	1.4%	−1.5%	−10.3%
三、债务风险状况					
速动比率	1.8	1.2	1.0	0.6	0.1
现金流动负债比率	35.6%	14.3%	3.7%	−2.2%	−28.2%
带息负债比率	16.6%	31.5%	41.8%	54.6%	81.2%
EBITDA 比率	15.1%	9.5%	4.2%	−1.8%	−13.4%
四、经营增长状况					
销售(营业)利润增长率	57.4%	14.0%	−37.5%	−79.5%	−243.7%
总资产增长率	15.7%	10.3%	4.5%	1.1%	−15.2%
技术投入比率	3.7%	1.3%	0.6%	0.5%	0.0%

■ 财务分析

表 10-17 　　　　　　　　　企业综合绩效评价指标及权重表

单位：分

财务绩效定量评价指标（权重70%）				管理绩效定性评价指标（权重30%）	
指标类别(100)	基本指标(100)		修正指标(100)		评议指标(100)
盈利能力状况(34)	净资产收益率 总资产报酬率	20 14	销售（营业）利润率 盈余现金保障倍数 成本费用利润率 资本收益率	10 9 8 7	战略管理　　18 发展创新　　15
资产质量状况(22)	总资产周转率 应收账款周转率	10 12	两金占流动资产比率 流动资产周转率 资产现金回收率	9 7 6	经营决策　　16 风险控制　　13
债务风险状况(22)	资产负债率 已获利息倍数	12 10	速动比率 现金流动负债比率 带息负债比率 EBITDA比率	6 6 5 5	基础管理　　14 人力资源　　8
经营增长状况(22)	销售增长率 资本保值增值率	12 10	销售（营业）利润增长率 总资产增长率 技术投入比率	10 7 5	行业影响　　8 社会贡献　　8

结合上述表格中的数据信息，使用功效系数法，回答下列问题：

(1) 计算南翔公司单项指标得分、分类指标得分及基本指标总分，并将计算结果填入表 10-18 中。

表 10-18 　　　　　　　　　南翔公司指标得分计算表

单位：分

类别	基本指标（分数）	单项指标得分	分类指标得分
盈利能力状况	净资产收益率(20) 总资产报酬率(14)		
资产质量状况	总资产周转率(10) 应收账款周转率(12)		
债务风险状况	资产负债率(12) 已获利息倍数(10)		
经营增长状况	销售增长率(12) 资本保值增值率(10)		
基本指标总分			

(2) 计算南翔公司分类综合修正系数、各类别修正后得分及修正后定量指标总分，并将计算结果填入表 10-19 中。

表 10-19 南翔公司修正后的得分计算

单位:分

项目	类别修正系数	基本指标得分	修正后得分
盈利能力状况			
资产质量状况			
债务风险状况			
经营增长状况			
修正后定量指标总分			

(3) 已知外部专家对南翔公司管理绩效定性评价的总分数为92.13分,计算南翔公司经营业绩综合评价分数,并确定其综合评价结果等级。

第十一章　财务分析在风险控制中的应用

学习目标

1. 理解风险控制的内涵。
2. 熟悉财务分析与风险控制的关系。
3. 掌握企业财务预警的分析。
4. 熟练掌握企业财务预警的分析应用。
5. 熟悉大数据技术在风险控制与财务预警中的应用。
6. 通过分析企业风险防范与控制,增强学生的风险意识和社会责任感。

引导案例

2023年,复星医药相关担保公告达32条,每个月至少有两条担保信息披露;2022年,其相关担保公告达22条;2021年公司担保公告达23条;2020年为31条。

2023年5月25日,复星医药公告提到,根据2023年经营计划,提请股东大会批准自股东周年大会通过之时起集团续展及新增担保额度不超过333亿元。

截至2023年12月14日,复星医药实际对外担保金额折合人民币约293.27亿元(其中美元、欧元按2023年12月14日中国人民银行公布的相关人民币汇率中间价折算),约占2022年12月31日集团经审计的归属于上市公司股东净资产的65.78%。2022年,复星医药归属于上市公司股东的净资产445.82亿元。

复星医药还表示,对外担保均为本公司与控股子公司/单位之间、控股子公司/单位之间的担保。

2024年1月份,复星医药已发布三条担保公告。据其最新一次担保公告,截至2024年1月19日,集团无逾期担保事项。

巨丰投资首席投资顾问张翠霞称,2005年公司法修改之前,对公司对外投资有比例的限制,即"公司向其他有限责任公司、股份有限公司投资的,除国务院规定的投资公司和控股公司外,所累计投资额不得超过本公司净资产的百分之五十",但2005年公司法修改后,将这一规定删除。因此,在法律上没有对公司对外投资所占净资产比例的强制性限制。

"不过,修改后的公司法规定:公司向其他企业投资或者为他人提供担保,按照公司章程的规定,由董事会或者股东会决议;公司章程对投资或者担保的总额及单项投资或者担保的数额有限额规定的,不得超过规定的限额。"张翠霞提到,因此,公司对外投资在金额上也不是绝对没有限制的,这取决于公司章程的规定。

那么在风控体系中,担保总额占净资产的比例应该控制在多少以内比较适宜?企业进行风险控制时,需要注意哪些方面,它与企业的信用评级的关系是什么,财务分析在这个过程中的作用又是什么呢?这是本章需要学习的内容。

(资料来源:根据腾讯财经"复星医药忙着担保!流动比率低至1,偿债能力够吗?"整理)

第一节　财务分析与风险控制

一、风险控制的内涵

(一) 风险控制的含义

风险控制是指通过一系列方法、手段和措施,主动管理和驾驭潜在风险,以实现对风险的有效防范、降低和应对,确保企业或组织的目标得以顺利实现。风险控制的内容主要包括以下几个方面。

(1) 风险识别:这是风险控制的第一步,涉及对组织所面临的潜在风险进行辨识和分类。通过分析组织的内外部环境,识别出可能对组织目标的达成造成威胁的事件或因素。

(2) 风险评估:对已识别的风险进行定量或定性的评估,通过评估风险的概率和影响程度,确定风险的优先级,并为后续的风险管理提供依据。

(3) 风险监控:在风险发生前或在风险发生过程中对风险进行监控和控制。通过设立监控措施和指标,及时发现风险的变化和演化,并采取相应的应对措施。

(4) 风险管理:根据风险评估的结果,采取相应的措施来控制和减轻风险带来的影响。风险管理包括风险避免、风险转移、风险减少和风险接受等策略和措施。

需要注意的是,风险控制是一个动态的过程,需要企业持续关注和分析可能影响其财务状况的各种因素。财务预警作为风险控制的重要组成部分,通过持续监控企业的财务状况和市场环境,及时发现可能导致财务危机的征兆,为企业提供预警信号。这种预警机制有助于企业在风险尚未完全显现时采取行动,以减轻或避免潜在的损失。财务预警不仅帮助企业识别和评估风险,还促进企业制定和实施有效的风险管理策略,确保企业的财务安全和可持续发展。因此,进行有效的财务预警分析对于企业的风险控制至关重要。本章第二节将深入探讨企业财务预警分析的目的、程序与作用,以及如何通过定量分析模式来预测和预防财务风险。

(二) 风险控制中的风险

风险通常是指在一定条件下和一定时期内可能发生的各种结果的变动程度,企业所面临的风险是指企业经营活动的不确定性造成的财务成果的不确定性。风险可能给企业带来超出预期的收益,也可能带来超出预期的损失。由于人们一般对意外损失更为关切,故在研究风险时主要从不利的方面来考察风险,经常把风险看作是不利事件发生的可能性。从财务的角度而言,风险主要是指无法达到预期报酬的可能性。

风险的根源在于未来的不确定性,因而企业经营必然存在风险。当今企业所面临的环境越来越复杂,风险种类日益增多,如汇率风险、利率风险、信用风险、投资风险等,其中任何一种风险都可能会给企业带来意外损失。财务学通常将企业所面临的风险分为财务风险和经营风险。

1. 财务风险

财务风险,又称筹资风险,其是指由负债筹资引起的所有者收益和偿债能力的不确定性。企业只要存在负债筹资,就存在财务风险。

从负债筹资引起的所有者收益的不确定性来看,由于负债的资金成本是固定的,当总资产报酬率高于负债的资金成本率时,负债资金创造的一部分收益归自有资金所有。此时,负债资金占总资金的比重越大,净资产的收益率越高。反之,当总资产报酬率低于负债的资金成本率时,则必须利用一部分自有资金创造的收益去支付负债利息。此时,负债资金占总资金的比重越大,净资产的收益率越低。

从负债筹资引起的偿债能力的不确定性来看,企业借入的资金越多,其需要支付的固定利息越多,其丧失偿付能力的可能性越大。当总资产报酬率低于负债的资金成本率时,企业必须利用一部分自有资金创造的收益去支付利息,这容易导致企业财务状况的逐步恶化。

2. 经营风险

经营风险,又称商业风险,其是指企业经营方面的原因给盈利带来的不确定性。这种风险是企业所固有的,任何企业都必须承受这种风险。这是因为企业产品经营的各个方面都会受到企业外部环境和内部条件的影响,其盈利水平不可避免地具有不确定性。

从企业外部环境来看,产品销售市场和生产要素市场的供求关系会直接影响企业的盈利水平。产品销售市场的变化直接影响产品的销售数量和销售价格,从而引起企业盈利水平的变化。而产品销售市场的供求关系又会受到诸如宏观经济政策、竞争对手、替代产品、消费者偏好等因素的影响。同时,生产要素市场的变化会直接影响企业的生产成本,从而引起企业盈利水平的变化。而生产要素市场的变化同样受到众多因素的影响,如原材料供应受到生产厂商、运输路线、季节变化等因素的影响。

从企业内部条件来看,企业科技开发能力、生产设备先进程度、固定成本的比重等因素均会影响企业的收入和费用水平,进而影响企业的盈利水平。企业的经营风险不仅因行业而异,还因同行业中不同企业而异,即使是同一企业在不同时间也存在差异。一般而言,从事传统产品制造的行业所面临的风险要低于从事新兴产品开发和制造的行业。就同一企业而言,成熟期的经营风险最低。

(三)风险控制的目的

风险控制的主要目的是确保组织在面临各种潜在风险时能够保持其运营的稳定性、盈利性和可持续性。具体来说,风险控制的目的包括以下几点。

1. 减少不确定性

通过识别、评估和管理各种潜在风险,风险控制有效地降低了未来事件带来的不确定性,使组织更准确地预测和规划未来的发展路径,从而减少决策过程中意外情况的干扰。同时,减少不确定性有助于增强投资者和利益相关者的信心,提升组织在市场中的竞争力。

2. 保护资产安全

风险控制旨在确保组织的各类资产(如财务资产、物理资产、知识产权、数据等)免受损失或损害。通过制定和实施保护措施,风险控制可以预防可能的安全漏洞,减少资产受损的概率,确保企业的财务稳定和运营连续。这不仅维护了组织的财务健康,还保障了组织长期发展所需的资源基础。

3. 遵守法律法规

风险控制确保组织的运营活动符合相关法律法规要求,避免其因违规行为而面临法律诉讼、罚款甚至业务停滞的风险。通过建立合规管理体系,风险控制帮助组织及时识别并应对法律风险,确保组织持续合法合规运营。

4. 提高运营效率

通过有效的风险管理策略,风险控制优化了组织的资源配置,提高了运营效率。风险控制通过识别和消除潜在的运营瓶颈及效率低下的问题,帮助组织更好地利用资源,实现成本节约和效率提升。此外,良好的风险管理策略还能推动内部流程的优化,使组织在更高效的环境中运作,提升整体业绩表现。

5. 增强组织韧性

在面对不可预见的风险事件(如自然灾害、经济危机、技术故障等)时,风险控制确保组织能够快速恢复并继续正常运营。通过提前制定应急预案和建立恢复机制,风险控制帮助组织在危机发生时迅速作出反应,减少损失,并恢复业务运营。这不仅保护了组织的短期利益,还为组织的长期可持续发展奠定坚实基础。

二、财务分析在风险控制中的作用

1. 识别潜在风险

财务分析通过对企业财务报表、经营数据等信息的深入剖析,有助于发现潜在的经营风险。例如,分析企业的应收账款周转率、存货周转率等指标,可以揭示企业在现金流管理、库存管理等方面存在的问题,从而识别潜在的财务风险。

2. 评估风险程度

财务分析通过对企业各项财务指标进行量化和对比,可以对风险程度进行客观评估。例如,利用财务分析工具计算企业的财务杠杆系数、Z值等,可以评估企业的偿债能力和破产风险,从而帮助企业更好地把握风险的大小和性质。

3. 制定风险策略

财务分析的结果为企业制定风险策略提供了重要依据。企业可以根据财务分析揭示的风险点,制定相应的风险应对措施,如调整经营策略、优化融资结构、加强内部控制等,以降低风险的发生概率和影响程度。

4. 监控风险变化

财务分析具有持续性和动态性的特点,可以帮助企业实时监控风险的变化情况。通过定期分析企业财务报表,企业可以及时了解风险的发展趋势,从而采取针对性的措施进行调整和优化。

5. 优化决策依据

财务分析为企业的决策提供了重要的数据支持和参考。通过对财务数据的深入剖析，企业可以更准确地评估投资项目的盈利性、风险性等因素，为投资决策提供有力依据。同时，财务分析还有助于企业优化资源配置，提高经营效率。

6. 助力风险应对

在风险应对阶段，财务分析同样发挥着重要作用。企业可以根据财务分析的结果，制定详细的风险应对方案，包括风险规避、风险转移、风险降低和风险承受等策略。同时，财务分析还可以为风险应对方案提供数据支持，帮助企业量化风险应对的成本和收益，为决策提供更加全面的依据。

11-1 拓展知识-W公司财务分析及风险控制对策

三、财务风险分析与经营风险分析

1. 财务风险分析

财务风险分析通常是指通过计算净资产收益率的标准差及标准离差率来评估企业盈利能力的稳定性和风险水平，也可以通过计算财务杠杆进行分析。

1）净资产收益率的标准差及标准离差率分析

分析步骤如下：

（1）确定借入资金对自有资金的比例，预测经营状况可能出现的概率；

（2）计算期望净资产收益率；

（3）计算期望净资产收益率的平方差和标准差；

（4）计算标准离差率，根据标准离差率判断财务风险程度。

期望净资产收益率可以按以下公式计算：

$$期望净资产收益率=\left[期望的总资产报酬率+\frac{借入资金}{自有资金}\times\left(期望资金利润率-借入资金利息率\right)\right]\times(1-所得税税率)$$

其中，

$$期望的总资产报酬率=\sum\left(\begin{array}{c}各种可能\\情况的概率\end{array}\times\begin{array}{c}该情况下\\总资产报酬率\end{array}\right)$$

假定企业有一种新产品即将面市，市场出现"好""中""差"三种情况的概率分别为0.5、0.3和0.2，三种情况下的息税前利润率分别为35%、15%和−10%，企业资金总额为1 000 000元，所得税税率为25%。该企业有三种筹资方案可供选择：①资金全部自有；②资金80%自有，20%借入，利息率为10%；③资金50%自有，50%借入，利息率为10%。试分析三种筹资方案的风险程度。

根据上述资料，在已确定借入资金对自有资金的比例、预测经营状况可能出现的概率的情况下，我们可直接进行期望净资产收益率的标准离差率分析的第二步——计算期望净资产收益率。

期望的总资产报酬率=0.5×35%+0.3×15%+0.2×(−10%)=20%

则在第一种方案中，

$$期望净资产收益率 = 20\% \times (1 - 25\%) = 15\%$$

在第二种方案中，

$$期望净资产收益率 = \left[20\% + \frac{200\,000}{800\,000} \times (20\% - 10\%)\right] \times (1 - 25\%) = 16.875\%$$

在第三种方案中，

$$期望净资产收益率 = \left[20\% + \frac{500\,000}{500\,000} \times (20\% - 10\%)\right] \times (1 - 25\%) = 22.5\%$$

然后进行第三步，计算期望净资产收益率的平方差和标准差。其计算公式分别为：

$$平方差(\sigma^2) = \sum\left[\left(\begin{array}{c}各种情况下的税\\后资金利润率\end{array} - \begin{array}{c}期望\\净资产收益率\end{array}\right)^2 \times \begin{array}{c}各种情况可能\\出现的概率\end{array}\right]$$

$$标准差\ \sigma = \sqrt{\sigma^2}$$

其中，

$$各种情况下的税后资金利润率 = \frac{\left(\begin{array}{c}各种情况下的\\息税前利润\end{array} - 利息\right) \times (1 - 所得税税率)}{净资产总额} \times 100\%$$

计算各种情况下的税后资金利润率。

第一种方案的税后资金利润率在三种可能的市场情况下分别为：

$$\frac{[1\,000\,000 \times (35\% - 0)] \times (1 - 25\%)}{1\,000\,000} \times 100\% = 26.25\%$$

$$\frac{[1\,000\,000 \times (15\% - 0)] \times (1 - 25\%)}{1\,000\,000} \times 100\% = 11.25\%$$

$$\frac{[1\,000\,000 \times (-10\% - 0)] \times (1 - 25\%)}{1\,000\,000} \times 100\% = -7.5\%$$

第二种方案和第三种方案的计算过程略去，其计算结果如表 11-1 所示。

第一种方案的标准差为：

$$\sqrt{(26.25\% - 15\%)^2 \times 0.5 + (11.25\% - 15\%)^2 \times 0.3 + (-7.5\% - 15\%)^2 \times 0.2} = 12.99\%$$

标准差表示随机变量在概率分布图中的密集性程度。标准差越小，概率分布越密集，风险程度越小。但标准差不能用于比较不同方案的风险程度，因为在标准差相同的情况下，期望值不同，风险程度也不同。因此，需要通过计算标准离差率来比较不同方案的风险程度。标准离差率越大，风险程度越大。标准离差率的计算公式为：

$$标准离差率 = \frac{标准差}{期望值} \times 100\%$$

三种方案的期望净资产收益率的标准离差率计算结果如表 11-1 所示。

表 11-1　　　　　　　　　　期望净资产收益率的标准离差率计算表

项目	方案一	方案二	方案三
借入资金对净资产的比例	0	$\dfrac{200\,000}{800\,000}=25\%$	$\dfrac{500\,000}{500\,000}=100\%$
期望净资产收益率	15%	16.875%	22.5%
期望净资产收益率的标准差	12.99%	16.02%	19.84%
期望净资产收益率的标准离差率	86.6%	94.92%	88.19%

通过上例,我们可以得出以下结论:①在期望净资产收益率大于借入资金利息率时,借入资金对净资产的比例越大,越能提高期望净资产收益率;②借入资金对净资产的比例越大,期望净资产收益率的标准差越大,风险越大;③借入资金的利息率越高,风险越大。

2) 财务杠杆分析

财务杠杆是指负债(或优先股)筹资对普通股每股收益的影响程度。因此,财务杠杆也可以反映负债筹资的风险程度。财务杠杆作用的大小通常用财务杠杆系数表示。一般而言,财务杠杆系数越大,企业的财务风险越大。财务杠杆系数的计算公式为:

$$\text{财务杠杆系数}=\frac{\text{普通股每股收益的变动率}}{\text{息税前利润的变动率}}=\frac{\text{息税前利润}}{\text{息税前利润}-\text{利息支出}}$$

假设某公司有三种筹资方案,具体情况如表 11-2 所示。

从中可以看出,在息税前利润相同的情况下,利息支出越多(负债越多),财务杠杆系数越大,财务风险越大。此外,若负债的利息支出是固定的,当息税前利润增加时,每股收益会以更大的幅度增加;反之,当息税前利润减少时,每股收益会以更大的幅度减少。

表 11-2　　　　　　　　　　　　　筹资方案比较表

金额单位:元

项目	方案一	方案二	方案三
资本总额	2 000 000	2 000 000	2 000 000
普通股股本	2 000 000	1 500 000	1 000 000
普通股股数	20 000	15 000	10 000
负债(利息率为8%)	0	500 000	1 000 000
息税前利润	200 000	200 000	200 000
债务利息	0	40 000	80 000
税前利润	200 000	160 000	120 000
所得税(税率为25%)	50 000	40 000	30 000
税后利润	150 000	120 000	90 000
财务杠杆系数	1.00	1.25	1.67
每股收益	7.50	8.00	9.00

2. 经营风险分析

1) 息税前利润的标准离差率分析

经营风险的大小可以通过息税前利润的标准离差率来进行分析。其分析步骤如下:首先预测经营状况可能出现的概率；其次计算期望息税前利润及其标准差；最后计算其标准离差率，根据标准离差率判断经营风险的程度。

假设某公司生产 A、B 两种产品，有关资料如表 11-3 所示。

表 11-3　　　　　　　　　　　产品生产销售情况表

金额单位：元

产品	市场情况	概率	销售量（件）	销售单价	单位变动成本	边际贡献	固定成本	息税前利润
A	好	0.2	240	20	12	1 920	800	1 120
A	中	0.6	200	20	12	1 600	800	800
A	坏	0.2	160	20	12	1 280	800	480
B	好	0.2	240	20	8	2 880	1 600	1 280
B	中	0.6	200	20	8	2 400	1 600	800
B	坏	0.2	160	20	8	1 920	1 600	320

则 A 产品的期望息税前利润为：

$$1\,120\times0.2+800\times0.6+480\times0.2=800(元)$$

B 产品的期望息税前利润为：

$$1\,280\times0.2+800\times0.6+320\times0.2=800(元)$$

分别计算两种产品的标准差。

A 产品期望息税前利润的标准差 $=\sqrt{(1\,120-800)^2\times0.2+(800-800)^2\times0.6+(480-800)^2\times0.2}$
$=202.39$

B 产品期望息税前利润的标准差 $=\sqrt{(1\,280-800)^2\times0.2+(800-800)^2\times0.6+(320-800)^2\times0.2}$
$=303.58$

由于两种产品的期望息税前利润相同，可直接通过比较标准差来判断两种产品经营风险的大小。但为了分析步骤的完整，这里仍计算了两种产品的标准离差率。

$$A\text{产品的标准离差率}=202.39\div800\times100\%=25.30\%$$
$$B\text{产品的标准离差率}=303.58\div800\times100\%=37.95\%$$

从案例中可以看出，尽管两种产品的期望息税前利润相同，但 B 产品期望息税前利润的标准差及标准离差率都比 A 产品大，这说明 B 产品的经营风险比 A 产品大。

2) 经营杠杆分析

经营风险的大小可以用经营杠杆来衡量。经营杠杆是指在某一固定成本比重下，销售量变动对息税前利润产生的影响。经营杠杆的大小一般用经营杠杆系数来表示，其计算公式为：

$$经营杠杆系数=\frac{销售量\times(销售单价-单位变动成本)}{销售量\times(销售单价-单位变动成本)-固定成本}=\frac{边际贡献}{息税前利润}$$

例如，某企业生产 A 产品，固定成本为 120 万元，销售单价为 10 元，单位变动成本为 4 元。当销售量为 80 万件时，经营杠杆系数为：

$$经营杠杆系数 = \frac{800\,000 \times (10-4)}{800\,000 \times (10-4) - 1\,200\,000} = 1.33$$

若销售量分别为 40 万件、20 万件,经营杠杆系数分别为 2 和无穷大。

从案例中可以看出:①在固定成本不变的情况下,销售量越大,经营杠杆系数越小,经营风险也越小;反之,销售量越小,经营杠杆系数越大,经营风险也越大。②当销售量达到盈亏临界点时,经营杠杆系数趋于无穷大。此时,若销售量稍有增加,便可出现盈利;若销售量稍有减少,便会发生亏损。③企业可以通过增加销售量和销售单价、降低单位产品变动成本和固定成本等措施来降低经营风险。

第二节 企业财务预警分析

一、企业财务预警分析概述

(一) 企业财务预警分析的目的

企业财务预警分析是指通过分析企业财务报表和相关资料,及早发现企业发生财务危机的各种征兆,以避免发生投资损失的分析过程。

企业财务预警分析的目的是及时预测和预防企业可能面临的财务风险,保障企业的可持续发展。它通过分析企业财务数据,帮助企业管理层及时发现潜在的财务问题,并采取相应的措施来避免危机的发生,或者在危机发生前做好准备,以减轻危机的影响。

企业财务预警分析在企业管理中发挥着重要的作用,它能够及时发现潜在的风险,如经营风险、市场风险、信用风险和流动性风险等,帮助企业采取及时的预防措施,避免损失的扩大和恶化。同时,企业财务预警分析可以促进企业的健康发展,帮助企业了解自身的财务状况,及时发现问题并对此采取有效措施,保障企业的财务稳健和可持续发展,提高企业的竞争力和市场地位。

除此之外,企业财务预警分析还可以改进企业管理,为企业提供数据支持,帮助企业提高效率,降低成本,提高盈利能力,实现经营和财务目标的有效对接。对于企业来说,建立健全的风险管理体系是至关重要的,而企业财务预警分析可以帮助企业提高风险管理能力,避免因财务风险导致的企业破产和倒闭。

总之,企业财务预警分析在企业管理中发挥着重要的作用,它能够帮助企业及时发现风险、促进企业健康发展、改进企业管理、提高企业风险管理能力。因此,每个企业都应该重视企业财务预警分析的作用,不断完善财务预警系统,确保企业的可持续发展和稳健运营。

11-2 课程思政-巴林银行内控失效导致破产案例分析

(二) 企业财务预警分析的程序

企业财务预警分析的程序通常包括以下几个步骤。

第一,建立一套完善的财务预警分析系统。这个系统需要明确分析的对象、目标和内容,同时还要建立相应的组织机构和制度规范,以确保分析的准确性和有效性。

第二,密切关注与企业财务状况相关的各种信息。深入剖析财务报表、经营计划、管理报告及市场动态等,以便获取全面而准确的信息。

第三,持续监测一系列特定的财务指标。根据设定的财务预警指标体系,通过深入分析这些财务指标的变化趋势和行业特点,及时发现可能存在的财务风险和危机。一旦识别出财务风险和危机,应对其进行详细的风险评估。这需要深入分析风险产生的原因、影响程度及可能的发展趋势,以便为后续的应对措施提供决策依据。

第四,针对可能出现的财务风险和危机,制定应对措施。这些措施可能包括调整经营策略、改善财务管理、控制成本等,确保企业能够有效地应对风险。在制定好应对措施后,企业需要将措施落实到实际操作中,并对实施过程进行监控和调整。只有这样才能确保控制效果达到预期目标。

第五,根据预警分析的结果和实际操作的经验,对预警系统进行反馈和改进。其目的是进一步提高预警系统的准确性和有效性,以便更好地为企业财务安全保驾护航。

(三)财务分析在财务预警中的作用

财务分析在财务预警中扮演着至关重要的角色,起到了预见性、指导性和决策支持的作用。通过对财务数据的深入分析,企业能够及早识别风险,制定并实施预防措施,从而有效减少或避免潜在的财务危机。以下是财务分析在财务预警中的几项关键作用。

1. 识别潜在财务风险

财务分析能够通过比率分析、趋势分析和结构分析等方法,识别出企业可能面临的流动性风险、偿债风险、盈利风险和增长风险等。例如,如果企业的流动比率连续几个月低于行业平均水平,则表明其流动性较差,可能无法及时偿还短期债务。这一发现可以作为财务预警的信号,提醒企业增加流动资产或减少短期负债,以避免流动性危机。

2. 监测盈利能力变化

通过分析利润表,企业可以有效监测自身盈利能力的变化。如果盈利能力指标出现持续下滑,可能意味着企业的核心业务正受到市场竞争压力或成本控制不力的影响,这就是一个重要的财务预警信号。例如,企业发现其毛利率连续三个季度下降,经过进一步分析发现原材料成本不断上升,而产品价格未做相应调整,如果企业不及时解决这一问题,其未来的盈利能力将受到影响。财务分析促使企业不断调整供应链和定价策略,以保持其盈利水平。

3. 评估现金流量的健康状况

现金流量分析帮助企业评估其现金流量的健康状况。特别是在经营活动现金流量为负数的情况下,企业可能面临严重的资金短缺,这同样是一个重要的财务预警信号。例如,企业在连续几个季度内经营活动现金流量均为负数,尽管账面利润仍为正,但财务分析显示,企业主要依赖借贷维持运营。这表明企业的现金流量状况不佳,若其不采取措施以改善运营效率或降低成本,则可能很快面临资金链断裂的风险。

4. 预测未来财务状况

财务分析不限于评估当前状况,还可以通过趋势分析和财务模型预测企业未来的财务状况。如果预测显示未来某一时期可能出现亏损或资金短缺,企业可以提前采取措施,如缩减成本或筹集资金。例如,企业通过财务模型预测,由于市场需求下降,未来半年内收入可能大幅减少,而固定成本较高可能导致亏损。基于这一预测,企业决定提前削减不必要的开支,并制定应急计划,以应对可能的财务困难。

5. 制定预防措施和改进计划

在识别出财务风险后,财务分析可以指导企业制定相应的预防措施和改进计划,以减轻或避免潜在的财务危机。例如,财务分析显示,企业在未来几个月可能面临较大的外汇波动风险,其出口业务的盈利将受到影响。企业据此调整外汇对冲策略,以减少汇率波动对财务的负面影响。

二、财务预警分析的定量分析模式

财务预警分析可以分为定性分析和定量分析。定性分析需要分析者对企业的经营管理有相当程度的了解,因而常见于企业内部管理层对企业经营的分析预测,其具体方法包括风险调查分析法、流程图分析法和管理计分法等。本节主要从企业外部的投资者和债权人角度出发,介绍企业财务预警分析的定量分析方法。

财务预警定量分析根据分析变量的数量又可以分为两种模式:单变量模式和多变量模式。顾名思义,单变量模式只分析单个财务比率与财务危机的关系,而多变量模式则运用多个财务比率对财务危机进行预测。由于财务危机一般是受多种因素综合影响的结果,显然多变量模式的预测效果要优于单变量模式,但单变量模式具有方便、直观等优点,在实际操作中仍具有一定的使用价值。

(一) 单变量模式

最早的财务预警分析研究开始于20世纪30年代,这与1929年纽约证券交易所爆发的大危机不无关系。早期的财务预警分析研究一般采用趋势分析法,考察企业财务状况在财务危机前的变化趋势。1932年,美国学者菲茨帕特里克(Fitzpatrick)以19家公司为样本,运用单个财务比率将样本企业划分为破产和非破产两组,发现判别能力最强的是"净利润/股东权益"和"股东权益/负债"两个比率。

尽管Fitzpatrick的研究结果很不错,但直到30多年后才有人沿着这条思路走下去。1966年,毕佛(Beaver)选择了行业、规模均相当的158家公司,且将其分为已经破产和正常运营的两组。通过对破产前五年的29个财务比率进行比较,他发现破产公司在破产前五年就有比率警报,而且这些比率会迅速恶化,尤以最后一年的情况为最。在所有的比率中,"现金流量/债务总额"的预测作用最明显(当时的现金流量仅是指净收益加上折旧和摊销费用),在破产前一年,其预测准确率达到87%。

一般而言,单变量模式可选用的财务比率主要有流动比率、速动比率、资产负债率、已获利息倍数等偿债能力指标,以及净资产收益率、资金利润率等盈利能力指标。有人认为,企业是否会面临财务危机,关键在于其盈利能力,偿债能力并不是很重要。如果企业迅速亏损,现有的偿债能力并不会挽救一家运作不良的企业。

(二) 多变量模式

1. Altman 的"Z 值"模型

1968年,美国学者爱德华·阿特曼(Edward Altman,下称Altman)提出财务预警的"Z

值"(Z-Score)模型。该模型是利用统计学的多元线性判别分析法建立的,其表达式为:

$$Z = 1.2X_1 + 1.4X_2 + 3.3X_3 + 0.6X_4 + 1.0X_5$$

其中,X_1代表营运资金/资产总额,反映资产的流动性;X_2代表留存收益/资产总额,反映累积获利情况;X_3代表息税前收益/资产总额,反映资产的使用效率;X_4代表净资产市价/债务总额,反映偿债能力;X_5代表销售总额/资产总额,反映资产的周转速度。

分析者只要将特定企业各年的财务指标代入公式中,即可计算出 Z 值的大小,进行财务预警分析。该模型的判断标准为:如果 Z 值小于 1.81,则公司已经濒临破产;如果 Z 值大于 2.99,则公司足够安全;如果 Z 值在二者之间的灰色区域,则需要审慎考虑,但一般以 2.675 为界,在其下者发生财务危机的可能性较大,在其上者发生财务危机的可能性较小。Altman 把这个模型用于 33 家破产企业和 33 家未破产企业的抽样时,正确地预测了 66 家企业中的 63 家。

对于非上市公司,由于无法确定净资产市价,Altman 提出以账面价值替代,但须重新调整系数。调整后的模型为:

$$Z = 0.717X_1 + 0.847X_2 + 3.107X_3 + 0.42X_4 + 0.998X_5$$

1977 年,Altman 在"Z 值"模型的基础上又设计出改进的"ZETA"模型。该模型对一些项目做了调整,如在资产中增加了融资租赁资产,扣除了无形资产等;同时,将模型中的变量增加到 7 个,并根据不同行业列出不同的系数。他声称"ZETA"模型比"Z 值"模型预测更准确,在公司破产前一年的准确率高达 95%。不过,Altman 并未公开模型中的系数,而是注册了一家"ZETA 服务公司",为投资者和债权人提供有偿的预警服务。

由于 Altman 的"ZETA"模型没有完全公开,各国学者和研究机构纷纷效仿 Altman 利用多元判别分析建立自己的预警模型,如英国的塔夫勒(Taffler)和巴托利(Bathory)以及日本开发银行所建立的模型等。这些模型的构成及判别方法与"Z 值"模型相似,只是变量的选取及相应的系数各不相同。

在此,我们通过 Altman 的"Z 值"模型对 FXYY 公司 2019—2022 年的年报进行分析,其结果如表 11-4 所示。

表 11-4　　　　FXYY 公司 2019—2022 年"Z 值"模型分析表

变量	2019 年	2020 年	2021 年	2022 年
X_1	49.71%	59.70%	34.68%	63.99%
X_2	23.18%	24.18%	25.57%	24.42%
X_3	4.36%	4.38%	5.08%	3.48%
X_4	51.50%	54.95%	51.85%	50.49%
X_5	4.23%	3.08%	4.23%	3.94%
Z	1.416 22	1.559 96	1.295 18	1.566 94

通过上表可知,该公司的 Z 值一直低于安全边界的 2.99,甚至已经低于破产边界的 1.81。通过"Z 值"模型,分析者可以预测出复星医药存在较大的财务风险。

2. Ohlson 的 Logit 模型

1980 年,奥尔森(Ohlson)利用 Logit 分析模型提出了另一种财务预警模型。该模型是一个二元选择模型,其参数估计采用最大似然估计法,经过多次变量组合试验,去除一些不显著的变量,就可以得到最大似然函数值最大时的参数估计值。该模型的具体表达式为:

$$P = \frac{1}{1+e^{-y}}$$

式中,P 表示公司发生财务危机的概率,P 值越大,发生财务危机的可能性越大;e 是自然对数的底数;y 是线性函数的因变量,其表达式为:

$$y = -1.32 - 0.407X_1 + 6.03X_2 - 1.43X_3 + 0.0757X_4 - 2.37X_5 - 1.83X_6 - 0.521X_7 + 0.285D_1 - 1.72D_2$$

其中,X_1 代表公司的规模,是用物价指数调整过的总资产价值的自然对数;X_2 代表总负债/总资产;X_3 代表营运资本/总资产;X_4 代表流动负债/流动资产;X_5 代表净利润/总资产;X_6 代表经营活动的营运资本流/总负债,经营活动的营运资本流是经营现金流量加上其他营运资本项目的变化。

$$D1 = \begin{cases} 1, \text{过去两年净利润小于 0} \\ 0, \text{过去两年净利润不小于 0} \end{cases}$$

$$D2 = \begin{cases} 1, \text{总负债大于总资产} \\ 0, \text{总负债不大于总资产} \end{cases}$$

Logit 模型在数学方法上要优于以多元线形判别分析建立的"Z 值"模型,其判误率较低,因此成为国外投资分析师常用的一种财务预警分析模型。

财务预警分析是我国财务分析的一个新领域。由于我国证券市场起步较晚,直到近些年,我国学者才结合上海、深圳证券市场的历史资料,构建了一些适合我国的财务预警分析模型,但这些模型的预测能力尚未得到普遍认可,有待于证券市场的进一步检验。

第三节　大数据技术在风险控制与财务预警中的应用

11-3　拓展知识-F-Score 模型下香雪制药财务风险及防范

一、大数据技术在风险控制与财务预警中的作用

大数据技术在风险控制与财务预警中的作用是多方面的,它不仅能够帮助企业识别和评估潜在的风险因素,还能提供全面的风险视角,提升风险预测的准确性,优化决策过程,并赋予企业前瞻性和灵活性。

首先,大数据技术通过对海量财务数据进行实时分析和处理,帮助企业迅速识别潜在的风险因素。这种分析不仅依赖历史数据,还结合了对外部市场环境、经济动态及企业内外部行为模式的深度挖掘,从而为企业提供了一个更加全面的风险视角。这种全面的风险视角有助于企业更深入地理解风险的本质,从而采取更加有效的风险管理措施。例如,通过分析客户的购买行为和市场趋势,企业可以预测产品的需求变化,及时调整生产计划,避免库存积压或缺货的风险。

其次,大数据技术能够显著提升财务预警的准确性。传统的财务预警控制方法往往依赖有限的数据集,这可能导致一些细微但重要的风险信号被忽略。而大数据技术能够处理海量的信息,涵盖广泛的变量,从而提升财务预警的准确性。这种全局视角有助于企业在复杂多变的市场环境中更好地识别和应对潜在的挑战和不确定性。例如,通过整合社交媒体数据、新闻报道和行业分析报告,企业可以更全面地了解市场动态,预测潜在的市场风险,并及时调整战略规划。

再次,大数据技术可以显著优化企业的决策过程。通过快速、准确的数据反馈,管理层能够更及时地获取关于企业运营状况的全面信息。这不仅减少了因信息滞后或不对称导致的决策失误,还能够支持管理层在面对突发风险时迅速采取有效的应对措施,从而降低企业的潜在损失。例如,通过实时监控供应链数据,企业可以快速发现供应链中断的迹象,并采取措施以减少其对生产和销售的影响。

最后,大数据技术在风险控制与财务预警中的作用不仅体现在其强大的数据处理能力上,更重要的是它能够赋予企业一种前瞻性和灵活性。通过实时数据分析和预测,企业能够提前预见市场变化和潜在风险,从而作出更加明智的战略决策。这种前瞻性和灵活性有助于企业在动态变化的市场环境中保持竞争优势,实现可持续发展。例如,通过分析消费者行为和市场趋势,企业可以预测未来的产品需求,提前布局研发和市场推广,从而在竞争中占据有利位置。

大数据技术在风险控制与财务预警中的应用具有重要的意义和价值。它不仅能够帮助企业更全面、更准确地识别和评估风险,还能够提升财务预警的准确性,优化决策过程,并赋予企业前瞻性和灵活性。因此,企业应当积极利用大数据技术,提高风险管理水平,增强市场竞争力,实现可持续发展。

二、大数据技术在风险控制与财务预警中的应用领域

在财务流动性分析方面,企业可以运用大数据技术对企业现金流、应收账款、应付账款等财务数据进行分析,预测流动性风险。通过建立动态的财务模型,大数据技术能够实时监控资金流动情况,及时预警潜在的流动性问题。

在投资风险评估方面,企业可以利用大数据技术分析市场趋势、行业动态及竞争对手信息,为自身的投资决策提供依据。大数据技术通过整合内部与外部数据源,能够有效评估投资项目的风险水平,并预测未来可能的回报。

在企业运营风险管理方面,大数据技术可以用于监测和分析企业运营中的各类风险因素,如供应链风险、生产风险和合规风险。通过采集与分析实时数据,企业可以对风险因素的变化作出快速反应,降低运营中断或成本上升的可能性。

在市场风险监控方面,大数据技术可以帮助企业分析市场波动、政策变化及竞争态势,对可能影响企业经营的市场风险进行全面监控。通过对市场数据的实时分析,企业可以更好地规避不确定性风险。

在财务风险分析方面,大数据技术可以利用全样本分析企业的财务风险,全样本分析能够更好地揭示数据的内在规律和有效信息,从而更好地识别和评估财务风险。

在财务预警分析方面,大数据技术可以提供更全面、更精准的数据支持。传统的财务预警分析多依赖财务报表和统计数据,具有一定的局限性,无法全面把握企业的财务情况。而大数据技术可以实现对多维度数据的快速汇总和分析,包括企业内部的财务数据、销售数

据、生产数据,以及企业外部的市场数据、行业数据等,从而提供更全面、更准确的数据支持。

此外,大数据技术还可以帮助企业及时有效地对相关风险作出预警。在风险出现前或风险萌芽时作出预警能够降低企业的经济损失,提高企业财务风险应对的能力和效率,从而提高企业经营绩效。

三、大数据技术在风险控制与财务预警应用中应注意的问题

1. 数据质量与准确性

在应用大数据技术进行风险控制与财务预警时,保证数据的质量与准确性是至关重要的。低质量或错误的数据会导致风险判断失误,因此企业需要确保数据来源的可靠性,并采用有效的数据清洗与校验技术保证数据的准确性、完整性和一致性,以提高分析结果的准确性。

2. 持续优化和更新模型

在风险控制与财务预警中,模型的可解释性至关重要,决策者需要理解模型分析结果背后的逻辑,以作出正确的判断。因此,企业在使用大数据技术时,应注重模型的透明性与解释性。同时,企业应不断优化和更新其风险数据分析模型,以适应不断变化的市场环境和业务需求。例如,企业采用最新的机器学习算法、数据挖掘技术和统计分析方法,提高分析的准确性和效率。通过持续优化和更新模型,企业能够更好地预测和评估潜在的财务风险,获取决策所需的数据支持。

3. 技术与成本的平衡

大数据技术的应用通常伴随着较高的技术要求与成本投入。企业在实施大数据风险控制与财务预警分析时,需要平衡技术投入与实际收益,避免因过度依赖技术而导致成本上升或分析效果不佳的情况。

4. 完善数据治理框架

在风险控制与财务预警分析中,数据治理扮演着至关重要的角色。企业需要建立一套完善的数据治理框架,以确保数据的有效管理和利用。这包括制定数据标准和规范、明确数据责任和权限、实施数据安全措施,以及定期进行数据审计和质量评估。通过以上数据治理措施,企业能够提升数据的有效性,为风险控制与财务预警分析提供坚实的基础。

11-4 拓展知识-基于大数据技术的企业财务风险管理研究

本章小结

财务分析在企业风险控制中起到了关键作用。通过财务分析,企业能够识别潜在的财务和经营风险,并采取有效的管理策略以减少不确定性和保护资产安全。风险识别、风险评估、风险监控和风险管理是风险控制的核心环节,而财务分析为这些环节提供了数据支持和决策依据,帮助企业在面临各种风险时保持运营的稳定性和可持续性。通过优化资源配置和提高运营效率,财务分析进一步增强了企业的财务稳健性和市场竞争力。

财务预警分析通过深入分析企业财务数据,不仅帮助企业识别和预测可能引发财务危机的早期征兆,还能够深入了解财务状况中的潜在问题。通过这一过程,企业可以及时采取针对性的预防性措施,避免危机的进一步恶化。同时,这种分析方法还为企业管理层提供了

宝贵的洞察力，帮助其更好地应对外部市场变化和内部经营挑战，确保企业的财务稳定性，进而保障企业的可持续发展。

大数据技术在企业风险控制与财务预警中发挥着关键作用，通过实时分析和处理海量财务数据，帮助企业识别潜在的风险因素，并提供全面的风险视角。大数据技术不仅提升风险预测的准确性，还优化决策过程，赋予企业前瞻性和灵活性。在财务流动性分析、投资风险评估、运营风险管理、市场风险监控、全样本财务风险分析和财务预警分析等领域，大数据技术都展现出其强大的应用潜力。然而，企业在应用大数据技术时，需要注意保证数据质量与准确性、持续优化和更新模型、维持技术与成本的平衡、完善数据治理框架。通过有效的数据治理和隐私保护措施，企业能够确保大数据技术在风险控制与财务预警中的应用效果，从而提高自身的财务稳健性和市场竞争力，实现可持续发展。

 关键概念

财务风险控制　　财务预警分析　　定量分析　　财务杠杆分析

 **思考题**

1. 什么是风险？企业经营中有哪些常见的风险？
2. 财务分析在风险防范中有何作用？
3. 简述财务杠杆和经营杠杆的异同。
4. 财务风险分析中净资产收益率的标准差及标准离差率分析有哪些步骤？
5. 什么是财务预警分析？财务预警分析有哪些常用的方法？
6. 财务预警分析常用的模型有哪些？

课后练习

一、单项选择题

1. 企业只要存在固定成本，那么经营杠杆系数必（　　）。
   A. 恒大于1　　　　　　　　　　　B. 与销售量成反比
   C. 与固定成本成反比　　　　　　　D. 与风险成反比
2. 在企业全部资本中，权益资本与债务资本各占50%，则企业（　　）。
   A. 只存在经营风险　　　　　　　　B. 只存在财务风险
   C. 存在经营风险和财务风险　　　　D. 经营风险和财务风险可以相互抵消
3. 企业通过资金结构的调整，可以（　　）。
   A. 降低经营风险　　　　　　　　　B. 影响财务风险
   C. 提高经营风险　　　　　　　　　D. 不影响财务风险
4. 已知经营杠杆系数为2，固定成本为5万元，利息费用为2万元，则已获利息倍数为（　　）。
   A. 2　　　　　　B. 2.5　　　　　　C. 1.5　　　　　　D. 1

5. 某企业本期财务杠杆系数为2,本期息税前利润为500万元,则本期实际利息费用为( )万元。
   A. 100　　　　　　B. 375　　　　　　C. 500　　　　　　D. 250
6. 大数据技术在财务分析中的一个显著作用是( )。
   A. 提高企业的资本回报率　　　　　　B. 提供精准的风险评估
   C. 使财务报表更加复杂　　　　　　　D. 减少企业的经营成本

二、多项选择题

1. 下列对财务杠杆的论述,正确的有( )。
   A. 在资本总额及负债比率不变的情况下,财务杠杆系数越高,每股收益增长越快
   B. 财务杠杆系数可以反映息税前利润随销量变动而变动的幅度
   C. 与财务风险无关
   D. 财务杠杆系数越大,财务风险越大
   E. 财务杠杆表明债务对投资者收益的影响
2. 财务预警分析常用的指标包括( )。
   A. 流动比率　　　　　　　　　　　　B. 净资产收益率
   C. 资产负债率　　　　　　　　　　　D. 总资产报酬率
   E. 营运资金周转率
3. 在财务风险控制中,企业应采取的措施包括( )。
   A. 增加财务杠杆　　　　　　　　　　B. 优化资本结构
   C. 增加债务融资比例　　　　　　　　D. 提高流动性
   E. 加强内部控制
4. 财务分析在风险控制中的作用体现在( )。
   A. 识别潜在风险　　　　　　　　　　B. 评估风险程度
   C. 预测市场需求　　　　　　　　　　D. 制定风险管理策略
   E. 增加企业的流动资金
5. 在企业财务风险分析中,财务杠杆的主要作用有( )。
   A. 影响企业的经营策略　　　　　　　B. 提高企业的盈利能力
   C. 放大企业的盈利波动性　　　　　　D. 增强企业的流动性
   E. 优化企业的资本结构
6. 大数据技术在财务预警分析中的应用能够( )。
   A. 动态监控财务指标　　　　　　　　B. 实时发现潜在风险
   C. 自动生成财务报表　　　　　　　　D. 提高数据处理效率
   E. 增加企业的财务杠杆

三、判断题

1. 财务风险控制的目的是确保企业在不确定的环境下保持财务稳健性。　　　　　( )
2. 企业的高资产负债率一定会导致较高的财务风险。　　　　　　　　　　　　　( )
3. 大数据技术的应用能够提高财务预警分析的实时性和准确性。　　　　　　　　( )
4. 财务预警分析主要依赖企业的历史财务数据,无法提前预测潜在的财务危机。( )
5. 财务分析在风险控制中的作用仅限于风险识别和评估,不能用于制定风险管理

策略。   （   ）
　　6. 大数据技术在财务预警分析中的应用能够完全消除企业面临的所有风险。（   ）

四、简答题

　　1. 简述风险控制的主要目的及其在企业中的重要性。
　　2. 如何通过财务分析识别企业的潜在财务风险？
　　3. 大数据技术在财务预警分析中的优势是什么？

五、计算分析题

　　1. 某公司当前资产负债率为60%，总资产为1 000万元，现计划债务融资200万元用于扩展业务。
　　要求：计算融资后的资产负债率，并分析该计划对企业财务风险的潜在影响。
　　2. 某企业新产品面市，出现畅销、一般、滞销的概率分别为0.5、0.3、0.2，三种情况下的息税前利润率分别为30%、15%和—10%。企业的资金总额为1 000 000元，所得税税率为25%。该企业有三种方案可供选择：A方案资金全部自有；B方案资金的30%通过借入获得，利率为10%；C方案资金的50%通过借入获得。
　　要求：分析三种方案的筹资风险。
　　3. 某公司计划筹资100万元，有三种筹资方案：A方案全部以普通股筹资，发行普通股股票100万股；B方案发行普通股股票80万股，借入资金20万元；C方案发行普通股股票50万股，借入资金50万元。该公司借入资金利息率为8%，息税前利润率为10%，所得税税率为25%。
　　要求：计算三种方案的财务杠杆。

第十二章　财务分析在企业价值评估中的应用

 学习目标

1. 掌握企业价值评估的程序。
2. 掌握以现金流量为基础的、以经济利益为基础的、以价格比为基础的价值评估方法。
3. 熟悉财务分析与企业价值评估的关系。
4. 了解企业价值评估的内涵。
5. 理解客观公正、创新能力在价值评估中的体现,培养学生敬业和创新精神。

 引导案例

2023年,受到生物医药行业的资本热情大幅降温、地域风险等多种因素影响,医药行业呈现下行趋势,医疗企业普遍面临挑战,进入估值底部区间。

制药业务是复星医药核心业务板块。2023年,该业务营收为302.22亿元,占整体营收的73%。目前,制药板块细分为创新药、成熟产品及疫苗三个业务单元,创新药的营收目前还处于爬坡阶段,目标是收入能尽快跨过百亿门槛,未来创新药的收入贡献占比肯定会越来越高。

在研发投入方面,复星医药投入重金。从投入金额来看,2023年A股上市医药公司中,复星医药的研发投入排名第三,同属创新药企第一梯队。在创新驱动下,2023年复星医药核心制药业务营收302.22亿元,销售额过亿元的产品共50个,比2022年增加了3个,其中过5亿元的产品有9个。

2023年,复星医药制药业务收入302.22亿元,不含新冠产品的营收同比增长13.50%,主要源于新品和次新品的收入快速增长。分板块来看,其抗肿瘤及免疫调节核心产品营业收入同比增加37.99%。业内人士指出,过去几年,不少转型升级中的中国大公司都在遭受资本市场和自身发展阵痛的"双杀"。从各个角度看,随着复星医药全球创新资产整合的全面加速,以及创新研发的持续投入和落地,复星医药似乎正在进入下一轮周期,其估值正在走出底部区间。

如何对一家公司进行价值评估?在价值评估过程中需要搜集哪些方面的信息?可通过哪些方法进行价值评估?财务分析在企业价值评估中的作用又是什么?这是本章需要了解

的内容。

(资料来源:根据腾讯网"复星医药在估值底部整合全球资产,开启下一轮周期"整理)

第一节　财务分析与企业价值评估

一、企业价值评估的内涵

(一) 企业价值评估的含义

企业价值评估是指以企业整体为对象,对企业未来产生收益的可持续能力作出估算,能够为投资者和管理层等相关利益主体提供决策相关信息的活动。根据企业价值评估的目的与主体,价值评估的含义也有所不同。

从资产评估师评估的目的与主体出发,根据《资产评估执业准则——企业价值》的定义,企业价值评估是资产评估机构及其资产评估专业人员遵守法律、行政法规和资产评估准则,根据委托对评估基准日特定目的下的企业整体价值、股东全部权益价值或者股东部分权益价值等进行评定和估算,并出具资产评估报告的专业服务行为。

从企业投资者及经营管理者进行投资决策及价值管理的目的与主体出发,企业价值评估是依据价值评估理论与方法,结合企业价值评估的目的,对企业整体价值或不同类别的价值进行分析与估算的行为与过程。

(二) 价值评估的目的

价值评估是对企业全部或部分价值进行估价的过程。价值评估作为企业业绩评价的手段或方法,已为越来越多的人所接受或采用。为什么企业价值评估如此被重视,或为什么企业评价或财务评价要进行企业价值评估呢?搞清这些问题对明确企业价值评估的目的是十分有益的。

第一,现代企业目标决定了价值评估的重要性。现代企业制度作为一种资本雇佣劳动制,企业资本所有者是企业的所有者,资本增值是资本所有者投资的根本目的,也是企业经营的目标所在。资本增值的衡量离不开价值评估。无论是评估企业价值还是股东价值,都需要进行价值评估。

第二,价值是衡量业绩的最佳标准。价值之所以是业绩评价的最佳标准,一是因为它是要求完整信息的唯一标准。价值评估要求企业长期的利润表、资产负债表和现金流量表的信息。没有这种完整的信息,就无法准确评估企业价值。而其他业绩衡量标准都不需要完整信息。二是因为价值评估是面向未来的评估,它考虑的是长期利益,而不是短期利益。

第三,价值增加有利于企业各利益主体。现代企业财务目标存在股东价值最大化与企业价值最大化的争论。其实二者并不一定矛盾。研究表明,股东是公司中为增加自己权益而同时增加其他利益方权益的唯一利益主体。这说明股东要使自身价值增加,必须保证其他利益主体的价值增加。

第四，价值评估是企业各种重要财务活动的基本行为准则。例如，企业合并和杠杆收购，证券分析师寻找被低估价值的股票，证券商为原始股定价，潜在投资者选择新的投资机会，公司选择股票回购的最佳时机，信用分析师了解贷款风险等，都需要进行价值评估。

二、企业价值评估的程序和方法

（一）企业价值评估的程序

1. 信息资料收集

根据价值评估的目的，收集相关价值评估资料或信息，这是价值评估最基本的或基础的步骤。没有相关可靠的信息，就不可能有准确的价值评估。

12-1 拓展知识-数据资产入表——18家A股上市公一季度尝鲜

2. 现场勘察

现场勘察对于整个评估过程有着特殊的意义，它不仅可以帮助评估人员获得更加可靠的信息，而且还有助于被评估企业的管理者了解评估的预期目标。当然，最重要的是，现场勘察能够提高企业价值评估的效率。

3. 信息资料整理与分析

在信息资料收集和现场勘察的基础上，运用财务分析中的战略分析、会计分析、比率分析等方法，评估企业当前的财务状况和财务成果，预测企业未来的财务状况和收益状况，为最后价值评估方法的选择与运用奠定基础。没有这个步骤的准确分析，就没有正确的价值评估结果。

4. 价值评估方法的选择与运用

根据价值评估目的、评估对象、价值类型、资料收集与分析情况等相关条件，可供选择的价值评估方法有收益法、市场法和成本法（资产基础法）三种基本方法。恰当选择一种或者多种资产评估基本方法是价值评估的关键。《资产评估准则——企业价值》明确规定，以持续经营为前提对企业价值进行评估时，资产基础法一般不应当作为唯一使用的评估方法。不同方法从不同角度对被评估企业的价值进行了反映，并且可以相互比较与验证。

5. 价值评估结果报告

根据评估目的与要求，选择与运用正确的评估方法，最终出具价值评估结果的报告。

（二）企业价值评估的方法

企业价值评估的方法将直接影响价值评估的结果及市场交易的实施。价值评估的方法通常可分为收益法、市场法、成本法（资产基础法）三种基本方法。

企业价值评估中的收益法是指将预期收益资本化或者折现，确定评估对象价值的评估方法。收益法的具体方法包括股利折现法、现金流量折现法、净利润折现法和经济利润折现法等。股利折现法通常适用于缺乏控制权的股东权益价值的评估，净利润折现法具有一定的局限性。从企业整体价值评估角度，常用的方法是现金流量折现法和经济利润折现法。

企业价值评估中的市场法是指将评估对象与可比上市公司或者可比交易案例进行比较，确定评估对象价值的评估方法。其常用的两种具体方法是上市公司比较法和交易案例比较法。

企业价值评估中的资产基础法是指以被评估企业评估基准日的资产负债表为基础,合理评估企业表内及表外各项资产、负债价值,从而确定评估对象价值的评估方法。

以持续经营为前提对企业整体价值进行评估时,通常采用收益法和市场法。

在价值评估实务中,无论采用何种评估方法,对企业未来收益和相关标准的精确预测都是十分困难的。但是,对企业收益及相关指标的预测直接影响对企业价值的判断,该预测是决定企业最终评估值的关键因素,所以在评估中应全面考虑企业盈利能力的影响因素,如被评估企业资本结构、经营状况、历史业绩、发展前景和被评估企业所在行业相关经济要素等,客观、公正地对企业的收益作出合理的预测。而要做到这一点,就必须对企业进行正确的财务报告分析、财务效率分析,才能得出正确的预测分析结论,从而为运用收益法及市场法进行价值评估奠定基础。

本书将对收益法中的现金流量折现法、经济利润折现法,以及市场法中的上市公司比较法进行讲解。

1. 以现金流量为基础的价值评估

以现金流量为基础的价值评估方法认为,企业的价值应该与其未来现金流量的现值相等。这里的现金流量通常指的是企业在一定时期内通过经营活动、投资活动和筹资活动产生的现金流入和流出的净额。它基于企业未来现金流量的现值来评估企业的价值。这种方法在评估企业绩效、制定投资决策、并购重组等方面具有广泛应用。

2. 以经济利润为基础的价值评估

以经济利润为基础的价值评估方法主要通过对企业未来经济利润的预测和折现来评估企业的价值。它强调企业价值应等于其投资资本额加上未来每年创造超额收益的现值。

3. 以价格比为基础的价值评估

价格比是指市场价格与某一特定变量的比值,这些特定变量可以是收益、销售额、账面价值、资产等。计算得到的这些价格比可以反映资产或企业的相对价值水平。以价格比为基础的价值评估方法主要依赖市场价格与某一特定变量的比率关系来评估资产、企业或项目的价值。这种方法在金融市场、企业并购、投资决策等领域有着广泛应用。

三、财务分析与企业价值评估的关系

(一)财务分析主体与企业价值评估

随着市场经济的飞速发展,开始于银行家的财务分析主体不断拓展。财务分析主体主要分为企业内部的财务分析主体与企业外部的财务分析主体,他们都会始终关注着企业价值评估。企业内部的财务分析主体主要包括企业各层级的管理者,尽管管理者直接关注企业经营管理的效率与效果,但由于企业的目标是企业价值和股东价值增值,其也必然关注企业的价值。企业外部的财务分析主体主要包括企业的股权投资者、债权投资者及相关政府部门等。对于股权投资者而言,其财务分析的目标必然是通过企业价值评估判断是否进行股权投资。对债权投资者而言,尽管其财务分析的目标是判断是否进行债权投资,但企业价值评估也是其判断未来债权能否收回的关键因素。相关政府部门也会对企业进行财务分析,最终关注企业的价值。

(二) 财务分析程序与企业价值评估

企业价值评估需要科学的方法和相关可靠的信息,财务分析程序的各个环节不仅为价值评估提供方法支持,还为其提供信息支持。在财务分析信息搜集整理阶段,明确财务分析目的能够将企业价值分析目标有效地进行分解,制订财务分析计划与搜集整理财务分析信息则能够为信息资料收集、现场勘察、信息资料整理与选择 3 种企业价值评估方法提供充分的信息资源。在战略分析与会计分析阶段以及财务分析实施阶段,企业战略分析与财务报表会计分析能够为企业价值评估主体选择价值评估方法提供有效的相关信息,财务指标分析与基本因素分析为企业价值评估主体运用价值评估方法提供必要的执行基础。在财务分析综合评价阶段,财务综合分析与评价以及财务预测与价值评估为价值评估结果报告提供准确的决策信息。

(三) 财务分析方法与企业价值评估

财务分析方法在企业价值评估中占据重要的地位。财务分析的战略分析、比率分析、因素分析、趋势分析、综合分析等,都是企业价值评估中不可或缺的方法。例如,比率分析在企业价值评估价格比方法中可用于确定价格比指标及比值;战略分析、因素分析、趋势分析等在企业价值评估收益法的运用过程中起着重要作用,如预测企业未来发展潜力、未来现金净流量、未来收益等。在企业价值评估的方法中,收益法最为常用,但收益法因针对企业未来期间的数据预测企业价值,对信息的要求也最高。财务综合分析方法能够通过相关指标之间的联系,提供企业在持续经营中的核心价值及未来期间的盈利情况的信息。在此基础上,借助财务综合评价方法,企业价值评估主体可根据自身目标,搭建相应的财务综合评价指标与选择相应的评价方法,为收益法提供全面、有效的相关价值评价信息。

第二节 财务分析在企业价值评估中的应用

一、以现金流量为基础的价值评估

(一) 以现金流量为基础的价值评估概述

1. 以现金流量为基础的价值评估意义

一般财务理论认为,企业价值应该与企业未来资本收益的现值相等。企业未来资本收益可用股利、净利润、息税前利润和净现金流量等表示。不同的表示方法反映的企业价值内涵是不同的。利用净现金流量作为资本收益进行折现,被认为是较理想的价值评估方法。因为与以会计为基础计算的股利及利润指标相比,净现金流量更能全面、精确地反映所有价值因素。

2. 以现金流量为基础的价值评估方式

以现金流量为基础的价值评估的基本思路是"现值"规律,任何资产的价值等于其预期未来全部现金流量的现值总和。现金流量贴现法具体分为两种：①仅对公司股东资本价值进行估价；②对公司全部资本价值进行估价。

如果将企业未来现金流量定义为企业所有者的现金流量，则现金流量的现值实际上反映的是企业股东价值。将企业股东价值加上企业债务价值，可得到企业价值。如果将企业未来现金流量定义为企业所有资本提供者（包括所有者和债权者）的现金流量，则现金流量的现值反映的是企业价值。从企业价值中减去债务价值才能得到企业股东价值。因此，资本经营价值评估，既可评估企业价值，也可评估股东价值。因为资本经营的根本目标是股东资本增值，所以资本经营价值评估通常是评估股东价值。但是为了全面说明股东价值来源或创造，通常是在评估企业价值的基础上，减去债务价值，得到股东价值。

企业价值、债务价值、股东价值的关系及其评估如图12-1所示。

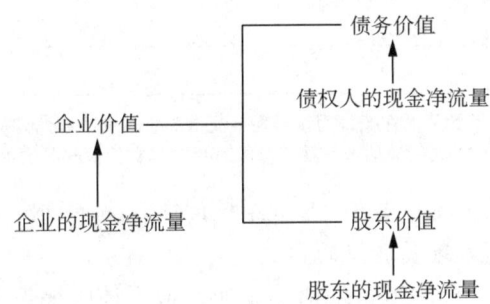

图12-1 企业价值、债务价值、股东价值的关系及其评估

（二）以现金流量为基础的价值评估方法

1. 以现金流量为基础的价值评估程序

以现金流量为基础的价值评估的基本程序和公式是：

$$企业经营价值＝明确预测期现金净流量现值＋明确预测期后现金净流量现值 \quad (12.1)$$

$$企业价值＝企业经营价值＋非经营投资价值 \quad (12.2)$$

$$股东价值＝企业价值－债务价值 \quad (12.3)$$

【案例12-1】 以现金流量为基础的价值评估

下面以FXYY公司为例，说明以现金流量为基础的价值评估方法。FXYY公司价值评估表如表12-1所示。

表12-1　　　　　　　　　　**FXYY公司价值评估表**

金额单位：万元

项目	企业经营现金净流量	折现系数(8%)	企业经营现金净流量现值
2023年	442 844.94	0.926	410 074.42
2024年	467 201.42	0.857	400 391.61
2025年	495 233.50	0.794	393 215.40
2026年	527 423.68	0.735	387 656.40

(续表)

项目	企业经营现金净流量	折现系数(8%)	企业经营现金净流量现值
2027年	564 343.34	0.681	384 317.81
2028年	606 669.09	0.630	382 201.52
有明确预测期价值合计			2 357 857.17
连续价值	21 233 418.00	0.584	12 400 316.11
经营价值			14 758 173.29
非经营投资价值			0
企业价值			14 758 173.29
减:债务价值			3 305 997.45
股东价值			11 452 175.84

* 注:本评估表及评估数据计算的目的在于说明基于现金流量的企业价值评估方法,有关现金流量预测、折现率、增长率等的预计与设定均以某种假设为前提,评估数值并不构成对企业真实价值和股价等的影响,特此说明。

下面分别介绍具体评估方法,并进一步介绍该评估方法在FXYY公司案例中的应用情况。

2. 有明确预测期现金净流量现值的估算

确定有明确预测期的现金净流量现值是企业价值评估中最重要的内容。要正确预测其现金净流量现值,需要按以下步骤进行。

1) 确定预测期

本步骤研究的是有明确预测期现金流量现值确定问题。有明确预测期是指预测期是有限的,而不是无限的。从预测的准确性与必要性角度考虑,预测期通常为5~10年。以FXYY公司为例,设定其明确预测期为6年,即2023—2028年。

2) 预测经营现金净流量

经营现金净流量是相对于非经营投资而言的,它是指可提供给企业所有者和债权人的经营现金流量总额。经营现金净流量的计算有两种基本方法。

① 　　　　　　　经营现金净流量＝息前税后利润－净投资　　　　　　　(12.4)

其中:

息前税后利润＝净利润＋利息

净投资＝总投资－折旧

公式中的总投资是指企业新的资本投资总额,包括资本支出、流动资产及其他资产投资。折旧包括固定资产折旧和无形资产及递延资产摊销等。

② 　　　　　　　经营现金净流量＝毛现金流量－总投资　　　　　　　(12.5)

其中:

毛现金流量＝息前税后利润＋折旧

根据上述两种计算方法,经营现金净流量的计算公式如下:

$$经营现金净流量＝净利润＋利息－总投资＋折旧$$

进行现金净流量预测,应对企业绩效进行分析,结合财务分析与产业结构分析,对公司实力和弱点进行评估,同时从信贷角度了解公司的财务状况。

在对企业历史绩效进行分析后,便可预测企业未来绩效了。预测绩效的关键是明确企业价值或现金净流量的影响因素,其中包括时间因素。在预测各种价值影响因素的基础上,可形成预测利润表、预测资产负债表及需要的个别项目,然后将这些详细资料综合起来,用以预测现金净流量等价值驱动因素。

结合前面章节对 FXYY 公司发展能力等的分析情况,以及其行业发展前景与宏观经济形势,假设其在 2023—2028 年的公司的经营现金净流量增长率依次为 5％、5.5％、6％、6.5％、7％、7.5％。根据上述经营现金净流量的预测方法,其 2023—2028 年的经营现金净流量分别为 442 844.94 万元、467 201.42 万元、495 233.50 万元、527 423.68 万元、564 343.34 万元、606 669.09 万元。

3) 确定折现率

企业经营现金净流量折现率的高低主要取决于企业资本成本的水平。为与现金流量定义一致,用于现金净流量折现的折现率应反映所有资本提供者按照各自对企业总资本的相对贡献而加权的资本机会成本,即加权平均资本成本。个别资本成本的高低取决于投资者从其他同等风险投资中渴望得到的报酬率,因此,折现率的高低必须准确反映现金净流量的风险程度。只有折现率准确反映现金净流量的风险,价值评估结果才能准确。否则不准确的折现率将使价值评估结果偏高或偏低。加权平均资本成本的计算公式为:

$$加权平均资本成本＝平均股权资本成本×股权资本构成＋平均负债资本成本×负债资本构成 \tag{12.6}$$

可见,进行加权平均资本成本估算:一要确定资本结构或资本成本加权权数;二要估算股权资本成本;三要估算负债资本成本。

建议综合采用三种方法以确定进行价值评估的公司的目标资本结构:第一,尽量估算以现实市场价值为基础的公司资本结构;第二,考虑可比公司的资本结构;第三,考虑管理层筹资方针及其对目标资本结构的影响。

关于平均股权资本成本和平均负债资本成本的估算方法可在个别股权资本成本和个别负债资本成本估算的基础上采用加权平均方法进行。

以 FXYY 公司为例,根据该公司相关资料,考虑未来行业及其公司融资成本的上升趋势,结合行业平均资本收益率状况,我们假设折现率为 8％。

4) 估算经营现金净流量现值

$$经营现金净流量现值 = \sum_{t=1}^{n} \frac{经营现金净流量_t}{(1＋折现率)^t} \tag{12.7}$$

应当注意,使用现金流量折现法的关键是保持现金流与贴现率的匹配,用加权平均资本成本贴现股权现金流量会导致股权价值偏离,如果使用股权资本成本贴现公司现金流,又会低估公司价值。如果被估价的资产当前的现金流量为正,并且可以比较可靠地估计未来现金流量的发生时间,同时根据现金流量的风险特征又能够确定恰当的贴现率,则适合采用现金流量贴现法。但是在现实生活中,对于陷入财务拮据状态的公司、收益呈周期性的公司、拥有未被利用资产的公司、有专利权或产品选择权的公司等,现金流量的预测和贴现率的确定存在一定困难。

3. 有明确预测期后现金净流量现值的估算

有明确预测期后公司预期现金流量现值的估算亦称连续价值估算。使用连续价值公式便不再需要详细预测延长期公司的现金流量。用现金流量折现法进行连续价值估算时,可供选择的方法有长期明确预测法、现金净流量恒值增长公式法和价值驱动因素公式法。第一种方法实质上与有明确预测期的现金流量现值估算方法相同,只是预测期加长。这种方法不但麻烦,而且也没有必要,故通常选择后两种方法。

① 现金净流量恒值增长公式法的估算公式是:

$$连续价值 = \frac{明确预测期后1年现金净流量正常水平}{加权平均资本成本 - 现金净流量预期增长率恒值} \tag{12.8}$$

使用该公式时应当注意:第一,该公式假定企业现金净流量在连续价值期间内的增长率不变;第二,现金净流量预期增长率恒值应小于加权平均资本成本;第三,必须正确估算预测期后第二年现金净流量正常水平,使之与预测增长率相一致。

② 价值驱动因素公式法的估算公式是:

$$连续价值 = \frac{明确预测期后第一年息前税后利润正常水平 \times \left(1 - \frac{息前税后利润预期增长率恒值}{新投资净额的预期回报率}\right)}{加权平均资本成本 - 息前税后利润预期增长率恒值} \tag{12.9}$$

在特定情况下,采用这两种方法计算的连续价值结果是相同的。综合考虑未来行业的价值发展前景与宏观经济情况,假设2028年以后,FXYY公司的增长率为5%,该公司加权平均资本成本为8%。根据相关资料,其明确预测期后第一年现金净流量正常水平为637 002.54万元,则采用公式计算的连续价值为:

$$连续价值 = 637\,002.54 \div (8\% - 5\%) = 21\,233\,418(万元)$$

应当注意,此时的连续价值是指明确预测期后现金流量折现到明确预测期最后一年的现值,而构成企业经营价值的有明确预测期后现金流量现值应在此基础上进一步折现为明确预测期期初的现值。因此,在FXYY公司的案例中,其连续价值现值为:

$$连续价值现值 = 21\,233\,418 \times 0.584 = 12\,400\,316.11(万元)$$

以上各种方法都涉及确定预测期、估计明确预测期后现金流量或利润水平及其增长率、加权平均资本成本估算及折现三个问题。

预测期的选择取决于有明确预测期现金流量折现法选择的期限。值得注意的是,虽然选择明确预测期十分重要,但它并不影响公司价值,只关系明确的预测期与以后年份公司的价值如何分配。

息前税后利润、现金净流量、新投资净额预期回报率和现金净流量的增长率是涉及企业价值评估的重要参数,分析者应结合各自特点,采取相应方法进行预测。

加权平均资本成本是进行连续价值折现的基础,资本成本的确定可参照前述方法进行。

4. 非经营投资价值和债务价值的确定

企业价值是经营价值与非经营投资价值之和。前面研究了在现金流量折现法下经营价值的确定。非经营投资价值的确定也可通过非经营现金流量折现法进行。运用现金流量法进行企业价值评估:一要明确企业价值,包括非经营投资价值;二要注意正确划分经营现金流量与非经营现金流量。由于非经营投资的特殊性,非经营投资价值也可不采用现金流量折现法进行估价,而直接用非经营投资额表示。

为了计算企业股东价值或股本价值,可在企业价值评估的基础上减去债务价值。债务价值等于对债权人现金净流量的折现。因此,评估债务价值:一要确定债权人的现金净流量;二要确定债权人的资本成本或折现率。应当注意的是,只有在价值评估当日尚未偿还的公司债务才需要估算价值,对未来借款可以假设其净现值为零,因为这些借款得到的现金流入与未来偿付的现值完全相等。

假设FXYY公司的非经营投资价值为零,没有交易性金融负债,根据其2023年的数据与未来增长率,其未来预测的短期借款、一年内到期非流动负债、长期借款分别为1 472 845.41万元、482 659.72万元、1 350 492.31万元。因此,FXYY公司债务价值为:

$$债务价值 = 短期借款 + 一年内到期非流动负债 + 长期借款$$
$$= 1\,472\,845.41 + 482\,659.72 + 1\,350\,492.31$$
$$= 3\,305\,997.45(万元) \tag{12.10}$$

综上所述,根据公式可得复星医药公司的价值为:

$$企业经营价值 = 2\,357\,857.17 + 12\,400\,316.11 = 14\,758\,173.29(万元)$$
$$企业价值 = 14\,758\,173.29 + 0 = 14\,758\,173.29(万元)$$
$$股东价值 = 14\,758\,173.29 - 3\,305\,997.45 = 11\,452\,175.84(万元)$$

二、以经济利润为基础的价值评估

(一) 以经济利润为基础的价值评估特点

以经济利润为基础的价值评估认为,企业价值等于投资资本与预计创造超额收益现值之和。预计创造超额收益实质上反映了企业未来的非正常收益或超额利润。经济学通常将这种非正常收益或超额利润定义为经济利润。后来人们在以价值为基础的管理中又将非正常收益或超额利润定义为经济增加值(economic value added, EVA)。本章选择将预计创造超额收益定义为经济利润。

以经济利润为基础的价值评估相较于以现金流量为基础的价值评估的优点在于,经济利润可以体现公司在单一时期内所创造的价值。经济利润等于投资资本回报率与加权平均资本成本之差乘以投资资本,因此经济利润将价值驱动因素、投资资本回报率和增长率转化为一个数字(增长率最终关系投资资本数额或公司规模)。计算经济利润的另一途径是用息前税后利润减去资本费用,这里的资本费用是指全部资本成本,而非仅仅是债务利息。以经济利润为基础的评估方法说明企业价值是投资资本和预计经济利润的现值之和。只有当公司利润多于或少于加权平均的资本成本时,公司价值才多于或少于其投资成本。它与现金流量法的区别在于折现的是预计的经济利润而不是现金流量。

(二) 以经济利润为基础的价值评估方法

1. 以经济利润为基础的价值评估程序

预计创造超额收益,即经济利润可以按照"明确预测期"和"明确预测期后"两个时间段

12-2 拓展知识-ESG视角下的企业价值估值

来划分。因此,预计创造超额收益现值等于明确预测期经济利润现值与明确预测期后经济利润现值之和。

以经济利润为基础的价值评估的基本程序包括:第一,有明确预测期经济利润现值的估算;第二,有明确预测期后经济利润现值的估算;第三,投资资本的确定;第四,企业价值的确定。

其具体公式是:

$$企业价值=投资资本+预计创造超额收益现值$$

$$预计创造超额收益现值=\dfrac{明确预测期}{经济利润现值}+\dfrac{明确预测期后}{经济利润现值}$$

即:

$$企业价值=投资资本+\dfrac{明确预测期}{经济利润现值}+\dfrac{明确预测期后}{经济利润现值} \tag{12.11}$$

2. 有明确预测期经济利润现值的估算

确定有明确预测期经济利润现值需要按以下步骤进行。

1)确定预测期

本步骤研究的是有明确预测期经济利润现值问题,有明确预测期是指预测期是有限的,而不是无限的。从预测的准确性与必要性角度考虑,预测期通常为 5~10 年。以 FXYY 公司为例,设定其明确预测期为 6 年,即 2023—2028 年,来说明企业价值评估方法。

2)预测明确预测期经济利润

由于经济利润实质上是一种超额利润,根据其内涵,经济利润可用以下公式计算:

$$经济利润=息前税后利润-资本费用$$
$$经济利润=息前税后利润-投资资本\times 加权平均资本成本 \tag{12.12}$$
$$经济利润=投资资本\times(投资资本回报率-加权平均资本成本)$$

上述计算是站在企业角度,考虑全部投资资本所计算的经济利润。如果站在企业所有者角度考虑,经济利润或超额利润是归属于企业所有者的,则经济利润可用以下公式计算:

$$经济利润=税后利润-股权资本费用$$
$$经济利润=税后利润-所有者权益\times 股权资本成本 \tag{12.13}$$
$$经济利润=所有者权益\times(净资产收益率-股权资本成本)$$

站在企业所有者的角度,以 FXYY 公司为例,假设该公司对未来 6 年的相关预测数据如表 12-2 所示。

表 12-2　　　　　　　　FXYY 公司对未来 6 年的相关预测数据

单位:万元

项目	2023 年	2024 年	2025 年	2026 年	2027 年	2028 年
资产总额	11 346 960.48	12 740 382.22	13 977 013.41	15 221 680.41	16 353 220.12	17 482 850.95
所有者权益	5 661 626.04	6 192 352.35	6 793 790.47	7 453 088.89	8 158 747.39	8 896 654.40
净利润	289 506.34	340 252.76	389 909.19	435 348.18	476 147.48	514 405.23

注:本表预测数据及以下评估数据计算的目的在于说明基于经济利润的企业价值评估方法,有关净利润预测、产权资本成本、增长率等的预计与设定均以某种假设为前提,评估数据并不构成对 FXYY 公司真实价值和股价等的影响,特此说明。

假设FXYY公司的股权资本成本为4%。根据公式(12.13)预测其有明确预测期各年经济利润,如表12-3所示。

表12-3　　　　　　　　　　**FXYY公司有明确预测期经济利润计算表**

金额单位:万元

项目	2023年	2024年	2025年	2026年	2027年	2028年
净利润	414 483.74	437 280.35	463 517.17	493 645.78	528 200.99	567 816.06
净资产收益率	7.32%	7.38%	7.48%	7.61%	7.78%	8.00%
股权资本成本	4%	4%	4%	4%	4%	4%
净资产收益率－股权资本成本	3.32%	3.38%	3.48%	3.61%	3.78%	4.00%
所有者权益	5 661 626.04	5 923 979.92	6 198 491.01	6 485 722.67	6 786 264.33	7 100 732.79
经济利润	188 018.70	200 321.15	215 577.53	234 216.88	256 750.41	283 786.75

3) 确定折现率

经济利润是一种超额利润,归企业所有者所有,因此,经济利润现值的计算过程应反映对股东价值的增值。从这点考虑,折现率应采用产权资本成本。

以FXYY公司为例,假设FXYY公司的折现率为4%。

4) 估算明确预测期经济利润现值

明确预测期经济利润现值计算的一般公式是:

$$经济利润现值 = \sum_{t=1}^{n} \frac{经济利润}{(1+折现率)^t} \tag{12.14}$$

以FXYY公司为例,根据公式(12.14)和表12-3中FXYY公司的经济利润预测结果,估算明确预测期经济利润现值,如表12-4所示。

表12-4　　　　　　　**FXYY公司明确预测期经济利润现值计算表**

金额单位:万元

项目	FXYY公司经济利润	折现率(4%)	FXYY公司经济利润现值
2023年	63 041.30	0.962	60 645.73
2024年	92 558.66	0.925	85 616.76
2025年	118 157.57	0.889	105 042.08
2026年	137 224.63	0.855	117 327.06
2027年	149 797.58	0.822	123 133.61
2028年	158 539.05	0.790	125 245.85
合计	719 318.79	—	617 011.09

3. 有明确预测期后经济利润现值的估算

有明确预测期后经济利润现值的估算亦称连续价值估算。确定连续价值现值需要按以下步骤进行。

1) 计算连续价值

连续价值的计算可采用简化公式确定明确预测期后经济利润现值总额,确定方法可参照公式(12.8)只不过需要将公式的现金净流量改为经济利润,即:

$$连续价值 = \frac{明确预测期后1年经济利润正常水平}{加权平均资本成本 - 经济利润预期增长率恒值} \quad (12.15)$$

以 FXYY 公司为例,综合考虑未来行业的发展前景与宏观经济发展情况,假设其 2028 年以后的增长率也为 3% 且保持不变,加权平均资本成本为 8%,依据公式(12.15)计算连续价值为:

$$连续价值 = \frac{283\,786.75 \times (1+3\%)}{8\% - 3\%} = 5\,846\,007.07(万元)$$

2) 计算连续价值现值

连续价值是指明确预测期后经济利润折现到明确预测期最后一年的现值,而构成企业价值的有明确预测期后经济利润现值应在此基础上进一步折现为明确预测期期初的现值。因此,连续价值现值的计算可直接采用下列公式:

$$连续价值现值 = \frac{连续价值}{(1+折现率)^n} \quad (12.16)$$

其中:n 代表有明确预测期的最后一年。

以 FXYY 公司为例,已知该公司明确预测期为 2023—2028 年,共 6 年,根据公式(12.16)计算连续价值现值为:

连续价值现值 = $5\,846\,007.07 \times 0.63 = 3\,682\,984.45$(万元)

4. 投资资本的确定

企业价值评估中的投资资本是指预测期期初的投资资本。投资资本于预测期期初发生,因此,投资资本本身价值或账面价值与其现值相同,通常可将投资资本的账面价值直接作为以经济利润为基础的价值评估中企业价值的组成部分。本章采用预测期期初企业负债与所有者权益的账面价值合计作为投资资本。FXYY 公司的投资资本为 2022 年年末公司负债与所有者权益的账面价值合计:

FXYY 公司的投资成本 = 10 716 390.72(万元)

5. 企业价值的确定

在上述三个步骤的基础上,根据公式(12.11)计算 FXYY 公司的企业价值:

FXYY 公司的企业价值 = 10 716 390.72 + 1 042 731.19 + 3 682 984.45 = 15 442 106.36(万元)

三、以价格比为基础的价值评估

(一)以价格比为基础的价值评估原理

价格是价值的货币表现。企业价值或股东价值往往可通过企业股票价格来体现。而企业股票价格的高低与企业的收益、营业收入和资产账面价值等直接相关。因此,企业价值可表现为价格比与相关因素的乘积,用公式表示为:

$$企业价值 = 价格比 \times 相关价格比基数 \tag{12.17}$$

1. 价格比的形式

最常用的价格比有三个,即市盈率或价格与收益比、市场价格与账面价值比和价格与销售额比。市盈率或价格与收益比的计算公式是:

$$价格与收益比 = 每股市价 \div 每股收益 \tag{12.18}$$

在此情况下,企业价值随着预期收益的增长变化呈正比例变化。

市场价格与账面价值比的计算公式是:

$$市场价格与账面价值比 = 每股市价 \div 每股净资产 \tag{12.19}$$

市场价格与账面价值比因公司的未来产权收益率、账面价值的增长和风险(决定折现率的差别)的不同而在公司之间有所不同。

价格与销售额比的计算公式是:

$$价格与销售额比 = 每股价格 \div 每股销售额 \tag{12.20}$$

价格与销售额比可以看作是价格与收益比和收益与销售额比的乘积。因此,除了解释价格与收益比变化的因素,价格与销售额比随着预期利润率的变化呈正比例变化。

2. 相关价格比基数

相关价格比基数根据价格比的不同而有所不同。价格比的分母正是相关价格比基数,如价格与收益比的相关价格比基数是企业的收益;而市场价格与账面价值比的相关价格比基数是企业的账面净资产;价格与销售额比的相关价格比基数是销售额。进行价值评估时,必须保证价格比和相关价格比基数一致。

(二)以价格比为基础的价值评估步骤

1. 选择价格比

在明确价格比主要有价格与收益比、市场价格与账面价值比、价格与销售额比的基础上进行价值评估,应先选择适当的价格比。因为对于同一评估对象,选择不同的价格比所评估的结果可能是不同的。选择何种价格比要与被评估企业的基本信息联系起来。这些基本信息主要是指与股票价格相关的信息,特别是构成相关价格比基数的信息,如收益信息、账面价值信息、销售额信息等。选择时,第一要考虑相关性程度,通常选择与股票价格相关程度最强的价格比。第二要考虑相关价格比基数信息的可靠性。例如,如果被评估企业的股票价格与其收益的相关程度最强,且该企业的收益预测也比较可靠,则选择价格与收益比进行评估将会比较准确、可行。

本例中,我们选择价格与收益比作为价格比。FXYY 公司 2022 年年末的价格与收益比为:

价格与收益比 = 34.82 ÷ 1.43 = 24.35

2. 选择该价格比的可比或类似公司

在选择价格比的基础上,还应确定可用于评估的价格比的比值。由于价值评估在很大程度上取决于对公司未来几年运作情况的预测，评估人员可能会对价格比的估算信心不足。一种可替代的方法是根据"类似"公司的价格比进行评估。利用价格比的主要困难在于确定真正类似的公司。类似公司是指具有最相似的经营和财务特征的公司。同一行业内部的企业是最佳的选择对象。但是，应当注意，并非同行业所有企业都是可比的，不同的企业有不同的特点。在选择类似公司时通常有两种选择方法：一种方法是将同行业中所有企业的该价格比进行平均，这种做法的目的是通过平均数将各企业的非可比因素抵消，而被评估企业成为该行业最具代表性的企业；另一种方法是选择行业中最相似的企业，但构成相似性因运用的价格比的不同而有所不同。

考虑未来 FXYY 公司所在行业的发展趋势，结合前面章节对其分析的情况，本例中我们选择同行业与 FXYY 公司可比性较高的三家公司的价格与收益比，具体如表 12-5 所示。

表 12-5　　　　　　　　　　　价格与收益比计算表

项目	每股价格(元/股)	每股收益(元/股)	价格与收益比
FXYY	34.82	1.43	24.35
HRYY	38.53	1.61	23.93
HDYY	46.80	1.43	32.73
KLYY	26.61	1.22	21.81

3. 确定价格比值

在选择可比公司的基础上，价格比值的确定可以历史状况为标准，也可以预期未来状况为标准。当以历史的价格比为标准时，其前提是历史数据能准确反映未来价格比状况。本例中，我们以 2022 年四家可比公司的价格与收益比为标准，计算出行业价格与收益比。

行业价格与收益比 = (24.35 + 23.93 + 32.73 + 21.81) ÷ 4 = 25.71

4. 预测价格比基数

价格比基数是指与价格比相对应的相关价格比基数，即价格比的分母。为准确进行价值评估，应在确定价格比的基础上，准确预测价格比基数。例如，如果选择的价格比为价格与收益比，为评估企业股东价值，则应对企业的未来净收益进行准确预测；如果选择的价格比为价格与销售额比，为评估企业价值，则应对企业的未来销售额进行准确预测；如果选择的价格比为市场价格与账面价值比，为评估企业股东价值，则应对企业的账面净资产价值进行准确预测。

5. 确定企业价值

将确定的价格比值与预测的价格比基数代入公式(12.17)，即可得到评估价值。

在以现金流量为基础的价值评估的案例中，根据前面章节中对 FXYY 公司以前年度净利润增长率情况的分析，计算可知 FXYY 公司近三年平均净利润增长率为 21.55%。根据医药行业研报分析，2023 年医药行业预计出现低迷，预计其净利润增长率均值为 10.28%。但由于案例公司处于行业领先地位，假设其 2023 年净利润增长率为 20%。FXYY 公司 2022 年净利润为 37.3 亿元，故其 2023 年净收益预测值为 44.76 亿元[37.3×(1+20%)]。

如果假设 FXYY 公司 2023 年的价格与收益比采用行业值，则 FXYY 公司的股东价值可估值为 1 150.56 亿元(44.76×25.71)。结合[案例 12-1]中的数据，公司债务价值为

330.6亿元,则公司企业价值为1 481.16亿元(1 150.56+330.6)。

第三节 大数据技术在企业价值评估中的应用

12-3 拓展知识-"双碳"背景下发电行业碳排放权价值评估方法研究

一、大数据技术在企业价值评估中的作用

(一) 提升企业价值评估中的实时数据分析

大数据技术的一个重要优势在于其强大的实时分析能力。企业可以通过实时数据分析,迅速了解市场动态和消费者行为的变化,从而及时调整策略和运营。例如,企业在推出新产品时,可以通过实时监测销售数据和消费者反馈,迅速了解市场接受度和潜在问题,并及时进行调整。实时分析不仅提高了企业的响应速度,还增强了其在快速变化的市场环境中的竞争力。

(二) 提升企业价值评估中的精准性和细粒度分析

通过大数据分析,企业能够实现更高水平的精准性和细粒度评估。例如,企业可以对不同市场、不同产品线,甚至不同客户群体进行细分分析,了解其具体表现和潜力。这种精细化的分析有助于企业更好地理解各个业务单元的价值,从而优化资源分配和市场策略。例如,通过分析不同客户群体的购买行为和偏好,企业可以制定更加精准的营销策略,提高客户满意度和忠诚度。

(三) 增强企业价值评估中的预测能力

大数据技术不仅能够用于当前的价值评估,还具有强大的预测能力。通过机器学习和数据挖掘技术,企业可以从历史数据中识别出潜在的趋势和模式,从而预测未来的市场变化和业务表现。例如,通过分析销售数据和市场趋势,企业可以预测未来的销售额和市场需求,提前制定应对策略。这种前瞻性的分析能力使企业能够更好地把握市场机会,规避潜在风险,从而提升整体价值。

(四) 提高企业价值评估的准确性和效率

大数据分析能够使许多数据处理和分析任务实现自动化,减少了人工干预,提高了决策的效率和准确性。例如,通过使用大数据技术,企业可以自动生成各类报告和分析结果,为管理层提供及时、准确的决策支持。这不仅缩短了决策时间,还减少了人为错误的可能性,从而提高了企业的整体运营效率和决策质量。

(五) 个性化评估在企业价值评估中的应用

利用大数据技术,企业可以对特定的业务单元、产品线或市场进行个性化评估,从而获得更详细和针对性的价值分析。例如,通过分析特定产品线的销售数据和市场表现,企业可

以准确评估其市场价值和盈利能力,从而决定是否继续投资或调整策略。这种个性化的评估有助于企业更好地理解其各个部分的表现和潜力,从而作出更加明智的决策。

总的来说,大数据技术在企业价值评估中提供了更丰富、更准确和更实时的监测和分析,帮助企业更好地理解市场、客户和自身的表现。通过充分利用大数据技术,企业可以提升其评估和决策的科学性和客观性,从而在激烈的市场竞争中保持竞争优势,持续提升其整体价值。大数据技术的应用不仅改变了传统的价值评估方法,还为企业的战略制定和运营管理带来了新的机遇和挑战。

二、大数据技术的应用

(一)数据收集与企业价值评估的增强

使用大数据爬虫技术从互联网上收集与企业相关的所有公开信息,如财务报表、新闻报道、社交媒体讨论等。利用文本挖掘和自然语言处理技术提取非结构化数据中的有用信息,如客户情绪、市场趋势等。通过可视化工具(如Tableau、Power BI、Qlik Sense等)将收集到的数据以图表形式展示,例如,使用词云展示最常提及的关键词,或用时间序列图展示企业业绩的历史变化。

(二)现场考察与企业价值评估的融合

在实地考察时,使用移动应用程序记录现场的观察和发现,这些应用程序可以实时地将数据同步到云端。利用增强现实(AR)或虚拟现实(VR)技术创建企业设施的3D模型,以更直观地展示企业的物理资产和运营环境。通过地理信息系统(GIS)可视化企业的地理位置信息,分析其物流网络、市场覆盖范围等。

(三)数据处理与分析在企业价值评估中的应用

使用大数据分析平台(如Hadoop、Spark等)对收集的数据进行清洗、整合和预处理。应用机器学习算法对数据进行模式识别和预测分析,如预测企业未来的销售趋势或市场份额变化。通过可视化仪表板展示分析结果,使用热图、趋势图、散点图等直观展示数据之间的关系和变化。

(四)企业价值评估方法的改进

利用可视化工具可以改进不同企业价值评估方法,如通过雷达图展示每种方法的评估维度。在进行折现现金流(DCF)分析时,使用动态图表展示不同折现率和增长率对企业价值的影响。通过敏感性分析图表,如龙卷风图,展示不同变量对评估结果的敏感程度。

(五)企业价值评估报告的创新

在企业价值评估报告中嵌入交互式可视化元素,允许读者通过点击、拖拽等方式探索数据。使用故事化叙述方式,结合可视化图表,讲述企业的价值故事,使报告更加生动和有吸引力。提供在线报告平台,允许远程访问和实时更新数据,确保报告的时效性和准确性。通过这些具体方法,大数据可视化可以在企业价值评估的每个步骤中发挥重要作用,帮助评估师和利益相关者更好地理解数据,作出更明智的决策。

三、大数据技术在企业价值评估中的应用趋势

(一) 人工智能与机器学习在企业价值评估中的深度融合

随着人工智能(AI)和机器学习(ML)技术的迅速发展,企业越来越多地将其与大数据结合,以提高价值评估的精准性和深度。关于自动化数据处理与分析,人工智能和机器学习技术可以自动处理和分析海量数据,减少人工干预,提高效率和准确性。在预测分析方面,通过机器学习模型,企业可以预测未来的市场趋势、销售额和客户行为,从而作出更科学的决策。自然语言处理(NLP)技术能够分析非结构化数据,如客户评价和市场调研报告,提取有价值的信息,辅助企业评估品牌价值和市场影响力。

12-4 课程思政-连信科技对数据资产组合价值评估案例分析

(二) 企业价值评估数据来源的多样化

企业价值评估的数据来源不断扩大,不再局限于传统的财务数据和运营数据,还包括社交媒体数据、物联网(IoT)数据和客户反馈等多种来源。通过分析社交媒体上的用户评论和互动,企业可以了解品牌声誉和市场情绪。物联网设备收集的实时数据(如生产设备状态、物流信息等)有助于评估企业运营效率和供应链管理水平。企业还可通过分析客户在不同渠道的行为数据,了解客户偏好和需求,从而优化产品和服务。

(三) 实时数据处理与动态企业价值评估

实时数据处理技术的发展使企业能够进行动态评估,实时监控和调整企业价值评估结果。企业可以通过实时数据分析,监控市场动态、竞争环境和内部运营状况,及时调整策略。企业构建动态评估模型,根据实时数据不断更新企业价值评估结果,以反映最新的市场和运营状况。

(四) 数据隐私与安全性在企业价值评估中的增强

数据隐私和安全性问题日益重要,企业在进行大数据分析时,必须严格遵守相关法规和标准,保护数据隐私和安全。在隐私保护技术方面,企业采用数据加密和匿名化技术,确保数据隐私。在合规管理方面,企业遵循 GDPR 等国际数据保护法规,建立健全的数据管理和合规体系。此外,企业构建安全的数据存储和处理架构,防止数据泄露和攻击。

(五) 增强的可视化与数据解读能力在企业价值评估中的应用

数据可视化工具和技术的发展使企业能够更直观地展示和解读复杂的数据分析结果,辅助决策者更好地理解和利用数据。企业可利用 Power BI、Tableau 等高级可视化工具,将复杂的数据分析结果以图表、仪表盘等形式直观展示。通过互动式数据可视化,用户可以动态调整数据展示参数,探索不同维度的数据关系和趋势。自动生成的数据分析报告为企业提供可操作的洞察和建议,辅助决策。

(六)行业特定的大数据应用在企业价值评估中的定制化

大数据技术在不同的行业中有着特定的应用场景和需求,企业价值评估也逐渐趋向行业定制化。金融行业通过大数据分析客户交易数据和市场趋势,进行精准的风险评估和投资价值评估。零售行业分析销售数据和客户行为数据,评估各销售渠道和产品线的价值,优化库存和供应链管理。制造行业通过大数据分析生产流程和设备数据,评估生产效率和设备利用率,优化生产计划和资源配置。

大数据技术在企业价值评估中的发展趋势显示出其在数据处理、分析、预测和决策支持等方面的巨大潜力。通过人工智能与机器学习的深度融合、数据来源的多样化、实时数据处理与动态评估、数据隐私与安全性的增强、可视化与数据解读能力的增强,以及行业特定的大数据应用,企业能够更加全面、精准地评估其价值,并制定科学高效的战略和运营决策。随着大数据技术的不断发展和成熟,企业将进一步挖掘数据的潜力,提升自身竞争力和市场地位,实现更高的价值创造和可持续发展。

 本章小结

企业价值评估由于评估主体不同而具有不同的评估目的。企业价值评估的目的主要有四种类型:投资者基于投资决策的评估目的,管理者基于价值管理的评估目的,交易双方基于并购的评估目的,清算企业基于清算的评估目的。

根据企业价值评估的目的与主体不同,价值评估的内涵也有所不同。从资产评估师评估的目的与主体出发,企业价值评估是资产评估机构及其资产评估专业人员遵守法律、行政法规和资产评估准则,根据委托对评估基准日特定目的下的企业整体价值、股东全部权益价值或者股东部分权益价值等进行评定和估算,并出具资产评估报告的专业服务行为。从企业投资者及经营管理者进行投资决策及价值管理的目的与主体出发,企业价值评估是依据价值评估理论与方法,结合企业价值评估的目的,对企业整体价值或不同类别的价值进行分析与估算的行为与过程。

财务分析在企业价值评估中具有重要的地位。不仅财务分析主体与企业价值评估主体存在交集,而且财务分析程序与方法对企业价值评估程序与方法也具有重要的影响。尤其是趋势分析、预测分析、企业价值能力分析为企业价值评估提供重要的信息来源。进行价值评估应明确对企业的哪些价值进行评估,要搞清资产价值、企业价值、股东价值、账面价值、市场价值、公允价值、持续经营价值、清算价值、少数股权价值和控股权价值的内涵。

价值评估的程序包括信息资料收集、现场勘察、信息资料整理与分析、价值评估方法选择与运用和价值评估结果报告五个步骤。价值评估方法通常可以分为收益法、市场法、成本法三种基本类型。

大数据技术在企业价值评估中的应用不仅提高了评估的实时性和精准性,还提高了预测能力和决策效率。通过自动化数据处理、机器学习预测、多源数据分析、实时监控和动态评估,企业能够更全面地理解自身的市场地位、运营效率和潜在价值。同时,数据隐私和安全性的增强确保了在利用大数据进行价值评估时的合规性和可靠性。高级可视化工具的使用使复杂的数据分析结果更加直观易懂,有助于决策者快速把握关键信息。行业特定的大数据应用则使价值评估更加定制化和精细化,以满足不同行业的独特需求。

关键概念

企业价值评估　收益法　市场法　连续价值　经济利润

1. 理论联系实际,阐述企业价值评估的重要性,并讨论在进行企业价值评估时需要考虑的关键因素。
2. 企业价值评估与业绩评价有何关系?
3. 在进行企业估值时,哪些关键财务指标对评估结果影响最大,为什么?
4. 大数据技术如何改变传统企业估值模型的应用与结果?

课后练习

一、单项选择题

1. 下列价值评估方法中,不属于贴现法的是(　　)。
   A. 以现金流量为基础的价值评估方法
   B. 以价格比为基础的价值评估方法
   C. 以经济利润为基础的价值评估方法
   D. 以股利为基础的价值评估方法
2. 站在企业整体的角度来看,经济利润是从息前税后利润中扣除(　　)。
   A. 投资成本　　　　　　　　　　　　B. 加权平均资本成本
   C. 资本费用　　　　　　　　　　　　D. 财务费用
3. 连续价值是指(　　)。
   A. 持续经营价值　　　　　　　　　　B. 控股权价值
   C. 明确预测期后现金净流量现值　　　D. 明确预测期各年价值之和
4. 最常用的价格比不包括(　　)。
   A. 市盈率或价格与收益比　　　　　　B. 价格与股东价值比
   C. 市场价格与账面价值比　　　　　　D. 价格与销售额比
5. 大数据技术在企业估值中最主要的作用是(　　)。
   A. 提高数据处理速度　　　　　　　　B. 增加数据的复杂性
   C. 提升估值模型的精准度　　　　　　D. 降低数据存储成本
6. 下列关于经营现金净流量的计算中,错误的是(　　)。
   A. 经营现金净流量＝息前税后利润－净投资
   B. 经营现金净流量＝毛现金流量－总投资
   C. 经营现金净流量＝净利润＋利息－总投资＋折旧
   D. 经营现金净流量＝税后利润＋折旧－总投资

二、多项选择题

1. 企业价值评估的程序包括（　　）。
   A. 信息资料搜集　　　　　　　　B. 现场勘察
   C. 信息资料整理与分析　　　　　D. 价值评估方法选择与运用
   E. 价值评估结果报告撰写

2. 企业价值评估的收益法具体包括（　　）。
   A. 股利折现法　　　　　　　　　B. 现金流量折现法
   C. 净利润折现法　　　　　　　　D. 上市公司比较法
   E. 经济利润折现法

3. 运用现金流量折现法进行企业价值评估，应考虑的因素有（　　）。
   A. 债务价值　　　　　　　　　　B. 确定贴现率
   C. 明确预测期长短　　　　　　　D. 明确预测期后每年的现金
   E. 明确预测期每年的现金流量

4. 用现金流量折现法进行连续价值估算，可供选择的方法有（　　）。
   A. 长期明确预测法　　　　　　　B. 以价格比为基础的价值评估方法
   C. 价值驱动因素公式法　　　　　D. 现金净流量恒值增长公式法
   E. 以现金流量为基础的价值评估方法

5. 下列关于大数据在企业价值评估中的作用，说法正确的有（　　）。
   A. 提高企业价值评估中的实时数据分析　　B. 提升估值模型的精准度
   C. 增强企业价值评估中的预测能力　　　　D. 提高数据分析的速度
   E. 数据的标准化处理

6. 下列类型的公司中，预测现金流量和确定折现率存在一定困难的有（　　）。
   A. 陷入财务拮据状态的公司　　　B. 收益呈周期性的公司
   C. 拥有未被利用资产的公司　　　D. 有专利权的公司
   E. 拥有产品选择权的公司

三、判断题

1. 价值是衡量业绩的最佳标准，也是唯一标准。（　　）
2. 以持续经营为前提，对企业价值进行评估时，可以采用收益法、市场法和资产基础法中的任何一种作为价值评估的方法。（　　）
3. 即使两个企业未来各年的净收益完全相同，这两个企业的价值也未必相同。（　　）
4. 利用净利润作为资本收益进行折现，被认为是较理想的价值评估方法。（　　）
5. 只有在价值评估当日尚未偿还的公司债务才需要估算价值，对于未来借款可以假设其净现值为零。（　　）
6. 在企业价值评估中，大数据分析能够显著提升预测精度，但评估者仍需结合传统方法进行验证。（　　）

四、简答题

1. 企业价值评估的目的通常有哪些？
2. 企业价值评估的方法包括哪几种基本类型？
3. 计算经济利润或EVA时应注意什么问题？

五、计算分析题

1. 以现金流量为基础的价值评估方法

相关资料如下：

(1) 表12-6显示了发展公司未来5年的经营现金流量预测。

表12-6　　　　　　　　发展公司未来5年的经营现金流量预测

单位：万元

项目	2022年	2023年	2024年	2025年	2026年
利润调整为经营活动的现金流量	—	—	—	—	—
净利润	8 561	9 462	10 469	10 992	11 851
加：固定资产折旧	5 813	4 326	5 890	6 862	7 669
财务费用	501	523	545	561	581
存货的减少	−4 989	−5 211	−5 214	−5 244	−5 261
经营性应收项目减少（减：增加）	−5 773	−6 544	−6 209	−6 570	−6 993
经营性应付项目增加（减：减少）	2 952	2 689	3 245	3 317	3 697
经营活动产生的现金流量净额	7 065	5 245	8 726	9 918	11 544

(2) 假设公司从2027年开始，每年现金净流量比上年增长5%。

(3) 企业加权平均资本成本为8%，非经营投资价值为5 271万元，债务价值为58 166万元。

要求：应用以现金流量为基础的价值评估方法评估发展公司的股东价值与企业价值。

2. 以价格比为基础的价值评估方法

鹏程公司拟进行整体资产评估，评估基准日为2021年12月31日。评估人员采用市盈率、市场价格与账面价值比和价格与销售额比综合评估公司价值。评估人员选择了四家可比公司，分别计算了其2021年的市盈率、市场价格与账面价值比、价格与销售额比，具体数值如表12-7所示。

表12-7　　　　　　　　四家可比公司的相关指标值

项目	甲公司	乙公司	丙公司	丁公司
市盈率	17.8	15	18.2	16.3
市场价格与账面价值比	2.3	2.5	2	1.9
价格与销售额比	1.3	1.4	1.5	

假设鹏程公司2021年的净收益为2 000万元，年末账面净资产为17 000万元，年销售额为33 000万元。

要求：分别采用市盈率、市场价格与账面价值比和价格与销售额比计算鹏程公司的股权价值。

附　　录

附　录　一

附表1-1　资产负债表

资产负债表

编制单位：FXYY公司　　　　2022年12月31日　　　　　　　　　　　　　单位：万元

资产	期末余额	上年年末余额	负债和所有者权益（或股东权益）	期末余额	上年年末余额
流动资产：			流动负债：		
货币资金	1 624 131.34	1 031 722.40	短期借款	1 193 153.72	942 012.93
交易性金融资产	92 853.21	424 106.91	交易性金融负债	—	—
衍生金融资产	—	—	衍生金融负债	—	—
应收票据	2 484.25	1 622.73	应付票据	85 787.91	54 838.83
应收账款	758 809.93	602 972.02	应付账款	542 616.19	451 530.49
应收款项融资	55 892.75	42 788.40	预收款项		
预付款项	160 746.60	174 011.93	合同负债	154 476.26	115 385.84
其他应收款	59 883.75	84 292.72	应付职工薪酬	164 022.22	129 701.68
存货	688 243.24	547 254.72	应交税费	92 983.57	72 758.59
合同资产	—	—	其他应付款	535 326.56	500 010.06
持有待售资产	41 957.78	46 370.48	持有待售负债	—	—
一年内到期的非流动资产	—	18 883.98	一年内到期的非流动负债	547 133.19	512 748.79
其他流动资产	42 914.97	69 664.42	其他流动负债	14 307.32	152 860.05
流动资产合计	3 527 917.81	3 043 690.71	流动负债合计	3 329 806.95	2 931 847.26

(续表)

资产	期末余额	上年年末余额	负债和所有者权益（或股东权益）	期末余额	上年年末余额
非流动资产：			非流动负债：		
债权投资	—	—	长期借款	1 160 043.71	669 418.34
其他债权投资	—	—	应付债券	49 943.12	235 488.63
长期应收款	9 166.31	7 739.53	租赁负债	74 499.26	64 836.02
长期股权投资	2 314 477.15	2 268 371.34	长期应付款	33 781.95	24 579.33
其他权益工具投资	1 545.08	2 991.56	长期应付职工薪酬	4 206.82	5 442.50
其他非流动金融资产	238 882.87	120 648.89	递延收益	63 243.29	51 280.64
投资性房地产	—	—	递延所得税负债	336 294.02	312 974.62
固定资产	1 026 785.85	891 905.83	其他非流动负债	253 680.64	196 808.04
在建工程	489 669.71	361 770.45	非流动负债合计	1 975 692.82	1 560 828.12
生产性生物资产	—	—	负债合计	5 305 499.76	4 492 675.38
使用权资产	86 353.75	74 734.72	所有者权益(或股东权益)：		
无形资产	1 247 105.68	1 027 625.44	实收资本(或股本)	267 215.66	256 289.85
开发支出	345 425.98	315 690.63	资本公积	1 699 213.82	1 404 051.85
商誉	1 033 705.31	939 998.70	减：库存股	5 325.48	—
长期待摊费用	55 423.32	47 531.26	其他综合收益	−119 836.39	−126 583.17
递延所得税资产	44 257.01	26 558.95	专项储备	—	—
其他非流动资产	295 674.89	201 374.17	盈余公积	295 292.94	282 630.68
非流动资产合计	7 188 472.91	6 286 941.47	未分配利润	2 321 685.20	2 103 166.61
			归属于母公司股东权益合计	4 458 245.75	3 919 555.82
			少数股东权益	952 645.21	918 400.98
			所有者权益(或股东权益)合计	5 410 890.96	4 837 956.80
资产总计	10 716 390.72	9 330 632.18	负债和所有者权益（或股东权益）总计	10 716 390.72	9 330 632.18

资产负债表

编制单位：FXYY公司　　　　　　　　　2021年12月31日　　　　　　　　　　　　单位：万元

资产	期末余额	上年年末余额	负债和所有者权益（或股东权益）	期末余额	上年年末余额
流动资产：			流动负债：		
货币资金	1 031 722.40	996 180.16	短期借款	942 012.93	791 598.34
交易性金融资产	424 106.91	197 009.59	交易性金融负债	—	—
衍生金融资产	—	—	衍生金融负债		
应收票据	1 622.73	24 239.97	应付票据	54 838.83	34 692.98
应收账款	602 972.02	456 465.96	应付账款	451 530.49	294 209.08
应收款项融资	42 788.40	62 888.14	预收款项	—	—
预付款项	174 011.93	149 517.61	合同负债	115 385.84	102 030.87
其他应收款	84 292.72	32 563.15	应付职工薪酬	129 701.68	91 617.87
存货	547 254.72	516 279.96	应交税费	72 758.59	56 473.08
合同资产	—	—	其他应付款	500 010.06	411 572.95
持有待售资产	46 370.48		持有待售负债	—	—
一年内到期的非流动资产	18 883.98	—	一年内到期的非流动负债	512 748.79	699 583.41
其他流动资产	69 664.42	73 335.72	其他流动负债	152 860.05	5 456.68
流动资产合计	3 043 690.71	2 508 480.26	流动负债合计	2 931 847.26	2 487 235.26
非流动资产：			非流动负债：		
债权投资	—	—	长期借款	669 418.34	714 588.52
其他债权投资	—	—	应付债券	235 488.63	132 980.07
长期应收款	7 739.53	—	租赁负债	64 836.02	62 729.07
长期股权投资	2 268 371.34	2 230 946.94	长期应付款	24 579.33	26 948.85
其他权益工具投资	2 991.56	104.29	长期应付职工薪酬	5 442.50	—
其他非流动金融资产	120 648.89	146 076.89	递延收益	51 280.64	48 220.05
投资性房地产	—		递延所得税负债	312 974.62	285 299.68
固定资产	891 905.83	813 562.35	其他非流动负债	196 808.04	12 171.29
在建工程	361 770.45	412 154.30	非流动负债合计	1 560 828.12	1 282 937.53

(续表)

资产	期末余额	上年年末余额	负债和所有者权益（或股东权益）	期末余额	上年年末余额
生产性生物资产	—	—	负债合计	4 492 675.38	3 770 172.79
使用权资产	74 734.72	74 553.79	所有者权益（或股东权益）：		
无形资产	1 027 625.44	866 958.79	实收资本（或股本）	256 289.85	256 289.85
开发支出	315 690.63	282 901.81	资本公积	1 404 051.85	1 513 262.49
商誉	939 998.70	867 724.90	减：库存股	—	—
长期待摊费用	47 531.26	32 270.63	其他综合收益	−126 583.17	−93 357.87
递延所得税资产	26 558.95	24 493.68	专项储备	—	—
其他非流动资产	201 374.17	108 372.33	盈余公积	282 630.68	272 860.50
非流动资产合计	6 286 941.47	5 860 120.70	未分配利润	2 103 166.61	1 750 498.33
			归属于母公司股东权益合计	3 919 555.82	3 699 553.30
			少数股东权益	918 400.98	898 874.87
			所有者权益（或股东权益）合计	4 837 956.80	4 598 428.17
资产总计	9 330 632.18	8 368 600.96	负债和所有者权益（或股东权益）总计	9 330 632.18	8 368 600.96

附表 1-2　利润表

利润表

编制单位：FXYY 公司　　　　2022 年 12 月　　　　单位：万元

项目	本期金额	上期金额
一、营业收入	4 395 154.69	3 901 118.43
减：营业成本	2 316 969.04	2 022 978.47
税金及附加	22 779.94	23 447.11
销售费用	917 117.61	910 080.32
管理费用	382 810.29	322 688.27
研发费用	430 209.29	383 730.27

(续表)

项目	本期金额	上期金额
财务费用	64 740.27	46 402.15
其中:利息费用	96 380.69	82 254.02
利息收入	28 263.46	23 378.47
加:其他收益	38 415.45	32 783.30
投资收益(损失以"—"号填列)	437 784.26	462 382.60
其中:对联营企业和合营企业的投资收益	183 514.61	178 913.69
公允价值变动收益(损失以"—"号填列)	−249 836.85	35 229.86
信用减值损失(损失以"—"号填列)	−6 536.91	−7 401.58
资产减值损失(损失以"—"号填列)	−27 248.78	−82 987.33
资产处置收益(损失以"—"号填列)	12 560.23	−1 541.87
二、营业利润(亏损以"—"号填列)	465 665.65	630 256.82
加:营业外收入	3 545.91	2 866.13
减:营业外支出	11 773.39	28 855.89
三、利润总额(亏损总额以"—"号填列)	457 438.17	604 267.06
减:所得税费用	62 691.75	106 640.12
四、净利润(净亏损以"—"号填列)	394 746.42	497 626.94
其中:同一控制下企业合并中被合并方合并前净亏损	−3 185.84	−1 116.87
(一)按经营持续性分类		
持续经营净利润(净亏损以"—"号填列)	394 746.42	497 626.94
(二)按所有权归属分类		
1. 归属于母公司股东的净利润(净亏损以"—"号填列)	373 080.46	472 871.05
2. 少数股东损益(净亏损以"—"号填列)	21 665.95	24 755.88
五、其他综合收益的税后净额	10 804.35	−34 418.16
(一)归属于母公司所有者的其他综合收益的税后净额	10 060.99	−33 225.30
1. 不能重分类进损益的其他综合收益		
权益法下不能转损益的其他综合收益	—	1 077.76
其他权益工具投资公允价值变动	−1 166.52	−226.76
2. 将重分类进损益的其他综合收益		
权益法下可转损益的其他综合收益	−8 788.88	5 548.24
外币财务报表折算差额	20 016.39	−39 624.55

(续表)

项目	本期金额	上期金额
(二)归属于少数股东的其他综合收益的税后净额	743.36	－1 192.86
六、综合收益总额	405 550.76	463 208.77
(一)归属于母公司所有者的综合收益总额	383 141.45	439 645.75
(二)归属于少数股东的综合收益总额	22 409.31	23 563.02
七、每股收益:		
(一)基本每股收益	1.43	1.85
(二)稀释每股收益	1.43	1.85

利润表

编制单位:FXYY公司　　　　　2021年12月　　　　　单位:万元

项目	本期金额	上期金额
一、营业收入	3 901 118.43	3 030 698.13
减:营业成本	2 022 978.47	1 373 352.88
税金及附加	23 447.11	21 733.86
销售费用	910 080.32	816 159.23
管理费用	322 688.27	296 249.17
研发费用	383 730.27	279 549.41
财务费用	46 402.15	72 427.31
其中:利息费用	82 254.02	88 095.24
利息收入	23 378.47	19 960.87
加:其他收益	32 783.30	39 362.71
投资收益(损失以"－"号填列)	462 382.60	228 398.09
其中:对联营企业和合营企业的投资收益	178 913.69	158 033.48
公允价值变动收益(损失以"－"号填列)	35 229.86	57 865.70
信用减值损失(损失以"－"号填列)	－7 401.58	－10 483.64
资产减值损失(损失以"－"号填列)	－82 987.33	－14 825.35
资产处置收益(损失以"－"号填列)	－1 541.87	570.74
二、营业利润(亏损以"－"号填列)	630 256.82	472 114.53
加:营业外收入	2 866.13	2 308.42
减:营业外支出	28 855.89	6 638.51
三、利润总额(亏损总额以"－"号填列)	604 267.06	467 784.44

(续表)

项目	本期金额	上期金额
减:所得税费用	106 640.12	73 786.46
四、净利润(净亏损以"—"号填列)	497 626.94	393 997.98
其中:同一控制下企业合并中被合并方合并前净亏损	−1 116.87	
(一)按经营持续性分类		
持续经营净利润(净亏损以"—"号填列)	497 626.94	393 997.98
(二)按所有权归属分类		
1. 归属于母公司股东的净利润(净亏损以"—"号填列)	472 871.05	366 281.29
2. 少数股东损益(净亏损以"—"号填列)	24 755.88	27 716.68
五、其他综合收益的税后净额	−34 418.16	−58 984.46
(一)归属于母公司所有者的其他综合收益的税后净额	−33 225.30	−54 381.35
1. 不能重分类进损益的其他综合收益		
权益法下不能转损益的其他综合收益	1 077.76	8 864.87
其他权益工具投资公允价值变动	−226.76	−1 345.84
2. 将重分类进损益的其他综合收益		
权益法下可转损益的其他综合收益	5 548.24	2 183.74
外币财务报表折算差额	−39 624.55	−64 084.12
(二)归属于少数股东的其他综合收益的税后净额	−1 192.86	−4 603.11
六、综合收益总额	463 208.77	335 013.52
(一)归属于母公司所有者的综合收益总额	439 645.75	311 899.95
(二)归属于少数股东的综合收益总额	23 563.02	23 113.57
七、每股收益:		
(一)基本每股收益	1.85	1.43
(二)稀释每股收益	1.85	1.43

附表1-3 所有者权益变动表

所有者权益变动表
2022年度

编制单位:FXYY公司　　　　　　　　　　　　　　　　　　　　　　　　　　　　　　　　单位:万元

项目	本年金额							
	归属于母公司股东权益						少数股东权益	所有者权益合计
	实收资本（或股本）	资本公积	—	其他综合收益	盈余公积	未分配利润	小计		
一、上年年末余额	256 289.85	1 402 902.14	—	−126 583.17	282 630.68	2 103 955.41	3 919 194.92	918 361.53	4 837 956.80
加:同一控制下企业合并		1 149.72	—	—		−788.81	360.90	39.44	
二、本年年初金额	256 289.85	1 404 051.86	—	−126 583.17	282 630.68	2 103 166.60	3 919 555.82	918 400.97	4 837 956.80
三、本年增减变动金额（减少以"-"号填列）									
（一）综合收益总额	—	—	—	10 060.99		373 080.46	383 141.45	22 409.32	405 550.76
（二）所有者投入和减少资本									
1. 所有者投入的普通股	10 925.81	440 019.55	—	—	—	—	450 945.36	—	450 945.36
2. 视同不丧失控制权下处置子公司部分股权	—	−1 040.54	—	—	—	—	−1 040.54	2 859.76	1 819.22
3. 收购子公司	—	—	—	—	—	—	—	37 708.34	37 708.34
4. 处置子公司	—	—	—	—	−2.19	2.19	—	−1 282.68	−1 282.68
5. 购买少数股东股权	—	−138 893.01	—	—	−1 667.32	—	−140 560.33	−27 065.62	−167 625.95
6. 股份支付计入股东权益的金额	—	179.98	5 325.48	—	—	—	−5 145.50	7 829.37	2 683.87

(续表)

项目	本年金额							
	归属于母公司股东权益						少数股东权益	所有者权益合计
	实收资本（或股本）	资本公积	其他综合收益	盈余公积	未分配利润	小计		
7. 授予子公司少数股东的股份卖出期间权影响	—	−5 319.71	—	—	—	−5 319.71	117.10	−5 202.61
8. 新设子公司	—	—	—	—	—	—	231.02	231.02
9. 少数股东投入资本	—	—	—	—	—	—	5 521.54	5 521.54
10. 同一控制下企业合并	—	−400.00	—	—	—	−400.00		−400.00
（三）提取盈余公积	—	—	—	14 331.77	−14 331.77	—	—	—
1. 提取盈余公积	—	—	—		−143 546.50	−143 546.50	−14 301.41	−157 847.91
2. 对所有者（或股东）的分配	—	—	—					
（四）所有者权益内部结转								
1. 其他综合收益结转留存收益	—	—	−3 314.21		3 314.21			
（五）其他								
1. 按照权益法核算的在被投资单位除综合收益以及利润分配以外其他所有者权益所享有的份额	—	1 559.24	—			1 559.24	217.50	1 776.74
2. 处置联营公司	—	−943.53	—			−943.53		−943.53
四、本年年末余额	267 215.66	1 699 213.82	−119 836.39	295 292.94	2 321 685.20	4 458 245.75	952 645.21	5 410 890.96

所有者权益变动表

编制单位:FXYY公司　　2021年度　　单位:万元

项目	本年金额							
	归属于母公司股东权益						少数股东权益	所有者权益合计
	实收资本(或股本)	资本公积	减:库存股	其他综合收益	盈余公积	未分配利润	小计		
一、上年年末余额	256 289.85	1 513 262.49	—	272 860.50	1 750 498.33	3 699 553.30	898 874.87	4 598 428.17	256 289.85
加:同一控制下企业合并	—	583.05	—	—	-132.89	450.16	67.06	517.22	—
二、本年年初余额	256 289.85	1 513 845.54	—	272 860.50	1 750 365.44	3 700 003.47	898 941.93	4 598 945.40	256 289.85
三、本年增减变动金额(减少以"-"号填列)			-33 225.30		472 871.05	439 645.75	23 563.02	463 208.77	
(一)综合收益总额				-587.47		81 674.95	52 792.42	134 467.38	
(二)所有者投入和减少资本		81 674.95		587.47			44 473.13	44 473.13	
1.所有者投入的普通股									
2.视同不丧失控制权下处置子公司部分股权							-40 930.36	-40 930.36	
3.收购子公司		-99 031.51				-99 031.51	-16 695.50	-115 727.01	
4.处置子公司		348.80				348.80	525.37	874.18	
5.购买少数股东股权							9 325.85	9 325.85	
6.股份支付计入股东权益的金额									
7.授予子公司少数股东的股份卖出期权影响		-104 747.29				-104 747.29	-45 148.36	-149 895.65	

(续表)

项目	本年金额							
	归属于母公司股东权益						少数股东权益	所有者权益合计
	实收资本（或股本）	资本公积	其他综合收益	盈余公积	未分配利润	小计		
8. 新设子公司						4 966.56	4 966.56	
9. 少数股东投入资本		566.67				8 767.61	8 767.61	
10. 同一控制下企业合并					566.67	433.33	1 000.00	
（三）利润分配								
1. 提取盈余公积				−10 357.65				
2. 对所有者（或股东）的分配				−110 299.71	−110 299.71	−25 964.27	−136 263.97	
（四）所有者权益内部结转								
1. 其他综合收益结转留存收益			10 357.65					
（五）其他								
1. 按照权益法核算的在被投资单位除综合收益以及利润分配以外其他所有者权益所享有的份额		13 396.17			13 396.17	3 350.22	16 746.39	
2. 处置联营公司		−2 001.48			−2 001.48	−2 001.48		
四、本年年末余额	256 289.85	1 404 051.85	−126 583.17	282 630.68	2 103 166.60	3 919 555.82	918 400.97	4 837 956.80
	256 289.85							256 289.85

附表1-4 现金流量表

现金流量表

编制单位:FXYY公司　　　　　　2022年12月　　　　　　单位:万元

项目	本期金额	上期金额
一、经营活动产生的现金流量:		
销售商品、提供劳务收到的现金	4 439 044.89	3 839 667.64
收到的税费返还	70 760.07	43 445.06
收到其他与经营活动有关的现金	102 999.04	61 749.97
经营活动现金流入小计	4 612 804.01	3 944 862.66
购买商品、接受劳务支付的现金	2 052 201.74	1 666 737.62
支付给职工以及为职工支付的现金	916 739.97	710 504.49
支付的各项税费	231 685.84	227 117.29
支付其他与经营活动有关的现金	990 419.38	946 721.78
经营活动现金流出小计	4 191 046.92	3 551 081.18
经营活动产生的现金流量净额	421 757.09	393 781.48
二、投资活动产生的现金流量:		
收回投资收到的现金	383 104.32	150 600.31
取得投资收益收到的现金	81 848.66	66 225.08
处置固定资产、无形资产和其他长期资产收回的现金净额	10 712.96	9 709.80
处置子公司及其他营业单位收到的现金净额	70 921.39	168 823.30
收到其他与投资活动有关的现金	100 901.70	68 026.74
投资活动现金流入小计	647 489.03	463 385.23
购建固定资产、无形资产和其他长期资产支付的现金	588 883.89	497 279.94
投资支付的现金	150 126.58	142 492.37
取得子公司及其他营业单位支付的现金净额	119 677.79	130 679.91
支付其他与投资活动有关的现金	195 204.59	78 681.92
投资活动现金流出小计	1 053 892.84	849 134.15
投资活动产生的现金流量净额	−406 403.82	−385 748.92
三、筹资活动产生的现金流量:		
吸收投资收到的现金	463 743.29	96 271.01
其中:子公司吸收少数股东投资收到的现金	12 797.94	96 230.70

(续表)

项目	本期金额	上期金额
取得借款收到的现金	3 002 752.87	2 920 276.05
收到其他与筹资活动有关的现金	62 159.53	32 666.64
筹资活动现金流入小计	3 528 655.70	3 049 213.70
偿还债务支付的现金	2 628 014.06	2 739 194.79
分配股利、利润或偿付利息支付的现金	251 621.64	220 589.34
其中:子公司支付给少数股东的股利、利润	14 184.65	29 193.33
支付其他与筹资活动有关的现金	206 172.52	171 370.29
筹资活动现金流出小计	3 085 808.22	3 131 154.42
筹资活动产生的现金流量净额	442 847.47	−81 940.72
四、汇率变动对现金及现金等价物的影响	12 834.25	−13 471.20
五、现金及现金等价物净增加额	471 034.99	−87 379.36
加:期初现金及现金等价物余额	645 971.71	733 351.06
六、期末现金及现金等价物余额	1 117 006.70	645 971.71

现金流量表

编制单位:FXYY 公司　　　　　2021 年 12 月　　　　　　　　　　单位:万元

项目	本期金额	上期金额
一、经营活动产生的现金流量:		
销售商品、提供劳务收到的现金	3 839 667.64	3 196 298.29
收到的税费返还	43 445.06	28 938.38
收到其他与经营活动有关的现金	61 749.97	69 657.88
经营活动现金流入小计	3 944 862.66	3 294 894.55
购买商品、接受劳务支付的现金	1 666 737.62	1 461 794.22
支付给职工以及为职工支付的现金	710 504.49	528 942.14
支付的各项税费	227 117.29	248 578.22
支付其他与经营活动有关的现金	946 721.78	797 602.52
经营活动现金流出小计	3 551 081.18	3 036 917.11
经营活动产生的现金流量净额	393 781.48	257 977.43
二、投资活动产生的现金流量:		
收回投资收到的现金	150 600.31	146 426.90
取得投资收益收到的现金	66 225.08	57 290.19

(续表)

项目	本期金额	上期金额
处置固定资产、无形资产和其他长期资产收回的现金净额	9 709.80	888.12
处置子公司及其他营业单位收到的现金净额	168 823.30	1 360.25
收到其他与投资活动有关的现金	68 026.74	16 167.88
投资活动现金流入小计	463 385.23	222 133.34
购建固定资产、无形资产和其他长期资产支付的现金	497 279.94	443 711.90
投资支付的现金	142 492.37	107 010.22
取得子公司及其他营业单位支付的现金净额	130 679.91	15 393.78
支付其他与投资活动有关的现金	78 681.92	126 640.30
投资活动现金流出小计	849 134.15	692 756.21
投资活动产生的现金流量净额	−385 748.92	−470 622.87
三、筹资活动产生的现金流量:		
吸收投资收到的现金	96 271.01	124 796.16
其中:子公司吸收少数股东投资收到的现金	96 230.70	124 796.16
取得借款收到的现金	2 920 276.05	1 796 136.05
收到其他与筹资活动有关的现金	32 666.64	244 218.72
筹资活动现金流入小计	3 049 213.70	2 165 150.93
偿还债务支付的现金	2 739 194.79	1 570 775.93
分配股利、利润或偿付利息支付的现金	220 589.34	219 252.64
其中:子公司支付给少数股东的股利、利润	29 193.33	35 788.55
支付其他与筹资活动有关的现金	171 370.29	228 409.45
筹资活动现金流出小计	3 131 154.42	2 018 438.02
筹资活动产生的现金流量净额	−81 940.72	146 712.91
四、汇率变动对现金及现金等价物的影响	−13 471.20	−30 016.46
五、现金及现金等价物净增加额	−87 379.36	−95 948.99
加:期初现金及现金等价物余额	733 351.06	828 437.12
六、期末现金及现金等价物余额	645 971.71	732 488.13

附 录 二

FXYY 公司近五年的年度报表二维码

FXYY 公司
年度报表
汇总

附 录 三

行业企业相关信息二维码

行业企业
相关信息

附 录 四

大数据分析平台及 AI 大模型平台汇总

金蝶云星空财务云平台　https://www.kingdee.com/products/galaxy_finance.html
阿里云——通义千问　https://tongyi.aliyun.com/
科大讯飞——星火大模型　https://xinghuo.xfyun.cn/desk
百度——文心一言　https://yiyan.baidu.com/welcome